Zu diesem Buch

Katastrophenmeldungen aus der Dritten Welt beunruhigen nur kurz die Öffentlichkeit. Noch scheint vielen überspitzte linke These zu sein, was längst schon Tatsache ist: Der kleine Teil der Menschheit in den westlichen Industrieländern lebt nicht nur **mit,** sondern auch **von** der Verelendung des großen Teils der Menschheit in den Entwicklungsländern. Wie Entwicklung und Unterentwicklung sich gegenseitig bedingen, muß allerdings solange undurchsichtig bleiben, wie Überbevölkerung, mangelnde Hilfsbereitschaft der Reichen oder Unfähigkeit bestimmter Regierungen als Ursachen des Massenelends in Asien, Afrika und Lateinamerika propagiert werden.

Berichte, Bilder, Dokumente und Analysen in diesen beiden Bänden zeigen auf, wie Unterentwicklung entstanden ist und weiter entsteht, wer von ihr profitiert und was getan werden muß, um sie zu überwinden. Die Einsicht in Vorgänge und Zusammenhänge, die außerhalb unseres unmittelbaren Erfahrungsbereichs liegen, soll nicht nur für menschenunwürdige Lebensverhältnisse sensibilisieren und zur praktischen Parteinahme für unterdrückte Völker auffordern, sondern zugleich auch in die Grundbegriffe marxistischer Wirtschaftstheorie und Gesellschaftskritik einführen.

Hinweise auf die Autoren finden Sie am Ende von Band 2.

Unterentwicklung

Wem nützt die Armut der Dritten Welt?

Arbeitsmaterialien für Schüler, Lehrer
und Aktionsgruppen
Herausgegeben von Erhard Meueler

Band 2

rororo

Rowohlt

47.–49. Tausend September 1984

Erstausgabe
Veröffentlicht im Rowohlt Taschenbuch Verlag GmbH,
Reinbek bei Hamburg, November 1974

Umschlagentwurf Jürgen Wulff
Gesamtherstellung Clausen & Bosse, Leck
Gesetzt aus der Linotype-Aldus-Buchschrift
und der Helvetica bei Otto Gutfreund & Sohn, Darmstadt
Printed in Germany
1280-ISBN 3 499 16907 X

Inhalt

(ein differenziertes Inhaltsverzeichnis findet sich jeweils zu Beginn der einzelnen Hefte)

Heft 3 — 157

Uwe Hiersemenzel, Erhard Meueler

Brasilien oder: Warum ein reiches Land so lange arm blieb

«. . . So ist zum Beispiel ein Land wie Brasilien, was seine Bodenschätze und seine geographischen Möglichkeiten betrifft, eines der reichsten Länder der Welt.
Reichtum und Industrie sind dort in einem sehr kleinen Dreieck zwischen Rio de Janeiro, Belo Horizonte und São Paulo konzentriert, während das übrige Land nach wie vor von Unterentwicklung und von drückender Armut gekennzeichnet ist . . .» (P. M. Sweezy)

Heft 4 — 221

Informationszentrum Dritte Welt, Freiburg
unter Mitarbeit von Erhard Meueler und Kai F. Schade

Deutsche Firmen in der Dritten Welt

In diesem Heft wird über die Tätigkeit von ausländischen Firmen (vor allem solchen aus der Bundesrepublik) in der Dritten Welt berichtet. Es wird diskutiert, wem diese Tätigkeit in erster Linie nützt: den Bossen der großen Unternehmen oder der armen Bevölkerung in den Ländern der Dritten Welt.

Heft 5 — 279

Regina Horstmann, Gerhard Hüttenmüller, Erhard Meueler

Kenia oder: Urlaub der Reichen in den Ländern der Armen

Urlaubsfreuden in Ostafrika. Wem nützen sie?

Heft 6 — 357

Gerhard Breidenstein, Erhard Meueler

Ganz kleine Brötchen für die Dritte Welt

Kirchliche Entwicklungshilfe. Wem hilft sie? Wie hilft sie? Hilft sie überhaupt?
Wohin müßte sich die Kirche selbst entwickeln, um wirklich anderen helfen zu können?

Dieter Otten

Stichwörter zur Politischen Ökonomie

Die wichtigsten Begriffe der Kritik der Politischen Ökonomie in systematischer Reihenfolge. Eine kurze Erläuterung und zugleich eine knapp gefaßte Einführung in den gegenwärtigen Diskussionsstand der marxistischen Theorie der kapitalistischen Gesellschaft.

Heft 7

Volkhard Hundsdörfer, Erhard Meueler

Tansania oder: Der Weg zu Ujamaa

Was suchten die Deutschen in Ostafrika?
Was heißt «Entwicklung»?
Ist Entwicklung planbar?
Kann Tansania seine geplante Entwicklung verwirklichen?

Inhalt

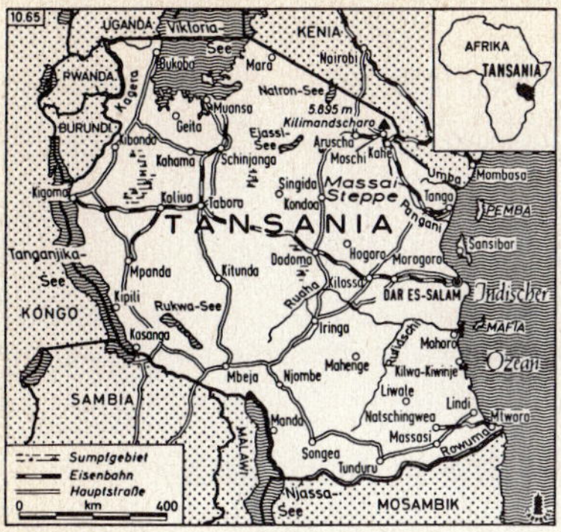

Tansania in Stichworten

Staatsform:
Vereinigte Republik. Besteht aus den Landesteilen Tanganjika sowie Sansibar mit Pempa

Unabhängig seit:
Tanganjika: 9. Dezember 1961
Sansibar: 9. Dezember 1963

Zusammenschluß von Tanganjika und Sansibar:
27. April 1964 – Umbenennung der neuen Republik in Tansania am 29. Oktober 1964

Staatspräsident:
Julius Kambarage Nyerere. Vizepräsident und „Präsident von Sansibar": Aboud Jumbe.

Fläche des Landes:
939 669 qkm – davon entfallen auf Sansibar 2 642 qkm. (Zum Vergleich: BRD 248 000 qkm)

Einwohner:
13,3 Mio. (1970) – jährliche Bevölkerungszunahme liegt bei 2,7 %.
Tanganjika: 12,9 Mio. Einw.
Sansibar: 377 000 Einw.
Die einheimischen afrikanische Bevölkerung besteht überwiegend aus Bantunegern, zerfällt aber in mehr als 120 Stammesgruppen, die in Sprache, Kultur, Wirtschafts- und Siedlungsweise große Unterschiede aufweisen. Durch Einwanderungen aus dem Norden sind auch nilotische und europid-hamitische Rassengruppen vertreten, wie z. B. das Volk der Massai. An der Küste und auf Sansibar leben seit Jahrhunderten zahlreiche Araber. Hinzu kommen rund 100 000 Inder und Pakistanis sowie etwa 20 000 Europäer.

Hauptstadt:
Daressalaam (geschätzt auf 350 000 Einwohner)

Weitere größere Städte:
Aruscha, Moschi, Mwanza, Tabora, Tanga.

Bevölkerungsdichte:
Auf dem Festland: 11,5/qkm
Auf Sansibar: 123,3/qkm

Pro-Kopf-Einkommen:
rund 300 DM jährlich

Währung:
1 DM = 1,95 T.Sh.

Parlament:
Nationalversammlung von 189 Mitgliedern. Davon entfallen auf Tanganjika 132 (107 direkt gewählt; 10 vom Präsidenten ernannt; 15 von Institutionen delegiert) und auf Sansibar 37 (27 Mitglieder des Revolutionsrates und 10 von diesem ernannte Mitglieder). Weiter gehören der Nationalversammlung alle 20 Regional Commissioners an (17 von Tanganjika, 3 von Sansibar).

Parteien:
Nach Etablierung des Ein-Parteien-Systems gibt es in Tanganjika nur die Staatspartei TANU (Tanganjika African National Union) und auf Sansibar die Afro-Shirazi-Partei. Wahlen zum letzten Mal am 30. September 1970. Gewählt werden konnte unter zwei Kandidaten ein und derselben Partei.

Gewerkschaften:
Bei Erreichung der Unabhängigkeit gab es in Tanganjika 43 Gewerkschaften mit rund 200 000 Mitgliedern. Sie wurden 1964 aufgelöst und in die Einheitsgewerkschaft NUTA (National Union of Tanganyika Workers) überführt.

Mitgliedschaft in int. Organisationen:
Vereinte Nationen, Organisation für afrikanische Einheit (OAU), East African Community, Commonwealth, assoziiert mit der EWG.

Amtssprache:
Seit Januar 1967 offiziell Kisuaheli. Englisch dennoch wichtigste Korrespondenzsprache.

Religionen:
Rund zwei Mio. Moslems, 1,9 Mio. Katholiken, rund 500 000 Protestanten, Hindu-Minderheit, der Rest Naturreligionen.

(Aus: *»afrika heute«*. Doppelheft 19/20, Oktober 1972, S. 241)

Übrigens:
Tansania hat im Bewußtsein entwicklungspolitisch Interessierter in Schule, Kirchen und politischen Organisationen einen besonderen Platz inne. Man veranstaltet Reisen nach Tansania, um den afrikanischen Sozialismus, der kein Kommunismus ist, zu besichtigen.

Und man stellt mit Enttäuschung fest, daß die Tansanier sich zunehmend gegen solche Besichtigungen zur Wehr setzen. Für sie bedeutet Sozialismus *Arbeit* und nicht folgenlose theoretische Diskussionen über Klassenlage und Weltrevolution. Sie wollen gegen das verbündete Kapital ihre jahrhundertelange Geschichte europäischer Unterdrückung und Abhängigkeit in eine Zukunft der Selbstbestimmung in nationaler, wirtschaftlicher und politischer Eigenständigkeit überführen.

1 Deutsche Kolonie

Absicht: Im ersten Kapitel wollen wir ein Thema aufarbeiten, das in unseren Geschichtsbüchern unterschlagen, nur angetippt oder schönfärberisch behandelt wird: daß nämlich auch Deutschland einmal Kolonialmacht war. Unter anderem in Ostafrika.

Augenzeugen berichten darüber, mit welchen militärischen und diplomatischen Mitteln sich die Deutschen des heutigen Tansania bemächtigten und welchen Nutzen sie aus diesem neuen Besitz zogen.

Afrikaner erzählen von Zwangsarbeit und Leiden unter den deutschen Herren.

Schließlich fragen wir danach, was die deutschen Kirchen bzw. ihre Missionare in Ostafrika zu suchen hatten.

1.1 Die Geschichte des Hemedi Bin Abdallah

Hemedi Bin Abdallah Bin Said Bin Abdallah Bin Masudi El Buhry, ein afrikanischer Gelehrter, Wahrsager und Heerführer, hat ein Buch mit folgendem Titel verfaßt: ‹*Utenzi wa vita vya wadachi kutamalaki mrima 1307 A. H.*› (zu deutsch: ‹*Die deutsche Eroberung des Küstenlandes des Swahili im Jahre 1307 mohammedanischer Zeitrechnung*› = 1891), erschienen in Daressalam, Nairobi und Kampala (East African Literature Bureau) ^{3}1968 (with translation and notes by J. W. T. Allen) mit 81 Seiten. Das Buch ist – genau wie die heilige Schrift der Mohammedaner, der Koran – in Suren abgefaßt, also in einzelnen Strophen gedichtet. Kennzeichnend für die Sprachgewohnheiten und Darstellungsformen der Swahili ist, daß die einzelnen Vorgänge von verschiedenen Gesichtspunkten aus dargestellt werden. So glaubte man der Wahrheit am nächsten zu kommen. Fünf Jahre nach den beschriebenen Ereignissen war der Text fertiggestellt. Er gibt die Empfindungen des Augenzeugen in äußerst sensibler Weise wieder. Da es nur sehr wenige schriftliche Berichte aus dieser Zeit gibt, stellt dieses Buch ein einzigartiges Dokument dar.

Das Buch hat 632 Strophen. Einige davon zitieren wir im folgenden in unserer Übersetzung:

Hemedi stellt sich vor, daß die Deutschen ihren Kaiser so angesprochen hätten:

■ Wir sind deine ergebensten Diener. Der Grund, der uns vor dich führt, liegt darin, daß wir einen großen Krieg über Europa kommen sehen. Wir haben uns umgetan nach einer Gegend, wo wir hingehen können und es uns wohl sein lassen. So haben wir dieses Küstenland entdeckt. Wir wollen uns dort niederlassen, fördern, wen wir mögen, absetzen, wen wir absetzen wollen, und Diener haben, die uns dienen sollen. Wir wollen Häuser bauen und sie herrlich verzieren, und wenn sich uns jemand entgegenstellt, wollen wir ihm keine Gnade zeigen. Dies ist der Plan. Was hältst du davon, Herr?

Willst du uns erlauben, dorthin zu gehen, oder willst du es uns verweigern? ■

(62–68. Die Zahlen nach den Zitaten geben die Nummern der hier wiedergegebenen Strophen an.)

Ihr Herrscher antwortete: «Erzählt mir über dieses Land und nennt mir den Namen seines Sultans.»

Und er ließ sich ausführlich von see-erfahrenen Kapitänen und Kaufleuten berichten.

■ Rund um die Stadt ist eine Mauer gebaut, auf der Kanonen in Stellung gebracht worden sind, und die Menschen sind daneben so niedrig wie Grashalme. Und wie er (der Sultan) die ganze Stadt mit Kanonen umstellt hat, so auch mit ebenso vielen Soldaten, die damit umzugehen verstehen.

Schiffe und Boote gibt es dort so viele, daß man sie nicht zählen kann; Inder und Araber so viele, wie man sich nur denken kann. Wie viele Kriegsschiffe aber dort in Sansibar sind, das zu sagen würde dich beschämen, denn du könntest dir von der Zahl keine Vorstellung machen.

Die Stadt ist geschmückt mit herrlichen Gebäuden und der Sultan hat einen Kanal anlegen lassen, um Wasser in die Stadt zu bringen. Der Strom ist inmitten der Stadt und wann immer man Wasser möchte, braucht man niemand darum zu bitten, sondern gerade nur selbst trinken zu gehen. Seine Stadt leuchtet mit hellen Lichtern sogar demjenigen entgegen, der weit an ihr vorübergeht. Man erkennt sie an ihrem glimmenden Schein.

Sie ist angefüllt mit tapferen Kriegern, kampfgewohnt, und wenn man sie zu täuschen versucht, erhält man dafür die gebührende Quittung. Hier in der Stadt gibt es sehr viele Soldaten; sie sind stark wie Löwen und wilder als Leoparden. O König, dieser Araber hat viele Männer im Wald, die flink und ausdauernd wie Gazellen sind. Auf dem Festland von Afrika folgen ihm alle, Moslems und Heiden. Jeder, der sich auf Kampf und Krieg versteht, geht nach Sansibar, um ihm zu dienen. Ich muß dir sagen, großer Herr, die Stadt von Sansibar, wie auch immer ich an sie denken mag, übertrifft alle anderen. ■
(126–138)

Und der Kapitän erzählte noch weiteres über den Großen Sultan und sein Land: wie er seine zahlreichen Untertanen vor Krieg schütze, wie er den Armen Gutes tue und vielen Menschen Unterhalt gewähre. Der Kaiser bedachte sich darauf sehr lange.

Das Ergebnis dieser Gedanken war:

■ Ich kann diesen Krieg nicht wagen. Vielleicht tun sich die Engländer mit mir zusammen. ■

Der Engländer sagte:

■ Ich kann mich diesem Kampf nicht anschließen. Ich bin vertraut mit dem Land; ich kenne die Küste. Was ich zu tun habe, ist genug für mich: die Sklaverei zu unterdrücken. Ich bin damit beschäftigt, ganze Schiffsladungen von Sklaven zu befreien. Wenn du Krieg willst mit dem Araber, bringe mich nicht damit zusammen, daß du alle deine Leute töten lassen willst. Ich habe nicht das Verlangen, über dieses Gebiet zu herrschen. Der Sultan ist stark und seine Leute sind tapfer. ■

Der Deutsche antwortete:

■ Mir steht das Herz nicht nach Krieg, mich ohne Grund oder Entschuldigung auf diese Stadt zu werfen. ■

Als er dieses gesprochen hatte, sagten die Kaufleute:

■ Wir sind zu dir gekommen mit einem Vorschlag: Du mögest uns erlauben, allein in den Krieg zu ziehen, selbst verantwortlich für Waffen und Ausrüstung. Wir werden die gesamten Kosten des Krieges tragen und wenn wir das Land eingenommen haben, werden wir Tributzahlungen erzwingen. ■
(149–158)

Der Kaiser stimmte zu, die Abenteurer brachen nach Ostafrika auf.
Unterwegs arbeiteten sie ihre Pläne aus.

■ Laßt uns, die wir gehen, mit Klugkeit vorgehen. Wir werden um Häfen bitten und dem Sultan Geld zahlen. Dann wird alles fix und fertig sein, wenn die Zeit kommt, das Land zu nehmen. Wenn wir ein schriftliches Abkommen haben, kann nichts schiefgehen. Es wird nicht zum Kampf kommen; aber wir werden das Land nehmen. ■
(172–174)

In Sansibar trugen sie dem Sultan ihr Anliegen vor, die ihm unterstehenden Häfen auf dem Festland zu pachten.
Der Seyyid antwortete:

■ Höre, Europäer, wir werden dir Häfen gewähren, du sollst dein Verlangen haben . . .
Unter der Voraussetzung, daß du mir das Geld gibst und keinem Menschen Gewalt antust. Unterdrücke nicht die Leute mit Soldaten und ungesetzlichen Handlungen. Du hast das Land gepachtet, du hast es nicht gekauft. ■

Die Europäer waren mit den Worten des Seyyid zufrieden. Sie setzten ein Abkommen auf und unterzeichneten es mit ihren Namen. Sehr befriedigt verließen sie den Empfang:

■ Alles, was wir gewünscht hatten, ist schließlich geschehen. ■

Hiernach wurden Briefe geschrieben und über das ganze Land geschickt, um die Leute zu benachrichtigen. Der Seyyid ließ uns wissen, daß der Europäer alle Häfen gepachtet hätte und zu uns kommen würde.

■ Ich habe ihm nicht mehr überlassen als die Kontrolle über die Schiffahrt. Wenn er irgend etwas anderes tut: laßt es euch nicht gefallen. Wenn er Land will, so ist das nicht in dem Abkommen enthalten; tötet sie dann, laßt sie nicht zurückkehren, denn Gott ist mein Zeuge, ich gebe euch diesen Befehl. ■
(217–231)

Die Briefe kamen zu jedem einzelnen Ort, und die Häuptlinge und Statthalter erhielten Nachricht.

Nach zwei Monaten kamen die Europäer und machten sich in den Hafenstädten breit.

■ In Kilwa und Daressalam gab es eine wahre Heimsuchung durch die Europäer. Es gab keine freie Rede mehr; sie hielten das Land in ihrer Gewalt. Nach Tanga kamen sie täglich, um nach Häusern zu fragen, und einige, die bereits welche erworben hatten, waren dort schon eingerichtet. In Winde und Sadani waren die Städte voll von Europäern, und täglich kamen in allen Häfen neue Schiffe an. In allen Häfen, wo immer man auch hinsehen mochte, sah man überall Kriegsschiffe, jeden Tag, so versichere ich. ■
(238–242)

■ An dem Nachmittag sahen wir eine große Menge in steigender Wirrnis, Frauen auf der Flucht. Kisten und Körbe trugen sie mit sich fort, und sie waren abgemagert wie Hungerleider. Wir fragten sie nach Neuigkeiten und sie sagten: Es ist Gottes Wille, die Europäer sind gekommen und auf uns gefallen. Gestern nacht kamen zwei Bootsladungen von ihnen. Die Leute haben sie abgewehrt, aber in der Nacht sind sie wiedergekommen. Heute sind sie gelandet und haben einige Verwundungen erlitten; aber wir wissen nicht, wie viele. Sie haben auf uns mit zahllosen Kanonen geschossen, und wir können nichts anderes tun, als vor ihnen zu fliehen. Jetzt ist die Stadt voll von ihnen. Wir sind Flüchtlinge und ihre Schiffe liegen an dem Hafenstrand. ■
(252–258)

Die Deutschen schossen, und sie beschwerten sich beim Sultan über den Widerstand der Afrikaner an der Küste. Der aber antwortete ihnen:

■ ... die Leute auf dem Festland sind nicht meine Sklaven; sie sind freiwillig übereingekommen, sich mir anzuschließen und meine Oberhoheit anzuerkennen. Wenn sie jetzt etwas anderes wollen: ich bin nicht ihr König. Kommt nicht mit euren Klagen und Forderungen zu mir, wenn ihr dorthin geht und euch töten laßt. Ihr habt meine Zustimmung, Zölle zu erheben; aber die Städte gehören ihnen. Ich kann mich da nicht einmischen. ■
(268–270)

Von da an gebrauchten die Deutschen unerbittlich Gewalt: Sie unterwarfen mit hohen Blutopfern eine Stadt nach der anderen. Die Afrikaner organisierten unter Abushiri Bin Salim umsichtig den Widerstand. Aber die Deutschen hatten die besseren Waffen.

■ Am Montag hörten wir ein Erzittern wie das vom Leviathan, die Stimme vieler Geschütze; wir hörten den röhrenden Lärm wie Wellen auf den Felsen und das dröhnende Rollen wie Donner in starkem Regen. Wir hörten das Krachen wie Elefanten oder Ungetüme, und unsere Herzen schmolzen bei der Anzahl der Schüsse. Wir wußten, daß wir die Schlacht von Pangani hörten: die Gewehre waren wie ein Orkan in unseren Ohren. Am Abend sahen wir, daß Msaka angekommen war; er berief eine Versammlung ein und berichtete uns das Neueste. «Sie haben unsere Heimat; Pangani ist nicht mehr unser, wir können es nicht mehr besuchen, wie wir wollen. Gott hat es uns genommen. Wir sind von Geschossen und Kanonenkugeln geschlagen worden; wir hatten keine Pause bis Sonnenuntergang. Pangani und die beiden Bwenis* sind in den Händen der Ungläubigen. Wir sind überwältigt worden. Sie haben Eisenschiffe, und es waren sie, die den Angriff geführt hatten, und wir wurden mit Geschossen davon abgehalten, ihnen zu widerstehen. Trotzdem hat der Rat Mambo Sasa bei sich in Bweni zu den Leuten gesagt: ‹Laßt uns weitermachen, wir dürfen nicht davonlaufen›; und sie haben den ganzen Tag lang gekämpft und nicht vor Einbruch der Nacht gerastet. Wir sind alle geflohen, nicht ein einziger ist zurückgeblieben. Die Europäer haben uns geschlagen. Sie haben alle Städte eingenommen.» ■
(572–583, * Zwei Städte, die sich an einer Flußmündung gegenüberliegen)

■ Wir liefen davon und zerstreuten uns (im Hinterland), und die Deutschen übernahmen die vollständige Kontrolle und hielten die Städte. Sie waren alle verlassen, weil jedermann geflohen war. Wo die Europäer etwas eingenommen hatten, gab es keinen Platz mehr für andere. ■
(600–601)

1.2 Deutsche Kolonie in Ostafrika – wann und wozu?

Bei der Rede von «Unterentwicklung» und «Entwicklung» wird die Bundesrepublik zu Recht immer wieder als reiches Industrieland bezeichnet.

Vor 150 Jahren war das noch nicht der Fall.

Warum?

Es gab noch keine Bundesrepublik, sondern lauter kleine selbständige deutsche Staaten.

Zum anderen begann damals erst die Industrialisierung. Hatten bis dahin Landwirtschaft und Kleingewerbe (Handwerk, Handel usw.) vorgeherrscht, wurden nun Maschinen erfunden, mit denen man billiger als mit einzelnen Handwerkern Waren herstellen konnte.

Billige Arbeitskräfte für diese Maschinen, mit denen deren Besitzer mit einemmal zur Massenherstellung von Waren übergehen konnten, fanden sich in den deutschen Ländern genug.

Eine Vielzahl neuer technischer Erfindungen und der Zusammenschluß bedeutender Industrieunternehmen zu Großbetrieben und Konzernen ermöglichten den Aufbau neuer Industriezweige mit guten Gewinnaussichten für die Besitzer dieser Großunternehmen. Neugegründete Banken schossen Geld vor für den Aufbau immer neuer Fabriken, den Ankauf teurer Maschinen und die Organisation von Transport und Verteilung. Die Geldgeber erwarteten, daß diese Kredite sich lohnten, daß durch sie nicht nur die Fabrikbesitzer, sondern auch sie selbst Gewinne machen konnten.

Gewinne konnte man aber nur erzielen, wenn man
- die benötigten Rohstoffe reichlich und billig zur Verfügung hatte,
- sie mit billigen Arbeitskräften weiterverarbeitete und massenhaft Waren herstellte,
- diese Waren massenhaft verkaufen konnte.

Nur die Arbeitskräfte und Erfinder gab es im Lande selbst. Und natürlich Geld.

Aber auch die feste Absicht, deutschen Arbeitern weiterhin sehr niedrige Löhne zu zahlen.

Und den Wunsch, Rohstoffe selbst zu besitzen und nicht bei deren Lieferung von anderen Industrieländern abhängig zu sein.

Was war nicht alles nötig:

zum Beispiel wertvolle Erze wie Kupfer und Rohblei, Bauxit für die Aluminiumherstellung,

Naturnitrate wie zum Beispiel Salpeter für die Herstellung von Düngemitteln,

Mineralöl für die Herstellung von Petroleum, Benzin und dem Grundstoff für synthetische Farben (Teer),

Kautschuk für Gummi,

Kokosnüsse für Öle und Fette,

Sisalhanf für Stricke, Säcke und Teppiche,
Baumwolle für Textilien,
Reis, Mais als Lebensmittel und Futtergetreide,
Tabak, Kaffee, Tee und Kakao als Genußmittel . . . usw.

Alle diese Naturschätze und Rohprodukte waren in Deutschland nicht zu finden noch herzustellen.

Man war von ihrer Einfuhr abhängig.

Am besten legte man sich – so die allgemeine Meinung bei Regierungsvertretern, Großunternehmern, Bankiers, insbesondere aber auch Kleinbürgern – wie die anderen europäischen Staaten *Kolonien* zu.

Der Kreislauf der nationalen Wirtschaft zwischen Mutterland und Kolonien spart Devisen, erhöht unsere Unabhängigkeit vom Auslande und sichert deutschen Arbeitern Lohn und Brot

(Aus: Paul H. Kuntze: *‹Das Volksbuch unserer Kolonien›*. Leipzig 1938, S. 138)

Das große Vorbild war England, führende Kolonialmacht, Inbegriff technischen Fortschritts, der größte Exporteur von Fertigwaren, die größte Finanz-, See- und Militärmacht der Welt.

Damit war aber England der wichtigste wirtschaftliche und politische

Gegner neu entstehender Großmächte wie Deutschland, der Vereinigten Staaten und Frankreich.

In Asien und Amerika gab es zu diesem Zeitpunkt keine Länder mehr zu «entdecken», zu besetzen. In Afrika und der Inselwelt der Südsee waren aber noch Eroberungen möglich.

Ein bedeutender Wirtschaftswissenschaftler dieser Zeit, Hobson, gibt in seinem Buch ‹*Imperialism*› (London 1902) folgende Zahlenangaben über die kolonialen Erwerbungen der europäischen Länder zwischen 1884 und 1900:

England	erwarb	3,7	Millionen Quadratmeilen	57	Millionen Menschen
Frankreich	erwarb	8,7	Millionen Quadratmeilen	36,5	Millionen Menschen
Deutschland	erwarb	1	Million Quadratmeilen	14,7	Millionen Menschen
Belgien	erwarb	0,9	Millionen Quadratmeilen	30	Millionen Menschen
Portugal	erwarb	0,8	Millionen Quadratmeilen	9	Millionen Menschen

(Vgl. W. I. Lenin: ‹*Der Imperialismus als höchstes Stadium des Kapitalismus. Gemeinverständlicher Abriß*›. [Ost-]Berlin 1970, S. 83)

Was meinen wir mit «erwerben»?

1.3 **Wie kommt man zu was?** (Originalberichte)

■ Herr v. Tiedemann hatte mir zu melden, daß er ein arabisches Reismagazin von 20 bis 30 Lasten entdeckt habe. Da das Reislager in einem Gebiet lag, wo vor einigen Wochen Herr v. Tiedemann gezwungen war, sich gegen kriegerische Vergewaltigungen zu wehren, so erklärten wir es für gute Beute nach Kriegsrecht, und nun schwelgte meine ganze Kolonne zum ersten Mal nach den Leiden des Hungers im Überfluß...

Ich mußte auch einsehen, daß es nun wahrscheinlich nicht mehr möglich sein werde, Getreide durch Kauf von den Gallas zu erstehen, und bemächtigte mich noch in der Nacht der sämtlichen vorgefundenen Vorräte, zu denen ich in den nächsten Tagen immer noch weitere Bootsladungen voll

Die politische Aufteilung Afrikas 1914. Bis auf Abessinien und die Negerrepublik Liberia ist Afrika zwischen den Großmächten aufgeteilt

(Aus: P. H. Kuntze: *‹Das Volksbuch unserer Kolonien›*. S. 56)

zu mir herüberholen ließ. Im ganzen gelang es mir, gegen 80 Bootsladungen Getreide in meinem Lager anzuhäufen. . .

Ich wandte mich nun in die benachbarten Dörfer der Wadsagga, um noch vor Einbruch der Nacht den Leuten eine ernstliche Lektion zu erteilen. Bei unserem Abmarsch wurden auch die Dörfer schnell verlassen. Ich befahl, alles, was für uns von Wert war, schnell herauszuräumen und ließ dann nacheinander sechs von diesen Dörfern in Brand stecken. Was an Dörfern der Wadsagga erreichbar war während des Marsches, wurde in Brand gesteckt. . .

Um den Leuten von Busiba zu zeigen, daß es nicht unsere Gewohnheit sei, uns von den Schwarzen hinhalten zu lassen, ließ ich sofort alles, was an Viehherden in Sicht war, zusammentreiben und in Besitz nehmen und drohte ihnen, falls sie sich nicht noch am Abend unterwürfen, ihnen die benachbarten Dörfer anzustecken. . . ■

(Der deutsche «Kolonialpionier» Carl Peters über seine Arbeitsweise, zitiert bei G. v. Paczensky: ‹*Die Weißen kommen*›. Hamburg 1970, S. 104 f.)

Peters war lange Zeit der erste Mann in der Ostafrikanischen Gesellschaft, die er mitbegründet hatte. In ihrem Auftrag wurde Ostafrika von Carl Peters und einigen anderen Deutschen erobert. Dazu ein Wort des damaligen Arbeiterführers und SPD-Reichstagsabgeordneten August Bebel:

■ August Bebel gab am 26. Januar 1889 eine treffende Charakteristik der Deutsch-Ostafrikanischen Gesellschaft, als er sagte: «Wer ist denn diese Ostafrikanische Gesellschaft? Ein kleiner Kreis von Großkapitalisten, Bankiers, Kaufleuten und Fabrikanten, d. h. ein kleiner Kreis von sehr reichen Leuten, deren Interessen mit den Interessen des deutschen Volkes gar nichts zu tun haben, die bei ihrer Kolonialpolitik nichts als ihr eigenes persönliches Interesse im Auge haben, die . . . nur den Zweck hatten, auf Grund größerer Mittel gegenüber einer schwächeren Bevölkerung sich auf alle mögliche Weise zu bereichern. Einer solchen Kolonialpolitik werden wir nie unsere Zustimmung geben. Im Grunde genommen ist das Wesen aller Kolonialpolitik die Ausbeutung einer fremden Bevölkerung in der höchsten Potenz. Wo immer wir die Geschichte der Kolonialpolitik in den letzten drei Jahrhunderten aufschlagen, überall begegnen wir Gewalttätigkeiten und der Unterdrückung der betreffenden Völkerschaften, die nicht selten schließlich mit deren vollständiger Ausrottung endet. Und das treibende Motiv ist immer Gold, Gold und wieder nur Gold zu erwerben. Und um die Ausbeutung der afrikanischen Bevölkerung im vollen Umfange und möglichst ungestört betreiben zu können, sollen aus den Taschen des Reichs, aus den Taschen der Steuerzahler Millionen verwendet werden, soll die Ostafrikanische Gesellschaft aus den Mitteln des Reichs unterstützt werden, damit ihr das Ausbeutungsgeschäft gesichert wird. Daß wir von unserem Standpunkt aus als Gegner jeder Unterdrückung nicht die Hand dazu bieten, werden Sie begreifen. Ich gehe weiter und sage, daß sogar im Falle einer kolonialen Bearbeitung der ostafrikanischen Ländereien, wie sie unter deutscher Schutzherrschaft gestellt sind, durch eine europäische oder deutsche Kolonialgesellschaft für die Einwohner der betreffenden Länder nicht einmal irgendein Vorteil erwächst.» ■

(A. Bebel im Reichstag am 26. 1. 1889; in: ‹*Stenographische Berichte über die Verhandlungen des Deutschen Reichstages*›. Zitiert nach H. Loth: ‹*Griff nach Ostafrika. Politik des deutschen Imperialismus und antikolonialer Kampf. Legende und Wirklichkeit*›. [Ost-]Berlin 1968, S. 19 f.)

Die ostafrikanischen Gesellschaften waren durch jahrhundertelange Wanderungen und Sklavenkriege bis zum Einfall der Deutschen nie politisch geeint gewesen, sondern sie hatten sich in immer kleinere Gruppen aufgeteilt, die sich wieder untereinander bekämpften. Als nun die Deutschen kamen, schienen sie den Afrikanern mächtiger zu sein als der große Herrscher von Sansibar. Daher schlossen sich einige den Deutschen an. Sie wollten über Schutzverträge, die deutschen Beistand und Hilfe in Konfliktfällen versprachen, ihre Macht und Unabhängigkeit bewahren. Andere sahen dies als Unterwerfung an und waren daher zum Verteidigungskampf gegen die Deutschen bereit. Beide Haltungen werden durch die folgenden Dokumente aus dieser Zeit belegt.

Ein deutscher Major der Kolonialarmee, der als Bezirksbeamter in Ostafrika diente, berichtet in seinen Erinnerungen:

■ Nachmittags ging ich selbst zum Sultan mit 30 meiner Soldaten, die ihre beste Uniform angelegt hatten. Er empfing mich inmitten einer zahlreichen Kriegerschar, die fast durchweg mit Bogen, Pfeilen und Speeren, seltener mit Gewehren bewaffnet war. Eine Art Leibgarde war gleichmäßig in weiße Gewänder gekleidet und trug große Vorderlader.

Kassassura sowie sein Sohn und mutmaßlicher Thronerbe Lutamana sind reine lichtfarbige Wahima.

Die üblichen schönen Reden wurden gehalten. Er betonte seine Unterwürfigkeit unter die deutsche Regierung und erklärte, daß er sein Land nur als Lehen[1] vom großen deutschen Sultan hätte. Ich erwiderte, daß wir in sein Land gekommen seien, um den Frieden, Handel und Wandel zu schützen. Leute, die ihre Pflicht erfüllten, hätten nichts zu fürchten, sondern würden von uns in jeder Weise unterstützt werden. Die Reden wurden von der Menge mit begeistertem Applaus aufgenommen, dann wurde der Schutzvertrag unterzeichnet und die deutsche Flagge gehißt. ■

(Wilhelm Langheld, Major a. D.: ‹*Zwanzig Jahre in deutschen Kolonien*›. Berlin 1909, S. 207)

1 Lehen = von «leihen»; im Mittelalter ein verliehenes erbliches Nutzungsrecht an einer Sache; auch: diese Sache selbst

Machema, der Yao-Herrscher über das Makondeplateau, schrieb an den deutschen Armeechef Wissmann:

Ich habe Deine Worte vernommen, sehe aber keine Veranlassung, Dir untertan zu sein – eher würde ich den Tod wählen...

In meinem Land bin ich Sultan. Du bist Sultan dort in Deinem... Ich werde Dir nicht entgegenkommen, und wenn Du stark genug bist, dann komm und hol mich.

(J. Iliffe: ‹*Tanzania Under German and British Rule*›. In: ‹*Zamani. A Survey of East African History*›. Edited by B. A. Ogot and J. A. Kieran. Nairobi, London 1968, S. 292. Übersetzung hier – wie in allen nachfolgend zitierten englischsprachigen Werken – von uns.)

Die deutsche Armee kam in das Land Machemas. Viele Männer vom Makondeplateau sammelten sich um ihn zum Kampf gegen die Deutschen. Nachdem sie mehrere Überfälle erfolgreich abgewehrt hatten, wurden sie im Jahre 1899 überwältigt. Die Deutschen zerstörten ihre Siedlungen, die Überlebenden flohen unter der Führung Machemas nach Moçambique – wo sie wiederum die portugiesischen Kolonialherren zu fürchten hatten.

Die Deutschen ließen die sorgfältig gepflegten Ländereien der Yao-Leute von Machema verkommen. Es gab nicht einmal mehr genug Afrikaner in der Gegend, die die Obstbäume hätten abernten können. Das Land versteppte rasch.

Am 29. Juli bin ich mit fliegenden Fahnen in Tabora eingezogen, bewillkommnet von allen Arabern des Landes. Ich habe seitdem mit denselben im Namen des Reiches ein Bündnis geschlossen, einen Gouverneur ernannt und hoffe, schon morgen die deutsche Flagge aufziehen zu können. Inzwischen habe ich an Sultan Sike ein Ultimatum gestellt und Auslieferung des der Firma Meyer in Hamburg gestohlenen Elfenbeins, sowie seiner beiden Kanonen – einer Mitrailleuse[1] und eines glatten Geschützes – sowie die Übergabe seines Landes an Deutschland verlangt. Ich erwarte die Antwort morgen früh, und fällt dieselbe nicht nach meinem Wunsche aus, so greife ich schon morgen abend an. Ich bin jedoch fest überzeugt, daß es dessen nicht bedürfen wird und daß morgen früh Geschütze und einiges Elfenbein vor meinem Zelte erscheinen werden. Es ist eigentlich eine Unverschämtheit von mir, den Leuten so ins Haus zu fallen und ihnen ohne weiteres Land und Leute zu annektieren[2]; es geht aber nicht anders, und wir können hier nicht so sanft verfahren, wie man in Europa wohl tut...

(Emin Pascha, mit richtigem Namen Eduard Schnitzer, einer der «Helden der deutschen Koloniallegende» in einem Brief an seine Schwester 1890; zitiert bei G. v. Paczensky: ‹*Die Weißen kommen*›. Hamburg 1970, S. 54)

1 Mitrailleuse = Maschinengewehr
2 annektieren = sich gewaltsam aneignen

Man bildete sich an der Küste ein, es bedürfe zur Besetzung von Tabora einer Armee von 500 bis 600 Mann mit Kanonen und allem anderem Krimskram, und nun bin ich mit meinen 100 Mann – 50 würden im Gefecht weglaufen – hier mitten im Araberneste, habe die deutsche Flagge gehißt und zwei Geschütze erbeutet. Es ist eigentlich verwunderlich, wie unverschämt man doch sein kann. . .

(Emin Pascha in einem Brief an einen Freund vom 17. August 1890, in: *‹Die Tagebücher von Dr. Emin Pascha›*. Hg. von Dr. Franz Stuhlmann. Band VI, Hamburg und Braunschweig 1921, S. 293.)

Nach zweieinhalbstündigem Marsche näherten wir uns einem außergewöhnlich großen Komplex[1] von Ansiedlungen mitten in steinigen Hügeln, wurden aber bald durch Stanleys Pfeifen belehrt, daß dort ein Hindernis für uns sei, und gleich darauf knallten die Schüsse, und die Negerhetze begann, und wer einen Neger niederschoß, wurde applaudiert, und so ging es etwa zwanzig Minuten lang, bis der Marsch wieder aufgenommen wurde und zwei Gefangene uns begleiteten. Und das alles, weil Stanley keinen *Hongo* (= Wegzoll, den die Herren der einzelnen kleinen Länder von den Durchreisenden erhoben) bezahlen will, und um den Karawanen anderer Leute den Weg zu bahnen – ich hätte sagen sollen zu schließen. . .

Unter fortwährendem Geknalle zogen wir in Staubwolken gehüllt vorwärts, längs der Felshügel hin und hielten zwanzig Minuten später inmitten einer Gruppe malerischer, aber von der Sonne zur Glühhitze geheizter Felsen auf einer Sandfläche, die die Hitze grausam zurückstrahlt. Kaum angekommen, wurden die Offiziere und Zanzibaresen wiederum ausgesandt, um Ansammlungen von Negern zu zerstreuen und die in Gesichtsweite liegenden Dörfer zu beschießen, was sofort geschah. . .

Gegen Abend wurden drei Offiziere ausgesandt mit der Aufgabe, alle Ansiedlungen im großen Umkreise anzuzünden, und bald war das Schandwerk getan, und die Flammen flackerten lustig auf. Es ist dies die herbste Behandlung, die man den Negern hat antun können, denn es gibt jetzt kein Gras, und Bäume sind selten im Lande. Inzwischen dauerte das Zielschießen nach den Negern fort, und erst die Vorbereitungen einer Art Verschanzung, in die wir alle zu kommen hatten, setzte mit der anbrechenden Nacht diesem Unfug ein Ende. . .

Unterwegs wurde die Nachhut von weitem beschossen, aber ohne Harm; Nelson antwortete sofort mit Einzelfeuer, das einige Neger tötete. Als aber trotzdem die Ansammlungen – fern von uns – und das Getobe größer wurden, ließ Stanley halten und sandte Jephson mit einer Abteilung in die nächstgelegenen Dörfer, um die Neger zu vertreiben. Jephson zündete die

1 Komplex = hier: Gruppe (von Ansiedlungen)

Hütten an und kehrte mit fünfzig bis sechzig Rindern zurück. Sofort ging Stairs mit seinen Leuten gegen die anderen Dörfer vor und brachte von dort noch eine größere Zahl Rinder, besonders aber viele Schafe und Ziegen zurück. Wir brachen nun wieder auf und marschierten lustig vorwärts. ■
(‹*Die Tagebücher von Dr. Emin Pascha*›. Band IV, S. 375–378)

■ Wenn wir Wahehe, Mafiti und dergleichen mit moralischer Entrüstung als Mordbrenner, Viehdiebe und Wegelagerer und dergleichen bezeichnen, so wird es diesen jedenfalls schwer werden, den Unterschied zwischen uns und sich selbst in irgend etwas anderem zu erblicken, als in der Hautfarbe, der besseren Bewaffnung und den schönen Redensarten. ■

(So der damalige Gouverneur von «Deutsch-Ostafrika», Freiherr Julius von Soden, am 19. 10. 1891. Aus den Akten des Reichskolonialamts zitiert von Heinrich Loth in seinem Buch ‹*Griff nach Ostafrika*›. S. 196, Anmerkung 117.)

Nachdem die Deutschen in dem Hauptquartier von Nduna[1] Songea (dem damals bedeutendsten Ngoni-Führer in Süd-Tansania) freundlich begrüßt worden waren, riefen sie vier weitere Anführer der Süd-Ngoni zusammen, um sie kennenzulernen.

Dieses erste Treffen ließ die Ngoni-Herrscher zu dem Eindruck kommen, daß die Deutsche Gesellschaft freundlich und nicht mit politischen Absichten hergekommen sei und daß sie sich nur vorübergehend in diesem Land aufhalten würde.

Aber innerhalb einer Woche nach ihrer Ankunft gelang es diesen Besuchern, ein gut befestigtes hölzernes Fort anzulegen. Als die fünf Führer wieder einmal die Fremden zu einem – wie sie meinten – freundlichen Gespräch besuchen kamen, ließen sie sich von ihren Generälen begleiten.

Mzee[2] Lukonjilumonga Moyo hat als Augenzeuge berichtet, was damals geschah:

■ Bevor die Ngoni-Anführer aufgefordert wurden, das neue Fort zu betreten, führten die Deutschen ihnen ihre Feuerwaffen vor, um ihnen deren Stärke und Durchschlagskraft zu zeigen. Nduna Songea wurde gebeten, drei Kriegsschilde herbeizubringen. Die Europäer befahlen ihren nubischen Soldaten auf die Schilde, die aus Häuten gefertigt waren, zu schießen. Es erwies sich, daß sie leicht von den Geschossen durchlöchert und zerstört werden konnten.

1 ‹Nduna› ist der Herrschertitel bei den Ngoni.
2 Mzee bedeutet «ehrwürdiger Alter», wird aber auch für jüngere hochgestellte Persönlichkeiten verwendet.

Dies überzeugte die Ngoni-Anführer davon, daß die deutschen Geschosse mächtiger waren als ihre Speere.

Danach wurden die Führer in das hölzerne Fort gebeten. Dies war unter strategischen[1] Gesichtspunkten angelegt worden. Eingezäunt war es mit starkem Eisendraht. Innen gab es mehrere Gräben, die mit Fallen ausgerüstet waren, und befestigte Zelte. Das Eingangstor war durch bewaffnete Soldaten scharf bewacht.

Die Vertreter der Ngoni erklärten sich bereit, in das Fort einzutreten. Dies geschah ihrem Rang nach. Nkosi Mlamira Gama ging als erster hinein. Dann kam Nduna Songea Mbano, gefolgt von den Ndunas Mgendela Gama, Kapungu und Putire Gama. Zum Schluß kamen die Generäle.

Als sie sich nun alle in dem Fort befanden, wurden sie plötzlich gefangengenommen und mit hölzernen Fesseln aneinandergekettet. Der Nkosi und die vier Ndunas wurden zuerst festgenommen. Als die Generäle zu fliehen versuchten und über die Palisaden[2] springen wollten, eröffneten die Deutschen das Feuer und erschossen fünf von ihnen. Unter den Opfern des Massakers[3] waren Chakoma Mbano, Chapwanya, Mtiwula, Mahengu und Tawula. Die Anführer, die überlebt hatten, wurden etwa drei bis sechs Monate auf dem Fort gefangengehalten. [Anmerkung der Autoren: dies ist eine Übertreibung.] Als man sie wieder freiließ, wurden sie gezwungen, sich bedingungslos der Deutschen Herrschaft zu ergeben. ■

(Mzee Lukonjilumonga Moyo von Mshangano Songea, in einer Befragung vom 16. Mai 1968. Aus: ‹*The Maji Maji War in Ungoni*›. By O. B. Mapunda and G. P. Mpangara, The University College, Dar es Salaam, Maji Maji Research Paper No. 1, Nairobi: East African Publishing House 1969, S. 11 f.)

1.4 Wer was hat, der will was davon haben (Originalberichte)

■ Bedenken wir, daß gerade in den Tropenländern, in denen die weiße Rasse voraussichtlich noch auf lange Zeit sich nicht voll akklimatisieren[4] wird, der Eingeborene nicht nur der Produzent[5] der Ausfuhrwerte und der Konsument der Einfuhr, sondern auch die Quelle der Arbeitskräfte für alle europäischen Unternehmungen ist, so wird man kaum der Behauptung

1 strategisch = von «Strategie» (= Lehre von der Vorbereitung und Lenkung großer militärischer Unternehmungen
2 Palisaden = Schanzpfähle, aus Pfählen bestehendes Hindernis
3 Massaker = Gemetzel
4 akklimatisieren = sich anpassen
5 Produzent = Erzeuger, Hersteller

Die Afrikaner hatten ihre eigenen Städte (Korogwe) ...,
(Aus: O. Baumann: ‹*In Deutsch-Ostafrika während des Aufstands*›. Wien und Olmütz 1890, S. 117)

widersprechen können, daß er das wertvollste Wirtschaftskapital unserer Kolonien darstellt... Gelingt es der Hygiene, eine nachhaltige Bevölkerungszunahme zu erzielen, ist einleuchtend, wie unmittelbar die Aussichten für alle kolonialen Wirtschaftsprobleme steigen... Oder ein Beispiel von der negativen Seite: Eine Pockenepedemie zieht über einen Landesteil hinweg und fordert – sagen wir – 5000 Menschenleben. Man setze den Kapitalwert jedes Gestorbenen hinsichtlich Steuerkraft, Produktionsfähigkeit, Kauf- oder Arbeitskraft in unseren Diensten oder schließlich als Familienvater oder als Mutter auf den minimalen Betrag von jährlich 10 Mk. fest, so haben wir unter der Annahme, daß er noch 10 Jahre im Durchschnitt gelebt hätte, einen direkten Verlust von einer halben Million durch eine einzige beschränkte Seuche... ■
(Aus: Külz: ‹*Wesen und Ziel der Eingeborenenhygiene in den deutschen Kolonien*›. In: ‹*Verhandlungen des Deutschen Kolonialkongresses 1910 zu Berlin am 6.,7. und 8. Oktober 1910...*›. Hg. vom Redaktionsausschuß. Berlin 1910, S. 343 f.)

■ «Nicht mit Theorien und Phrasen[1] löst man die vorliegende Aufgabe, sondern mit tätigem, energischem Eingriff. Deswegen habe ich mich nicht weitläufig darüber verbreitet, daß der Neger zur Arbeit gezwungen werden

1 Phrasen = leere Redensarten

. . . die Europäer zwangen ihnen ihre Städte auf (Daressalam). (Foto: CIRIC)

muß, sondern ich habe gezeigt, *wie* es geschehen kann. Daß man dabei nicht mit den *weichen Mitteln von Überredung und Beispiel zu Werke* gehen kann, ist klar, es bedarf *kräftiger Beilhiebe*, ehe der gänzlich rohe Klotz eine Gestalt bekommt, der ihr letztes Gepräge mit der Feile gegeben wird. *Überlassen wir die Anschauung von Würde und Freiheit der Neger dem Philantropen,* und wie wir uns politisch zur Macht aufgeschwungen haben, emanzipieren[1] wir auch unser Urteil von dem Einfluß der Anschauung fremder Völker und lösen wir die vor uns liegende Frage auf *spezifisch deutsche Art.*»

Zur Ehrenrettung der deutschen Art darf man konstatieren[2], daß die Rezepte des Grafen Pfeil vor ihm schon von mannigfachen Kolonialstaaten angewandt wurden. Sie entspringen nicht dem Deutschtum, sondern dem Wesen der Kolonialpolitik. Vielleicht wäre man versucht, als spezifisch deutsch die Methode anzusehen, zuerst die Arbeit der Neger als eine notwendige Vorbedingung für sie hinzustellen, damit sie zum «Gefühl ihrer Würde» kommen, um dann, nachdem sich diese Arbeit als Sklaverei ent-

1 emanzipieren = unabhängig, selbständig machen
2 konstatieren = feststellen

puppt hat, die «Würde» der Neger hohnlachend den «Philanthropen» zu überlassen.

Aber auch dies ungenierte Übergehen von der ethischen Phrase zum profitwürdigen Zynismus hat bei anderen Nationen, die Kolonialpolitik treiben, Vorbilder aufzuweisen.

(Aus: Karl Kautsky: ‹*Methoden der Kolonialverwaltung*›. In: *Die Neue Zeit. Wochenschrift der Deutschen Sozialdemokratie.* Stuttgart 1907, S. 614–621, hier: S. 620. Besprechung des Buches von Dr. Joachim Graf von Pfeil: ‹*Zur Erwerbung von Deutsch-Ostafrika. Ein Beitrag zu seiner Geschichte*›. Berlin, o. J.)

Carl Peters behandelt in seinem Buch ‹*Die Deutsch-Ostafrikanische Kolonie*› von 1889 wirtschaftliche Probleme der Kolonisierung und macht in diesem Zusammenhang folgende Angaben zur Arbeiterfrage (S. 38–40):

Das eigentliche Problem, da die sonstigen natürlichen Bedingungen nach dem Vorausgesagten vorhanden sind, welches für die Rentabilität[1] solcher Kulturen zu lösen war, ist die Arbeiterfrage, da die Transportfrage von der Küste nach Europa gegenüber anderen konkurrierenden Gebieten Durchschnitts-Bedingungen aufweist; für die Erschließung des Innern aber vornehmlich ebenfalls von der Lösung der Arbeiterfrage abhängt. Was die Arbeiter-Verhältnisse im Allgemeinen anbetrifft, so gehört der Suaheli als solcher in seinem sanften und willfähigen Charakter, wie längst nachgewiesen ist, zu dem besten Material von Afrika. Der Zanzibar-Träger findet seine Verwendung auch in West-Afrika und jeder Kenner des Platzes Zanzibar weiß, welche Leistungsfähigkeit demselben inne wohnt. Nun ist bekanntlich die vornehmlichste Rechtsform, in welcher dieses Arbeiter-Material zu seiner Herrschaft steht, noch das der Sklaverei. Der einzelne Arbeiter ist nicht Person, sondern Sache. Nachdem bewiesen war, daß der Suaheli einen sehr guten Arbeiter abzugeben vermag, lag die Schwierigkeit darin, an die Stelle der Sklaverei das unserem europäischen sittlichen Rechtsbewußtsein entspechende Kontrakts-Verhältniß[3] zwischen Arbeitgeber und Arbeiter treten zu lassen. Die Frage war, ob es gelingen werde, dem Einzelnen das Gefühl der persönlichen Verantwortung für eingegangene Verpflichtungen anzuerziehen und ihn dadurch für einen Plantagen-Betrieb nützlich zu machen. Naturgemäß mußten wir hierbei zu Anfang auf eine Reihe von Rückschlägen gefaßt sein, das Gefühl der Persönlichkeit läßt sich nicht von heut auf morgen einimpfen. Aber ich glaube doch aussprechen zu dürfen, daß durch die Entwickelung der letzten 3 bis 4 Jahre die gestellte Frage schon heut im bejahenden Sinne beantwortet wor-

1 Rentabilität = Einträglichkeit, Verzinsungshöhe
2 Kontrakts-Verhältniß = Vertragsverhältnis

den ist. Wir haben auf unseren sämtlichen Stationen einen festen Stock[1] von freien Arbeitern gewonnen, welcher nur durch Kontrakt auf bestimmte Zeit, etwa auf einen Monat, an dieselben gebunden sind. Dr. Stuhlmann fand auf der Station Lewa täglich 700 solcher Tagelöhner beschäftigt, auf Usungula arbeiteten im Sommer 1887 täglich 200 bis 300 Mann und auch auf den übrigen Stationen wurden die Perioden[2] der Arbeitslosigkeit mit der fortschreitenden Befestigung der Verhältnisse immer seltener und kürzer. Dabei zeigten die Lohnsätze fortdauernd eine sinkende Tendenz; mußten zu Anfang 75 Pf. per Kopf und Tag und darüber bezahlt werden, so konnte der Durchschnitts-Lohn im Mai 1887 als etwa 50 Pf. per Kopf und Tag festgestellt werden. In Lewa wurde im Dezember 1887 1 Rupee für vier Lohn-Tage bezahlt, was auf den Tag einen Lohnsatz von 1/4 Rupee oder etwa 37 Pf. ergiebt. Die günstigsten Resultate erzielte wohl Herr Hermes auf Petershöhe in Useguha, welcher die Lohnsätze zeitweilig bis auf 20–25 Pf. herabzudrücken vermochte. Das Geheimniß für die Lösung der Arbeiterfrage im Sinne des Kontraktsverhältnisses liegt im Anwachsen der Bedürfnisse der schwarzen Bevölkerung, wie sie die Entwickelung des Hafenplatzes Zanzibar schon lange mit sich brachte und die Anlegung einer Weißen-Station im Innern überall zur Folge hat. Die Begehrlichkeit der Schwarzen richtet sich vornehmlich auf Toilette-Gegenstände und Geräthschaften verschiedener Art, bei den Vornehmeren wohl auch auf Waffen und Munition. In Lewa konnte im Sommer 1888 wöchentlich bereits ein kleiner Markt abgehalten werden; da der Schwarze ohne Baarzahlung auf diesem Markt nichts erhält, so bequemt er sich eben dazu, in ein Lohnverhältniß zur Gesellschaft zu treten. Wird dazu ein rationelles[3] System der Bestrafung im Falle von Kontraktbrüchigkeit, von Belohnung dagegen bei gewissenhafter Innehaltung der eingegangenen Verpflichtung eingesetzt, so wird man bei sonst normaler Entwickelung, wohl durchweg in unseren Gebieten günstige Resultate erzielen. Dies ist, wie selbstverständlich, sehr individuelle Sache des betreffenden Stations-Chefs.

Jedenfalls läßt sich bei Verhältnissen, wie sie die obigen Mitteilungen klar zu machen suchen, an der Konkurrenzfähigkeit von Deutsch-Ostafrika mit anderen tropischen Gebieten nicht mehr zweifeln. Wenn wir die Arbeitskräfte zu so billigen Preisen erhalten können, so läßt sich bei der allgemeinen Fruchtbarkeit des Gebiets berechnen, daß dasselbe auf dem Weltmarkt konkurrenzfähig ist. ■

■ Die wichtigste Leistung für den Staat ist die Hüttensteuer. Sie wird naturgemäß ungern bezahlt und als lästig empfunden . . . Sie ist das beste

1 Stock = Bestand
2 Perioden = Zeitabschnitte
3 rationell = zweckmäßig

Erziehungsmittel zur Arbeit und notwendig, um die Kolonie finanziell unabhängig zu machen. ■

(Graf Götzen, ehemaliger Gouverneur von Deutsch-Ostafrika, in einer Denkschrift zum Maji-Maji-Aufstand vor dem Deutschen Reichstag im Januar 1905; zitiert von B. v. König: ‹*Die Eingeborenen-Besteuerung in unseren Kolonien*›. In: ‹*Verhandlungen des Deutschen Kolonialkongresses 1910 zu Berlin am 6.,7. und 8. Oktober 1910. . .*›. Herausgegeben vom Redaktionsausschuß. Berlin 1910, S. 427)

■ Der *Nutzen* der Eingeborenenbesteuerung ist *dreifach*. Einmal wirkt ein zweckmäßiges Steuersystem *erzieherisch*; der natürliche Hang zur Trägheit, gefördert durch das Klima und den Fortfall des Ringens um die Existenz, wird durch die Besteuerung bekämpft.

Zweitens trägt diese dazu bei, den *Beamtenstand mit den Eingeborenen in Berührung zu bringen* und dadurch das Verständnis für ihre Einrichtungen und Anschauungen zu fördern.

Drittens – last not least – sind die *finanziellen Ergebnisse* auch einer mäßigen Besteuerung oft erheblich und können ungemein zur Entwicklung der Kolonialgebiete beitragen. ■

(Aus: B. v. König: ‹*Die Eingeborenen-Besteuerung in unseren Kolonien*›. In: ‹*Verhandlungen des Deutschen Kolonialkongresses. . .*›. S. 424 f.)

In Matumbi, nordwestlich von Kilwa (einer damals bedeutenden Hafenstadt im Süden Tansanias mit alter arabischer Tradition) setzten die Deutschen einen Statthalter ein. Im Jahr 1897 forderte er, daß die Einwohner von Matumbi ihm Steuern zahlen sollten. Sie weigerten sich, wie aus folgendem Bericht hervorgeht:

■ Als damals dieser Europäer ankam, fragte er: Warum habt ihr nicht dem Ruf der Trommel[1] gemäß eure Steuern bezahlt?

Und sie sagten: Wir sind dir zu nichts verpflichtet, wir schulden dir gar nichts. Wenn du als ein Fremder in diesem Land bleiben willst, wirst du uns darum bitten müssen. Dann werden wir dich um eine Gabe bitten, um die Götter günstig zu stimmen. Du wirst etwas opfern und wir werden die Götter bitten, sich mit dir zu versöhnen; wir werden dir Land geben und du wirst einen Ort haben, wo du bleiben kannst. Aber es ist nicht unsere Sache als Gastgeber, dir etwas darzubringen. Das ist völlig unmöglich. ■

(Mzee Ambrose Ngombale Mwiru von Kipatimu, in einem Interview am 26. September 1967. In: ‹*Records of the Maji Maji Rising*›. Part One. Edited by G. C. K. Gwassa and John Iliffe, The University College, Dar es Salaam, Historical Association of Tanzania Paper No. 4. Nairobi ²1969, S. 3)

1 Zur Übermittlung von Nachrichten aller Art wurden in der Zeit in Ostafrika Trommeln benutzt.

Fort von Bagamoyo

Die „Boma" von Tabora. Ursprünglich ein fester Platz der Araber, nachher deutsches Bezirksamt. Von der Mandatsverwaltung auch als Sitz der Distriktsleitung benutzt.

«Boma» heißt «Festung»; vor der Kolonialzeit war damit gemeint ein mit Wall und Graben versehener Ort. Die Deutschen legten ihre ersten Stützpunkte kriegsgerecht als Forts an (vgl. S. 47 ff.). Später bauten sie diese aus zu festen Gebäuden mit Burgcharakter. Diese Bauten dienten dann als Verwaltungszentrum; daher ist «Boma» auch heute noch das Wort für «Rathaus».

Station Kilimatinde

Station Mpapua

(Kilimatinde, Bagamoyo und Mpapua auf den Seiten 230, 4 und 285 in: Wilhelm Langheld: ‹*Zwanzig Jahre in deutschen Kolonien*›. Berlin 1909. Die «Boma» von Tabora aus: Richard Thurnwald: ‹*Koloniale Gestaltung. Methoden und Probleme überseeischer Ausdehnung*›, Hamburg 1939, S. 257)

Harte und unbezahlte Arbeit bedeutete eine weitere böse Erfahrung der Leute von Ngoni unter der Herrschaft der Deutschen. Die Ndunas und Jumben[1] wurden gezwungen, Arbeiter zu stellen. Die wichtigste Arbeit lag darin, große, mächtige Gebäude aus gebrannten Ziegeln zu errichten, die als dauerhaftes Verwaltungszentrum dienen sollten und den Kern des heutigen Songea bilden (Hauptstadt der Südprovinz Tansanias).

Mzee Mustapha Mbano hat das Leid der Leute aus dieser Zeit beschrieben:

■ Die Deutschen begannen die Leute zu quälen, indem sie sie zwangen, sehr hart zu arbeiten. Sie mußten sehr schwere Baumstämme von den Matimira-Wäldern bis zur Boma tragen, um dort daraus Bauholz zu machen; das ist eine Strecke von ungefähr 32 Kilometern. Das Ergebnis war, daß viele von ihnen umkamen, bevor sie mit ihren Traglasten das Ziel erreicht hatten. Jeder Versuch, von der harten Arbeit zu entkommen, wurde sehr schwer bestraft: oft mit dem Tod. ■

(Mzee Mustapha Mbano von Matimira in einem Interview am 15. April 1966. Aus: O. B. Mapunda, G. P. Mpangara: *‹The Maji Maji War in Ungoni›*. The University College Dar es Salaam. Maji Maji Research Paper No. 1, Nairobi 1969, S. 13)

Die Methoden der Steuereintreibung waren äußerst erniedrigend für die Ngoni. Mzee Bi Susana Mbeya gibt darüber diesen Bericht:

■ Grausame und brutale Mittel wurden eingesetzt. Ein Mann, der seine Steuern nicht bezahlt hatte, wurde gefesselt und so lange durchgepeitscht, bis einer seiner Verwandten freiwillig die Steuer für ihn zahlte. ■

(Mzee Amlani von Mchomoro in einem Interview am 1. Mai 1968. Aus: *‹Maji Maji War in Ungoni›*. S. 13)

Mzee Amlani von Mchomoro beschreibt seine persönliche Erfahrung:

■ Die deutsche Herrschaft war sehr gewalttätig. Auf einen kleinen Fehler standen schwere Strafen, in den meisten Fällen nicht weniger als fünfzehn Peitschenhiebe. Jeder Jumbe eines Dorfes mußte zu diesem Zweck eine Nilpferdpeitsche in seinem Haus haben. ■

(Mzee Amlani von Mchomoro in einem Interview am 1. Mai 1968. Aus: *‹Maji Maji War in Ungoni›*. S. 13)

■ Hier in Chiwata wird jeden Mittwoch Gericht gehalten und viele Leute werden geschlagen, einige ins Gefängnis geworfen: auf Befehl der deut-

1 «Jumbe» ist die Bezeichnung für Ortsvorsteher.

schen Regierung. Wir aber, die wir seit so langer Zeit gewohnt waren, uns selbst zu regieren, finden die Gesetze dieser Deutschen sehr hart, besonders die Steuern, weil wir Schwarzen kein Geld haben; unser Reichtum besteht aus Hirse, Mais, Öl, Erdnüssen und ähnlichen Dingen. Hier in Chiwata wurden zwei Häuser gebaut, eins für das Gericht und eins für das Gefängnis. ■

(Agnes Achitinato aus Chiwata zu Pastor C. C. Child am 15. März 1898; Referenz: USPG Archives (London), UMCA A/5. In: ‹*Records of the Maji Maji Rising*›. S. 1)

Wache, Gefängnis und Schaurihütte in Tabora

Wache, Gefängnis und Schaurihütte in Tabora
(Aus: Wilhelm Langheld: ‹*Zwanzig Jahre in deutschen Kolonien*›. Berlin 1909, S. 248)

«Schaurihütte»: Versammlungsort, zur Abhaltung von Gerichtsverhandlungen oder politischen Versammlungen.

Bevor die Deutschen kamen, hatten die Ngoni in ihrem Gebiet unbestrittenen politischen Einfluß und Macht. Die deutsche Besatzung brach diese Vorherrschaft. Bwana[1] Albert Kangala Tawete, der letzte Stammesvorsitzende von Ngoni Mshope, berichtet folgendes:

■ Was die Ngoni am meisten demütigte, war die Tatsache, daß sie von Europäern beherrscht wurden. Sie waren eher zu sterben bereit, als weiterhin die Herrschaft der Weißen zu ertragen; denn deren Auswirkungen hatten ihre Väter in Südafrika zu spüren bekommen. ■

(Bwana Albert Kangala Tawete von New Gumbiro in einem Interview am 22. April 1968. In: ‹*The Maji Maji War in Ungoni*›. S. 13 f.)

1 Bwana ist in Kiswahili die Anrede für «Herr» oder auch «Genosse».

(Anm. d. Verf.: Die Ngoni stammen aus Südafrika, wo sie von den Buren und anderen weißen Einwanderern verdrängt wurden, denen sie waffentechnisch unterlegen waren. Viele Jahrzehnte lang zogen einige Gruppen dieses Volkes durch die ganze südliche Hälfte des Kontinents und ließen sich dort nieder, wo es noch kaum bewohntes Land gab oder wo der Widerstand der dort ansässigen Bevölkerung gebrochen werden konnte. Eine bedeutende Gruppe dieses Stammes blieb im Südosten des heutigen Tansania, ein paar Familien zogen weiter nach Nordwesten, wo sie sich seit einigen Jahrzehnten mit Leuten anderer Stammesherkunft vermischt haben.

Einige Ngoni-Gruppen führten dabei viele Kriege, weil das leicht nutzbare Land zwischen Kap und Viktoria-See bereits um die Mitte des 19. Jahrhunderts vergeben war.

Von diesen Kriegen hörten die frühen europäischen Reisenden durch Ostafrika und feierten sie als Beweismittel und leuchtendes Beispiel für «die Grausamkeit der unzivilisierten Afrikaner, die sich gegenseitig das Land wegnehmen und sich totschlagen». An die weißen Einwanderer dachte damals niemand mehr – oder man wagte nicht, als die Ursache dieser «Stammeskriege» die Eroberung des Afrikanerlandes durch die Weißen anzuprangern.)

In Süd-Tansania führten die Deutschen den Zwangsanbau von Baumwolle ein. Jeder Afrikaner mußte entweder selbst eine bestimmte Menge Baumwolle anpflanzen und den Ertrag zu einem niedrigen Preis an die deutsche Besatzungsmacht verkaufen, oder eine bestimmte Anzahl Tage pro Jahr bzw. Saison auf einem Baumwollfeld des Ortsvorstehers arbeiten. Dadurch wuchs ihr Haß. Mzee Ndundule Mangaya von Kipatimu hat das damals erlebt. Er berichtet:

■ Für Anbau, Pflege und Ernte der Baumwolle wurde im Schichtdienst gesorgt. Jedem Dorf wurden bestimmte Tage zugeteilt, an denen auf der Farm Samanga Ndumbo oder auf der Pflanzung des Jumbe gearbeitet werden mußte. Von jedem Gehöft mußte einer kommen, außer wenn es sehr viele Leute auf einem Hof gab. So konntest du verpflichtet werden, fünf oder zehn Tage auf Samanga zu arbeiten. So mußtest du gehen. Dann kam nach der Hälfte der Zeit jemand anders von zu Hause, um einen zu entlasten. Wenn es aber niemand gab, der sich um den einen sorgte, der die Zwangsarbeit tat, mußte dieser weiterschuften, bis die volle Zeit um war.

So war es aber auch auf der Pflanzung des Ortsvorstehers. Wenn du wiederkamst von Samanga, warst du beim Jumbe wieder dran – oder wenn du beim Ortsvorsteher begonnen hattest, erwartete dich schon wieder der Dienst auf Samanga.

Keine Frau brauchte hin, außer, wenn ihr Mann weggelaufen war; denn dann sagten sie immer, sie hätte ihn versteckt. Dann mußte die Frau gehen.

Wenn in einem Dorf ein ehemaliges Sippenoberhaupt zu dieser Arbeit verpflichtet wurde, schickte er für sich seinen Sklaven.

Warst du erst einmal da, mußtest du sehr viel leiden, alle mußten das. Dein Rücken und dein Hintern wurden gepeitscht und du durftest dich nicht wieder aufrichten, wenn du dich einmal niedergebeugt hattest zum Graben.

Das Gute an den Deutschen war, daß alle Leute gleich waren unter der Peitsche. Wenn ein Ortsvorsteher oder Bezirksstatthalter einen Fehler gemacht hatte, bekam er auch die Peitsche.

So gab es Leute, die mußten das Land roden: von Bäumen und Unterholz freimachen; andere pflügten das Land; die nächsten glätteten den Boden und bepflanzten ihn; eine andere Gruppe mußte Unkraut jäten und wieder andere mußten ernten. Und schließlich mußten welche die Baumwollballen noch jenseits von Kikanda an die Küste tragen zum Verschiffen. Doch wußten wir nicht, wo es hingebracht wurde.

Dann: Wenn der Europäer ein bißchen Geld rausgab an den Bezirksstatthalter oder Jumben, behielten die das. Wir bekamen nichts. Im Gegenteil. Die Leute litten sehr unter der Baumwolle, die drei Monate zum Reifen brauchte und im vierten gelesen werden mußte. Nun, Graben und Pflanzen fiel in die Monate von Ntandatu und Nchimbi, und das war die Zeit, wo es immer so sehr viele Wildschweine gab in diesem Land. Die mußten verjagt werden. Wenn du das der Frau überlassen mußtest, so konnte sie dies doch nicht gut tun, so in der Nacht.

Außerdem waren die sehr widerspenstig und stur in dieser Zeit und machten sich nicht davon, so dicht man auch immer rangehen wollte.

Nur sehr wenige Frauen können ihren Männern helfen in der Nacht und das sind die mit einem sehr starken Herz.

Es gab auch sehr viele Vögel, und wenn du keine Kinder hattest, mußtest du deiner Frau helfen die Vögel zu verscheuchen, während du gleichzeitig ein Stück Land gerodet hast für die zweite Maisernte, weil deine Frau keine Zeit haben würde.

Und gerade in dieser Jahreszeit verlangten sie, daß du dein Haus verläßt und nach Samanga gehst oder auf der Pflanzung des Jumbe arbeitest. Deshalb wurden die Leute böse und wütend.

Die Arbeit war ungeheuer hart und voll schwerem Leid, aber der Lohn dafür war die Peitsche auf Rücken und Hintern. Und trotz alledem verlangte der Deutsche, daß wir ihm Steuern zahlten. Waren wir denn keine menschlichen Wesen?

Und die Wamatumbi, besonders die Wawolo vom Hochland, haben sich seit jeher noch von keinem belästigen oder beherrschen lassen. Sie waren wirklich wild vor Zorn, ah! Unter so viel Leid geknechtet, hielten sie es für besser zu sterben, als in solcher Qual zu leben.

Daher haßten sie die Herrschaft, die zu grausam war. Das war nicht wegen der Landarbeit, keineswegs. Wenn es eine gute Landwirtschaft gewesen wäre, die Sinn und Gewinn gehabt hätte, wer hätte sich dann aufgegeben, wer hätte dann lieber sterben wollen? Früher schon hatte der Europäer Schwierigkeiten gemacht. Aber als er begann, uns dazu zu bringen, für ihn Baumwolle anzubauen, Straßen zu bauen und so weiter, da sagten die Leute: «Dieser ist jetzt ein allgewaltiger Herrscher geworden, wir müssen ihn vernichten.» ■

(Mzee Ndundule Mangaya von Kipatimu in einem Interview am 2. bis 10. September 1967. In: ‹*Records of the Maji Maji Rising*›. S. 4 f.)

■ Die Leute wurden vom Eingeborenenamt und der Polizei gestellt, die zur Lieferung der geforderten Anzahl sogar bei Nacht das Dachstroh der Hütten aufreißen und eindringen, da die Türen von innen verschlossen sind. Frauen werden als Geiseln weggeführt, wenn ihre Männer sich nicht zur Arbeit stellen. Die Folge ist, daß die Mehrzahl sich in den Wald flüchtet und in verschanzten Stellungen lebt, während nur die Kranken in den Dörfern zurückbleiben. ■

(Aus: E. Lewin: ‹*Deutsche Kolonisatoren in Afrika*›. Zürich 1918, S. 18, zitiert nach H. Loth: ‹*Griff nach Ostafrika*›. [Ost-]Berlin 1968, S. 50)

■ Allein in den Jahren 1891 bis 1897 wurden in Ostafrika 61 größere Strafexpeditionen und Unterwerfungsfeldzüge gegen die Bevölkerung durchgeführt. Das Verfahren der Strafexpeditionen bestand «vor allem darin . . . soundsoviele Dorfschaften niederzubrennen, die Felder zu zerstören und das Vieh wegzutreiben . . .» Sinnloses Wüten gegen die Bevölkerung war an der Tagesordnung, und die Kolonialoffiziere rühmten sich ungestraft ihrer «Heldentaten». ■

(Aus: Heinrich Loth: ‹*Griff nach Ostafrika. Politik des deutschen Imperialismus und antikolonialer Kampf. Legende und Wirklichkeit*›. [Ost-]Berlin 1968, S. 85)

■ Die Besteuerung der Hütten wirkte sich in sozialer Hinsicht zerstörerisch aus. Sie führte zur Verminderung des Hüttenbaus, gelegentlich zur Flucht ins britische Nachbargebiet und auf jeden Fall zu einer Mehrbelastung der Frauen, die durch zusätzliche Feldarbeit für die Steuerzahlung aufkommen mußten.

In der vierjährigen Amtszeit des Gouverneurs Liebert (Dezember 1896 bis Februar 1901), innerhalb derer die Steuereinnahmen von 401 881 Rp auf 619 270 Rp anstiegen, ereigneten sich fünfundzwanzig Aufstände. Bei den Dschaggas wurden drei Häuptlinge und sechzehn Unterhäuptlinge wegen Steuerrevolten hingerichtet. Im Jahr 1903 berichtete Gouverneur v. Götzen an die Kolonialabteilung, daß «der erzieherische Wert der Häuser- und Hüttensteuer . . . nicht erreicht worden» sei. ■

(Rainer Tetzlaff: ‹*Koloniale Entwicklung und Ausbeutung. Wirtschafts- und Sozialgeschichte Deutsch-Ostafrikas 1885–1914*›. Berlin 1970, S. 50)

Im Jahr 1913 waren bereits 172 100 einheimische Lohnarbeiter «das ganze Jahr hindurch» in Deutsch-Ostafrika beschäftigt, d. h. also mehr als ein Fünftel aller verfügbaren Männer. Davon arbeiteten als Landarbeiter bei Pflanzungsgesellschaften und Ansiedlern allein 91 892. Diese vom Gouvernement ermittelte Zahl ist jedoch nur ein Durchschnittswert und sagt aus, daß etwa 92 000 Arbeiter im Jahresmittel beschäftigt wurden und daß demnach in den Erntemonaten noch erheblich mehr Eingeborene auf den Plantagen tätig waren. Auch gibt die Reichsstatistik nicht jene Lohnarbeiter an, die gerade pausierten oder sich auf dem An- oder Abmarsch zu oder von einer Arbeitsstelle (oft monatelange Reisen) befanden. Es kann also angenommen werden, daß die tatsächliche Zahl der Personen, die im Laufe eines Jahres von Plantagenarbeiten in Anspruch genommen wurden, die Hunderttausend sicher weit überschritt.

Wenn bereits die größten Schwierigkeiten bei der Rekrutierung von 92 000 Pflanzungsarbeitern entstanden, die 1913 erst 106 292 ha, d. h. 19,6 % von den 542 124 ha belegten Pflanzungsareals, kultiviert hatten, so war es praktisch unmöglich, den gesamten europäischen Landbesitz zu kultivieren; denn das hätte bedeutet, daß jeder zweite männliche Erwachsene (ohne Ruanda und Urundi) hätte Landarbeiter werden müssen. . .

(Es) war aber schon mit der Rekrutierung von 172 000 Lohnarbeitern dem Land weit mehr zugemutet worden, als für die Eingeborenenbevölkerung tragbar war.

(Rainer Tetzlaff: ‹*Koloniale Entwicklung und Ausbeutung. Wirtschafts- und Sozialgeschichte Deutsch-Ostafrikas 1885–1914*›. S. 194)

Bei der Diskussion um die richtige Bewertung der europäischen Kolonisation außereuropäischer Länder wird immer wieder gesagt: Die Europäer als die neuen Herren hätten nur ebenso ausbeuterische alte Herren abgelöst.

F. F. Müller (‹*Deutschland – Zanzibar – Ostafrika. Geschichte einer deutschen Kolonialeroberung 1884–1890*› [Ost-]Berlin 1959, S. 88) führt nach eingehenden Untersuchungen dazu folgendes aus:

Steuern erhob Zanzibar in der Regel in den Swahiligebieten nicht, doch waren gelegentlich Geschenke der Dörfer an den Sultan und ab und zu ein Bakschisch für die Walis, Akidas (Truppenführer) und besonders für die Kadis (Richter geistlichen Standes) üblich. Diese materiell meist geringwertigen und mit Gegengeschenken kompensierten Gaben sind weniger als Tribut anzusehen, denn als eine höfliche und letztlich rein theoretische Anerkennung der Staatshoheit Zanzibars. Die Ausübung wirklicher Staatsgewalt über freie Swahilidörfer kostete Zanzibar die gleichen Kämpfe, als ob es gegolten hätte, einem formell unabhängigen Stamm den Willen aufzuzwingen. Selbst in der näheren Umgebung der Häfen war die Situation nicht wesentlich anders. Da sich hier der Übergang der Herrschaft von den alten swahilischen Lokaldynastien auf die Zanzibarsultane in der Regel in langen Zeiträumen vollzogen hatte, war es dem einfachen Swahilibauern nicht ins Bewußtsein gedrungen, daß er dem Gesetz nach als Untertan Zanzibars galt.

(Anmerkung des Autors Müller: Arendt an Bismarck, Aktennotiz des Reichskolonialamts vom 3. März 1886)

Die – juristisch in den meisten Fällen nie präzisierte – Untertanenschaft blieb für die Mehrzahl der Swahilidörfer ohne praktische Konsequenzen, bis der Sultan zu Beginn der deutsch-englischen Kolonialära das Recht aus ihr ableitete, das Land der Swahilis an die Fremden zu verschachern. Bis zur deutschen Kolonialinvasion kannte der Swahilibauer nur eine Obrigkeit: seinen Jumbe, deren es übrigens an größeren Orten mehrere gab. ■

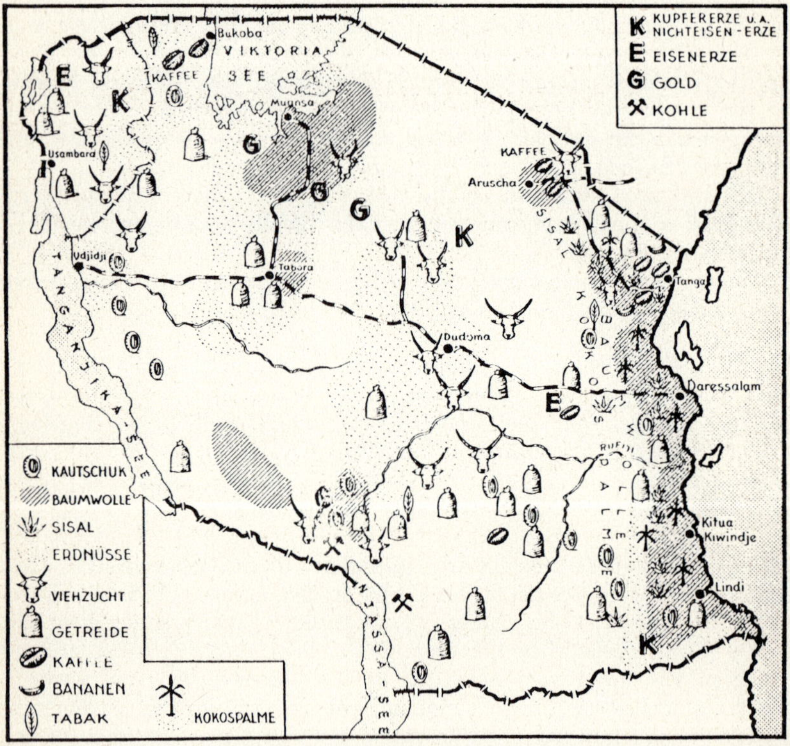

Deutsch-Ostafrika. Karte der Bodenschätze und Erzeugnisse.

(Beide Abb. aus: P. H. Kuntze: *‹Das Volksbuch unserer Kolonien›*. Leipzig 1938, S. 124 und S. 69)

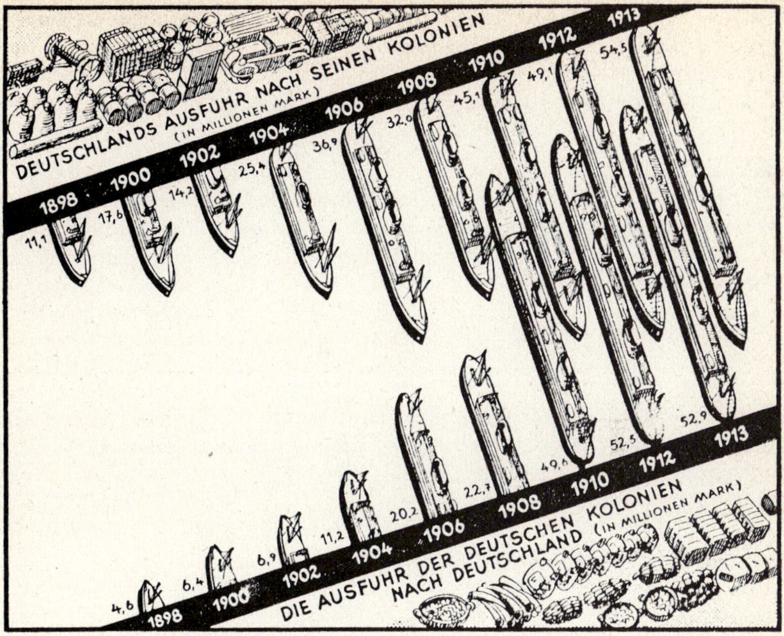

Die Entwicklung des Außenhandels zwischen dem Deutschen Reich und seinen Kolonien von 1898 bis 1913 ist ein Beweis für den tatkräftigen und planvollen Beginn unserer Kolonisationsarbeit

1.5 Trost und Beistand: die Aufgabe der Missionen (Originalberichte)

■ Drückt die Kulturmacht allein auf die zumeist noch kulturlosen Völker durch ihre Maßnahmen, z. B. Besteuerung und damit Zwang zur Arbeit, so werden sie entweder erdrückt oder sie suchen die auf sie einwirkende Macht abzuschütteln.

Da muß ihnen die Mission durch Einpflanzung des Christentums die helfende und versöhnende Hand entgegenstrecken und neben der äußeren Umwandlung die innere bei ihnen bewirken. ■

(Missionar Gröschel, Berlin, in: ‹*Verhandlungen des Deutschen Kolonialkongresses 1910 zu Berlin. . .*›. Berlin 1910, S. 710)

■ Ich glaube, daß es auch von seiten der Mission nicht bestritten wird, daß der Neger der Aufsicht bedürftig sei. Deshalb schicken wir ja weiße

Leute als Missionare nach Afrika, und wir sind überzeugt, daß die Eingeborenen diese Aufsicht noch lange gebrauchen werden. ■

(Professor Meinhof, Hamburg, in: *‹Verhandlungen des Deutschen Kolonialkongresses 1910 zu Berlin. . .›*. Berlin 1910, S. 626)

■ Einig sind wir uns alle darüber, auch die Missionen, daß die Negerseele nicht so ist, wie wir sie haben wollen und brauchen können; denn nur aus dieser Überzeugung leitet sich ja unsere Berechtigung her, die Negerseele zu beeinflussen und von ihrem bisherigen Entwicklungsgange abzudrängen. ■

(Regierungsarzt Dr. Külz in: *‹Verhandlungen des Deutschen Kolonialkongresses 1910 zu Berlin. . .›*. Berlin 1910, S. 622)

■ Aber der Unterschied zwischen unserer Kultur und der der Eingeborenen in unseren Schutzgebieten ist so groß, daß sie wie zwei feindliche Mächte aufeinanderprallen und eine Auseinandersetzung erfolgen muß, deren Endausgang nicht zweifelhaft sein kann.

Für den Eingeborenen bedeutet diese Entwicklung nichts geringeres als den Zusammenbruch der Welt, in der er lebt. . .

Es gerät also der Boden ins Wanken, in dem sein ganzes Dasein verankert ist. In der verzweifelten Lage, einer solchen unaufhaltsam fortschreitenden Entwicklung ohnmächtig gegenüberstehen zu müssen, entstehen Haß und Verbitterung gegen den Fremden. . .

So entsteht ein für die Eingeborenen höchst kritischer Zustand. Ihre alten Lebensordnungen werden morsch und hinfällig; wir machen sie arm, weil wir ihnen das Bewußtsein bringen, daß sie es sind; sie hängen am Alten und stehen doch zugleich schon unter dem Einfluß der neuen Zeit. . .

Wir können allerdings nicht den Prozeß zum Stillstand bringen, der diese Situation hervorruft, aber wir können den Eingeborenen in dieser Übergangszeit helfend und ratend zur Seite stehen und es ihnen erleichtern, mit den veränderten Verhältnissen sich abzufinden und sich ihnen anzupassen.

Es gilt, zwischen Einst und Jetzt Brücken zu schlagen, es ist ihnen zu zeigen, was sie alles der gerechten, fürsorglichen und humanen deutschen Regierung verdanken, und wir müssen verhüten, daß sie sich selbst überlassen bleiben, denn sie sind sonst unkontrollierbaren Einflüssen ausgesetzt und verfallen der Proletarisierung.

Wir haben ihnen vor allem für das, was sie verloren haben, einen höherwertigen Ersatz zu bringen und sie fähig zu machen, fortzuschreiten; kurz, sie sind zu *erziehen*. ■

(Professor Dr. Mirbt: *‹Die Bedeutung der Mission für die kulturelle Erschließung unserer Kolonien›*. in: *‹Verhandlungen des Deutschen Kolonialkongresses 1910 zu Berlin. . .›*. Berlin 1910, S. 685)

■ Der Heiland hat für alle Menschen sein kostbares Blut vergossen, auch für die Neger. Wir sind im Besitze des Christentums, und da der Welterlöser will, daß alle Menschen selig werden und zur Erkenntnis der Wahrheit gelangen, hatten wir die Verpflichtung, als wir die Negerländer in Besitz nahmen, ihnen das Christentum zu bringen. Das geschieht durch die Missionare. Also wenn jetzt Afrika erschlossen ist, hat die deutsche Reichsregierung, die das Land in Besitz genommen, die moralische Verpflichtung, das christliche Sittengesetz einzuführen. Das geschieht durch die Erziehung. Sie ist eine doppelte, einmal eine religiöse durch die Missionare und zweitens eine weltliche durch die Gesetzgebung. ■

(Rechtsanwalt Stieve, Zabern, in: ‹*Verhandlungen des Deutschen Kolonialkongresses 1910 zu Berlin. . .*›. Berlin 1910, S. 628)

■ Nur in Ausnahmefällen ist die Mission in der Lage, den Schulbesuch gegen die Willkür der Schüler zu sichern. Dies geschieht z. B. bei der Berliner Mission in Ostafrika, wo die Eingeborenen nur unter der Bedingung auf ihrem Boden wohnen dürfen, daß die Kinder regelmäßig zur Schule geschickt werden. ■

(Professor Mirbt, a. a. O., S. 693 f.)

■ Bedürfnislosigkeit, Sorglosigkeit, die aus keiner Hungersnot etwas zu lernen scheint, stumpfe Resignation, Geringschätzung der Arbeit, die Unmöglichkeit, für die Zukunft zu sparen, weil mit einem Überschuß der Ernte nichts anzufangen: das alles hat im Laufe der Jahrhunderte den Bewohnern unserer Kolonien ein eigenartiges Gepräge gegeben. Tritt nun der Handel oder, besser, der schlaue Händler an sie heran, dann ist es ihm leicht, diese Naturkinder mit seiner bunten Ware zu bestechen. Gern geben sie dafür hin, was sie gerade übrig haben. Der Händler schöpft mit leichter Mühe den zufällig vorhandenen Besitz ab und läßt das betörte Völkchen mit einigen Tändeleien bereichert zurück. Von sozialer, kultureller Einwirkung, von einer Anregung zu zielbewußter Arbeit zeigt sich keine Spur. Für die kulturfördernde Einwirkung des Handels wie für die kulturelle Entwicklung unserer Eingeborenen überhaupt müssen erst die Vorbedingungen geschaffen werden; und dies geschieht durch die Erziehung zur systematischen Arbeit. . .

(So) stelle ich an den Ausgangspunkt des Erziehungsprogramms die Forderung: Man erziehe den Neger zur Arbeit. Damit habe ich den Fundamentalsatz der Eingeborenenerziehung genannt. Man hört den aufgestellten Satz auch in dieser Variation: «Man erziehe den Neger zur Arbeit für uns!» Ich glaube, daß wir diesen Zusatz streichen dürfen und auch streichen müssen. Gelangt der Eingeborene durch Arbeit zum Wohlstand, dann trägt er ohnehin zum materiellen Werte der Kolonie wesentlich bei. Wir müssen ihn streichen, damit wir nicht den Anschein erwecken, als wollten wir die alte Sklaverei nur in eine moderne umwandeln.

Es kann ja bei der Forderung: Man erziehe den Neger zur Arbeit, die Notlage, in der wir uns in unseren Kolonien befinden, mit ein Beweggrund sein. Wir sind nun allüberall auf die Hilfe der Eingeborenen angewiesen, nicht bloß in unseren tropischen Gebieten, sondern auch in den subtropischen, gleichviel, ob wir den Boden durch Plantagen oder durch Besiedelung oder durch Eingeborenenkulturen ausnützen wollen. ■

(Norbertus Weber, Abt und Generalsuperior zu St. Ottilien: *‹Ziele und Wege der Eingeborenenerziehung›*. In: *‹Verhandlungen des Deutschen Kolonialkongresses 1910 zu Berlin. . .›*. Berlin 1910, S. 675)

■ Wir haben viel über die Notwendigkeit der Erziehung der Eingeborenen, über deren Wege und Ziele gehört. Es ist aber höchst notwendig, daß wir bei allem Verkehr mit den Eingeborenen das im Auge behalten, daß sie Kinder sind, große und kleine, die erzogen werden müssen. ■

(Missionsinspektor a. D. D. theol. Merensky in: *‹Verhandlungen des Deutschen Kolonialkongresses 1910 zu Berlin. . .›*. Berlin 1910, S. 710.)

■ Für die kulturfördernde Einwirkung des Handels wie für die kulturelle Entwicklung unserer Eingeborenen überhaupt müssen erst die Vorbedingungen geschaffen werden; und dies geschieht durch die Erziehung zur systematischen Arbeit. ■

(Norbertus Weber, a. a. O., S. 675)

99. Wie können alle Christen den Glaubensboten in den Missionen helfen?

Alle Christen können den Glaubensboten helfen durch Gebet, Spenden und Werbung für die Mission.

Für mein Leben: Wie müßte ich mich schämen, wenn ich die Missionare im Stich ließe! Ich will täglich für die Missionare beten und ihnen regelmäßig durch eine Geldspende helfen.

(Zeichnung: Siné; Text aus: ‹*Katholischer Katechismus der Bistümer Deutschlands*›. Freiburg o. J. [1955], S. 95)

Arbeitsaufgaben

– Bitte überprüfen Sie die Ihnen erreichbaren Geschichtsbücher und Erdkundebücher über Afrika (Ostafrika) daraufhin, ob und in welchem Umfang über die deutschen Kolonien in Afrika berichtet wird.
– Vergleichen Sie die Informationen dieser Bücher mit den Informationen dieses Heftes 7 und überlegen Sie, in welcher Form Sie die entsprechenden Schulbuchverlage auffordern wollen, die festgestellten Mängel der von Ihnen untersuchten Bücher zu überwinden.
– Untersuchen Sie bitte die Ihnen zugänglichen Religionsbücher daraufhin, wie hier die christliche Mission in Ländern mit außerchristlichen Religionen begründet und beschrieben wird.
Vergleichen Sie zu dieser Thematik Heft 6 ‹*Ganz kleine Brötchen für die Dritte Welt*›, das sich mit der Arbeit der beiden deutschen Großkirchen in der Dritten Welt beschäftigt.

2 Freiheit ist teuer oder: Wie Tanganjika unabhängig wurde

Absicht: Dieses Kapitel berichtet davon, wie die Afrikaner ihren Versuch, die deutschen Kolonialherren aus den Lande zu vertreiben, mit über 120 000 Toten bezahlen mußten.

Es macht deutlich, daß das Ende der deutschen Kolonialherrschaft im Ersten Weltkrieg keineswegs den Beginn der Unabhängigkeit Tanganjikas bedeutete; daß zwar die Herren wechselten, die Knechtschaft aber blieb.

Wir zeigen, welchen Zufälligkeiten das Land schließlich seine Unabhängigkeit verdankte.

2.1 Deutsche raus! Der Maji-Maji-Aufstand

Im Juli 1905 kam es im Süden Tanganjikas zu einem Aufstand der Afrikaner, der sich in wenigen Wochen über das ganze Land ausbreitete. Dies war der Versuch der Afrikaner, die deutsche Zwangsherrschaft abzuschütteln. Angesichts einer drohenden Hungersnot waren sie mit einemmal nicht mehr bereit, sich zu hohen Steuerabgaben und zu harter Zwangsarbeit prügeln zu lassen. Dieser Aufstand führte zum erstenmal in diesem Gebiet Ostafrikas fast alle Völkergruppen zu einer politischen Aktion zusammen. Sie alle verband das gemeinsame Ziel, die fremden Eindringlinge endgültig aus dem eigenen, dem afrikanischen Land zu vertreiben.

Den Deutschen war es in den beiden ersten Jahrzehnten ihrer Kolonialherrschaft gelungen, alle Aufstände einzelner Völkergruppen blutig und erfolgreich niederzuschlagen. Was Kriegs«kunst» und Waffentechnik anging, waren die Afrikaner den Deutschen unterlegen. Ihre letzte Hoffnung richtete sich darauf, einen Zauber zu finden, der es möglich machen sollte, den übermächtigen Gegner mit übernatürlicher Kraft zu besiegen: «Maji» heißt auf Swahili eigentlich «Wasser».

Mit «Maji-Maji» wurde der Zaubertrank bezeichnet, den alle Afrikaner zu sich nahmen, die gegen die Deutschen kämpften.

Außerdem trugen sie ein bestimmtes Abzeichen, das sie als Verbündete untereinander kenntlich machte.

Sie glaubten durch diese Dinge unverwundbar zu sein. Ihre Führer redeten ihnen ein, die Kugeln der Deutschen würden sich in Wasser verwandeln.

Sie kämpften mit bloßen Fäusten und Speeren gegen Kanonen und Maschinengewehre.

Am 30. August versuchten die Leute von Mbunga und Pogoro den deutschen Verwaltungsposten Mahenge einzunehmen. Dieser Versuch war die bedeutendste Einzelaktion im Maji-Maji-Aufstand. Ein Missionar beschreibt im folgenden den Gang der Ereignisse. In der Boma von Mahenge hatte der Tag mit Hinrichtungen begonnen:

Kaum hatte man die fünf Verurteilten an den Bäumen gehenkt, da stürmte ein Bote mit der Nachricht herein, daß der Feind sich nähert. Jeder nahm den Posten ein, der ihm zugeteilt worden war, und beobachtete aufmerksam die Richtung nach Isongo, von wo er kommen sollte.

Wir brauchten nicht lange zu warten, bis wir die ersten Gruppen entdecken konnten. Diese Gruppen kamen weit vor der Boma zum Stehen, offenbar weil sie aufeinander warten mußten. Kurz nach sieben Uhr rückten sie in geschlossener Formation auf die Boma zu. Es müssen über tausend Mann gewesen sein.

Da sie uns allen ein Ende gemacht hätten, mußten wir uns verteidigen und auch schießen; wir eröffneten auf die Angreifer das Feuer, als sie noch etwa tausend Meter von uns entfernt waren.

Zwei Maschinengewehre, Europäer, und die Soldaten ließen Tod und Verderben in die Ränge des sich nähernden Feindes regnen. Obwohl wir die Reihen stark lichteten, hielten die Überlebenden für über eine Viertelstunde die Schlachtordnung aufrecht, und rückten immer dichter mitten in dem dichtesten Kugelhagel auf uns zu. Aber dann brachen die Ränge auf, und die einzelnen suchten hinter den zahlreichen Felsen Schutz.

Immer wieder kamen kleine Gruppen hinter den Felsen hervor, hoben einen der Gefallenen auf und flohen rasch wieder. Sie begannen ihren Rückzug, indem sie von einem Felsen zum anderen Deckung suchten.

Dann rief jemand plötzlich: «Neue Feinde von der Gambira-Seite!» Wir alle sahen in die Richtung: Dicke Rauchwolken stiegen von unseren drei Schulen empor und eine weitere Formation von mindestens 1200 Mann näherte sich uns. Sofort eröffneten wir auf sie das Feuer.

Der Feind versuchte, das Dorf Mahenge im Laufschritt zu erreichen. Dort fanden sie hinter den Häusern Deckung und konnten die Straße zur Boma vorwärtsstürmen. Sobald sie in die Nähe kamen, wurden sie vom tödlichen Gewehrfeuer getroffen. Die ersten Angreifer waren nur drei Schritte von der Feuerlinie entfernt, als sie zu Boden sanken, getroffen von tödlichen Geschossen. Die Nachfolgenden verloren den Mut, kehrten um und zerstreuten sich.

Glücklicherweise war damit der Angriff abgewehrt.

Als keine Feinde mehr zu sehen waren, kletterte der Befehlshaber der Station vom Turm der Boma herunter, von wo aus er den Verteidigungskampf kommandiert hatte, und teilte Sekt aus. ■

(Aus: Kwiro-Chronik vom 31. August 1905, geschrieben im November 1907, Kwiro Archiv. In: ‹*Records of the Maji Maji Rising*›. S. 27.)

Diese Schlacht bildete den Wendepunkt des Aufstandes. Neue deutsche Truppen besetzten wieder die befreiten Gebiete. Die Matumbi hatten sich als erste erhoben und mußten auch als erste leiden:

■ Sie umzingelten die deutsche Festung in mehreren Reihen. Die Maji-Maji-Krieger gaben mehrere Schüsse ab, aber die Deutschen erwiderten nicht das Feuer. . . Als dann um fünf Uhr morgens die Matumbi versuchten, den Palisadenzaun zu durchbrechen, befahl der Europäer seinen Soldaten, zu feuern. Oh, so viele Menschen starben an dem Tag! Sie hatten ja nicht gewußt, was ein Maschinengewehr ist. Sie dachten, daß den Deutschen die Munition ausgegangen war und daß sie daher leere Blechbüchsen aneinanderschlugen, um sie abzuschrecken. So wurden diese standhaften Männer von Geschossen getroffen, einige in die Beine, andere in den Hintern, wieder andere in die Nasen. Viel zu viele Menschen starben an dem Tag. Große Trauer folgte darauf in dem ganzen Matumbi-Land. Von da an kämpften sie nur noch in kleineren Gruppen und lauerten den deutschen Soldaten auf. ■

(Mzee Ndundule Mangaya von Kipatimu in einem Interview am 7. August 1967. In: ‹*Records of the Maji Maji Rising*›. S. 21.)

■ Und sie wurden schwer geschlagen; denn das Maschinengewehr half den Deutschen sehr. Sie kämpften bis um fünf Uhr abends. Als sie bemerkten, daß sie in großen Zahlen getötet wurden, flohen sie und riefen «Kinjikitile[1], du hast uns betrogen!» ■

(Bwana Abdulrahman Lipunjo Mandwanga von Kibata in einem Interview am 13. Oktober 1967. In: «*Records of the Maji Maji Rising*›. S. 21).

1 Kinjikitile hieß der Einheimische, auf den der Maji-Zauber zurückzuführen ist.

Da die Afrikaner den Deutschen in der offenen Schlacht keinen Widerstand entgegensetzen konnten, entwickelten sie die Taktik des Guerillakriegs. Sie lauerten den Deutschen auf, wo immer sie sie in kleinen Gruppen fanden und griffen kleinere Stützpunkte der Deutschen an. Die Deutschen antworteten darauf mit der Aushungerung der afrikanischen Bevölkerung:

Nach meiner Ansicht können nur Hunger und Not die endgültige Unterwerfung herbeiführen. Militärische Aktionen würden lediglich einen Tropfen ins Meer bedeuten. Die Bevölkerung wird erst dann den Widerstand gänzlich aufgeben, wenn die jetzt noch vorhandenen Nahrungsvorräte aufgebraucht, ihre Häuser durch ständige Stoßtruppunternehmen zerstört sind und sie ihre Felder nicht mehr bestellen können.

(Hauptmann Wangenheim zu Graf von Götzen in Kilosa am 22. Oktober 1905, wiedergegeben bei G. A. von Götzen: ‹*Deutsch-Ostafrika im Aufstand 1905–06*›. Berlin 1909, S. 149. Hier übersetzt aus: ‹*Records of the Maji Maji Rising*›. S. 27)

Als Fr. Johannes Häflinger den Bezirksamtmann auf die Gefahr einer ungeheuren Hungersnot aufmerksam machte, antwortete er: Es geschieht den Kerlen ganz recht, wenn sie hungern müssen. Wenn ich könnte, würde ich sie sogar daran hindern zu pflanzen. Dies ist der einzige Weg, die Kerle kriegsmüde zu machen.

(Hauptmann Richter in Songea nach der Kigonsera-Chronik vom 7. Februar 1906, hier übersetzt aus: ‹*Records of the Maji Maji Rising*›. S. 27)

Ein halbes Jahr später gab derselbe Missionar seine Beschwerde gegen Hauptmann Richter zu Protokoll:

Wenn der Verordnung nach die aufständischen Eingeborenen Nahrungsmittel abliefern müssen, so sind die Leute um Kigonsera mit Sicherheit schon auf Grund dieser Begriffsbestimmung davon ausgeschlossen, weil sie sich nicht an dem Aufstand beteiligt haben. Es ist daher zwingend erforderlich, daß diese Hungersnot genauso wie die gewaltsame Beschlagnahme von Nahrungsmitteln durch den Bezirksamtmann vor Gericht verhandelt werden muß ... Leider muß ich den Bezirksamtmann glatt beschuldigen, mit dem Leben hungernder Eingeborener zu spielen.

(Fr. Johannes Häflinger zum Hauptmann Richter am 21. September 1906, unter demselben Datum in die Kigonsera-Chronik eingetragen – jetzt in den Archiven von Peramiho. Übersetzt nach: ‹*The Maji Maji War in Ungoni*›. S. 26)

Die Deutschen befahlen ihren Soldaten, die Gegend zu durchsuchen und alle Nahrung, die sie finden konnten, zu verbrennen. Dadurch kam es zu einer großen Hungersnot. Diejenigen von uns, die überlebten, aßen Wurzeln und Bienenhonig, was wir in den Wäldern sammeln konnten. Diese Hungersnot hielt etwa ein Jahr an. Einige der Überlebenden machten sich auf zu weit entfernten Orten, nur um Nahrung zu suchen; und es waren diese Leute, die wieder Saatgut mitbrachten, um neues Getreide anzubauen, das schließlich die Leute aus ihrer großen Not errettete.

Es verhungerten mehr Menschen als durch direkte Kriegshandlungen umkamen. Mein Vater ist auch durch diese Hungersnot gestorben. ■

(Mzee Rashidi Katungai von Mchomoro in einem Interview am 3. Mai 1968, in: ‹*The Maji Maji War in Ungoni*›. S. 26)

■ Diese Hungersnot wurde «Fugufugu» genannt («völliges Durcheinander, totale Auspoverung»). Nie hat es etwas Derartiges gegeben, weder vor noch nach dem Maji-Maji-Aufstand. Andere Hungersnöte sind lediglich Babies gegenüber dieser Hungersnot nach Maji Maji. Menschen starben in Massen, und die Leichen blieben zum Verwesen liegen, weil niemand sie begraben konnte.

Die Leute schliefen im Freien, weil es keine Häuser mehr gab, und die Löwen fraßen einen nach dem anderen. Es gab kein Saatgut zum Aussäen. Während der Hungersnot aßen wir Insekten... Vor dem Krieg war die Bevölkerung sehr dicht, und es war sehr schwierig, ein Stück Land zu finden, auf dem man Nahrung anbauen konnte. Wenn man ein kleines Stück Land hatte, dankte man Gott – es gab zu viele Menschen. Nun, ach, sieht man überall nur noch viel Busch. ■

(Mzee Camelius Kiango von Nandele in einem Interview am 5. September 1967, in: ‹*Records of the Maji Maji Rising*›. S. 27 f.)

Dieser Aufstand kostete mindestens 120 000 Afrikanern das Leben – das waren 6 Prozent der Bevölkerung des betroffenen Gebietes –, von denen mehr als 45 000 allein an den Kriegsfolgen umkamen.

■ Gustav Noske schreibt 1914: «Bis zum Anfang des Jahres 1906 war der Aufstand in der denkbar blutigsten Weise niedergeschlagen worden. Als sich dazu die erste Gelegenheit bot, erhob Bebel im Reichstag gegen das geübte treibjagdmäßige Abschießen selbst fliehender Neger lebhaften Protest. Im Njassagebiet hat in manchen Landschaften der Aufstand eine schreckliche Entvölkerung zur Folge gehabt. Tausende der Aufständischen sind mit den Maschinengewehren niedergemäht worden. Die Dörfer und die Lebensmittelvorräte wurden verbrannt. Seuchen, besonders die Pest, und dazu die Hungersnot, rafften viele Menschen hinweg.

Die Zahl der Erschossenen bei dem Aufstand gab die Kolonialverwaltung im Jahre 1913 auf 26 000 an. Professor Schillings hat geschätzt, daß infolge des Aufstandes 150 000 Menschen ums Leben gekommen sind, weil die

Aufständischen, nachdem die Dörfer niedergebrannt, die Ernte vernichtet war, in den Busch gehetzt wurden, wo sie in Massen starben und zum Teil eine Beute der Löwen wurden. Die bald darauf beobachtete starke Zunahme der Löwenplage in dem Bezirk wurde darauf zurückgeführt, daß die Bestien sich geraume Zeitlang von Menschenfleisch geradezu haben mästen können.

(Nach G. v. Paczensky: *‹Die Weißen kommen›*. Hamburg 1970, S. 142 f.)

2.2 Der Erste Weltkrieg in Ostafrika

Der Maji-Maji-Aufstand wurde niedergeschlagen.

Die Afrikaner wurden besiegt.

Die Deutschen sahen sich jedoch zu einer «Politik der Reformen» gezwungen: denn um das Gebiet wirtschaftlich nutzen zu können, benötigte man viele Arbeitskräfte. Diese galt es zu erhalten. Der erste Weltkrieg verhinderte jedoch die Verwirklichung der Reformpolitik.

Die Deutschen mit ihrem etwa 15 000 Mann starken Heer von Einheimischen wurden bald nach Ausbruch des Krieges von allen Seiten umringt.

Ihre Gegner setzten afrikanische Truppen aus Rhodesien, Südafrika, dem britischen Ostafrika, dem Kongo und aus Moçambique ein.

Als durch Tod und Krankheit die Briten 12 000 Mann verloren hatten, holten sie Truppen aus Nigeria und Indien zu Hilfe.

Sinn der militärischen Aktionen in Ostafrika sollte nur sein, Truppen und Material der Feinde zu binden. Dafür wurde die eben begonnene Erschließung des Landes durch Gesundheitsfürsorge, Verkehrswege und geplante Landwirtschaft geopfert.

Straßen, Brücken und Eisenbahnmaterial wurden zerstört.

Ganze Landstriche wurden verwüstet.

Hunderttausende von Menschen mußten ihre Siedlungen auf der Flucht davor verlassen, daß man sie vielleicht zum Kriegsdienst zwingen könnte. Oder sie fürchteten, selbst Opfer der Kämpfe zu werden.

Sie erwartete zunächst Hunger; denn zu Hause lebten die meisten ohne Vorräte und hatten allenfalls nur gerade ihr Auskommen.

Mitzunehmen war nichts und unterwegs gab es kaum etwas zu ernten. Ihre einfachen Siedlungen wurden schnell wieder zu Wildnis, vom Busch überwuchert, ihr Land versteppte durch Wassermangel.

Mit den Soldaten zogen Frauen und Kinder, weil sie sich bei ihren Männern und Vätern noch am sichersten fühlten.

Krankheiten und Seuchen breiteten sich rasch aus. Fast die gesamte Landwirtschaft kam zum Erliegen. Die unzureichende Ernährung der Bevölkerung dauerte noch viele Jahre nach dem Krieg an.

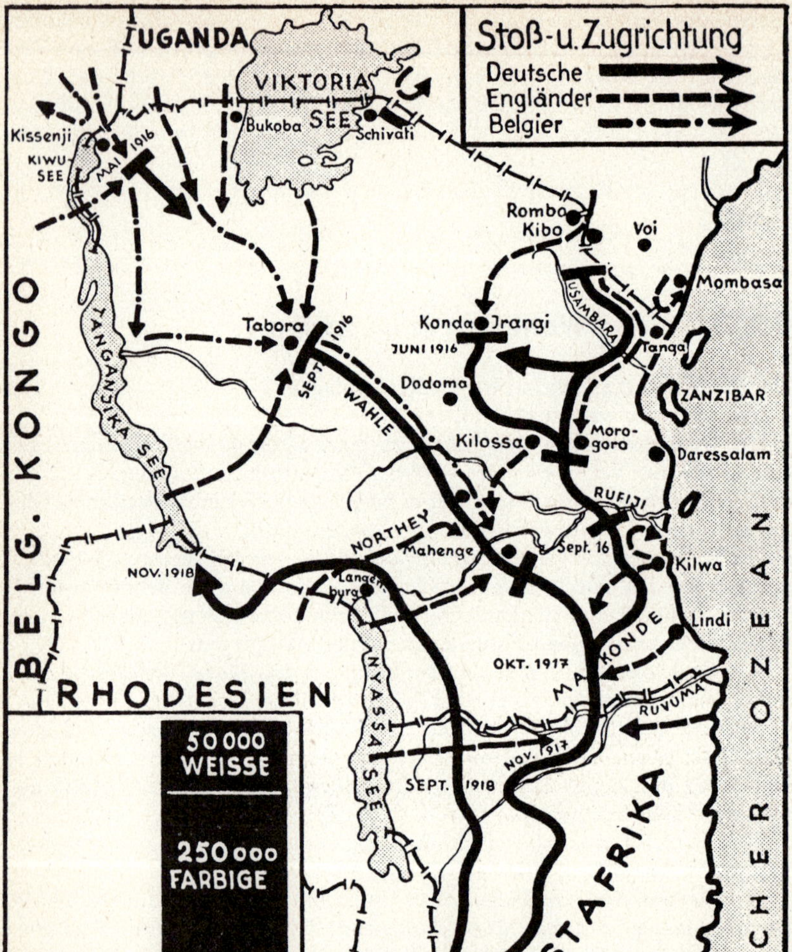

Kämpfe und Märsche unserer ostafrikanischen Schutztruppe während des Weltkrieges im siegreichen Ringen mit einer 20fachen Übermacht

Fazit dieses Krieges:

■ Mehrere hunderttausend Ostafrikaner fanden im Ersten Weltkrieg in «Deutsch-Ostafrika» durch militärische Gefechtshandlungen, vor allem aber auch durch Hunger, Überanstrengung und Krankheit den Tod. ■

■ Die Todesopfer werden in einigen Darstellungen auf 750 000 Menschen geschätzt. ■

(Beide Zitate aus: Heinrich Loth: ‹*Griff nach Ostafrika*›. [Ost-]Berlin 1968, S. 60 f. und S. 194)

2.3 Wie die Herren wechselten. Die Engländer in Tanganjika

Nach dem Ersten Weltkrieg wurde im Vertrag von Versailles Deutschland das Recht auf Kolonien abgesprochen. Der neugegründete Völkerbund – Vorläufer der Vereinten Nationen, mit Sitz in Genf – übernahm die Staatshoheit in den deutschen Kolonien und übertrug die Verwaltung der einzelnen Gebiete verschiedenen Großmächten. Der größte Teil von «Deutsch-Ostafrika» wurde dabei der britischen Regierung als sogenanntes «Treuhandgebiet» unterstellt. Nach dem See, der die Ostgrenze dieses Gebietes bildet, nannte man dieses Land jetzt «Tanganjika».

Unter der Kontrolle des Völkerbundes sollten die Engländer die Entwicklung dieses Gebietes fördern; als sogenannte «Mandatsmacht» hatte die englische Regierung auf Grund des Artikels 22 der Völkerbundssatzung das Recht der Afrikaner auf Selbstbestimmung anerkannt und in Artikel 3 der Mandatsvereinbarung für Tanganjika sich ausdrücklich dazu verpflichtet, «das größtmögliche dafür zu tun, das materielle und moralische Wohlergehen und den sozialen Fortschritt der Einwohner (Tanganjikas) voranzutreiben».

Die englische Krone hatte aber kein besonderes Interesse an diesem Land, weil dessen Verwaltung ja «international» vom Völkerbund kontrolliert werden sollte. Alljährlich mußte sie Rechenschaft ablegen über Sozialleistungen, wirtschaftliche Erschließung, Ausfuhr von Gütern, geplante und tatsächliche Initiativen politischer Art und die Verwendung von Finanzmitteln.

Zudem, was war hier überhaupt zu holen?

Das Hochland war trocken und sehr schwierig zu bewässern, es waren weder Bodenschätze noch andere Naturreichtümer in dieser Region Ostafrikas zu finden.

Unter gleichen klimatischen und geographischen Bedingungen konnten

(Aus: P. H. Kuntze: ‹*Das Volksbuch unserer Kolonien*›. Leipzig 1938, S. 79)

die Engländer damals im benachbarten Kenia nach ihren eigenen Vorstellungen Land an sich nehmen. Dort konnten sie die Einheimischen zu Hungerlöhnen für sich arbeiten lassen, ohne daß sie durch die internationale Kontrolle gestört worden wären. Daher konzentrierten sie ihr Interesse lieber auf Kenia.

In Tanganjika taten sie nur das Notwendige: Sie tauschten die deutschen Pflanzer und Geschäftsleute durch die anderer Nationalitäten aus – wobei die meisten natürlich aus Großbritannien kamen – und wirtschafteten ähnlich wie die Deutschen weiter; sie setzten die Afrikaner für ihre eigenen Zwecke ein, wo immer das möglich war.

2.4 Der Zerfall des englischen Weltreichs Tanganjika wird unabhängig

Zwischen 1876 und 1914 war das neue «Mutterland» Tanganjikas, England, zu *der* See-, Handels-, Kolonial- und Geldmacht der Welt geworden. Der Kolonialbesitz Englands umfaßte zu Beginn des Ersten Weltkriegs mehr als ein Viertel der gesamten Erdoberfläche und über die Hälfte aller Kolonialbesitzungen der Welt. (Wer sich genauer informieren will, sollte bei S. L. Wygodski: *‹Der gegenwärtige Kapitalismus›*. Köln 1972, S. 374 f. nachlesen.)

Unter anderem gehörten zum britischen Weltreich: Australien, Neuseeland, Kanada, mehrere Länder in Westafrika, Ägypten, Sudan, Uganda, Kenia, Rhodesien und Südafrika, Indien mit seinen Nachbarländern und Teile Hinterindiens, daneben kleine Länder und Inseln in Mittel- und Südamerika, Ozeanien.

England verlor im 20. Jahrhundert jedoch diese seine Stellung als führender Industriestaat an die USA.

Die Kolonien, einstmals Quell des Reichtums, wurden immer mehr zur Belastung.

So war leider auch aus Tanganjika für die Engländer einfach nichts zu holen. Das Land konnte mit Mühe seine eigene Verwaltung tragen: Die Tanganjikaner finanzierten durch ihr Steueraufkommen die wenigen britischen Statthalter oder Verwaltungsbeamten und deren afrikanische Gehilfen.

Der Aufbau eines Bildungswesens und die Fortentwicklung der politischen Gemeinden blieb aus Geldmangel in den Anfängen stecken.

So konnte im Jahre der Unabhängigkeit (1961) dieses 10-Millionen-Volk nur 168 Studenten aufweisen, und die kamen fast alle aus Missionsschulen. (W. Küper: *‹Die entwicklungspolitische Bedeutung des christlichen allgemeinbildenden Schulwesens in Afrika›. Teil II: ‹Tanzania›*. Freiburg 1971, S. 28 und Anmerkung 33)

Auch in der Entwicklung von Wirtschaft, Verkehrswesen und Krankenversorgung kam Tanganjika unter den Briten nicht voran. Das öffentliche Steueraufkommen langte gerade dazu, das Allernötigste an Verwaltung zu finanzieren. Auswärtige Zuschüsse (z.B. durch die Engländer) waren nicht zu erwarten, da Geschäftsleute ja nur dort Geld anlegen, wo sie auch Gewinne erwarten können; von Tanganjikas Bodenschätzen waren damals nur sehr wenige bekannt. Das landwirtschaftlich nutzbare Kulturland war durch den Krieg weitgehend verwüstet worden. Die wenigen erhaltenen Plantagen konnten daher nicht kurzfristig ausgedehnt werden.

Anfang der fünfziger Jahre schlossen sich afrikanische Gemeindepolitiker, Lehrer und Verwaltungsbeamte zu einer Partei zusammen, um von den Engländern die Unabhängigkeit des Landes zu fordern. Zunächst mußte die Parteiarbeit weitgehend im Untergrund geleistet werden, weil den Beamten jede politische Betätigung verboten war.

1954 erhielt diese Partei den offiziellen Namen «Tanganyika African National Union», übersetzt «Afrikanische Einheitspartei von Tanganjika», abgekürzt TANU.

Die Erinnerung an die Nachwirkungen des Maji-Maji-Aufstandes war bei den alten Leuten noch lebendig, als in den fünfziger Jahren die Unabhängigkeitsbewegung der TANU sich im Songea-Distrikt ausdehnte. Sie verglichen die TANU-Bewegung mit der, die zu Maji-Maji geführt hatte. Dies erklärte Mzee Abilali Tawete einmal so:

■ Viele alte Leute und die älteren politischen Führer hatten die Auswirkungen von Maji Maji ertragen müssen und trauten daher der Unabhängigkeitsbewegung der TANU nicht. Die Maji-Maji-Schlachtrufe waren «machi-machi» und «mbyu-mbyu», die der TANU dagegen wurden sehr ähnlich ausgesprochen: «uhuru-uhuru» und «kazi-kazi». Weil diese Ausrufe sich so ähnlich anhörten, nahmen viele alte Leute an, daß die beiden Bewegungen von derselben Natur wären und daher gleiches Übel nach sich ziehen wurden. Abgesehen davon stellten beide Bewegungen wirklich ähnliche Forderungen: sich von der Herrschaft der Europäer zu befreien. Deswegen standen viele Sippenoberhäupter, Jumben und Ngoni-Anführer der Unabhängigkeitsbewegung der TANU skeptisch gegenüber. ■

(Mzee Abilali Tawete von Luhimba in einem Interview am 10. April 1968. In: ‹*The Maji Maji War in Ungoni*›. S. 29)

Daher schlossen sich in Ungoni zunächst hauptsächlich junge Leute der TANU an. Aber auch andernorts hatten die Älteren dieselben Gefühle, als sie von der TANU-Bewegung etwas mitbekamen:

■ Die Bewegung des Kinjikitile und sein Maji hatte sich doch in gleicher Weise ausgebreitet wie die TANU. Man dachte sofort daran, als TANU-Sekretäre und andere Führer überall im Land auftauchten. In Daressalam war die TANU bereits bekannt...

Als die TANU anfing, riefen einige Leute: «So hat auch Maji-Maji angefangen. Uns ist es nicht gelungen, die Europäer in einem Krieg zu vertreiben. Wie können wir dies mit 50 Cents[1] erreichen? Glaubt ihnen nicht, sie sind Verräter. Dahinter teckt ein anderer Kinjikitile!»

Nicht alle nahmen die Botschaft des Maji an. Aber denen, die sich nicht dazu bekannten, ging es auch schlecht. Die Maji-Maji-Krieger haßten und töteten sie, und die Soldaten der Deutschen machten keine Unterschiede – sie töteten jeden Afrikaner, der ihnen über den Weg lief. Mit umgekehrtem Vorzeichen war das mit der TANU genauso. Einige schlossen sich ihr an, andere nicht, aber jetzt sind wir alle unabhängig. Ist es nicht so? ■

(Mzee Nassoro Hassan Kipungo von Makate Liwale in einem Interview am 14. Oktober 1967. In: ‹*Records of the Maji Maji Rising*›. S. 29)

Ebenfalls 1954 empfahl eine Gutachter-Kommission der Vereinten Nationen den Engländern, das Land darauf vorzubereiten, daß es innerhalb von 20 Jahren unabhängig wird.

Was hieß das?

Die Afrikaner mußten ausgebildet werden, die Verwaltung ihres Staates und ihrer Wirtschaft selbst betreiben zu können. Alle lebenswichtigen Einrichtungen (Schulen, Krankenhäuser und andere Sozialeinrichtungen) mußten von den Einheimischen selbst unterhalten und fortentwickelt werden können.

Die Engländer lehnten diesen Zeitplan ab: Dieses Vorhaben werde Generationen beschäftigen und möglicherweise erst in 100 Jahren verwirklicht werden können.

Aber die TANU als Sammelbecken aller Unabhängigkeitsbestrebungen wuchs: In den ersten allgemeinen Wahlen 1958/59 gewann sie 29 der 30 ausgeschriebenen Parlamentssitze. Die erste verantwortliche Regierung unter Dr. Julius Nyerere bildete sie im September 1960.

Julius Kambarege Nyerere

1923 in einem kleinen Ort südlich des Viktoriasees geboren, hatte 25 Geschwister, sein Vater war Häuptling eines der kleinsten Stämme Tansanias; er kam mit 12 Jahren zur Schule und nahm mit 20 Jahren den katholischen Glauben an.

1943 ging er an die ostafrikanische Universität in Kampala (Uganda), legte dort 1945 sein Lehrerexamen ab und unterrichtete anschließend in Tanganjika.

1949 bis 1952 studierte er mit einem Stipendium eines Missionsordens in Edinburgh (Großbritannien) Wirtschaftslehre und Geschichte; er schloß sein Studium mit dem Magisterexamen ab und unterrichtete danach wieder in Tanganjika.

1 50 Cents = ungefähr 20 Pfennige. Mitgliedsbeitrag der TANU.

Julius Kambarege Nyerere 1971 (Foto: Bundesbildstelle Bonn)

1953 wurde er zum Präsidenten der Tanganyika African Association gewählt, eines Clubs, der 1923 von englischen Kolonialbeamten als Diskussionsverein für europäisch gebildete Afrikaner gegründet worden war und ausdrücklich keine politischen Ziele vertreten durfte. Nyerere arbeitete eine neue Satzung aus, schlug die Umbenennung des Vereins vor und machte ihn zu einer Partei.

1954 wurden eine neue Satzung und ein neuer Name angenommen: die Tanganyika African National Union – oder kurz TANU war somit gegründet. Alle politisch bewußten Afrikaner – aber auch einige Inder und Europäer – schlossen sich in ihr zusammen, um gemeinsam die Unabhängigkeit des Landes zu erkämpfen.

1954 der T A N U - Vorsitzende Nyerere wird von den Briten in den Gesetzgebenden Rat von Tanganjika berufen – tritt aber 1957 wieder aus, weil dieser Rat zuwenig Fortschritte zuläßt.

1955 im Februar spricht Nyerere vor dem U N O - Rat für die Treuhandverwaltung und fordert die Unabhängigkeit seines Landes.

1956 wieder vor der U N O in New York: Diesmal trägt er sein Anliegen der Generalversammlung vor.

1957 wieder vor dem Treuhandschaftsrat der UNO in New York.

1960 gibt es im August die ersten allgemeinen Wahlen für das gesamte Parlament in Tanganjika: die T A N U gewinnt 70 der 71 Sitze (und der 71. Abgeordnete war auch ein ehemaliges T A N U - Mitglied). Nyerere wird Chefminister von Tanganjika.

1961 erhält Tanganjika am 9. 12. die volle Unabhängigkeit.

1962 tritt Nyerere am 22. 1. zurück: Das alte Ziel der T A N U, die nationale Unabhängigkeit, ist jetzt erreicht, er will die Partei reorganisieren. Nach einer antikolonialistischen Stoßrichtung muß sie jetzt die staatstragende Partei eines ganz neuen Landes werden. Nyerere bereist alle Teile Tanganjikas, um die Probleme der Bevölkerung dort kennenzulernen, wo sie entstehen.

1962 wird Nyerere am 9. 12. mit 97 Prozent aller abgegebenen Stimmen zum Staatspräsidenten gewählt. Er hat, immer wiedergewählt, dieses Amt bis heute inne.

Im Mai 1961 erhielt Tanganjika die innere Selbständigkeit, und im Dezember desselben Jahres die volle Unabhängigkeit:

Und die anderen ostafrikanischen Länder unter britischer Oberhoheit?

Die TANU schlug vor, Kenia und Uganda zum gleichen Zeitpunkt unabhängig werden zu lassen. Die T A N U wollte Ostafrika als zusammenhängenden Wirtschaftsraum erhalten.

Sie erklärte sich sogar bereit, für dieses Ziel noch weitere zwei Jahre auf die Unabhängigkeit zu warten.

Die Engländer lehnten diesen Vorschlag jedoch ab. Sie gaben den drei Staaten nacheinander die Unabhängigkeit.

Englische Unternehmer konnten daher jeweils in drei Staaten Tochterfirmen gründen oder Fabriken errichten.

Sie legten ihr Geld weiterhin vor allem in Kenia an; Tanganjika blieb Außenseiter.

Kenia entwickelte sich auf diese Weise zu einem kapitalistischen Staat nach englischem Vorbild. Tanganjika als ärmstes der drei ostafrikanischen Länder mußte einen ganz eigenständigen Weg versuchen, um ein für allemal neue Abhängigkeiten zu verhindern.

Arbeitsaufgaben

– Was wissen Sie über heutige afrikanische Freiheitsbewegungen, die die Unabhängigkeit und nationale Selbstbestimmung ihrer Länder mit militärischen Mitteln gegenüber den europäischen Kolonialherren durchsetzen wollen?

– Wie werden diese Freiheitsbewegungen in der deutschen Öffentlichkeit bewertet?
– Ziehen Sie zur Frage, auf welche Weise man diese Befreiungsbewegungen unterstützen kann, die Hefte 6, S. 418 ff. und 8, S. 154 f. heran.
– Diskutieren Sie bitte unter Heranziehung von Heft 5 ‹*Kenia oder: Urlaub der Reichen in den Ländern der Armen*›, warum Kenia und Tansania eine unterschiedliche Entwicklung genommen haben.

3 Zwischendurch mal ein Märchen: Die Geschichte vom Seepferdchen

Absicht: Wir erzählen ein Märchen und denken ein wenig über den Zusammenhang von Start und Ziel und politische Planung nach.

■ Es war einmal ein Seepferdchen, das eines Tages seine sieben Taler nahm und in die Ferne galoppierte, sein Glück zu suchen. Es war noch gar nicht weit gekommen, da traf es einen Aal, der zu ihm sagte:

«Psst. Hallo, Kumpel. Wo willst du hin?»

«Ich bin unterwegs, mein Glück zu suchen», antwortete das Seepferdchen stolz.

«Da hast du's ja gut getroffen», sagte der Aal, «für vier Taler kannst du diese schnelle Flosse haben, damit kannst du viel schneller vorwärts kommen.»

«Ei, das ist ja prima», sagte das Seepferdchen, bezahlte, zog die Flosse an und glitt mit doppelter Geschwindigkeit von dannen. Bald kam es zu einem Schwamm, der es ansprach:

«Psst. Hallo, Kumpel. Wo willst du hin?»

«Ich bin unterwegs, mein Glück zu suchen», antwortete das Seepferdchen.

«Da hast du's ja gut getroffen», sagte der Schwamm, «für ein kleines Trinkgeld überlasse ich dir dieses Boot mit Düsenantrieb; damit könntest du viel schneller reisen.»

Da kaufte das Seepferdchen das Boot mit seinem letzten Geld und sauste mit fünffacher Geschwindigkeit durch das Meer. Bald traf es auf einen Haifisch, der zu ihm sagte:

«Psst. Hallo, Kumpel. Wo willst du hin?»

«Ich bin unterwegs, mein Glück zu suchen», antwortete das Seepferdchen.

«Da hast du's ja gut getroffen. Wenn du diese kleine Abkürzung machen willst», sagte der Haifisch und zeigte auf seinen geöffneten Rachen, «sparst du eine Menge Zeit.»

«Ei, vielen Dank», sagte das Seepferdchen und sauste in das Innere des Haifisches, um dort verschlungen zu werden.

Die Moral dieser Geschichte: wenn man nicht genau weiß, wohin man will, landet man leicht da, wo man gar nicht hin wollte. ■
(Aus: R. F. Mager: ‹*Lernziele und Programmierter Unterricht*›. Weinheim 1965, S. XVII)

Wenn man kein Ziel hat, muß man sich nicht wundern, woanders anzukommen, als man es sich vorgestellt hatte.

Ob ich ein Ziel erreiche,
in welcher Zeit das geschieht,
hängt davon ab, ob ich

1. den *Ausgangspunkt,* also den Startpunkt, genau kenne; nur dann kann ich die Entfernung zwischen Ausgangspunkt und Zielpunkt richtig einschätzen;
2. eine Vorstellung davon habe, auf welche Weise und in welcher Zeit ich diese Entfernung vom Ausgangspunkt zum Ziel überwinden kann.

Das heißt: Ich muß mir einen *Plan* machen.

Politische Planung, wie sie von Regierungen gefordert oder vorgelegt, freilich selten genug verwirklicht wird, will die Zukunft der jeweiligen Gesellschaft langfristig und verläßlich vorausbestimmen. Eine solche Anstrengung halten alle politisch Verantwortlichen für notwendig, um ihre Herrschaft für die Zukunft abzusichern.

Daher versuchen sie sich auf die Zukunft so einzurichten, daß politische Unsicherheit und Arbeitslosigkeit vermieden werden und der Bürger den Eindruck hat, daß gerade diese Regierung auch in Zukunft gut für ihn sorgen wird.

Die Planung kann zum Beispiel darin bestehen, in Zukunft auch so handeln zu wollen, wie man heute handelt (*Zukunftsplanung als Verlängerung der Gegenwart*).

Die Planung kann andererseits versuchen, eine von der Gegenwart unterschiedene Zukunft vorwegzunehmen (*Planung als Versuch, eine neue Zukunft zu ermöglichen*).

Die unterentwickelten Länder der Dritten Welt wollen sich entwickeln. Das ist ihr wichtigstes politisches Ziel.

Um das zu erreichen, benötigen sie Planung. Entwicklungspläne. Wenn wir an die eben getroffene Unterscheidung denken, dann zeigt das Heft 3 (‹*Brasilien*›) eine Entwicklungsplanung als Verlängerung der Gegenwart.

Hier geht es um den zweiten Typ:

Tansania will sich eine Zukunft ermöglichen, die sich von der Vergangenheit dieses Landes und seiner Gegenwart grundsätzlich unterscheidet:

Tansania will eine eigenständige Entwicklung erreichen, an deren Bestimmung *alle* Tansanier beteiligt sind und die *allen* Tansaniern gemeinsam etwas nützt.

Wir müssen also von drei Fragen ausgehen:

1. Welche Vorstellung hat Tansania für seine zukünftige politische wie wirtschaftliche Unabhängigkeit? Wie will und wie wird es seine Unterentwicklung zu überwinden versuchen? (*Ziel*)
2. Mit Hilfe welcher *Planung* will man dieses Ziel zu erreichen versuchen?
3. Welches ist der *Ausgangspunkt*? Wie sieht die Unterentwicklung aus? Wie ist sie entstanden und wodurch wird sie aufrechterhalten?

Wir begannen in unseren beiden ersten Kapiteln mit dem letzten Punkt. Um die historischen Ursachen der heute beobachtbaren Unterentwicklungen aufzuklären, mußten wir einige entlegene historische Einzelheiten aufarbeiten.

Tanganjika wurde 1961 selbständig.

Wie versuchte es sich mit Hilfe von Planung eine bessere Zukunft zu gewährleisten?

4 Wie kann man seine Zukunft planen? 1. Versuch Tansanias

Absicht: Im vierten Kapitel beschreiben wir den Versuch afrikanischer Politiker in den ersten Jahren des unabhängigen Tanganjikas (Tansanias) die Entwicklung des Landes für die Zukunft durchzuplanen und diesen Plan zu verwirklichen.

Wir beschreiben die Ergebnisse dieser Politik und zeigen, aus welchen Gründen Wunsch und Wirklichkeit auseinanderklafften.

4.1 Zukunftsplanung als Fortführung der Gegenwart

In den ersten Jahren ihrer Unabhängigkeit waren die afrikanischen Politiker damit beschäftigt, die Amtsgeschäfte von ihren britischen Vorgängern zu übernehmen. Dann wurde mit Hilfe französischer und englischer Fachleute eine Großplanung der gesellschaftlichen Entwicklung für Tanganjika angestellt.

Was hieß das?

In seiner Einführungsrede bei der Vorstellung des Fünfjahresplans (am 12. Mai 1964) sagte der Präsident vor dem Parlament:

■ Unser Volk wollte die Unabhängigkeit aus zwei Gründen: um seine Menschenwürde und Selbstachtung frei errichten zu können und um die Möglichkeit zu haben, seine eigene Zukunft zu erschaffen. ■

Dazu gebe der Fünfjahresplan den Weg an.

■ Er zeigt den Weg, den wir gehen müssen, damit Wünsche und Wille des Volkes allmählich verwirklicht werden. ■

Dieser Plan sollte der erste von insgesamt dreien sein, welche die Entwicklung Tansanias bis zum Jahre 1980 bestimmen werden. Für diesen Zeitraum wurden drei Hauptziele genannt:

■ 1. unser Pro-Kopf-Einkommen von gegenwärtig 19 Ostafrika-Shilling auf 45 anzuheben;
2. die eigenen Erfordernisse an gut ausgebildeten Fachleuten selbst erfüllen zu können;
3. die Lebenserwartungen von gegenwärtig 35 bis 40 Jahren auf 50 Jahre zu erhöhen. ■

Das Hauptziel war also, die allgemeinen Lebensbedingungen der ganzen Bevölkerung rasch zu verbessern.

■ Wir werden diesen Anstieg des allgemeinen Wohlstands erreichen, wenn wir unsere Produktion anheben. ■
(Aus: The United Republic of Tanganyika and Zanzibar: *‹Tanganyika Five-Year-Plan for Economic and Social Development, 1st July 1964 – 30th June, 1969. Vol. I: General Analysis›*. Dar es Salaam, 1964, S. VII, S. VII, S. VIII, S. IX in der Reihenfolge der Zitate)

Staatspräsident Nyerere setzte dabei folgende Schwerpunkte:
– Da Tanganjika ein hauptsächlich landwirtschaftlich genutztes Land sei, müsse die Landwirtschaft zu höheren Erträgen gebracht werden.
– Noch wichtiger aber sei der Ausbau der Industrialisierung, der Aufbau eines einheimischen Marktes nach dem Prinzip von Angebot und Nachfrage (freie Marktwirtschaft oder Kapitalismus).

■ Wir werden damit beginnen, diejenigen Konsumgüter zu produzieren, die für unseren einheimischen Markt gebraucht werden; und dabei werden wir den Leuten Löhne zahlen, von denen sie weitere Güter kaufen können – wodurch dann der Markt immer weiter ausgebaut wird. ■
(Aus: *‹Tanganyika Five-Year-Plan for Economic and Social Development›*, S. IX)

4.2 Die große Hoffnung und die kleine Wirklichkeit

Dieser Plan sollte lediglich die Gegenwart fortführen und verbessern. Die Regierung von Tansania wollte damit der Wirtschaft des Landes einen guten Platz auf dem Weltmarkt bzw. einen Anteil am Welthandel sichern. Tansania sollte so auf lange Sicht nach dem Vorbild der großen Industriestaaten seine Entwicklung vorantreiben.

«Entwicklung» wird immer als vom wirtschaftlichen Wachstum eines Landes abhängig gesehen. Wirtschaftliches Wachstum wird als fortschreitende Industrialisierung beschrieben. Mehr Fabriken ergeben mehr Arbeitsplätze. Wer Arbeit hat, erhält Lohn. Mit dem Geld kauft er Essen, Kleidung und andere Verbrauchsgüter.

Der Versuch, diesen Plan in Wirklichkeit umzusetzen, hatte im wesentlichen folgende Ergebnisse:

- Ein deutlicher wirtschaftlicher Aufschwung wurde nur in den Städten erreicht, in denen aber weniger als 10 Prozent der Bevölkerung leben.
- Dadurch, daß die Weltmarktpreise für die Hauptausfuhrgüter Tanganjikas/Tansanias (Sisal, Kaffee und Baumwolle) weiter absanken, gingen Einnahmen an ausländischer Währung verloren, die dringend für die Einfuhr wichtiger Maschinen gebraucht wurden, die nicht in Tansania hergestellt werden konnten. Dieser Verlust konnte nicht durch Auslandskredite im Rahmen der sogenannten Entwicklungshilfe ausgeglichen werden.
- Fast alle Siedlungsvorhaben im Rahmen der neuen landwirtschaftlichen Großprojekte scheiterten: Weil es zuwenig gut ausgebildete oder erfahrene Fachleute für die sachliche Betreuung und nicht genug Männer und Frauen mit Erfahrung in politischer Führung und Organisationstechniken gab.

  Die Begeisterung der beteiligten Bauern legte sich rasch, weil sie das Gefühl hatten, wie zur Zeit der Kolonialherrschaft für jemand anders arbeiten zu müssen anstatt für sich selbst.

Weil die öffentlichen Mittel so gering waren, mußten oftmals, trotz fehlender Erfahrung, junge Afrikaner die Stellen der Engländer übernehmen.

Auch war in manchen Fällen der politische Druck groß, endlich die Herren von gestern loszuwerden, so daß man lieber einen einfachen unverbildeten Landsmann als einen hochgebildeten eingebildeten Fremden (Ausländer) die politische Zukunft des Landes verwalten ließ.

Das hatte aber zur Folge, daß eine ganze Generation junger afrikanischer Schulabgänger mit den Posten der Europäer auch deren Lebensstil und Machtansprüche übernahm und auf Kosten der Landbevölkerung wohlhabend wurde.

Bei der Berechnung für diesen ersten Fünfjahresplan waren umfangreiche Mittel aus dem Ausland miteingeplant worden, die im Rahmen der Entwicklungshilfe einkommen sollten. Man rechnete vor allem mit günstigen Krediten und vielen Fachleuten, die von den Regierungen der «Partner-

Länder» bezahlt werden würden. So war es bisher schon gewesen. Doch die ersten Schritte zu einer selbständigen Außenpolitik ließen klar werden, daß diese Gelder nur zu dem Preis einer weiteren Orientierung nach dem Westen gegeben würden:

– Als das Land sich mit dem kommunistisch regierten Sansibar zu einem Staat zusammenschloß, strich die deutsche Bundesregierung den größten Teil der versprochenen Hilfe.

Volks-Schule und Hoch-Schule
links: Unterricht auf der Dorfstraße
oben: Die Versammlungshalle der Universität von Daressalam, von der BRD mit 828 000 DM finanziert. «Ein Geschenk an das tansanische Volk».
(Fotos: Bundesbildstelle)

- Als Tansania von den Engländern eine Militäraktion gegen Rhodesien verlangte, weil sich dort die weiße Minderheit auf Kosten der afrikanischen Mehrheit von England gelöst hatte, strich England fast die gesamte zugesagte Hilfe.
- Als Tansania zu Nordvietnam und der Volksrepublik China freundschaftliche Beziehungen aufbaute, strichen auch die USA ihre Hilfszusagen.

4.3 Die Entwicklung der wenigen

In der Zeit des ersten Fünfjahresplans wurde klar, daß diese Art von Entwicklung das Gegenteil von dem einbrachte, was man sich an Zielen vorgestellt hatte:

■ Wir können keinen Fortschritt erreichen, wenn wir darauf warten, daß jeder Bauer seinen eigenen Traktor hat, ihn fahren und reparieren kann. Wenn wir darauf warten, werden wir in Wirklichkeit nie über die Hacke hinauskommen; denn unsere gegenwärtigen Ackerbaumethoden sind zu unzureichend, um jemals den Reichtum einzubringen, der es uns möglich macht, Traktoren für alle Landesteile zu kaufen – oder die Leute dazu auszubilden, sie zu fahren und zu warten. Wir sind noch nicht weit genug für den Traktor – weder finanziell noch technisch – wohl aber für den Ochsenpflug. ■
(Julius K. Nyerere: ‹*After the Arusha Declaration*›. In: J. K. Nyerere: ‹*Freedom and Socialism. Uhuru na Ujamaa. A Selection from Writings and Speeches, 1965–1967*›. Dar es Salaam, London . . . 1968, S. 389)

Die sozialen Unterschiede zwischen Bauern und Städtern, wie sie für die Kolonialzeit typisch gewesen waren, hatten sich noch mehr verstärkt:
– Die Kinder der Städter hatten eher die Möglichkeit, eine Schule zu besuchen.
– Während die Bauern auf dem Land alles anbauen mußten, was sie mit ihrer Familie zum Leben brauchen, erhielten die Städter für ihre Arbeit Geld – und zwar die meisten mehr, als sie zur Finanzierung des reinen Lebensunterhalts brauchten. Sie konnten sich schönere Kleidung und besseres Essen leisten.
– Das wenige Geld, das die Bauern für ihre überschüssigen Waren in den Städten auf den Markt oder von einem Zwischenhändler erhielten, reichte meistens gerade dafür, das Notwendige an Kleidung und Saatgut zu kaufen und die Steuern zu bezahlen.
– Die Leute in der Stadt hatten es nicht weit bis zum nächsten Krankenhaus, während in viele ländliche Gegenden nur einmal im Monat ein Arzt kam.
– In allen Stadtvierteln gab es fließend Wasser, während die Leute auf dem Land manchmal einen halben Tag bis zum nächsten Brunnen gehen mußten oder sogar überhaupt kein Trinkwasser in der Nähe hatten.

ABER SOLLTE UNABHÄNGIGKEIT NICHT DIE FREIHEIT ALLER SEIN?

Sollte «Entwicklung» nicht Chancengleichheit beinhalten?

Oder führte der begonnene Weg zu einer Kopie des kapitalistischen Gegenübers von wenigen Reichen und Privilegierten und der Masse der Armen und Ausgebeuteten?

Arbeitsaufgaben

– Geben Sie gesprächsweise die Gründe dafür an, warum mit der staatlichen Unabhängigkeitserklärung einer ehemaligen Kolonie wie Tansania noch keineswegs wirtschaftliche und politische Unabhängigkeit erreicht ist.

– Stellen Sie bitte einmal zusammen, was sich nach den Plänen der tansanischen Regierung alles im Lande ändern sollte und welche typischen Schwierigkeiten diese Änderungen verhinderte.

5 Wie kann man seine Zukunft planen? 2. Versuch Tansanias

Absicht: Im Kapitel 5 wollen wir den zweiten Anlauf Tansanias schildern, seine Zukunft als Überwindung der Unterentwicklung in die Hand zu bekommen: Wir informieren über das 1967 in der Stadt Arusha veröffentlichte neue Programm, die sogenannte Arusha-Deklaration.

Wir schildern die Bemühungen der Regierung, dieses Programm zu verwirklichen und die Schwierigkeiten, die sich diesem Vorhaben in den Weg stellten.

Wir diskutieren an Hand des berühmten tansanischen Eisenbahnprojekts die Bedingungen, unter denen die sogenannte Entwicklungshilfe an unterentwickelte Länder gewährt wird und zeigen, daß selbst die «Hilfe», die Länder der Dritten Welt untereinander leisten, nicht uneigennützig gewährt wird, sondern wirtschaftlichen Interessen dient.

5.1 Die Arusha-Deklaration. Ein Kampfprogramm

Die tansanische Regierung entwirft ein neues Programm zur Überwindung der Unterentwicklung und veröffentlicht es im Februar 1967 in Arusha. Es heißt daher «Arusha-Deklaration»:

■ Die Entwicklung eines Landes wird von seinem Volk herbeigeführt, nicht durch Geld. Geld, und der Wohlstand, den man durch es vorweisen kann, sind das Ergebnis und nicht die Grundlage einer Entwicklung. Die vier Grundlagen für Entwicklung sind von anderer Art: sie sind

1. Menschen,
2. Land,
3. gute Politik,
4. gute Führung. ■

(Aus: ‹*Arusha-Declaration*›. S. 13. Dieses und die folgenden Zitate sind von uns aus dem Englischen übersetzt.)

Was diese sehr allgemeine Erklärung in bezug auf die «vier Grundlagen» meint, wird aus folgenden weiteren Zitaten aus diesem Programm deutlich:

■ 4. Wir befinden uns im Krieg: die T A N U führt einen Krieg gegen Armut und Unterdrückung in unserem Land ... Wir sind sehr stark unterdrückt worden, wir sind sehr ausgebeutet worden, und wir sind sehr verachtet worden. Es war unsere eigene Schwäche, die dazu geführt hat, daß wir unterdrückt, ausgebeutet und verachtet wurden. Wir wollen jetzt eine Revolution führen, die sicherstellen soll, daß wir nie wieder Opfer solcher Absichten werden. ■
(Aus: ‹*Arusha-Declaration*›. S. 4)

■ Menschen können *nicht entwickelt werden*; sie können sich lediglich *selbst entwickeln*. Wenn ein Fremder auch einem Mann ein Haus bauen kann, so kann er ihm doch nicht Stolz und Vertrauen in sich selbst als menschliches Lebewesen bringen. Diese Dinge muß ein Mensch durch eigene Taten schaffen. Er entwickelt sich durch das, was er tut; indem er seine eigenen Entscheidungen fällt, sein Verständnis darüber erweitert, was er tut und warum er es tut; indem er selbst Fähigkeiten und Wissen entwickelt und selbst – als gleichberechtigtes Mitglied – an dem Leben seiner Ortsgemeinschaft vollen Anteil nimmt. ■
(Aus: J. K. Nyerere: ‹*Freedom and Development*›. Dar es Salaam, o. J., S. 2 Hervorhebungen durch uns)

■ Weil die Wirtschaft Tansanias jetzt und künftig von Ackerbau und Viehzucht abhängt, können die Tansanier ohne Abhängigkeit von fremder Hilfe gut leben, wenn sie ihr Land angemessen nutzen. Land ist die Grundlage des menschlichen Lebens, und alle Tansanier sollten es als eine wertvolle Anlage für die Entwicklung der Zukunft nutzen. Weil das Land allen zusammen gehört, muß die Regierung dafür sorgen, daß es zum Allgemeinwohl genutzt wird, und nicht zum Vorteil eines einzelnen oder einiger weniger Leute. ■
(Aus: ‹*Arusha Declaration*›. S. 17)

■ Selbständigkeit auf dem Gebiet der Entwicklungsarbeit ist lediglich die Anwendung einer Erkenntnis, zu der wir bereits 1954 gekommen waren: daß nur Tansanier genügend Interesse aufbringen, Tansania gemäß dem Willen der Tansanier zu entwickeln, und daß dieser Wille nur von Tansaniern bestimmt werden kann. Tatsächlich ist die von uns verkündete Selbständigkeit gegen nichts und niemanden gerichtet – außer gegen diejenigen, die uns wieder kolonisieren wollen. Selbständigkeit bedeutet den Entschluß, daß wir für die Entwicklung unseres Landes Tansania von niemandem als von uns selbst abhängig sein wollen und daß wir für dieses Ziel unsere

Zwanzig deutsche Bauern besitzen mindestens zwanzig Traktoren. Diese zwanzig tansanischen Bauern besitzen nicht einmal diesen einen Traktor. Sie benutzen ihn zusammen mit mehreren hundert anderen, die sich gemeinsam ein neues Siedlungsgebiet erschließen.
(Foto: CIRIC)

ganze Kraft und alle unsere Mittel einsetzen wollen – anstatt untätig zu bleiben und lediglich darüber zu klagen, daß wir vieles nicht haben. ■
(Aus: J. K. Nyerere: ‹*The Purpose is Man*›, in: ‹Freedom and Socialism› S. 318)

Aber war dieses Programm zu verwirklichen? War das benötigte Geld im Inland überhaupt aufzubringen?

Zweifelsohne nein! Tansania ist eines der ärmsten Länder der Welt.

5.2 Wie dieser Kampf geführt wird

Wie überall in der Dritten Welt gab und gibt es auch in Tansania Brückenköpfe der Ersten Welt, Niederlassungen und Fabriken der großen amerikanischen, europäischen und japanischen Firmen, ausländische Banken usw. Sie bringen von außerhalb Tansanias Kapital in das Land hinein, um es dort mit Gewinn «arbeiten» zu lassen. Wenn sie dies tun, werden sie in fast allen Fällen sowohl durch einheimische Steuererleichterungen (vgl. Heft 4 ‹*Deutsche Firmen in der Dritten Welt*›) wie durch tansanische Einfuhr-Erleichterungen außerordentlich begünstigt.

Sie führen dieses Kapital nicht ein, um «Entwicklungshilfe» zu leisten (auch wenn sie es sagen und das sie begünstigende Steuergesetz in der BRD «Entwicklungshilfesteuergesetz» heißt). Sie versuchen dagegen, mit möglichst geringem Kapitaleinsatz möglichst hohe Profite zu machen. Diese Profite bringen sie wieder ins Heimatland zurück oder legen sie erneut in Tansania an. Der Effekt ist in beiden Fällen der gleiche:

Fremde Geldgeber nutzen die tansanische Situation (Rohstoffe am Ort, billigste Arbeitskräfte) zu ihren Gunsten aus.

Wie sollte sich die tansanische Regierung diesen Privatunternehmen gegenüber verhalten?

Die Arusha-Deklaration forderte, daß die für die Bevölkerung lebensnotwendigen Industrien und Gesellschaften in die Kontrolle und in den Besitz der Arbeiter und Bauern übergehen müßten. Ein Verstaatlichungsgesetz regelte die Durchführung dieses Beschlusses im einzelnen.

In tansanischen Staatsbesitz gingen in der Folge über:

- Land, Wälder, Bodenschätze, Wasser, Öl und Elektrizität, Post- und Fernmeldewesen, Transportwesen;
- Banken, Versicherungen, Import- und Exporthandel, Großhandel, Stahl-, Werkzeug-, Waffen-, Automobil-, Zement- und Kunstdüngerfabriken; die Textilindustrie und andere bedeutende Industriezweige, von denen ein großer Teil der Bevölkerung für die Bestreitung ihres Lebensunterhaltes abhängt oder die wesentliche Grundprodukte für andere Industrien herstellen;
- Großplantagen, besonders solche, die wichtige Rohmaterialien erzeugen. (Nach: ‹*Arusha-Declaration*›. S. 3)

Die ausländischen Firmen sind freilich nicht einfach vom tansanischen Staat enteignet worden, sondern sie wurden lediglich gezwungen, 51 Prozent ihrer Besitzanteile an den Staat zu verkaufen. Die restlichen 49 Prozent bleiben in ihrem Besitz.

Die Regierung suchte weiterhin Finanzmittel aus Übersee für solche Vorhaben zu gewinnen, die die Entwicklung in Tansania mit Hilfe der Tansanier vorantreiben können.

■ Wir werden versuchen, weiterhin Kapital aus dem Ausland zu gewinnen, sowohl für bestimmte Projekte als auch zur Förderung der allgemeinen Entwicklung. Wenn wir zum Beispiel unser Ziel erreichen wollen, Tansania und Sambia durch eine Eisenbahn miteinander zu verbinden, so ist klar, daß wir den größten Teil an Kapital und technischem Können aus dem Ausland holen müssen.

Kapital aus Übersee wird uns für jedes Projekt willkommen sein, soweit es unsere eigenen Anstrengungen wirkungsvoller machen und als auslösender Anreiz für tansanische Aktivitäten dienen kann. Aus diesem Grund hat die Regierung erklärt, daß sie die Teilnahme – einerlei, ob von privater oder öffentlicher Seite – an der Errichtung der verschiedenen Arten von Fabriken befürwortet, besonders allerdings von solchen, die Gebrauchsgüter herstellen oder unsere eigenen Ernteerträge und Rohstoffe weiterverarbeiten.

Kapitalhilfe für alle Bereiche des Bildungswesens ist auch eines der vielen Gebiete, in denen auswärtige Hilfe sehr wertvoll sein kann, wenn sie mit unseren Möglichkeiten zur Finanzierung der laufenden Kosten übereinstimmt.

Die Hauptsache bleibt dabei jedoch, daß wir hier in Tansania nicht der Gefahr erliegen, zu glauben, daß wir ohne ausländisches Kapital nichts machen können. ■
(Aus: J. K. Nyerere: *‹The Purpose is Man›*, in: ‹Freedom and Socialism› S. 322)

5.3 Mit Tricks und Haken: Entwicklungshilfe

■ Vieles können wir selbst tun: nur müssen wir es planen. Anderes kann leichter mit ausländischer Hilfe erledigt werden; trotzdem sollten wir aber nicht mit ihr rechnen, sondern uns darauf einrichten, alles durch unsere eigenen Anstrengungen zu erreichen. Sollte dann auch Hilfe kommen, sind wir dafür natürlich dankbar. ■
(Aus: J. K. Nyerere: *‹The Purpose is Man›*. S. 323)

Was meint der tansanische Präsident mit «Hilfe»?

Entwicklungshilfe?

Heft 1 macht deutlich, daß die sogenannte Entwicklungshilfe der westlich-kapitalistischen Staaten der Vorbereitung und der Unterstützung des Kapitalexports ihrer großen Privatunternehmen (vgl. auch Heft 4: *‹Deutsche Firmen in der Dritten Welt›*) dient. Die Unternehmen sind ihrerseits aber nur an Firmengründungen und Firmenkauf in der Dritten Welt interessiert, wenn sie dort erhebliche Standortvorteile und Gewinne erwarten dürfen (vgl. Heft 2 *‹Chile . . .›*, Heft 3 *‹Brasilien . . .›* und Heft 8 *‹Rassismus im südlichen Afrika›*).

Denksportaufgabe: Wie viele Arbeitsplätze hat diese deutsche Fabrik dem Land beschert?
(Die von Klöckner-Humboldt-Deutz errichtete Düngemittelfabrik Tanga)
(Foto: Bundesbildstelle)

Manche Regierungen lassen die ausländischen Firmen in ihren Ländern schalten und walten (vgl. die Zeit vor Allende in Heft 2 ‹*Chile . . .*›), manche Regierungen machen die Auflage, etwa zur Hälfte an den ausländischen Firmenniederlassungen beteiligt zu sein. Wenn nun ein Land wie Tansania von dem schmalen Staatsetat, der durch die Steuern seiner Bewohner aufgebracht wird, erhebliche Summen zur Beteiligung an ausländischen Firmen verwenden muß, geht dieses Geld für wichtigere öffentliche Aufgaben (z. B. für den Ausbau des Bildungs- und Gesundheitswesens) verloren.

Andererseits muß sich ein solches Land wie Tansania einen Einfluß auf die Geschäftspolitik der ausländischen Firmen sichern, um nicht zum Spielball ausländischer Privatinteressen und Entscheidungen zu werden.

Das mit der «Hilfe» von draußen ist für ein solches Land also stets eine zweischneidige Sache:

Man will unabhängig werden, kann das aber nicht von heute auf morgen. Man braucht ausländische Hilfe in vielfältiger Weise und macht sich dadurch abhängig.

Suchbild: Wer entdeckt einen Bulldozer?
(Straßenbau in der Nähe von Igagala bei Tabora, Tansania)
(Foto: CIRIC)

Wenn nun ein Entwicklungsland dem anderen hilft? Wie sieht das aus?

Das einzige wichtige Ausfuhrgut, über das Sambia, ein Nachbarland Tansanias, verfügt, ist Kupfererz.

Um es an der Küste auf Schiffe laden zu können, mußte man es bislang immer durch Rhodesien und Moçambique transportieren. Mit diesen beiden Ländern aber hat es etwas Besonderes auf sich: In Rhodesien regiert eine winzige weiße Minderheit eine überwältigende Mehrheit von Nicht-Weißen.

Die Grenze zwischen Sambia und Rhodesien ist seit 1973 geschlossen. Es gibt keine Übergänge mehr: weder für Personen noch für Güter. Moçambique war bislang eine der letzten Kolonien der Welt, beherrscht von Portugal (vgl. Heft 8 ‹*Rassismus im südlichen Afrika*›).

Die Regierungen von Rhodesien und Moçambique hatten bis zur Schließung der rhodesischen Grenze zwar daran verdient, daß Sambia sein Kupfer durch ihre Staatsgebiete transportieren ließ, aber sie konnten Sambia auch jederzeit erpressen.

Keines der schwarzafrikanischen Länder arbeitete gerne mit diesen Ländern zusammen, da diese ihr schwarze Bevölkerung unterdrückten und sie wichtiger Rechte beraubten.

Die Regierungen von Sambia und Tansania beschlossen daher bald, nachdem diese Länder selbständig geworden waren, gemeinsam eine Eisenbahn zu erbauen, die von den sambischen Kupferbergwerken direkt zu dem tansanischen Hafen Daressalam führen sollte. Tansania war an dieser Bahn unter anderem auch deshalb interessiert, weil sie das große Hinterland im Westen Tansanias verkehrsmäßig erschließen konnte. Die Erschließung dieser Landesteile bedeutete den Aufbau neuer Märkte, den Anbau neuer landwirtschaftlicher Produkte und dadurch mehr Geld für die Bauern dieser Gegend.

Beide Länder stellten gemeinsam bei der Weltbank den Antrag auf einen Kredit, um den Bau dieser Eisenbahn zu ermöglichen. Die Weltbank lehnte dieses Vorhaben aus politischen Gründen ab: Sie wollte es mit ihrem Mitglied Portugal nicht verderben. Die offizielle Begründung lautete freilich:

Die Bahn wird ein Zuschuß-Unternehmen, das sich nicht selbst trägt.

Das Komitee empfahl, doch weiter die mit Gewinn arbeitende portugiesische Bahn in Moçambique zu benutzen.

Verhandlungen mit der westdeutschen und kanadischen Regierung führten zu demselben Ergebnis.

Die Volksrepublik China aber erbot sich 1967, den Bau der Bahn zu finanzieren. Sie sagte Tansania und Sambia einen auf 50 Jahre zinslosen 200-Millionen-DM-Kredit zu und stellte selbst die notwendigen Baumaterialien, Maschinen und Fachkräfte zur Verfügung.

Die beiden afrikanischen Länder verpflichteten sich dafür, jährlich eine festgesetzte Menge chinesischer Waren zu kaufen, um China auf diese Weise zu ausländischem Geld (Devisen) zu verhelfen, das es zum Einkauf von Waren in den hochindustrialisierten Ländern dringend benötigt.

Kupfer aus Sambia: die Ausfuhrwege

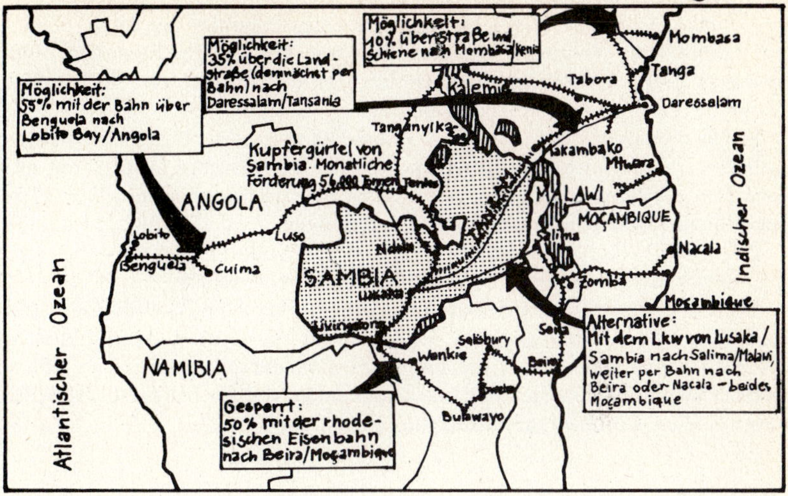

(Nach einer Karte aus der Zeitschrift *African Development*, in: *der überblick* 4, Dezember 1973, S. 44)

Chinesische Experten leisten die gleiche schwere Handarbeit wie die tansanischen Arbeiter. Vergleichen Sie das typische deutsche Expertenbild S. 215.
(Foto: Tanzania Information Service)

Nach dem Abschluß der Planungsarbeiten begannen 1970 die Chinesen und Tansanier mit dem ersten Bauabschnitt. In fortlaufender Schichtarbeit rund um die Uhr überholten sie ihre eigene Planung bis heute bereits um zwei Jahre. Wahrscheinlich werden schon Ende 1974 die ersten Züge zwischen den Kupferminen von Sambia und dem Hafen von Daressalam über eine Strecke von rund 1900 Kilometer verkehren.

Wenn die chinesischen Fachleute Ostafrika verlassen, bleibt ein gutausgebildeter Stab von Tansaniern und Leuten aus Sambia zurück, die gemeinsam die Bahn warten können und in den neu geschaffenen Betrieben sogar die Ersatzteile selbst herzustellen vermögen.

Auf diese Weise helfen sich sogenannte Entwicklungsländer gegenseitig, die jeweils nächste Stufe zur Industrialisierung zu erreichen.

Doch auch diese Hilfsbereitschaft hat ihre Haken: Der Entwicklungsstand Tansanias wird in den nächsten 50 Jahren um eine Stufe niedriger bleiben als der Chinas, denn durch die hohen Abnahmeverpflichtungen an chinesischen Waren ist Tansania so stark gebunden, daß es für diese Produkte keine eigenen Produktionsstätten einrichten kann.

5.4 Planung und die Arbeit aller

Will ein Entwicklungsland seine Entwicklung unabhängig betreiben, muß es sie aus eigenen Mitteln zu finanzieren versuchen. Diese Mittel werden durch die tansanischen Bürger in der Form von Steuern und Abgaben aufgebracht und durch die staatseigenen Großbetriebe erwirtschaftet. Mehr Staatseinnahmen bedeuten höhere Steuerbelastung für den einzelnen. Da niemand gerne immer höhere Steuern bezahlt, müssen diese als gerechtfertigt erscheinen. Die Rechtfertigung geschieht durch die Vorlage von Entwicklungsprogrammen und durch deren (erfolgreiche) Verwirklichung.

Ein solches Programm ist der 2. Fünfjahresplan. Er verfügt folgende Neuansätze:

Diejenigen Industriezweige werden besonders gefördert, die die landwirtschaftliche Entwicklung anregen und vorantreiben oder zur Selbstversorgung der Bevölkerung notwendig sind (Produktion von Nahrungsmitteln, Getränken, Textilien, Lederwaren, Wolle und Wollprodukten, Chemikalien und Metallen).

Entwicklung wird als langwieriger Prozeß beschrieben, der auf dem Land ansetzen muß. Alle Maßnahmen sind darauf gerichtet, vielen Leuten durch kleine Projekte mit geringen Kosten eine Hilfe zur Selbsthilfe zu geben: Jeder, der arbeitet, weiß am besten über die Bedingungen und damit auch über die Schwierigkeiten seiner eigenen Arbeit Bescheid.

Wenn daher seine Arbeit in einen größeren Planungszusammenhang gestellt wird, muß er als Fachmann über die Planung mitentscheiden.

Die Arbeiter werden selbst gefragt, wieviel sie in einer absehbaren Zeit (etwa einem Jahr) und *unter welchen Bedingungen sie mehr produzieren können.*

Die Produktionsplanung ergibt sich aus Bedarfsanmeldungen: Zum Beispiel x Tonnen Getreide brauchen wir im nächsten Jahr zur Ernährung der Bevölkerung.

Es gibt Arbeitsgruppen: z. B. Bauern, die gemeinsam Ländereien bewirtschaften, Abteilungen in Produktionsbetrieben, kleine Firmen oder allein die Bewohner von zehn benachbarten Häusern, die zu einer TANU-Zelle zusammengeschlossen sind. Da jede Arbeitsgruppe angibt, welchen Bedarf sie in den nächsten sechs Monaten oder in einem Jahr hat und was sie in dieser Zeit leisten kann, muß sie für die Erfüllung dieses Planes verantwortlich zeichnen. Die dabei entstehenden Schwierigkeiten, beispielsweise bei der Beschaffung von Gerätschaften oder durch das Ausbleiben von Regen (so daß man das Land u. U. künstlich bewässern muß), müssen mit einkalkuliert werden.

Kleine Produktionseinheiten sind jeweils in größeren Gruppen zusammengefaßt. Genossenschaften, Gemeindeverbände, Orts-, Bezirks- und Regionalverwaltung stellen die einzelnen Bedarfs- und Leistungsmeldungen zusammen und besprechen mit den Vertretern der Einzelgruppen das Verhältnis der Einzelleistungen zum Gesamtbedarf und ob die Vorausberechnungen aufgehen.

Planung heißt hier Zuordnung: Die Bedürfnisse und Leistungsmöglichkeiten der Allgemeinheit und der einzelnen werden zusammengebracht.

■ Dieses Verständnis unseres Planes ist sehr wichtig. Denn wir begehen einen großen Fehler, wenn wir die Leute dazu zwingen wollen, einen bestimmten Ertrag zu erzielen oder sogar vorgeschriebene Landflächen zu bebauen, deren Ernte für den Verkauf bestimmt ist. Politische Funktionäre[1], die das in der Vergangenheit versucht haben, stellten fest, daß die Leute die besagte Fläche wohl im ersten Jahr bearbeitet haben, die Ernte aber erstaunlich gering blieb. Und im zweiten Jahr haben sich die Bauern dann in den Busch zurückgezogen, um den Funktionären der Regierung zu entkommen! Das steht im Gegensatz zu unseren langfristigen Interessen. ■

(Aus: Einführungsrede des Präsidenten J. K. Nyerere zum 2. Fünfjahresplan Tansanias 1969–1974. In: ‹*Entwicklungspolitik*›. Materialien Nr. 18, BMZ, Bonn 1971, S. 9)

Auf diese Weise lernen die Bauern, sich in allem, was sie vorhaben und tun, auf die Allgemeinheit zu beziehen. Sie arbeiten selbst mit die Bedingungen aus, unter denen ihre Wünsche und Forderungen erfüllt werden

1 Funktionär = Beauftragter, Vertrauensmann, Angestellter einer Partei oder einer Massenorganisation

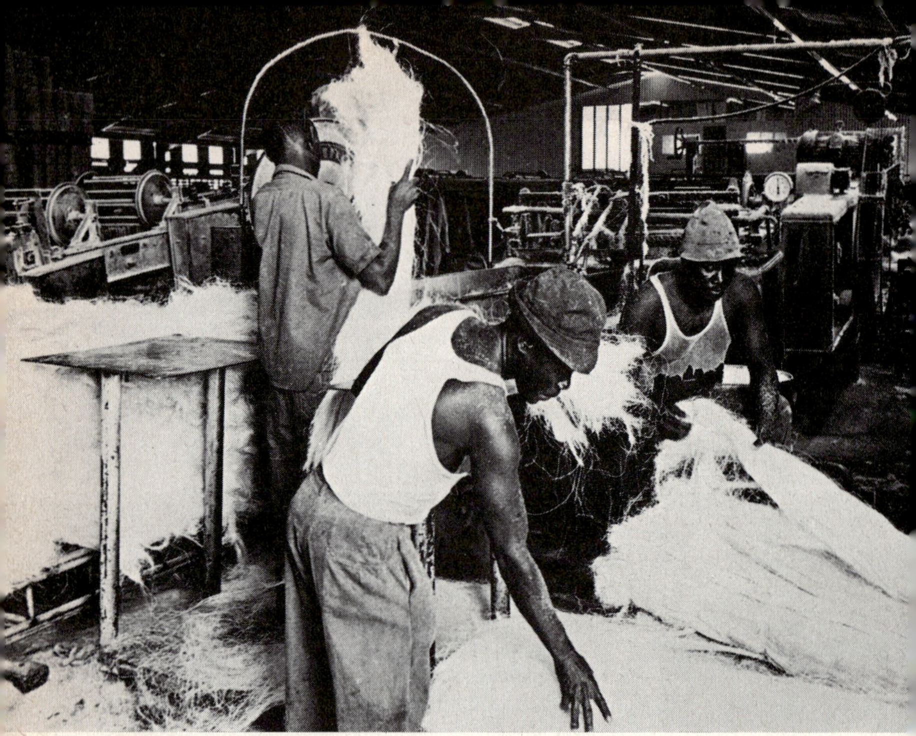

Diese Arbeiter, Sisal-Spinner und Landarbeiter, die Baumwolle transportieren, entscheiden über die Planung mit.
(Fotos: links: Bundesbildstelle; rechts: CIRIC)

können, und sie wissen daher, welches ihr Anteil daran sein wird. So kommen sie allmählich dazu, sich selbst als Mitglied einer großen Gesellschaft zu verstehen, die sie früher gar nicht wahrnehmen konnten, weil sie nichts von ihr wußten. Denn ohne Informationen übereinander haben sie früher auf Einzelgehöften weit über das Land verstreut gelebt und hatten sogar keine Möglichkeit, ihre Lebensverhältnisse selbst zu verbessern.

Der Staat war und ist zu arm, um Millionen einzelnen voranzuhelfen; wenn sie sich aber zusammentun, können sie sich gegenseitig helfen und der Staat kann ihre Bemühungen unterstützen.

«Planen heißt wählen», lautet das Motto des 2. Fünfjahresplanes. «Den Fortschritt wählen». Mit der Arusha-Deklaration war eines klar geworden: ob Tansania sich eigenständig entwickeln kann, wird zum wesentlichen Teil auf dem Land entschieden.

Arbeitsaufgaben

– Sagen Sie bitte gesprächsweise in groben Zügen, was die Arusha-Deklaration will.
– Versuchen Sie den entscheidenden Unterschied zwischen dem 1. Fünfjahresplan und dem 2. Plan herauszufinden.
– Stellen Sie eine Liste derjenigen Entwicklungsziele auf, die die Arusha-Deklaration nennt.
– Diskutieren Sie aus der bisherigen Kenntnis der wirtschaftlichen und politischen Situation Tansanias heraus die Einzelbedingungen, die erfüllt sein müssen, damit jedes einzelne dieser Ziele erreicht werden kann.
– Diskutieren und bewerten Sie die chinesische Hilfe beim Eisenbahnprojekt.
– Erklären Sie bitte ihren Gesprächsteilnehmern, warum für die Tansanier die Entwicklung auf dem Land, das heißt: in der Landwirtschaft, ansetzen muß.

6 Ujamaa

Absicht: Im letzten Kapitel wollen wir die wesentlichsten Schwierigkeiten beschreiben, die der tansanische Versuch einer sozialistischen Entwicklung zu überwinden hat.

Wir erklären, was «Ujamaa» bedeutet und welche politischen Vorstellungen in Tansania mit diesem Begriff, der ein Programm darstellt, verbunden sind.

6.1 Ujamaa-Dörfer oder: Ist der Sozialismus auf dem Land zu gewinnen?

■ Nach überkommener afrikanischer Lebensweise waren alle Menschen gleichberechtigt, sie arbeiteten in Gemeinschaft zusammen und nahmen alle an den Entscheidungen teil, die ihr Leben gemeinsam betrafen.

Aber diese Gleichberechtigung hatte die Gleichheit der Armut zur Grundlage: Die Zusammenarbeit bezog sich auf kleine Dinge und die Politik nur auf die Einheit der eigenen Familie, die der Sippe und höchstens des Stammesverbandes.

Unsere Aufgabe ist daher, diese überlieferten Strukturen so zu modernisieren, daß sie mit unseren neuen Zielen und dem Wunsch nach besseren Lebensbedingungen in Einklang zu bringen sind. Dies ist möglich unter der Voraussetzung, daß wir die Grundsätze traditionaler Lebenshaltung beibehalten, die Techniken aber dem 20. Jahrhundert anpassen.

Dazu müssen wir in ganz Tansania die Ujamaa-Dörfer als genossenschaftliche Gemeinwesen schaffen, in denen die Leute gemeinsam leben und arbeiten; diese Ortsgemeinschaften (Kommunen) müssen untereinander so verbunden sein, daß sie wiederum zusammenarbeiten für das Gemeinwohl der ganzen Nation. ■

(Aus: J. K. Nyerere: ‹*After the Arusha-Declaration*›. S. 405)

«Ujamaa» ist ein altes Swahili-Wort und heißt ursprünglich «Gemeinschaftsleben».

Damit war vor allem die verwandtschaftliche Verbindlichkeit der Mitglieder der damals vorherrschenden Großfamilie gemeint. Die Arusha-Deklaration verband diese alte Vorstellung vom Zusammenleben und Für-Einander-Verantwortlich-Sein mit der Idee des Sozialismus.

«Ujamaa» bezeichnet heute daher vor allem die Form des Sozialismus, die sich besonders auf diese afrikanische Tradition bezieht.

In diesen Ujamaa-Dörfern leben zwischen 80 und 2500 Menschen zusammen. Von manchen Dörfern wird das gesamte zur Verfügung stehende Land gemeinsam bearbeitet, von den meisten aber zunächst nur einige große Felder für den Anbau der Güter, die vermarktet werden sollen: Kaffee, Baumwolle oder Tabak zum Beispiel. Auf kleinen privaten Feldern bauen die Leute daneben die Dinge an, die sie selbst zum Essen brauchen: Getreide, Kochbananen und Obst, manchmal Gemüse.

Nun organisieren sie die notwendige Arbeit so, daß man im Dorf zu einer Arbeitsteilung kommt. Arbeitsteilung erlaubt die Spezialisierung, die zur Verbesserung handwerklicher Techniken und zum Aufbau von Werkstätten und Kleinindustrien nötig ist.

Dörfer hat es bislang in Tansania kaum gegeben. Die Leute lebten weit voneinander entfernt und immer zu wenigen zusammen. Um sie nun mit Trinkwasser, Straßen, Wegen, Transportmitteln, Krankendiensten und Schulen zu versorgen, war es notwendig, sie in Dorfsiedlungen zusammenzuführen.

Sonst wäre eine angemessene Versorgung der gesamten Bevölkerung gar nicht möglich gewesen, weil die dafür erforderlichen Gelder nicht vorhanden sind.

Heute glauben sie, daß sie auf dem neuen Weg allmählich dazu kommen werden, langfristig ihre eigenen Angelegenheiten planen und so ihre Lebensverhältnisse verbessern zu können. Sie müssen ihre eigenen Gemeinwesen selbst organisieren und leiten können. Das ist schwer, denn bislang haben sie in der Zerstreuung fast ohne Wissen von den anderen gelebt und ihre ganze Arbeitskraft nur für das Überleben ihrer je eigenen Familien aufgebraucht.

■ Die Basis[1] der Ujamaa-Dorf-Organisation ist Selbsthilfe und Selbständigkeit, und so muß es auch sein. Es wäre absurd[2] und falsch, wollten TANU oder Regierungsbeamte versuchen, die Menschen mit dem Hinweis von außen dazu zu bewegen, ein Ujamaa-Dorf zu gründen oder einem solchen beizutreten. Die Menschen sollen sich für einen solchen Zusammenschluß entscheiden, weil sie einsehen, daß ihre eigenen Anstrengungen produktiver sein werden, und daß ihr Leben durch die gegenseitige Verantwortung sicherer und erfreulicher wird. ■
(Aus: Präsident Nyerere zum 2. Fünfjahresplan. In: ‹*Entwicklungspolitik*›. Materialien Nr. 18, Bonn 1971, S. 10)

1 Basis = Fundament
2 absurd = ungereimt, unvernünftig, widersinnig

6.2 Schönes Wetter und andere unplanbare Sachen

Bei aller Zustimmung zur geschilderten Entwicklungsplanung sind zumindest drei Fragen erwähnenswert, an denen die Nichtplanbarkeit von Zukunft und künftiger Entwicklung deutlich wird:

1. Inwieweit werden trotz eigenständiger Entwicklungspläne auch in Zukunft die übernationalen Konzerne die Entwicklung/Unterentwicklung Tansanias bestimmen? (Man denke nur daran, wie die bundesrepublikanischen Verbraucher von Mineralölprodukten von den Entscheidungen und der Preispolitik der übernationalen Mineralölfirmen abhängig sind.)

2. Inwieweit wird man die Menschen auf dem Lande dafür begeistern können, etwas für ihre eigene Entwicklung zu tun?

3. Inwieweit werden Verwaltungsbeamte, Lehrer, Ingenieure und andere gut ausgebildete Fachleute bereit sein, sich in ihrer Lebenshaltung dem Stil der Landbewohner anzugleichen? Das heißt: Sind sie mit geringeren Löhnen und Gehältern zufrieden?

Zu 1: Die übernationalen Unternehmen (Konzerne)
Das Ausmaß der Beteiligung ausländischer Firmen an dem größten Teil der staatseigenen Unternehmen veranschaulicht folgende Tabelle:

Staats-Gesellschaft	staatl. Firmen-anteil	ausländ. Partner	internationale Verbindungen
Diamanten u. a. Bergbau	50 %	englische und nordamerikan. Firmen (Wilcroft Oppenh.)	Teil einer Firmengruppe, zu der 32 Finanz-Gesellschaften gehören, 8 Diamanten-, 17 Kohle-, 5 Kupfer-, 16 Gold- und 15 andere Bergbau-Gesellschaften. 11 Planungs- und Erschließungsfirmen, 22 Industrie- und 7 Ländereien-Gesellschaften. Die ganze Firmengruppe ist verbunden mit dem größten englischen Chemie-Konzern (I. C. I.) und einem anderen internationalen Wirtschaftsgiganten (Du Pont) angeschlossen.
Gerberei	75 %	schwedische Firma	Lederwarenfabrik, als Manager dieses Herstellungszweigs, exportiert die Hälfte der Gesamtproduktion für ihre eigene Verarbeitung nach Schweden.
Metallverpakkungen	50 %	brit. Firmen (Metal Box Co.)	größte Firma ihrer Branche (Konservendosen-Verpackungen u. ä.) in Europa und im britischen Commonwealth mit Fabriken in Rhodesien und Südafrika; 58. der größten Firmen der Welt.
Zigaretten	60 %	BAT	(British American Tobacco Co. Ltd.) Fünftgrößter Konzern der Welt, stellt allein in ganz Ostafrika Zigaretten her (Monopol); 100 Fabriken in 50 Ländern; 90 % Marktanteil in Großbritannien.

Staats-Gesell-schaft	staatl. Firmen-anteil	ausländ. Partner	internationale Verbindungen
Fahr-zeug-bau	24 %	Motor-Mart + Ralli-Gruppe	Die Leitung dieser tansanischen Firmen untersteht internationalen Managern, die zugleich die entsprechenden Industriezweige in den anderen ostafrikanischen Ländern dirigieren. Die Gruppe hat 36 Tochterfirmen und gehört mit weiteren 85 Großfirmen zu einem Konzern, dessen meiste Anteile eine Gesellschaft besitzt, die unter den größten Firmen der Welt die 25. Stelle einnimmt und deren 3 Direktoren jeweils noch weitere 28, 38, bzw. 54 Aufsichtsratsposten innehaben.
Sisal	50 %		
Tee	50 %		
Bier-braue-rei K.	60 %	Madh-vani-Gruppe	auch Manager der Brauerei; Ostafrikas größter Industrie- und Handelsriese: erzeugt Stahl, Glas, Kunstfasern, Süßigkeiten, Zucker, Speiseöl, Margarine, Seife, Streichhölzer, Kaffee, Tee, Mehl, Textilien, Waschmittel, Nüsse, Metallartikel, Zaundraht usw.
Bier-braue-rei T.	51 %	E. A. Brewe-ries	besitzt 5 wichtige Brauereien in Kenia und 1/5 der Anteile an den Brauereien von Uganda, die Hauptanteile mehrerer anderer Getränke-Firmen in Ostafrika und ist durch ihren Direktor mit einem Großkonzern verbunden, der die 24. Stelle im Weltrang einnimmt (Allied Breweries Ltd. / Courage, Barclay and Simonds Ltd.)
Hotels, 5 v. 13	100 %		Manager der tansanischen Tourismus-Gesellschaft, die aber zu 70 % von dem britischen Hotel-Konzern «Hallway» finanziert wird.
5 Hotels	–		gehören ganz ausländischen Firmen (1 davon Hilton).
Molke-rei-Prodte.	100 %	Nestlé	als Manager: beherrscht den ostafrikanischen Markt, ist der größte Lebensmittelkonzern der Welt.

Dies sind nur einige Beispiele nach den für 1968 veröffentlichten Zahlen. Wertet man die übrigen Tabellen für diese Zeit aus, so ergibt sich eine durchschnittliche Beteiligung ausländischer Firmen von 50 Prozent (ohne die Verflechtungen untereinander zu berücksichtigen). Für 1972 geben die Statistiken nur noch einen Gesamtanteil an ausländischem Kapital in tansanischen Firmen von etwas über 30 Prozent an. Im Einzelfall ist er aber gleichhoch geblieben. (Quellen: Issa G. Shivji: ‹*Tanzania – The silent class struggle*›. In: *PCSSEA*, 1. Ann. Conf. University of Dar es Salaam, Dec. 1970, Vol. 1, S. 441–490, App.; The United Republic of Tanzania: ‹*The Economic Survey 1971–72*›. Dar es Salaam 1972, S. 8 f.)

Zu 2: Wie interessiert man die Leute auf dem Land für ihre eigene Entwicklung?

Die Politisierung der Landbewohner geschieht nicht immer ohne Widerstände der Betroffenen. Bei der «Operation Dodoma» zum Beispiel wurden im Sommer 1970 50 000 Menschen in Zentraltansania, dem traditionellen Hungergebiet Tansanias, innerhalb von wenigen Monaten umgesiedelt.

Anfangs fanden sich nur einzelne zu dieser Umsiedlung bereit. Da jedoch infolge langer Trockenheit eine große Hungersnot ausgebrochen war, mußte schnell gehandelt werden. In den völlig ausgetrockneten Gebieten wurden die Höfe zwangsweise geräumt, die verlassenen Hütten mit Bulldozern dem Erdboden gleichgemacht, die Bewohner mit ihrer Habe auf Lastwagen gepfercht und in die neue Siedlung gebracht.

Die zwangsweise Umgesiedelten drohten, den Staatspräsidenten Nyerere zu töten, falls er sich in ihr Gebiet wagen würde. Er wagte sich tatsächlich dorthin, sagte alle nicht unbedingt notwendigen Staatsgeschäfte ab und war monatelang für keinen ausländischen Besucher zu sprechen. Er ging zu den Bauern, um ihnen dabei zu helfen, neue Felder anzulegen. Jeder, der ihn trotzdem dringend sprechen wollte, mußte zunächst eine Zeitlang auf dem Feld mitarbeiten. Er überzeugte sie offensichtlich durch Gespräche und sein Verhalten.

Im nächsten Jahr meldeten sich weitere zig-Tausende freiwillig für die Umsiedlungsaktion. Bis Mitte 1972 waren es schon insgesamt eine halbe Million Menschen, die in neue Dörfer umziehen wollten.

Klar war ihnen, daß sie ihre Dörfer selber bauen mußten; klar auch, daß sie mit der größtmöglichen Unterstützung der Regierung rechnen konnten, zumal diese Aktion viel Aufsehen erregt hatte. Der Staatspräsident hielt sich während dieses ganzen Vorgangs an das Wort, was er zur Einführung des 2. Fünfjahresplans geprägt hatte:

■ Wollen wir direkt auf unsere Entwicklungsarbeit zugehen, so brauchen wir diese Achtung vor dem Volk.

Niemand, der sich über die Gefühle der Menschen hinwegsetzt, kann Sozialist sein, denn Sozialismus ist für das Volk. Man darf nicht nur an die «Massen» denken, und wie diese auf lange Sicht von einem bestimmten Projekt Nutzen haben werden. Die Massen, das sind die Menschen in ihrer Gesamtheit: wer sich nicht um kleine Gruppen von Menschen kümmert, kann die Zweifel daran, ob er sich wirklich um große Gruppen kümmert, nicht ganz ausräumen. ■

(Aus: Einführungsrede des Präsidenten J. K. Nyerere zum 2. Fünfjahresplan Tansanias 1969–1974. In: ‹*Entwicklungspolitik*›. Materialien Nr. 18, BMZ, Bonn 1971, S. 17)

Übrigens beschloß die TANU-Regierung im Herbst 1973, Dodoma, das städtische Zentrum dieses Gebiets, zur künftigen Hauptstadt Tansanias zu machen.

«Klar war ihnen, daß sie ihre Dörfer selber bauen mußten . . .»
(Foto: CIRIC)

Zu 3: Abbau der Privilegien
Im Oktober 1966 hatten die Studenten der Universität von Daressalam in einem großen Marsch gegen die Anweisung protestiert, künftig zwei Jahre nach Abschluß der Ausbildung gegen geringe Entlohnung in ihrem Beruf als Angestellte oder Beamte des Staates arbeiten zu müssen. Nyerere verwies sie daraufhin der Universität – wenngleich er die meisten von ihnen nach einem halben Jahr wieder aufnahm. Er selbst – ohnehin einer der schlechtbezahltesten Staatspräsidenten der Welt – strich sein Gehalt um ein Viertel und kürzte auch die Einkommen aller Regierungsbeamten. Diese Ereignisse boten den aktuellen Anlaß für die Abfassung der Arusha-Deklaration.

In der Folgezeit versuchten die bevorzugten Leute mit Universitätsabschluß und die anderweitig ausgebildeten Experten (Ingenieure, Manager usw.) aus Angst um weitere Minderung ihrer finanziellen Vorteile und Machtbefugnisse die Regierung zu stürzen. Sie fürchteten, daß der angekündigte Sozialismus tansanischer Prägung im Grunde nur eine Verarmung und Entmachtung der Reichen und Mächtigen bedeuten würde, nur eine bessere Verteilung von Armut also.

Diese Verschwörungen wurden entdeckt. Den Beteiligten wurde der Hochverratsprozeß gemacht. Sie kamen ins Gefängnis.

Durch solche Vorfälle gewarnt, sah sich die Regierung genötigt, die Vorteile der bevorzugten Bevölkerungsschichten langsamer abzubauen. Schließlich war sie ja auf deren Mitarbeit angewiesen. Um den Unterschied zwischen den vielen Armen und den wenigen Reichen nicht noch größer werden zu lassen, wurden im Frühjahr 1971 weitere Maßnahmen eingeleitet:

1. Die Überwachung der Einfuhren wurde verstärkt und die Einfuhr von Luxusgütern verboten. Zu ihnen wurden auch Privatautos gezählt, nicht jedoch Busse, Lkws und geländegängige Wagen, die direkt der Allgemeinheit dienen.

Die Ausfuhr von Geld war bisher ohnehin sehr stark eingeschränkt und kontrolliert worden. Außerdem wurde jetzt noch die Meldepflicht für alle Auslandskonten tansanischer Staatsbürger eingeführt, um die Kapitalflucht besser eindämmen zu können.

2. Alle Häuser wurden enteignet, in denen deren Besitzer nicht selbst wohnten, also fast alle Mietshäuser. Auf den starken Widerspruch der Betroffenen hin wurden soziale Härtefälle ausgeglichen: Z. B. wo Witwen etwa mit ihren Familien von den Mieteinnahmen leben mußten (in Tansania haben die Sozialversicherungen bisher nur eine sehr geringe Verbreitung gefunden).

3. Die Einhaltung der Vorschriften für die TANU-Führer wurde strenger als bisher kontrolliert: Parteimitglieder, die sich beispielsweise einen luxuriösen Lebensstil angewöhnt hatten, wurden gezwungen, ihre Ämter aufzugeben und die Partei zu verlassen; unter ihnen ein ehemaliger Minister, der noch in Tansania lebt.

Was alles zusammengenommen zu weiteren politischen Unruhen führte: zu Protesten und Streiks der Betroffenen, zu abweisenden, mahnenden Stellungnahmen in der ausländischen Presse.

Bisher sind alle diese Widerstände ohne Erfolg geblieben. Klar ist aber, daß ein Widerstand einflußreicher Beamter, Manager usw. eine der größten Gefahren für die sozialistische Zukunft des Landes darstellt.

Die jetzige Regierung weiß das und sucht weiterhin nach einem Mittelkurs zwischen dem Abbau von Vorrechten der neuen Oberschicht und dem Versuch, sie in den Aufbau der neuen Gesellschaft einzubeziehen.

Nyerere und die T A N U wollen auf jeden Fall eine blutige Revolution vermeiden. Das nutzen bestimmte Gruppen zu Erpressungsversuchen aus.

Um die gesamte Bevölkerung mit den Gefahren vertraut zu machen, unter denen der Aufbau des Sozialismus in Tansania steht, gab die TANU Anfang 1972 neue Richtlinien heraus, die auch unter der Bezeichnung «Daressalam-Erklärung» bekannt geworden sind:

6.3 Unerledigte Aufgaben. Die Daressalam-Erklärung

Auszüge:
(Übersetzt nach dem englischsprachigen Original in: *The African Review* Jhg. 2, Nr. 1, Juni 1972, S. 1–8. Hier: Auszüge von S. 2, 3, 6.)

■ 3. Das Hauptziel der afrikanischen Revolution ist, den Afrikaner zu befreien. Diese Befreiung wird nicht vom Himmel gesandt, sondern im Kampf gegen Ausbeutung, Kolonialismus und *Imperialismus*[1] erreicht. Befreiung kann auch nicht von Spezialisten oder Experten gebracht werden. Diejenigen, die erniedrigt, ausgebeutet und unterdrückt werden, sind die Fachleute für diese Befreiung. Es gibt kein Land in der Welt, das den Afrikanern raten kann, wie sie sich selbst befreien können. Wir ganz allein sind verpflichtet zu unserer eigenen Befreiung, und die notwendige Erfahrung dafür werden wir im Kampf selbst gewinnen.

4. Darüber hinaus beweist die gegenwärtige Situation, daß es bisher in keinem afrikanischen Staat zu einer totalen Befreiung gekommen ist.

Die Völker Afrikas sind immer noch von Ausbeutung und Erniedrigung entkräftet.

Daher sind revolutionäre politische Parteien in unabhängigen afrikanischen Ländern – wie die TANU – tatsächlich immer noch Befreiungsbewegungen.

7. Es muß klar sein, daß wir in Tansania besonders von folgenden Feinden bedroht und beherrscht sind: vom britischen Imperialismus, dem portugiesischen Kolonialismus, von Rassismus und Apartheid[2] der Regierungen Südafrikas und Rhodesiens. Aus geschichtlichen, geographischen und politischen Gründen werden diese Imperialisten immer bereit sein, uns anzugreifen, sobald sich ihnen dazu eine Gelegenheit bietet.

10. Wir Tansanier schätzen sehr unsere nationale Unabhängigkeit, weil

1 Zu «Imperialismus» vgl. die ‹*Stichwörter zur politischen Ökonomie*›, am Schluß dieses Bandes.
2 Zu Apartheid vgl. Heft 8 ‹*Rassismus im südlichen Afrika*›.

sie den Ansatzpunkt für unsere eigene Befreiung bildet und für unsere Aussichten auf einen gemeinsamen Befreiungskampf mit den anderen afrikanischen Völkern. Dies ist der Grund für unsere Verpflichtung, alles nur mögliche dafür zu tun, unsere Unabhängigkeit zu bewahren, um unsere eigene Revolution voranzutreiben und so Tansania zu einem echten Beispiel für die afrikanische Revolution werden zu lassen.

Frühmorgens auf dem Weg zur Arbeit nach Daressalam
(Foto: KNA)

28. Für Menschen, die Sklaven waren oder die durch Kolonialismus oder Kapitalismus unterdrückt, ausgebeutet und erniedrigt worden sind, bedeutet Entwicklung «Befreiung».

Jede Aktion, die diesen Leuten mehr Kontrolle über ihre eigenen Angelegenheiten bringt, stellt einen Beitrag zur Entwicklung dar, sogar wenn es dadurch nicht mehr Brot oder bessere Gesundheit für sie gibt.

Alles was ihren Anteil an der Bestimmung ihres eigenen Lebens vermindert, bedeutet keine Entwicklung, sondern Rückschritt, auch wenn dadurch ihre Gesundheit und Ernährung etwas besser wird.

Für uns bedeutet Entwicklung die Beseitigung von Unterdrückung, Ausbeutung, Versklavung und Erniedrigung, die Förderung unserer Unabhängigkeit und Menschenwürde. Wenn wir daher an die Entwicklung unseres

Landes und an die Erstellung von Entwicklungsplänen denken, muß unser Hauptanliegen jederzeit die Entwicklung der Menschen und nicht der Sachen sein.

Wenn Entwicklung direkt den Menschen gilt, müssen diese an der Beratung, Planung und Erfüllung ihrer Entwicklungspläne beteiligt sein.

Arbeitsaufgaben

– Bitte geben Sie Ihren Klassenkameraden oder den Mitgliedern Ihrer Aktionsgruppe in eigenen Worten an, was mit dem Stichwort «Ujamaa» in Tansania gemeint ist und was ein Ujamaa-Dorf ist.
– Versuchen Sie bitte einmal, eine Liste der Programmpunkte aufzustellen, die in Tansania mit diesem Stichwort in Verbindung gebracht werden.
– Stellen Sie dieser Liste eine Liste der Schwierigkeiten gegenüber, die die Verwirklichung dieser Programmpunkte bislang verhinderte.
– Diskutieren Sie bitte abschließend die Möglichkeiten und die Grenzen Tansanias, seine Unterentwicklung zu überwinden und die mögliche Rolle der Bundesrepublik bzw. bundesrepublikanischer Institutionen und Gruppen, diese Entwicklung zu hemmen oder zu fördern.

Kommentierte Filmliste

Afrika wird selbständig, Film 17 Min. s/w 1963; über die Stadt-, Kreis- und Landesbildstellen unter der Nr. FT 675
(Afrika am Beginn unseres Jahrhunderts, Kolonisierung und Entkolonisierung, Unabhängigkeitsbewegungen nach dem Zweiten Weltkrieg: Die anstehenden Probleme können «nur in echter Partnerschaft mit den Industrieländern gelöst werden».)

Massai in Tanganjika, Film 16 Min. Farbe 1965; über die Stadt-, Kreis- und Landesbildstellen unter der Nr. FT 789

Tansania-Profile, Film 40 Min. Farbe; EMZ 2
(Ein Film über die medizinische und soziale Arbeit der Lutherischen Missionen und Kirchen in Tansania.
Welche typischen Informationen vermittelt der Film über die tansanische Politik und die staatlichen Programme, die Unterentwicklung zu überwinden?)

Vom Handwerker zum Facharbeiter, Film 15 Min. Farbe 1968; Deutsches Filmzentrum
(Ein Autoschlosser aus Daressalam berichtet über seine Facharbeiterausbildung in der Bundesrepublik.)

UJAMAA. Tansanias Weg zum Sozialismus, Film 18 Min. Farbe 1974; über das BMZ (Bezugsadressen I)
(Ein nützlicher Film über Ujamaa-Dörfer und Selbsthilfeprogramme. Er beschreibt Entwicklungshindernisse und problematisiert den europäischen Ferntourismus.)

Kommentierte Literaturliste

Peter Arnold: *‹Tansania – Modell für die Dritte Welt? Warum auch im Lande Nyereres die Entkolonisierung erst begonnen hat›*. In: *blätter des iz3w* 20, Dez. 1972, S. 44–47.

Peter Arnold: *‹Tansania, Ujamaa-Bauernkollektive›*. In: *blätter des iz3w 26/27*, Aug./Sept. 1973, S. 28–35.

Zwei knappe kritische Beiträge zur Diskussion darüber, wie sozialistisch Tansania heute ist; zu bestellen bei: Informationszentrum Dritte Welt, 78 Freiburg, Postfach 5328, Telefon: (0761) 71101.

Wolfgang Küper: *‹Tansania›*. Ländermonographien – Neue Reihe. Deutsche Afrika-Gesellschaft e. V., Bonn 1973, 170 S.

Wichtigstes deutschsprachiges Buch über Tansania, das einen Überblick über Geschichte und politische Probleme des Landes gibt. Kann u. U. beim BMZ (Bezugsadressen I) angefordert werden.

Gerhard Grohs (Hg.): *‹Afrikanischer Sozialismus. Aus den Reden und Schriften von Julius K. Nyerere›*. Stuttgart 1974², Texte 5 zur Arbeit von «Dienste in Übersee», 7 Stuttgart 1, Gerokstr. 17, 98 S.

Enthält vier der wichtigsten Nyerere-Reden und den Text der Arusha-Deklaration, dazu eine Einführung von Gerhard Grohs.

Ein zweiter Band mit den neuesten Nyerere-Reden und Regierungsdokumenten wird von G. Grohs und V. Hundsdörfer im Herbst 1974 beim selben Verlag herausgegeben.

‹Der Entwicklungsplan Tansanias 1969–1974›. In: *Entwicklungspolitik*. Materialien Nr. 18. (Hg.: Bundesministerium für wirtschaftliche Zusammenarbeit, Referat Öffentlichkeitsarbeit, 53 Bonn, Friedrich-Ebert-Allee 114–116)

Textausgabe des 2. Entwicklungsplans. Kostenlos zu beziehen.

Lionel Cliffe, and John Saul (Hg.): *‹Socialism in Tanzania. An Interdisciplinary Reader›*. Vol, 1 *‹Politics›*, Vol. 2 *‹Policies›*. Dar es Salaam, 1972/73.

Diese beiden Bände muß lesen, wer sich gründlich in die Diskussion um die Verwirklichung des tansanischen Sozialismus einarbeiten will. Sie enthalten viele kritische Beiträge von Fachleuten unterschiedlicher Herkunft. Jeder Band kostet etwa 25,– DM plus Porto und ist zu bestellen bei: East African Publishing House, P. O. Box 3209, Dar-es-Salaam, Tanzania.

Erhard Meueler: *‹Der Themenbereich Dritte Welt/Entwicklung/Entwicklungspolitik /Entwicklungshilfe in Lehrplänen und Schulbüchern des Religionsunterrichts›*. *Schule und Dritte Welt* 27, Bonn 1971, 81 Seiten

In unserem Zusammenhang insbesondere aufschlußreich in Sachen «Mission» und «Heiden» im Schulbuch. Kostenlos vom BMZ erhältlich.

Volkhard Hundsdörfer, Wolfgang Küper: *‹Bibliographie zur sozialwissenschaftlichen Erforschung Tanzanias›*. München 1974, 231 + XI S.

Dokumentiert systematisch die 2250 wichtigsten Titel der wissenschaftlichen Tansania-Literatur der letzten zehn Jahre. Arbeitshilfe für sehr Interessierte.

Heft 8

Ludwig Helbig

Rassismus im südlichen Afrika

Im südlichen Afrika werden die Nichtweißen mit Hilfe von Rassengesetzen ausgebeutet. Die deutsche Industrie ist mit dabei. Was können wir tun? Dieses Heft gibt die notwendigen Informationen über den Rassismus im südlichen Afrika und das dort drohende zweite Vietnam.

Inhalt

Wichtiger Hinweis!
Bei Drucklegung dieser beiden Bände begann sich die politische Unabhängigkeit der portugiesischen Kolonien in Afrika abzuzeichnen. Aus terminlichen Gründen konnte jedoch die neueste Entwicklung nicht mehr in das 8. Kapitel eingetragen werden.

Einführung

Entwicklung und Unterentwicklung in Südafrika

Die Republik Südafrika liegt rund 9000 Kilometer entfernt von der Bundesrepublik Deutschland; das sind für ein modernes Düsenflugzeug, das zweimal zum Auftanken zwischenlandet, etwa 15 Stunden Flug.

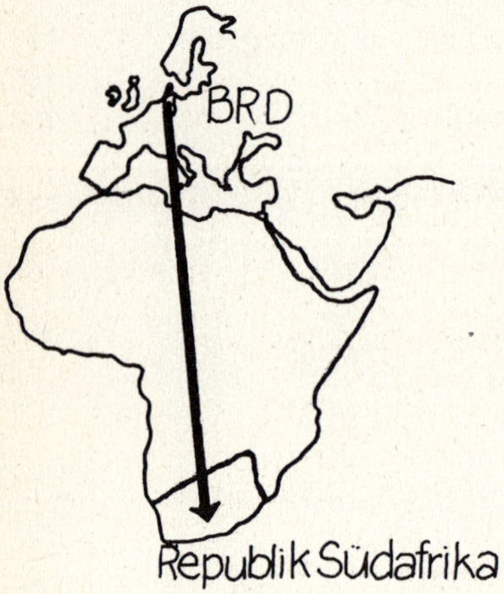

Karte 1
Republik Südafrika

Was ist von diesem fernen und doch so schnell erreichbaren Land bei uns bekannt? Vermutlich sehr wenig. Vor einigen Jahren berichteten unsere Zeitungen und Zeitschriften in großer Aufmachung von einer medizinischen Sensation aus Südafrika. Im Groote-Schuur-Krankenhaus in Kapstadt hatte Dr. Barnard die erste Herzverpflanzung bei Menschen durchgeführt. Wo so schwierige Operationen durchgeführt werden, muß es sich um ein wohlhabendes Land handeln; denn der Stand der medizinischen Forschung in einem Land ist bis zu einem gewissen Grad ein Zeichen, wie wohlhabend das Land ist. Nur reiche Länder können sich den medizinischen Fortschritt leisten. In der Tat ist Südafrika ein wohlhabendes Land. Es ist der erste und bisher einzige Industriestaat in Afrika.

Was hat ein wohlhabendes, ein «entwickeltes» Land in einem Unterrichtsprogramm über unterentwickelte Länder zu suchen?

Auch in einem «entwickelten» Land gibt es unterentwickelte Gebiete; der Reichtum ist niemals gleichmäßig verteilt. Die Republik Südafrika ist ein Land, in dem der Reichtum extrem ungleichmäßig verteilt ist. Man kann sagen, daß es im Grunde aus zwei Ländern besteht: einem hochentwickelten und einem unterentwickelten.

Was die Sache schwierig macht: Diese beiden «Länder» sind ineinandergeschachtelt, ihre Bewohner leben nebeneinander, in jeder Stadt, in jedem Dorf.

Was die Sache einfach macht: Man erkennt auf den ersten Blick, ob ein Einwohner Südafrikas zu den Wohlhabenden, zu den «Entwickelten» gehört oder ob er zu den Armen, zu den «Unterentwickelten» gehört. Man braucht nur auf die Hautfarbe zu achten: Wer «entwickelt» ist, der ist im allgemeinen weiß, und je «unterentwickelter» einer ist, desto dunkler ist gewöhnlich seine Hautfarbe.

Südafrika ist ein Land mit einer Rassenfrage. Aber in Wirklichkeit ist die Rassenfrage eine Klassenfrage. Weiße und Nichtweiße werden durch Rassengesetze getrennt. Aber diese Rassengesetze machen die einen zu Nutznießern, die anderen zu Ausgebeuteten.

Was geht uns das an? Es geht uns mehr an, als wir glauben. Die deutsche Wirtschaft hat großes Interesse an Südafrika. Firmen aus der Bundesrepublik hatten bis zum Jahre 1970 über 1, 7 Milliarden DM in Südafrika investiert. Die Bundesrepublik ist der drittgrößte Handelspartner Südafrikas. Deutsche Touristen reisen in steigender Zahl in das «Sonnenparadies Südafrika».

In zwei Nachbarstaaten Südafrikas, Angola und Moçambique, wird gekämpft. Es kämpfen dort Afrikaner gegen den Kolonialherrn Portugal. Südafrika unterstützt diesen Kolonialherrn, weil es fürchtet, daß die eigenen Nichtweißen eines Tages zu den Waffen greifen könnten, wenn die Schwarzen in Angola und Moçambique den portugiesischen Kolonialherrn verjagt haben. Warum sind die Portugiesen noch nicht verjagt worden? Unter anderem deshalb, weil die Portugiesen deutsche Waffen haben.

Dieses Heft will Ihnen zu alldem grundlegende Information liefern und am Schluß ein paar Möglichkeiten aufzeigen, was *wir* tun können.

Grundinformationen über die Republik Südafrika

In der RSA leben etwa 21,5 Millionen Menschen. Sie verteilen sich auf vier Rassengruppen:

Weiße (Europäer): rund 4 Millionen
Asiaten: rund 600 000
Farbige (Mischlinge): rund 2 Millionen
Afrikaner: rund 15 Millionen

Die Europäer. Zwei Hauptgruppen sind zu unterscheiden: die Nachkommen eingewanderter Holländer, die eine dem Holländischen ähnliche Sprache, das Afrikaans, sprechen (etwa 58 % der Weißen) und die Nachkommen eingewanderter Engländer (etwa 38 %). Afrikaans und Englisch sind die beiden Amtssprachen der Republik Südafrika.
Die Asiaten. Überwiegend sind dies Inder, die im vorigen Jahrhundert einwanderten, daneben gibt es eine kleine Gruppe von Chinesen.
Die Farbigen. Die meisten von ihnen sind Mischlinge aus schwarzweißen Verbindungen. Zu den Farbigen zählen aber auch die Kap-Malayen, deren Vorfahren einst als Sklaven eingeführt wurden, sowie die Reste der südafrikanischen Ureinwohner (Buschmänner und Hottentotten).
Die Afrikaner. Sie werden offiziell Bantu genannt – ein Name, den sie selbst ablehnen. Sie zerfallen in eine Anzahl von Untergruppen mit eigenen Sprachen, von denen die Zulu, Xhosa, Tswana, Sotho und Venda die wichtigsten sind.

Die folgende Karte zeigt die vier Provinzen der Republik Südafrika, die wichtigsten Städte des Landes und die Nachbarstaaten. Südwestafrika oder Namibia wird von Südafrika mitverwaltet; es ist praktisch eine fünfte Provinz (siehe S. 143 f.).

Die offizielle Währungseinheit ist der Rand, unterteilt in 100 Cents. Bis zum 21. 12. 1971 war 1 Rand DM 4,30 wert, seither durch Abwertung nur noch DM 4,–.

Zur Methode

Dieses Heft besteht aus 8 Kapiteln. Sie sind so angelegt, daß man mit der Bearbeitung irgendeines dieser Kapitel beginnen kann. Es können auch Gruppen einzelne Kapitel bearbeiten. Die Verweise innerhalb der Kapitel (→) sollten dabei berücksichtigt werden.

Es gibt zahlreiche Filme, die sich mit dem südlichen Afrika befassen. Sie finden auf S. 155 ff. eine Filmliste.

1 Der Apartheidsstaat

Absicht: In diesem ersten Kapitel geht es zunächst darum zu erläutern, was eine Minderheitendemokratie ist und warum Südafrika als eine solche zu bezeichnen ist. Ferner soll die sexuelle Trennung der Rassen in Südafrika dargelegt werden, die Parallelen zum Rassismus in Deutschland zur Zeit des Nationalsozialismus aufweist. An der räumlichen Trennung der Rassen soll deutlich werden, wer bevorzugt und wer benachteiligt wird. Schließlich wird die Rassentrennung bei den öffentlichen Einrichtungen beschrieben werden. Am Ende des Kapitels sollten Sie in der Lage sein, die behandelten Aspekte der Apartheid in ihrem Zusammenhang zu diskutieren.

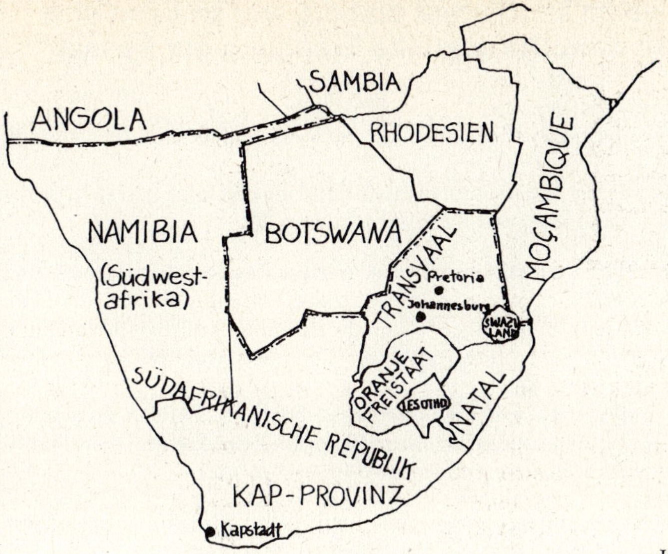

Karte 2

1.1 Demokratie für die weiße Minderheit – Diktatur für die nichtweiße Mehrheit

Nur Bürger weißer Hautfarbe sind «Vollbürger» in Südafrika: Nur sie haben das Wahlrecht, nur sie genießen alle Grundrechte. Die Weißen wählen das Parlament, das Gesetze für Weiße und für Nichtweiße macht. Das Parlament wahlt eine Regierung, die nur aus Weißen besteht. Die Demokratie für die Weißen ist damit zugleich eine Diktatur für die Nichtweißen. Anders ausgedrückt: Südafrika ist eine Minderheitendemokratie.

Im weißen Parlament Südafrikas sind drei Parteien vertreten. Herrschende Partei seit 1948 ist die *Nationale Partei*, die sich vor allem auf den afrikaanssprechenden weißen Teil der Bevölkerung stützt. Die *Vereinigte Partei*, die vor allem von den englischsprechenden weißen Südafrikanern gewählt wird, ist die Oppositionspartei. Sobald es aber darum geht, die Nichtweißen zu unterdrücken, unterscheiden sich diese beiden Parteien kaum. Nur eine Partei betreibt wirkliche Opposition, die *Progressive Partei*. Sie hat allerdings nur einen Sitz im Parlament. Diese eine Abgeordnete, Helen Suzman, bekämpft die Rassentrennung.

Zahllose Apartheidsgesetze «regeln» das Verhältnis der Rassen zueinander. *Wie* sie es regeln, wird in den nächsten Abschnitten dieses Kapitels und in den Kapiteln 2 und 3 dargestellt.

1.2 Die weiße Minderheit diktiert, wer im Land sich lieben darf. Die sexuelle Trennung der Rassen

Drei Gesetze von vielen

■ Eheschließungen zwischen Weißen und Nichtweißen sind verboten. ■

■ Wenn ein weißer Südafrikaner im Ausland eine Farbige heiratet, ist die Ehe in Südafrika ungültig und nicht rechtskräftig. ■

■ Jeder unverheiratete Mann, der zur weißen Rassengruppe gehört und den Versuch zum Geschlechtsverkehr mit einer Frau unternimmt, die einer nichtweißen Rassengruppe angehört, macht sich einer strafbaren Handlung schuldig, die, bei Schuldspruch, mit einer Gefängnisstrafe bis zu 7 Jahren geahndet werden kann. ■
(Nach: ‹*Dokumentation epd 1*›. Sonderausgabe 1972. Entwicklungspolitische Dokumente, herausgegeben vom Evangelischen Pressedienst Frankfurt/M., S. 16 [Text leicht vereinfacht])

Die beiden letztgenannten Gesetze gelten natürlich auch für den umgekehrten Fall, daß der Mann Nichtweißer und die Frau Weiße ist.

Vergleichen Sie damit das «Gesetz zum Schutz des deutschen Blutes und der deutschen Ehre», das am 15. September 1935 von den Nationalsozialisten in Deutschland eingeführt wurde:

■ Eheschließungen zwischen Juden und Staatsangehörigen deutschen Blutes sind verboten. Trotzdem geschlossene Ehen sind nichtig, auch wenn sie zur Umgehung des Gesetzes im Auslande geschlossen sind.

Außerehelicher Verkehr zwischen Juden und Staatsangehörigen deutschen Blutes ist verboten.

Wer dem Verbot zuwiderhandelt, wird mit Zuchthaus bestraft. ■
(Nach: Walter Hofer: ‹*Der Nationalsozialismus. Dokumente 1933–1945*›. Fischer Taschenbuch 172. Frankfurt/M. 1957, S. 285 [Text leicht vereinfacht])

Und so wirkt sich die sexuelle Apartheid für Leute aus, die sich lieben:

Zeitungsmeldung aus Kapstadt

■ Mit der Verurteilung eines anglikanischen Geistlichen zu neun Monaten Gefängnis hat vor dem Gericht in de Aar (Kapland) einer der ungewöhnlichsten «Immoralitätsprozesse» [Sittlichkeitsprozesse] in der siebzehnjährigen Geschichte derartiger Strafverfolgungen in Südafrika seinen Abschluß gefunden. Das Urteil ist in diesem Fall jedoch mit dreijähriger Bewährungsfrist verbunden, nachdem der Bischof von Kimberley als Zeuge der Verteidigung dem Richter versichert hatte, daß der geständige Angeklagte unverzüglich als Ortspfarrer abberufen und für unbefristete Zeit in ein Kloster . . . eingewiesen werde.

Aufgedeckt wurde der «verbrecherische» Tatbestand in der von 5000 Europäern bewohnten Kleinstadt durch einen pflichtbewußten Polizisten, dem die häufigen Besuche des als Mischling eingestuften Pfarrers «in dem Haus eines prominenten weißen Bürgers» verdächtig erschienen waren. Drei Tage lang beobachtete er die häuslichen Vorgänge durch einen Fensterschlitz, zwei weitere Beamte halfen ihm bei den Ermittlungen. Schließlich schlichen die drei Hüter der Rassengesetze unbemerkt in das Haus und drangen in das Schlafzimmer der vierzigjährigen Tochter ein. Der Anblick des ruhenden Paares schien die Befürchtungen des Polizisten zu bestätigen. Noch in der Tür bediente er sich der Kamera und des Blitzlichts, um Beweismaterial herzustellen. ■

(Aus: *Frankfurter Allgemeine Zeitung* vom 14. 1. 1966)

1.3 Die weiße Minderheit diktiert, wo man wohnen darf. Die räumliche Trennung der Rassen

Die «Bantu-Heimatländer»

Die Karte auf S. 125 zeigt die Gebiete, in denen nur Schwarze leben dürfen. Es sind die sogenannten Bantu-Heimatländer. Sie machen nur 14 Prozent der Oberfläche Südafrikas aus. Geht man davon aus, daß etwa 69 Prozent des Landes unbewohnbar sind (Hochgebirge, Halbwüste), dann ergibt sich, daß das für Weiße vorbehaltene Land etwa 17 Prozent ausmacht.[1]

Land für 4 Millionen Weiße

Land für 15 Millionen Schwarze

Für die Mischlinge und die Aisaten sind bisher noch keine eigenen «Heimatländer» reserviert worden. Sie wohnen auf dem den Weißen vorbehaltenen Gebiet. Wichtiger aber ist die Tatsache, daß von den 15 Millionen Schwarzen nur etwa 6 Millionen in den «Heimatländern» wohnen und dort auch gar nicht mehr untergebracht werden können, weil die Gebiete wenig frucht-

[1] So gibt wenigstens die Regierung die Zahlen an. Vgl. *journal südafrika*, herausgegeben von dem Informationsrat der Südafrikanischen Botschaft in der Bundesrepublik Deutschland, Köln. 6/1972, S. 17.

Typische afrikanische Stadtrandsiedlung
(Foto aus: Ernest Cole: *‹House of Bondage›*. Allen Lane, The Penguin Press, London 1968, S. 59)

bar sind. Etwa 9 Millionen Afrikaner wohnen im «weißen» Gebiet, zum Teil in abgegrenzten Bezirken von Vorstädten zusammengepfercht, zum Teil auf den Farmen in Hütten. Um dort leben zu dürfen, brauchen sie aber eine Genehmigung, das heißt eine Arbeitserlaubnis (→ S. 107 ff.).

Afrikanische Stadtrandsiedlungen
In den «weißen» Gebieten dürfen Nichtweiße nur in abgetrennten Siedlungen außerhalb der weißen Wohngebiete leben. Die größte dieser Siedlungen ist Soweto bei Johannesburg. Dort leben auf engstem Raum über 700 000 Afrikaner, die überwiegend in den Goldminen arbeiten.

Umsiedlungsaktionen
Afrikaner werden aus «weißem» Gebiet sofort ausgewiesen, wenn sie ihre Arbeit verlieren.

Eine Zeitungsmeldung
■ Gerade vor Weihnachten hat die südafrikanische Regierung auf Lastwagen etwa 1500 Afrikaner von einer unbenutzten Diamantenmine in Holpan Kimberley abtransportiert und hat sie in dem Reservat Mamuthla, etwa 100 Kilometer von Kimberley auf offenem Feld ausgesetzt. Viele waren ohne Arbeit, ohne Lebensmittel oder frisches Wasser. Als Obdach hatten sie die baufälligen Überreste der Lehmhütten der früheren Siedler.

Eduard Crowther, der Bischof von Kimberley und Kuumann, hörte von diesen Dingen und machte sich auf den Weg, um am 20. Dezember die Sache zu untersuchen. [Er berichtet:] «Ich verließ Mamuthla und mußte meine Tränen verbergen. Ich war überwältigt durch die Anhäufung menschlichen Elendes, menschlicher Entwürdigung. Ich denke daran, was die Nacht bringen wird; sie haben nichts zu essen, und das Wasser, das dort ist, ist zu salzig, als daß man es trinken kann. In den Ohren klingt mir das Weinen der Kinder, die vor Hunger schreien, und das ist ein Klang wie ein Alptraum, und ich werde das niemals vergessen.» ■
(Aus: *New Christian* vom 10. 2. 1966, zitiert nach: *Junge Kirche, Protestantische Monatshefte*. Dortmund 3/1966)

1.4 Rassentrennung bei den öffentlichen Einrichtungen

Die Bilder S. 104 ff. zeigen, daß in Südafrika die öffentlichen Einrichtungen für die Rassen getrennt sind.

Wer gegen die Rassentrennung in den öffentlichen Einrichtungen verstößt, hat schwere Strafen zu erwarten. Zum Beispiel:

■ Wenn ein Inder (oder Farbiger oder Afrikaner) in einem öffentlichen Park auf einer Bank sitzt, die ausschließlich zur Benutzung durch Weiße bereitgestellt wurde, um so gegen die Apartheidsgesetze [Gesetze der Rassentrennung] zu protestieren, macht er sich einer strafbaren Handlung schuldig, die mit einer Geldstrafe bis zu [umgerechnet] 3000 DM oder einer Gefängnisstrafe bis zu drei Jahren oder einer Auspeitschung bis zu 10 Schlägen oder mit jeweils zwei dieser Strafen geahndet wird. ■

■ Es ist gesetzwidrig für einen Weißen und einen Nichtweißen, bei einer Tasse Tee in einem Café in einer Stadt irgendwo in Südafrika zusammenzusitzen, außer sie besitzen dafür eine besondere Genehmigung. ■
(Nach: ‹*Dokumentation epd 1*›. Sonderausgabe 1972)

Es gibt viele hundert derartiger Gesetze.

Arbeitsaufgaben

– Erläutern Sie den Begriff Minderheitendemokratie und wenden Sie ihn auf Südafrika an.
– Vergleichen Sie die Gesetze Südafrikas zur sexuellen Trennung der Rassen mit dem Rassengesetz, das im nationalsozialistischen Deutschland galt.
– Wie gehen Polizisten vor, um Verstöße gegen die sexuelle Trennung der Rassen festzustellen?

Eine afrikanische Siedlung wird von Bulldozern abgerissen, damit Weiße hier wohnen können. Lastwagen schaffen die Bewohner mit ihren Habseligkeiten in abgelegene Gegenden. Um dort leben zu können, muß der Vater der Familie einen Arbeitsplatz nachweisen.
(Aus: E. Cole: ‹*House of Bondage*›. S. 56 f.)

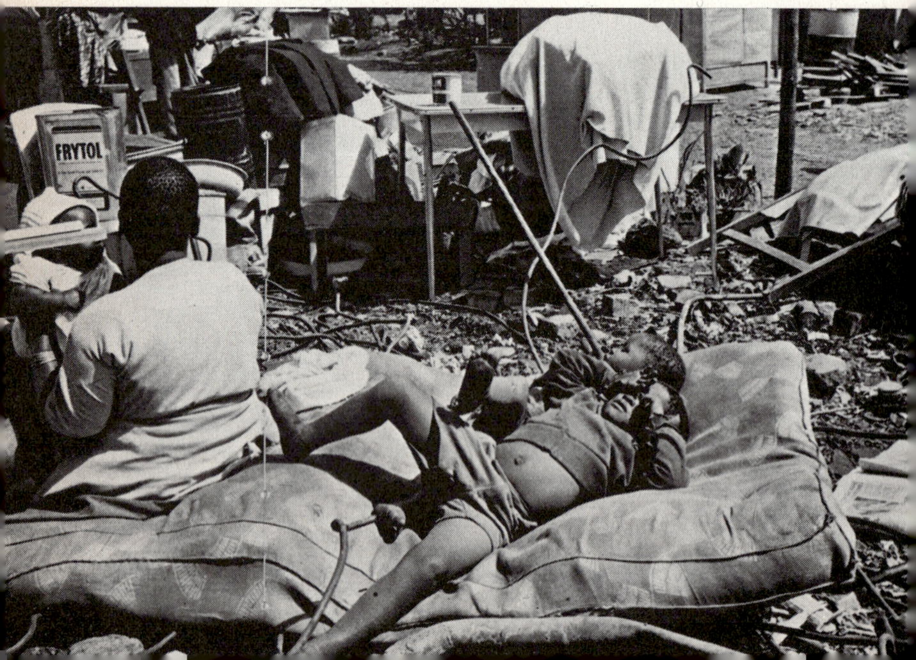

– Wie beurteilen Sie die Landaufteilung zwischen Weißen und Schwarzen in Südafrika?
– Warum werden Afrikaner aus dem «weißen» Gebiet ausgewiesen, und wie gehen solche Ausweisungen vor sich?
– Überlegen Sie sich, was die Rassentrennung bei den öffentlichen Einrichtungen für einen Sinn haben soll.
– In diesem Zusammenhang sollten Sie Filme (vgl. Filmliste S. 155 ff.) bestellen. Was erfahren Sie über den Apartheidsstaat zusätzlich zu dem hier gebotenen Material?

(Die folgenden Fotos aus: E. Cole: ‹*House of Bondage*›. S. 84/85 u. 83)

PRETORIA
VOORSTEDELIKE STASIE VIR NIE-BLANKES.
SUBURBAN STATION FOR NON-WHITES.

NET NIE-BLANKES.
NON-EUROPEANS ONLY.
NET BLANKES.
EUROPEANS ONLY.

WHITES ONLY
DAMES
LADIES

BLANKES
EUROPEANS
NASIONALE
SPAARSERTIFIKATE

EUROPEANS
ONLY
Drive-In
DRY
CLEANERS
DAY SERVICE
EEN

SPOORWEG GENEESHEER
RAILWAY MEDICAL OFFICER
WHITES ONLY
NET BLANKES

2ND CLASS
2E KLAS
HALTE
STOP
BUS STOP
BUSHALTE

SLEGS VIR NIE BLANKES
NON-EUROPEANS ONLY
429

SLEGS BLANKES
LADIES REST ROOM
DAMES · RUSKAMER

HUURMOTOR
STAANPLEK
VIR BLANKES.
TAXI RANK
FOR WHITES.
TAXI
WHITE PERSONS

ALL NON-EUROPEANS AND
TRADESMEN'S BOYS WITH
BICYCLES, PLEASE USE
SMAL ST. ENTRANCE.
BY ORDER

NON-EUROPEANS
TELLER
NIE BLANKE
KASSIER

EUROPEANS ONLY

NOTICE
DELIVERY BOYS AND
AFRICAN SERVANTS
ENTRANCE IN LANE

Uitgang deur Duikweg
Exit through Subway.
NIE-BLANKES
NON-WHITES
BLANKES
WHITES

WHITES
WAITING ROOM.
BLANKE
WAGKAMER.

NON-EUROPEANS & GOOD

2 «Entwickelte» Weiße – «unterentwickelte» Nichtweiße

Absicht: Dieses Kapitel will Sie über die unterschiedlichen Einkommen von Weißen und Nichtweißen in Südafrika, über die wichtigsten Arbeitsgesetze und über die Paßgesetze informieren. Es sind vor allem diese Gesetze, die die Weißen zu «Entwickelten» und die Nichtweißen zu «Unterentwickelten» machen.

2.1 Was die Rassengruppen verdienen

Im Jahre 1970 verdienten monatlich im Durchschnitt (in Rand, 1 Rand damals = DM 4,30):

	Weiße	Farbige	Asiaten	Afrikaner
Industrie	307	74	77	62
Bauindustrie	325	110	150	50
Staatsdienst	282	114	136	45
Stadtverwaltung	294	86	60	45
Minenindustrie	297	62	72	18

(Nach: *Frankfurter Allgemeine Zeitung* vom 16. 8. 1971. Die Angaben für die Minenindustrie nach: ‹*Dokumentation epd 1*›. Sonderausgabe 1972, S. 62)

Zusätzlich zu ihrem ausgezahlten Lohn erhalten Afrikaner freie Unterkunft (→ Abb. S. 110), Nahrung, medizinische Versorgung und bestimmte Kleidungsartikel, deren Wert im September 1969 auf 7,60 Rand monatlich geschätzt wurde[1].

Die Graphik auf der folgenden Seite zeigt, was alle Weißen und was alle Schwarzen zusammen in Südafrika verdienen:

2.2 Wie die Unterentwicklung der Afrikaner hergestellt wird

Die wichtigsten Arbeitsgesetze für die Afrikaner

■ Afrikanische Gewerkschaften sind von der gesetzlichen Anerkennung und den gesetzlichen Rechten ausgeschlossen. ■

1 Nach: ‹*Dokumentation epd 1*›. Sonderausgabe 1972.

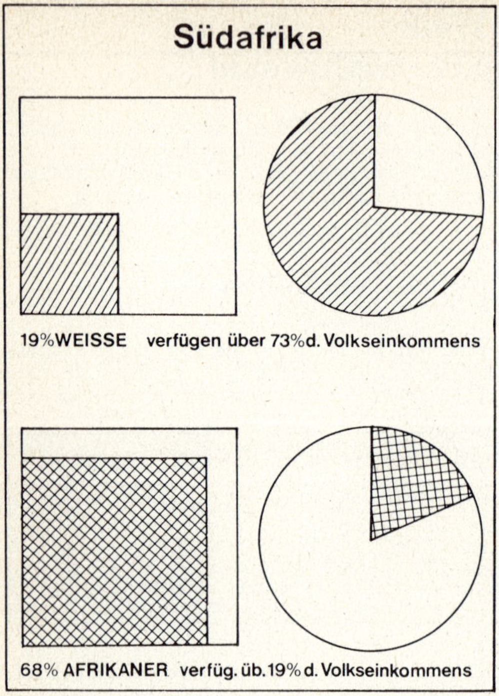

(Aus: R. H. Strahm: *‹Industrieländer – Entwicklungsländer›*. Freiburg, Nürnberg 1972, S. 30)

■ Streiks afrikanischer Arbeiter sind ungesetzlich und werden entweder mit einer Geldstrafe oder mit Gefängnis bis zu drei Jahren bestraft. ■

■ Vertragsbrüche afrikanischer Arbeiter sind Vergehen, die gerichtlich bestraft werden. ■

■ Afrikanische Arbeiter sind von den Verhandlungen über industrielle Abkommen, die sie betreffen können [z. B. Lohnerhöhungen, Arbeitszeitverkürzung], ausgeschlossen. ■
(Nach: *Frankfurter Rundschau* vom 22. 6. 1972)

Arbeitsplatzreservierung
Bestimmte Arbeiten dürfen nur von bestimmten Rassengruppen verrichtet werden. Allgemein gilt: die «saubere» und am besten bezahlte Arbeit haben sich die Weißen reserviert, die Schmutzarbeit und die am schlechtesten bezahlte Arbeit müssen die Afrikaner verrichten. Im allgemeinen sind Afrikaner Hilfsarbeiter, Inder und Farbige angelernte Arbeiter, die Weißen Facharbeiter oder Angestellte. Das hat dazu geführt, daß ein Mangel an Facharbeitern eintrat. Seither «dürfen» auch Inder und Farbige, manchmal

sogar Afrikaner Facharbeiter werden. Häufig setzen die Fabriken sie als Facharbeiter ein, bezahlen sie aber als Hilfsarbeiter. Aber selbst wenn sie wie Facharbeiter bezahlt werden, erhalten sie, nur weil sie nicht weiß sind, viel weniger Lohn als Weiße in der gleichen Stellung.

Wanderarbeit

■ Jeder Afrikaner, der in einem Reservat [Bantu-Heimatland → S. 125] lebt, muß sich [nach einem Gesetz von 1968] als Arbeitsuchender eintragen lassen. Wenn die Nachfrage besteht, wird er in ein Industrie- oder Minengebiet vermittelt. Allerdings darf er nur einen Arbeitsvertrag für 12 Monate abschließen. Danach muß er meist in sein Reservat zurückkehren. Verweigert er «ohne vernünftigen Grund» die Arbeitsannahme, so kann er als «fauler» und «unerwünschter Bantu» betrachtet und in bestimmte Dörfer oder Durchgangslager «umgesiedelt» werden, um dort zu arbeiten. ■

(Nach: ‹*Dokumentation epd 1*›. Sonderausgabe 1972, S. 66)

■ Ein Afrikaner, der in einer Stadt geboren wurde und dort ununterbrochen 50 Jahre gelebt hat, kann jederzeit aus dieser Stadt ausgewiesen werden, falls nach Meinung des Ministers für Bantu-Verwaltung und -Entwicklung die Zahl der Afrikaner in den Städten «höher ist als der wirkliche Bedarf an Arbeitskräften» in diesem Gebiet . . . Ein solcher «überflüssiger Afrikaner» hat zusammen mit seiner Familie und anderen Angehörigen das Gebiet zu verlassen. Den Ort, wohin er zieht, bestimmt der Minister, gleichgültig, ob dort Unterkünfte oder Arbeitsmöglichkeiten vorhanden sind. ■

(Nach: ‹*Dokumentation epd 1*›. Sonderausgabe 1972, S. 2 und S. 4)

Der Fall der Mrs. Bukane – ein typischer Fall in Südafrika

■ Mrs. Bukane verließ ihren Geburtsort Lady Frere, ein kleines Dorf, im Jahre 1946. Seitdem war sie nie wieder dort. Sie zog zu ihrem Mann in Paarl (einer Weinbau-Stadt bei Kapstadt), der dort eine Arbeit hatte. Sie lebte dort mit ihm 12 Jahre lang – bis 1958. Dann versetzte ihn seine Firma nach Kapstadt, und sie erhielt die Erlaubnis, ihm nach Guguletu zu folgen, einer afrikanischen Siedlung am Rande der Stadt. Dort lebten sie bis 1966, als sie plötzlich «ausgewiesen» wurde, 21 Jahre nach ihrer Eheschließung. Aber damals hatte sie 5 Kinder, die alle entweder in Paarl oder in Kapstadt geboren waren und die in Guguletu zur Schule gegangen waren. Das jüngste Kind hatte Kinderlähmung und wurde regelmäßig in der Klinik in Guguletu behandelt. Sie und ihre Kinder mußten nach Lady Frere zurückkehren. Als sie von Paarl nach Kapstadt umgezogen war, hatte sie alle ihre «Rechte» verloren, in einem städtischen Gebiet zu leben. Das Gesetz verlangte von ihr, daß sie ihren Mann verließ und «nach Hause» zurückkehrte. Als sie sich weigerte, wurde sie verhaftet, vom Ge-

So leben von ihren Familien getrennte Wanderarbeiter in großen «Compounds» am Rande der weißen Städte (hier bei Johannesburg).
(Aus: E. Cole: ‹*House of Bondage*›. S. 32 f.)

richt verurteilt und mit Gefängnis bestraft. Ihr Rechtsanwalt sagte bei dem Prozeß: «Nichts wird sie schwerer bestrafen, als ihren Mann verlassen zu müssen.» Wenn sie in Kapstadt bleiben würde, würde sie wieder verhaftet werden. Ihr Mann konnte ihr nicht nach Lady Frere folgen, weil es dort keine Arbeitsmöglichkeit gab. Nach 21 Jahren wurde ihre Ehe zerstört. ■
(Nach: A. Kellock u. a.: ‹*Race to Power. The Struggle for Southern Africa*›. Cambridge, Mass. 1971, S. 6)

Die Paßgesetze

■ Jeder Afrikaner, der das 16. Lebensjahr vollendet hat, muß im Besitz eines Paßbuches sein. Jeder Polizist darf jederzeit jeden Afrikaner auffordern, ihm sein Paßbuch vorzuzeigen. Ist er nicht im Besitz desselben, weil er es zu Hause vergessen hat, so macht er sich schuldig und darf mit einer Geldstrafe bis [umgerechnet] 100 Mark oder einer Gefängnisstrafe bis zu einem Monat belegt werden. ■
(Nach: ‹*Dokumentation epd 1*›. Sonderausgabe 1972, S. 9)

Jährlich stehen mindestens eine halbe Million Afrikaner wegen «Paßvergehens» vor Gericht. Und was ist der Sinn der Paßgesetze? Der schwarze Schriftsteller Bloke Modisane beschreibt ihn so:

■ [Das Ausweisbuch] hat 96 Seiten, ist in Leinen gebunden und erscheint in zwei Farben, braun und grün ... Die monatliche Eintragung durch den Arbeitgeber ist gesetzlich vorgeschrieben; sollte der Arbeitgeber es einmal versäumen, das Ausweisbuch zu unterschreiben, so ist der Afrikaner eines Verstoßes schuldig und kann zu einer Geldstrafe oder zu einer Gefängnisstrafe von einem Monat verurteilt werden ... In (einem) Teil (des Ausweisbuches) wird die Kopfsteuer-Empfangsbescheinigung für das laufende Kalenderjahr eingetragen. Diese Kopfsteuer betrifft jeden männlichen Afrikaner, gleichgültig, ob er ein Einkommen hat oder nicht ... Die Absicht dahinter zielt darauf, die Afrikaner aus den Reservaten und Bantustans zur Arbeitssuche auf die weißen Farmen zu treiben und in die Haushalte, damit sie ihre Steuern zahlen können ...

Der Paß, oder das Ausweisbuch, führt ein eigenes Leben, es ist ein unzerstörbares Ungeheuer. Sein Verhältnis zum Afrikaner ist von unverschämter Aufdringlichkeit, es kontrolliert sein gesamtes Leben, erwürgt seinen Ehrgeiz; es ist sein körperliches Dasein. Nur das Ausweisbuch kann einen Einschreibebrief entgegennehmen oder eine Geldanweisung kassieren; es ist das Ausweisbuch, welches heiratet, und die Trauformel könnte durchaus lauten:

«Willst du, Ausweisbuch Nummer 947 067, das Ausweisbuch Nummer 649 707 als dein gesetzlich angetrautes Weib anerkennen?»

Nur das Ausweisbuch kann ein Sparkonto eröffnen und Geld abheben. Der Afrikaner hinter dem Ausweisbuch ist anonym, eine gesichtslose

Maske unter Millionen, und da man dem Afrikaner einen Hang zum Lügen nachsagt, läßt kein Polizist eine mündliche Auskunft gelten, im Gegenteil, er hat eine Abneigung, mit dem Afrikaner direkt zu verhandeln, der für ihn nichts ist als ein Roboter mit dem Ausweisbuch, als Betriebsanleitung. Es ist das Ausweisbuch, welches die Antwort gibt, ob sein Besitzer beschäftigt ist, wo, wann und wie lange. Es ist das Ausweisbuch, das die Genehmigung besitzt, die es dem Träger erlaubt, als Mieter in ein Haus einzuziehen, und es führt alle Personen auf, die berechtigt sind, mit ihm in diesem Haus zu leben. ■
(Aus: Bloke Modisane: ‹*Weiß ist das Gesetz*›. München/Zürich 1964, S. 342 ff.)

Arbeitsaufgaben

– Vergleichen Sie die durchschnittlichen Einkommen der Rassengruppen miteinander! Was stellen Sie fest, wenn Sie das Verhältnis berechnen? (Setzen Sie die Einkommen der Schwarzen = 1!)
– Studieren Sie die hier wiedergegebenen Arbeitsgesetze und überlegen Sie, inwiefern es diese Gesetze sind, die zu den festgestellten Einkommensunterschieden zwischen den Rassengruppen führen!
– Stellen Sie dar, wie sich die Wanderarbeit auf das Leben der Afrikaner auswirkt!
– Nennen Sie die wichtigsten Bestimmungen der Paßgesetze und diskutieren Sie ihre Auswirkungen auf das Leben der Afrikaner!
– Diskutieren Sie folgenden Ausspruch einer Engländerin, die sich mit den Apartheidsgesetzen kritisch auseinandersetzt: «Die Zweck der Paßgesetze ist es, dem ‹Kaffern› [südafrikanischer Schimpfname für die Afrikaner] zu zeigen, wo er hingehört, geographisch, wirtschaftlich und sozial, damit man jederzeit auf ihn zurückgreifen kann, wenn im weißen Südafrika nützliche, unterbezahlte Arbeit zu leisten ist» (Mary Benson).

3 Die Schwarzen werden in Unterentwicklung gehalten

Absicht: Im Mittelpunkt dieses Kapitels steht die Schulbildung der Schwarzen Südafrikas. Es soll dargelegt werden, daß der weiße Rassenhochmut schon den weißen Kindern selbstverständlich ist, weil sie die Schwarzen überwiegend in dienender Stellung erleben. Schulbildung aber ist für «Entwicklung» eine Voraussetzung. Genau dies verhindert die schlechte Schulbildung, die den schwarzen Kindern zuteil wird. Es sind die Interessen der Weißen, die der Masse der Schwarzen eine gute Schulbildung vorenthalten. Damit schließt sich der Kreis: Die «Bantu-Erziehung» macht die Schwarzen genau zu dem, was sie in der Vorstellung der meisten Weißen ohnehin schon sind: minderwertige Menschen.

3.1 Rassenhochmut der Weißen

Die Weißen Südafrikas sind entwickelt, die Nichtweißen sind unterentwickelt. Am unterentwickeltsten sind die Schwarzen. Schon die Kinder der Weißen lernen, daß das so ist und das so in Ordnung ist. Sie lernen Schwarze fast nur als Diener, als Hausmädchen, Waschfrauen, als Menschen kennen, die die Schmutzarbeit verrichten. Frühzeitig lernen sie, auf die Schwarzen herabzusehen.

Weißes Mädchen mit seinen schwarzen Dienern

Aus Aufsätzen weißer Kinder

■ Wenn ich [aus dem Internat] in die Ferien komme, freue ich mich immer schon, daß ich über unseren Hausboy lachen kann.

Unser Schulboy heißt Petrus. Er ist nicht mehr der Jüngste. Er spricht ein ganz komisches Englisch. Mein Vater sagt, das ist Wellblech-Englisch [holpriges Englisch]. Wenn die Schule aus ist und wir nach Hause gehen, sagt er manchmal: «Go home!» Ich muß dann immer lachen, weil es sich so komisch anhört.

Fegen erlaubt

was hast du
hier im
gotteshaus
zu suchen!?
fragte der
weiße

ich fege
hier aus
sagte der
schwarze

ach so
sagte der
weiße
ich dachte
schon du
wolltest
hier beten.

Josef Reding

(Aus: ‹*Almanach 6 für Literatur und Theologie Gewalt*›. Peter Hammer Verlag, Wuppertal, 1972)

Wir haben eine gute Waschfrau . . . Sie macht viele Witze. Ich lache mich immer über sie krank. ■
(Aus: ‹*Nautilus*›. Schulzeitung der Deutschen Schule Lüderitzbucht/Südwestafrika, 1960)

Was in einer deutsch-südafrikanischen Zeitschrift stand

■ (Die Weißen Südafrikas) sind auf Grund ihrer Erfahrungen der Ansicht, daß sich der Neger in seiner Gesamtheit wegen der ihm anhaftenden Eigenheiten in den nächsten hundert Jahren, wenn nicht für immer, nicht den Erfordernissen der westlichen Kultur anpassen kann, daß er in fremder Kulturumgebung immer wieder minderwertige Charaktereigenschaften hervorbringen wird und damit die Existenz aller Werte der westlichen Kultur in Südafrika bedroht . . .

Man muß sich immer wieder fragen, wird es in einer Generation überhaupt möglich sein, den Schwarzen kausales [logisches] und geordnetes Denken anzuerziehen, oder hat man es hier mit Rasseneigenschaften zu tun, die durch Charakteranlagen bestimmt werden und kaum geändert werden können . . . Daß man solche Probleme nicht aus der Perspektive der Entwicklung europäischer oder asiatischer Völker sehen kann, sondern es hier mit ursprünglich Primitiven zu tun hat, die mit schwächsten Anlagen ausgestattet in wenigen Jahren 300 Jahre stetiger Entwicklung überspringen sollen, liegt auf der Hand. ■
(Paul-Lenert Breutz: ‹*Südafrika einmal anders gesehen*›. In: *Afrika-Post.*

Unabhängige deutsch-südafrikanische Monatszeitschrift für Kultur, Politik und Wirtschaft, Heft 3, 7. Jg. 1960)

Was dagegen eine wissenschaftliche Komission feststellte

Diese Behauptungen stimmen natürlich nicht. Aber in Südafrika glaubt man daran, daß die Schwarzen minderwertig sind. Obwohl eine Regierungskommission, die untersuchen sollte, was für eine Schulbildung schwarze Kinder bekommen sollten, zu folgendem Ergebnis kam:

■ Das Bantu-Kind kommt in die Schule mit einer grundlegenden körperlichen und geistigen Begabung, die sich, wenn überhaupt, dann so wenig von der des europäischen Kindes unterscheidet, daß weder für die Erziehungstheorie noch für die Zielsetzung der Erziehung besondere Maßnahmen getroffen werden müssen. ■

(Nach: Brian Bunting: ‹*The Rise of the South African Reich*›. Penguin African Library, Harmondsworth 1964, S. 205)

Die Schwarzen sind also nicht deshalb unterentwickelt, weil sie vielleicht minderwertig wären, sondern sie sind unterentwickelt, weil die Weißen sie in Unterentwicklung halten, weil die Weißen verhindern, daß sie eine Schulbildung bekommen wie die weißen Kinder.

3.2 Eine Parlamentsdebatte über die Schulbildung der Afrikaner

Im Jahre 1945 fand im südafrikanischen Parlament eine Debatte statt. Es ging um die Frage, ob die Industrialisierung des Landes es nötig mache, die Afrikaner in die Schule zu schicken. Bis dahin gingen nur ganz wenige schwarze Kinder in Schulen der christlichen Missionen. Dort lernten sie das gleiche wie weiße Kinder.

Die Abgeordneten der Nationalen Partei standen damals noch in Opposition. Einige von ihnen meldeten sich zur Frage der Schulbildung der Afrikaner zu Wort. Der Abgeordnete Le Roux sagte:

■ Wir sollten den Eingeborenen keine höhere Schulbildung geben ... Wenn wir das tun, werden wir später mit einer großen Zahl von europäischen und nichteuropäischen Akademikern belastet sein, und wer soll dann in unserem Land die Handarbeit verrichten? Ich bin völlig einig mit der Auffassung, daß wir unsere Schulen so einrichten sollten, daß der Eingeborene, der diese Schulen besucht, weiß, daß er weitgehend der Arbeiter in unserem Land sein muß. ■

(Nach: I. B. Tabata; ‹*Education for Barbarism in South Africa*›. London 1960, S. 16)

Für afrikanische Kinder herrscht Mangel an Schulgebäuden und Schulmöbeln. Oft wird in zwei oder drei Schichten unterrichtet. Die Lehrer sind unterbezahlt. Wer das Gymnasium besuchen will, muß Schulgeld bezahlen. Für weiße Kinder ist der Besuch des Gymnasiums frei. Für weiße Kinder besteht Schulpflicht bis zum 16. Lebensjahr. Für afrikanische Kinder besteht keine Schulpflicht.
(Fotos aus: E. Cole: ‹*House of Bondage*›. S. 104 f.)

(Aus: E. Cole: ‹*House of Bondage*›. S. 102 f.)

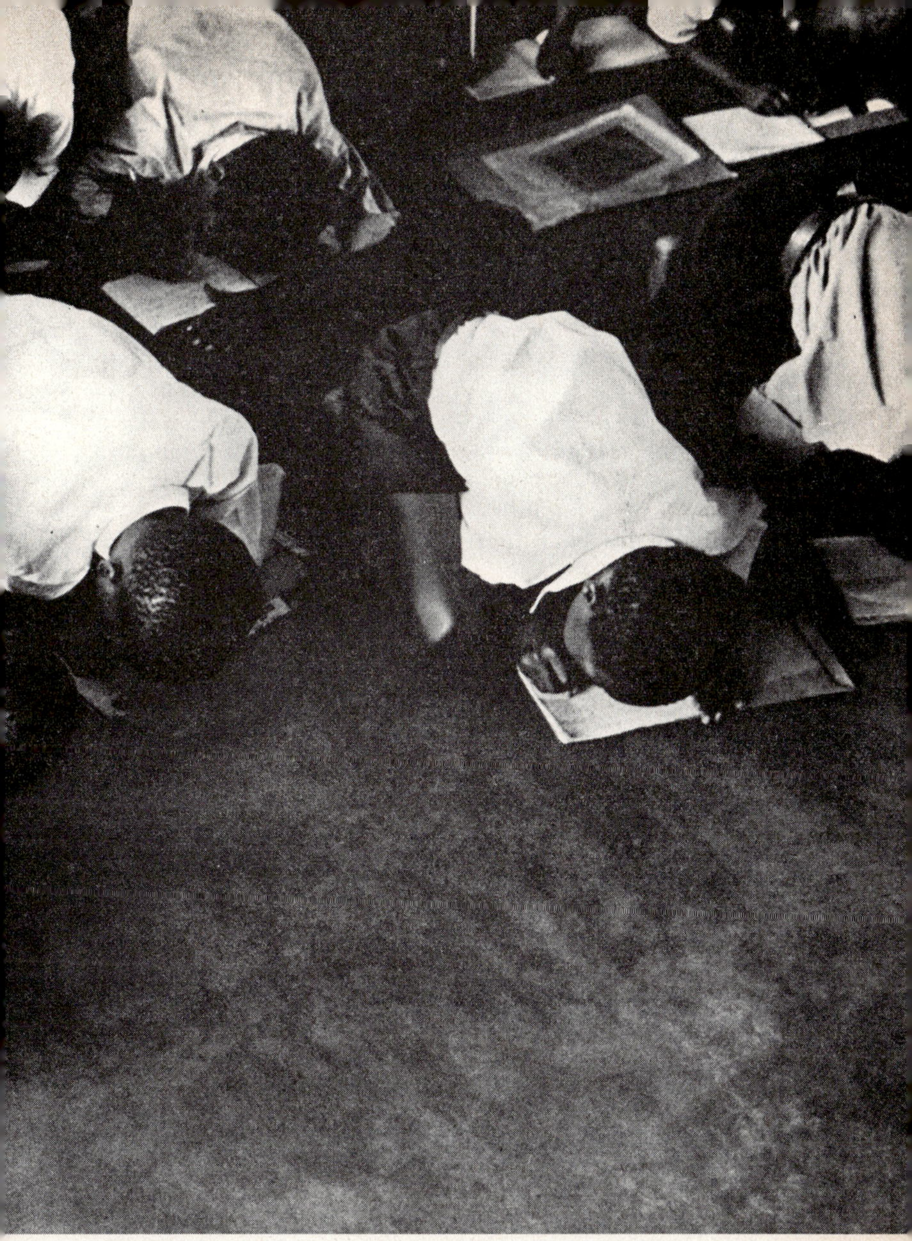

In der gleichen Debatte sagte der Abgeordnete Swart (später Staatspräsident):

■ (Wir treten ein für) die Politik, daß die Eingeborenen nicht ihrem Stamm entfremdet, sondern in ihrer eigenen Art erzogen werden sollten, und daß sie lernen sollten, gute Eingeborene als Stammesangehörige zu sein, und daß sie nicht Nachahmer des weißen Mannes sein sollten. Das ist die Politik, für die wir eintreten, und nach unserer Auffassung ist das die einzig vernünftige Politik. ■
(Nach: I. B. Tabata; ‹*Education for Barbarism in South Africa*›. S. 18)

Und der Abgeordnete Strydom (später Ministerpräsident) sagte:

■ Wir sagen, er [der Afrikaner] muß in der Hütte leben und wir müssen im Haus leben . . . Er ist uns nicht ebenbürtig. ■
(Nach: I. B. Tabata: ‹*Education for Barbarism in South Africa*›. S. 19)

3.3 Die Bantu-Erziehung wird eingeführt

In den Wahlen von 1948 errang die Nationale Partei die absolute Mehrheit im Parlament. Seither stellt sie die Regierung. Sofort ging sie daran, die Erziehung der Afrikaner zu einer Erziehung zum Arbeiter und Dienstboten zu machen. Zu dieser «Bantu-Erziehung» sagte der zuständige Minister Verwoerd (er wurde später Ministerpräsident und gilt als einer der «Baumeister der Apartheid»):

■ Bisher wurde er [der Afrikaner] von einem Schulsystem betreut [er meint die wenigen Missionsschulen], das ihn von seiner eigenen Gemeinschaft wegführte und ihn in die Irre führte, indem es ihm die grünen Weiden der europäischen Gesellschaft zeigte, auf denen er nicht grasen darf . . . Was hat es für einen Sinn, ein Bantu-Kind in Mathematik zu unterrichten, wenn es diese Kenntnisse in der Praxis nicht anwenden kann? . . . Das ist absurd. Erziehung ist doch kein Wolkenkuckucksheim. Erziehung soll die Menschen in Übereinstimmung mit ihren Möglichkeiten im Leben ausbilden . . . Daher ist es notwendig, daß die Eingeborenen-Erziehung so kontrolliert wird, daß sie in Übereinstimmung mit der Politik des Staates steht. ■
(Nach: B. Bunting: ‹*The Rise of the South African Reich*›. S. 206)

Die Regierung verkündet zwar stolz, daß heute vier von fünf afrikanischen Kindern die Schule besuchen. Aber was sie dabei verschweigt, können Sie den folgenden Bildern entnehmen:

Nur ganz wenigen schwarzen Kindern gelingt es, eine Universität zu besuchen. Meist nehmen die Eltern sie so früh wie möglich aus der Schule heraus, damit sie Geld verdienen können. Der Dreh- und Angelpunkt der Bantu-Erziehung ist, den schwarzen Kindern Lesen, Rechnen und Schreiben

Die Regierung zahlt jährlich
für ein weißes Kind | für ein schwarzes Kind
DM 600,– | DM 70,–

beizubringen, damit man sie später in Englisch und Afrikaans an ihren Arbeitsplätzen als Hilfsarbeiter, Diener, Hausmädchen herumkommandieren kann.
(Vgl. B. Bunting: ‹*The Rise of the South African Reich*›)

Arbeitsaufgaben

– Wie schildern weiße Kinder in den Auszügen aus Aufsätzen die Afrikaner? Wie erklären Sie sich, daß sie die Afrikaner so sehen?
– Beschreiben Sie den Überlegenheitsdünkel vieler Weißer gegenüber den Nichtweißen und diskutieren Sie die abgedruckten Gegenargumente.
– Diskutieren Sie die Argumente der weißen südafrikanischen Politiker in der Parlamentsdebatte von 1945. Welche der Argumente würden Sie als Rassenhochmut bezeichnen, welche der Argumente verraten handfeste wirtschaftliche Interessen?
– Beschreiben Sie den Zweck der Bantu-Erziehung.
– Vergleichen Sie die unterschiedliche Schulbildung für weiße und schwarze Kinder.
– Weisen Sie abschließend nach, daß die Bantu-Erziehung die Schwarzen genau zu dem macht, was sie in der Vorstellung der meisten Weißen ohnehin schon sind.

4 Die Politik der getrennten Entwicklung

Absicht: In diesem Kapitel soll die von der weißen Regierung verfolgte «Politik der getrennten Entwicklung» im einzelnen beschrieben werden. Es soll gefragt werden, ob die gegründeten und geplanten «Bantustans» die versprochene Selbstbestimmung für die Afrikaner tatsächlich bringen, welche Funktion die Grenzindustrien haben, und es soll schließlich nach den hinter dieser Politik stehenden Interessen gefragt werden.

4.1 Warum die «weißen» Städte immer «schwärzer» werden

Ursprünglich war Südafrika ein Land, das nur landwirtschaftlich genutzt wurde. Dann wurden in der zweiten Hälfte des 19. Jahrhunderts Gold und Diamanten gefunden. Die Afrikaner, die bis dahin entweder in Reservaten (den heutigen «Bantu-Heimatländern» → S. 125) lebten, in denen die Weißen sie zusammengepfercht hatten, oder aber auf den Farmen den Weißen die Arbeit machten, strömten jetzt in die Diamantenminen von Kimberley und Johannesburg; denn jetzt holte man sie dorthin, weil dort schwere körperliche Arbeit zu verrichten war, für die die Weißen sich zu vornehm dünkten.

Erst spät wurde Südafrika industrialisiert. Der Zweite Weltkrieg beschleunigte die Industrialisierung. Aus kleinen und friedlichen Markt- oder Hafenstädten wurden Industriestädte. Heute lebt bereits etwa die Hälfte der gesamten Bevölkerung Südafrikas in Städten.

Seit Jahrhunderten gibt es in Südafrika ein ungeschriebenes Gesetz. Es lautet: Alle körperliche Arbeit wird von Nichtweißen verrichtet. Also sollten auch die Nichtweißen in den Fabriken arbeiten. Je mehr nun industrialisiert wurde, um so mehr Afrikaner mußten in die Städte ziehen. Plötzlich fühlten sich die Weißen von der anschwellenden Zahl der Afrikaner in «ihren» Städten bedroht.

Durch die Apartheidsgesetzgebung versuchten die Weißen, diese «Bedrohung» einzudämmen (→ Kapitel 1, 2, 3). Aber die unterbezahlten, in menschenunwürdigen Wohnungen zusammengepferchten Afrikaner setzten sich zur Wehr: Es kam zu Demonstrationen, Streiks und Aufständen (→ S. 132 ff.). Die Afrikaner forderten politische Rechte und wirtschaftliche Gleichberechtigung. Die Antwort der weißen Regierung: Sie machte aus Südafrika einen Polizeistaat (→ S. 134 ff.).

Die Bedrohung für die Weißen aber blieb: Die «weißen» Städte wurden immer «schwärzer». Denn einerseits brauchte man immer mehr afrikanische Arbeiter, andererseits fürchteten sich die Weißen vor ihnen. Schließlich glaubte die Regierung eine Lösung gefunden zu haben. Der Weg, der zu ihr führen sollte, wurde «Politik der getrennten Entwicklung» genannt.

Man nennt diese Politik der Weißen auch die «große Apartheid» im Gegensatz zur «kleinen Apartheid», die das Alltagsleben zwischen Weißen und Nichtweißen tagtäglich mit allen Schikanen regelt (→ Kapitel 1, 2). Die «große Apartheid» hat sich zum Ziel gesetzt, das Land zu teilen in ein großes weißes Südafrika und in viele kleine schwarze Südafrikas.

4.2 Die Gründung von «Bantustans»

Als die Weißen im 18. und 19. Jahrhundert Südafrika eroberten (→ S. 126 ff.

drängten sie die Afrikaner in Randgebiete zusammen, die sie dann zu Reservaten erklärten. Dort allein sollten die Afrikaner ein Recht haben zu leben (→ Karte S. 125). Diese Reservate wurden nun von der Regierung zu «Bantu-Heimatländern» erklärt. In ihnen sollen sich die Schwarzen eines Tages selbst regieren. Aber diese zukünftigen Bantustans umfassen nur 14 Prozent der Fläche von Südafrika. Wie kann auf so begrenztem Raum 78 Prozent der Bevölkerung leben?

Und wenn man alle Afrikaner, die in den «weißen» Gebieten leben, in die Bantu-Heimatländer umsiedelt, wer arbeitet dann für die Weißen?

Die Weißen würden sich selbst zur Arbeit verurteilen, und das kann nicht ihre Absicht sein. Auch in Zukunft sollen die meisten Afrikaner in den «weißen» Gebieten leben und die körperliche Arbeit dort verrichten. In den Bantustans aber sollen sie zum erstenmal politische Rechte genießen. Und wenn sie alt sind und nicht mehr arbeiten können, schiebt man sie in ihr «Heimatland» ab. Die Afrikaner wären dann in den «weißen» Gebieten eine Art Ausländer oder Gastarbeiter.

4.3 Die Transkei

Als erstes Bantustan wurde die Transkei eingerichtet. Hier sollen die Xhosa ihren «Staat» bekommen. Die Transkei ist als Modell für andere Bantustans gedacht. Wie aber sieht die «Unabhängigkeit» der Transkei in Wirklichkeit aus?

Es gibt ein Transkei-Parlament mit 109 Abgeordneten. Aber das «Volk» darf nur 49 Abgeordnete wählen, die übrigen 60 Abgeordneten sitzen «von Amts wegen» im Parlament: Es sind die Häuptlinge, die zum großen Teil treue Diener der weißen Regierung sind, die ihnen auch ein Gehalt zahlt.

■ Die schwarzen Transkeibehörden haben nur Gesetzesgewalt über die Finanzen, einschließlich der direkten Steuern, über die Erziehung, Justiz [Rechtspflege], das Innere, die Land- und Forstwirtschaft und die Straßen und öffentlichen Arbeiten, und auch hier bestehen verschiedene Einschränkungen. Dagegen bleiben . . . die Landesverteidigung, die Außenpolitik, die Polizei, die Waffen- und Munitionsfabrikation, Radio, Eisenbahn, Häfen, Nationalstraßen und Luftfahrt, Fremdenkontrolle, die Währung, die Aufnahme öffentlicher Anleihen, das Bankwesen, die Zollverwaltung . . . in der Hand der weißen Zentralregierung. ■
(Aus: ‹*Neue Zürcher Zeitung* vom 9. 3. 1966)

Einerseits soll die Transkei der «Staat» für die Xhosa sein, andererseits leben die meisten Xhosa gar nicht dort, sondern in den «weißen» Gebieten. Was soll aus ihnen werden? Ein politischer Publizist schreibt:

■ Für die städtischen Afrikaner zeichnet sich ein merkwürdiges Zukunftsleben ab. Sie alle werden entsprechend ihrer Muttersprache an ein bestimmtes Bantustan angegliedert. Wer Xhosa sprach, jedoch schon in der dritten Generation in Johannesburg lebte, wurde automatisch Bürger der Transkei. Dort hatte er unter Umständen weder Verwandte noch Freunde. Er darf nur durch Fernwahl an der Politik der Transkei teilnehmen und untersteht sowohl ihren als auch den «weißen» Gesetzen. Er hat keine Aussicht, sich jemals in der Transkei eine Existenz aufzubauen. ■
(Aus: Freimut Duve: ‹*Kap ohne Hoffnung*›. Reinbek 1965, S. 65)

4.4 Die Grenzindustrien

Damit so viele Afrikaner wie möglich in die Bantustans umgesiedelt werden können, wurde der Plan der Grenzindustrien entworfen und zum Teil verwirklicht. Es sollen Fabriken an die Grenzen der Reservate verlagert oder dort neu gegründet werden. Hierzu schreibt der Afrika-Journalist Werner Holzer:

■ Die Befürworter der Politik der getrennten Entwicklung hingen und hängen der Idee an, man könne die Industrie des Landes so verteilen, daß die schwarzen Arbeiter aus ihren Reservaten ... gewissermaßen durch den Hintereingang die Fabriken auf der Grenze zum weißen Land betreten, ihr Arbeitspensum leisten und am Abend wieder heimkehren, während die weißen Manager und Angestellten den vorderen Eingang benutzen. ■
(Aus: Werner Holzer: ‹*Sechsundzwanzigmal Afrika*›. München 1967, S. 581)

4.5 Die wahren Absichten hinter der «Politik der getrennten Entwicklung»

Aus einem UNO-Bericht
■ Gegenwärtig leben 5 100 000 Afrikaner oder nur 40 Prozent der gesamten afrikanischen Bevölkerung in den Reservaten ...

Untersuchungen über die Armut in den Reservaten haben die Notwendigkeit unterstrichen, verschiedene Produkte anzubauen und eine industrielle Entwicklung einzuleiten, um den Lebensstandard zu heben. Eine Regierungskommission errechnete jedoch, daß ein solcher Fortschritt nur möglich sei, wenn die Hälfte der Bevölkerung die Reservate verließe. Bereits jetzt seien die Reservate so übervölkert, daß eine Entwicklung überaus schwierig sei ... Durch die Verschickung von immer mehr Menschen in die Reservate hat die südafrikanische Regierung eine Situation verschlimmert, die bereits vor 25 Jahren kritisch war.

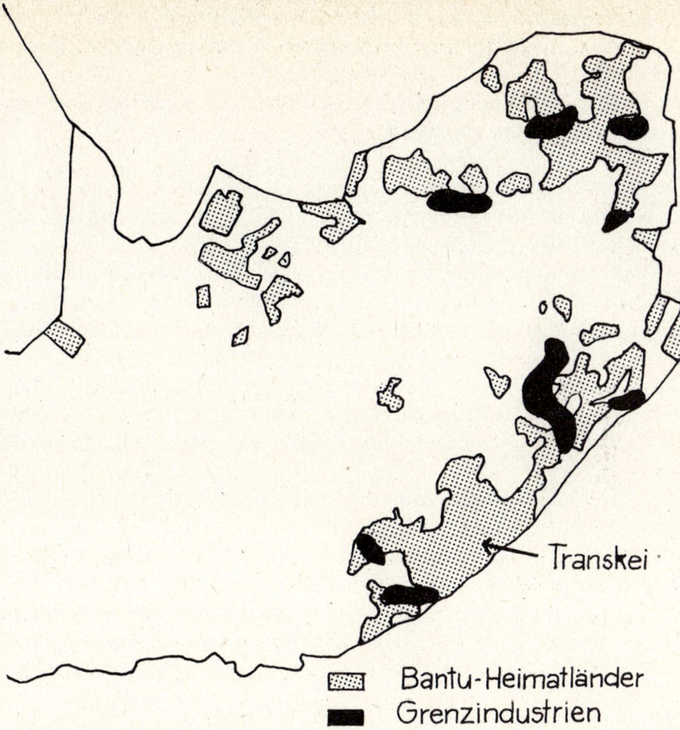

Karte 3

Die Regierung hat keinerlei Interesse an der Verbesserung der Lebensbedingungen in den Reservaten bekundet. Die Situation ihrer Bewohner mag tragisch sein, aber das ist genau das, was die Regierung beabsichtigt. Der springende Punkt der Bantustan-Politik liegt darin, es der Masse der Afrikaner, die in den «Bantu-Heimatländern» leben sollen, unmöglich zu machen, ihren Lebensunterhalt zu verdienen. Die Menschen, die unter den in den Reservaten herrschenden Verhältnissen leben, existieren ständig am Rande des Verhungerns ... Die Männer in den Reservaten und viele Frauen werden deshalb durch die Not aus den Reservaten herausgetrieben, um in den «weißen Gebieten» Arbeit zu suchen.

Wenn sie jedoch die Reservate verlassen, wagen sie sich in eine Welt, in der sie fast keinerlei Rechte haben. Sie werden in ihrem eigenen Land rechtlose Wanderarbeiter (→ S. 109). Südafrika hat eine riesige Arbeitsreservearmee geschaffen, indem es der Masse der Bevölkerung wirtschaftliche Bedingungen auferlegt, die in manchen Fällen gleichbedeutend mit einem Todesurteil sind. Die Regierung ist nicht wirklich daran interessiert,

die «Rassen zu trennen». Sie ist an der Aufrechterhaltung eines billigen Arbeitskraftvorrats interessiert und in gewisser Weise gezwungen, dieses Ziel zu erreichen. ■
(Aus einem Bericht der Vereinten Nationen über die Apartheid, zitiert nach: *Frankfurter Rundschau* vom 22. 6. 1972)

Arbeitsaufgaben

– Beschreiben Sie in den Grundzügen die «Politik der getrennten Entwicklung». Welche Ursachen haben zu dieser Politik geführt?
– Warum werden sogenannte Bantustans gegründet? Welche Möglichkeiten der Selbstbestimmung wird den Afrikanern in den Bantustans gewährt? Sind Sie der Auffassung, daß diese Formen der Selbstbestimmung für die Afrikaner genügen werden?
– Warum werden Grenzindustrien in der Nähe der Bantustans angesiedelt und nicht in den Bantustans selbst?
– Wie beurteilt der UNO-Bericht die Politik der getrennten Entwicklung?
– Hier könnten Sie den Film *Anatomie der Apartheid* bestellen, den die Südafrikanische Botschaft, 5 Köln, Heumarkt 1, verleiht. Bringt er neue, zusätzliche Informationen? Bedenken Sie bei diesem Film, daß er die Interessen der herrschenden Weißen vertritt. Bedenken Sie auch, daß es natürlich einzelne Schwarze gibt, die von der «Politik der getrennten Entwicklung» profitieren, weil sie in den Bantustans Beamte werden oder dort mit Hilfe staatlicher Kredite kleine Geschäfte einrichten können.

5 300 Jahre südafrikanische Geschichte – 300 Jahre Ausbeutung der Nichtweißen

Absicht: In diesem Kapitel soll beschrieben werden, wie die vielrassische Gesellschaft in Südafrika entstand und wie sich in dieser Zeit die heute etablierten Herrschafts-, Ausbeutungs- und Rechtfertigungszusammenhänge herausbildeten.

5.1 Die ersten Weißen kommen und vertreiben oder unterjochen die Ureinwohner

Es war im Jahre 1652. In Deutschland war der Dreißigjährige Krieg gerade vier Jahre vorüber. In der Tafelbucht nahe dem Kap der Guten Hoffnung landeten drei holländische Schiffe. Sie waren ausgesandt von der Holländisch-Ostindischen Gesellschaft, die in Hinterindien (Borneo, Sumatra, Java) Kolonien besaß. Die Reise zu diesen Kolonien, die damals die Batavischen Inseln hießen, dauerte monatelang. Daher hatte die Gesellschaft beschlossen, eine Zwischenstation zu errichten, damit die Schiffe mit Frischwasser, Frischgemüse und Frischfleisch versorgt werden konnten. Die Wahl fiel auf das Kap der Guten Hoffnung.

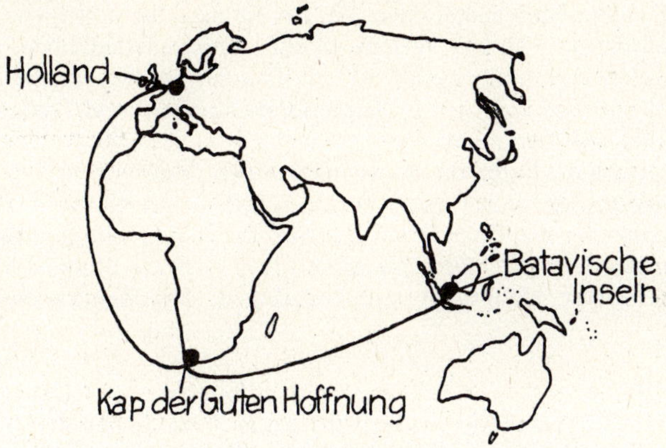

Karte 4

Die 181 Holländer, die im Jahre 1652 mit den drei Schiffen an der Südspitze Afrikas landeten, um diese Versorgungsstation zu errichten, bauten als erstes ein Fort; denn das Land war nicht menschenleer. Die Ureinwohner, die die Ansiedler Hottentotten nannten, waren die gelbhäutigen Khoikhoin, ein Volk, über dessen Herkunft nichts bekannt ist. Es kam schnell zu kriegerischen Auseinandersetzungen; die weißen Ankömmlinge nahmen den Khoi-khoin das beste Weideland ab. Die Ureinwohner wurden ins Landesinnere vertrieben, oder aber die Weißen machten sie zu ihren Knechten und Dienern.

5.2 Eine vielrassische Gesellschaft entsteht am Kap der Guten Hoffnung

Aus dem Fort an der Tafelbucht entwickelte sich allmählich eine Stadt: Kapstadt. Das Hinterland, von dem die Hottentotten vertrieben worden waren, besiedelten holländische Bauern. Bald holte man die ersten Sklaven an das Kap: Malayen von den fernen Batavischen Inseln und Schwarze aus verschiedenen Teilen Afrikas.

Um 1700 wohnten in der Kapkolonie 1623 weiße Kolonisten mit 1127 Sklaven und einer unbekannten Anzahl von Hottentotten-Dienern. Ein Jahrhundert später, um 1800, waren es 22 000 Europäer, 25 000 Sklaven und 20 000 Ureinwohner. Auf einen Weißen kamen zwei Nichtweiße, die ihm dienen mußten.

Allmählich dehnte sich die kleine Kapkolonie nach Norden und nach Osten aus. Die Holländer, die sich Buren (Bauern) nannten, mußten sich dabei den Gegebenheiten des Landes anpassen. Im Landesinneren gab es wenig Regen, und der Boden war karg. Weidewirtschaft über riesige Entfernungen hinweg mußte betrieben werden. Für ein einziges Schaf rechnete man mit einem Bedarf von 7 Hektar Weideland. So wurden die Holländer, die am Kap der Guten Hoffnung, wo Klima und Boden besser sind, noch Wein und Getreide anbauen konnten, im Hinterlande zu Vieh- und Treckburen (trecken = im Lande herumziehen).

Schließlich hatten sich die Buren im Landesinneren den Gegebenheiten so sehr anpassen müssen, daß in der Lebensweise zwischen ihnen und den Ureinwohnern kaum noch ein Unterschied bestand, außer dem einen, daß *sie* die Herren waren, denn *sie* hatten Gewehre. So lebten die Buren des Landesinneren wie weiße Häuptlinge unter Farbigen. Ein Zeitgenosse schreibt:

■ In der Tat bestand eine patriarchalische [= der Vater herrscht] Haushaltung, von der man sich einen kleinen Begriff wird machen können, wenn ich erwähne, daß unser Wirt 80 Pferde, 2470 Schafe, 690 Rinder, 230 Ziegen und eine verhältnismäßige Menge Federvieh besaß, daß er täglich 105 Personen an Sklaven, Hottentotten, übriger Dienerschaft und seiner Familie zu speisen hatte. ■
(Aus: Hinrich Lichtenstein: *‹Reisen im südlichen Afrika in den Jahren 1803 bis 1806›*. Band 1, Berlin 1811, S. 149)

So entstand in Südafrika eine Gesellschaft, die aus solchen voneinander unabhängigen Großfamilien bestand.

5.3 Die Unterwerfung der Bantu-Völker

Bei den Buren des Landesinneren war es üblich, daß der erwachsene Sohn mit einer kleinen Herde den Vater verließ und weitertreckte, sich neue Weidegebiete suchte und eine neue Großfamilie gründete. Dadurch dehnte sich die Burenkolonie ständig weiter aus. Um 1770 gelangten die ersten Buren an den Fisch-Fluß. Zur gleichen Zeit kamen dort auf der anderen Seite die ersten Bantu-Stämme an, die von Ostafrika aus nach dem Süden vorgestoßen waren auf der Suche nach neuen Weideplätzen. Es begann eine Zeit blutiger Kämpfe zwischen den Afrikanern und den Buren. Denn das Weideland war knapp und reichte nur für einen von beiden. Auf lange Sicht mußte eine der beiden Gruppen weichen. Der Geschichtsschreiber de Kiewiet schreibt:

Um genügend Weideland für ihr Vieh zu sichern und besonders, um jenseits der Linie der Bantu in das bessere Weideland des Nordens vorzudringen, mußten die Buren einen schweren Druck auf die Eingeborenen ausüben. Drei Dinge brachten die holländischen Grenzburen in Vorteil. Mit den gleichen drei Dingen hatten Cortez und Pizarro Mexiko erobert. Ihre Pferde gaben ihnen Schnelligkeit der Bewegung; ihre Gewehre gaben ihnen eine Macht, der nichts widerstand; die Räder ihrer Ochsenwagen ermöglichten es ihnen, Eroberung in Besiedlung überzuführen, indem sie ihre Familien und ihre Güter in die eroberten Gebiete transportieren konnten.

(Aus: C. W. de Kiewiet: ‹*A History of South Africa, Social and Economic*›. London 1957, S. 25)

5.4 Die religiöse Rechtfertigung der Burenherrschaft

Die Buren hatten aus Europa das Christentum mitgebracht. Sie waren calvinistische Protestanten. In der afrikanischen Einsamkeit aber veränderte sich ihr Christentum. Sie hatten kaum Pfarrer, jeder Burenvater war der Pfarrer seiner Familie. Das einzige Buch, das die Buren überhaupt noch lasen, war die Bibel. Vor allem studierten sie das Alte Testament. Denn das Leben, das sie in Afrika führten, war dem sehr ähnlich, das das Alte Testament schildert: Großfamilien, Weidewirtschaft, große Dienerschaft – so hatten auch einst vor Jahrtausenden die Juden des Alten Testaments in Israel gelebt. So kam es, daß die Buren sich immer mehr in diese Rolle der Juden versetzten. Und wie sich damals die Juden als das auserwählte Volk gefühlt hatten, so taten es ihnen jetzt die Buren nach. Gott selbst hatte sie, so glaubten sie, auserwählt, über die Dunkelhäutigen zu herrschen. Sie suchten im Alten Testament alle die Stellen auf, wo sie dafür Beweise zu finden glaubten. Da gab es zum Beispiel die Geschichte von Noahs Söhnen. Noah hatte seinen Sohn Ham einst verflucht mit allen seinen Nachkommen, daß sie Knechte sein sollten. Folglich glaubten die Buren, die Schwarzen stammten von Ham ab. So verschmolz den Buren ihr Weißsein und ihr Christsein in eines zusammen: Sie waren das christliche Herrenvolk, die anderen waren die Farbigen und Heiden, die zur Knechtschaft verdammt waren. Es gibt noch heute Weiße in Südafrika, die dies wörtlich glauben.

5.5 Das 19. Jahrhundert

Um das Jahr 1800 setzte Frankreich unter Napoleon zu einem Eroberungszug in Europa an. Holland wurde von französischen Truppen besetzt. Hauptgegner der Franzosen waren die Engländer, die nun im Gegenzug – da sie die Seeüberlegenheit hatten – die holländische Kapkolonie besetzten. Auf dem Wiener Kongreß von 1815, der die Landkarte nach den napoleonischen Wirren neu ordnete, wurde die Kapkolonie den Engländern endgültig zugesprochen.

Die Engländer brachten neue Ideen mit ans Kap. Im Jahre 1828 gestatteten sie den Hottentotten mehr Freizügigkeit und erlaubten allen Farbigen den Besitz von Land. 1834 proklamierten sie für das ganze britische Weltreich die Freilassung der Sklaven. Das war nicht reine Menschlichkeit. Der Gouverneur in Kapstadt erläuterte die britischen Maßnahmen so:

■ Wenn wir eine freiere Politik gegenüber dieser interessanten Klasse von Subjekten [Untertanen] betreiben, werden sie auch produktiver werden, der Verbrauch britischer Waren wird steigen, Steuern können bezahlt werden, und die Farmer haben keinen Grund mehr, über einen Mangel an Arbeitskräften zu klagen. ■
(Nach: Bettina Decke: ‹*Industrialisierung und Herrschaft in Südafrika*›. Neuwied 1972, S. 14)

Die burischen Siedler waren entsetzt. In großen Scharen verließen sie die britische Kapkolonie und zogen ins Landesinnere. Das war der «Große Treck», der im Jahre 1835 begann. Er führte dazu, daß die Buren zwei neue Staaten im Landesinneren gründeten: die heutigen Provinzen Oranje-Freistaat und Transvaal (→ Karte S. 97). Jetzt erst wurden die Bantustämme endgültig besiegt und in Reservate (die heutigen Bantu-Heimatländer) abgedrängt, enteignet und in eine Klasse von Arbeitern und Dienstboten verwandelt.

Gold und Diamanten

Im Jahre 1867 wurden bei Kimberley an der Grenze des Oranje-Freistaates Diamanten entdeckt. Ein paar Jahre später wurde bei Johannesburg Gold gefunden. Die Engländer hatten bisher die beiden Burenrepubliken in Ruhe gelassen. Aber jetzt wurde ihre Begehrlichkeit geweckt. Viele Europäer wanderten in die Diamanten- und Goldgebiete aus. Sie hatten es dort besser als in anderen Diamanten- und Goldgebieten der Welt: In Südafrika brauchten sie nicht einmal selber zu graben. Dafür gab es dort die Schwarzen. Der britische Minister James Bryce besuchte in den neunziger Jahren des vorigen Jahrhunderts die Diamantengruben bei Kimberley und beschrieb die

■ sogenannten Compounds, wo die in den Bergwerken beschäftigten Eingeborenen beherbergt und eingesperrt sind. Es sind ungeheure Einfriedigungen ohne Dach, aber mit einem Drahtnetz überspannt, um zu verhindern, daß etwas über die Mauer geworfen wird. Ein unterirdischer Gang führt zu dem benachbarten Bergwerk . . . Alle Eingänge sind streng bewacht, und keine Besucher, weder Eingeborene noch Weiße, erhalten Zutritt; die Lebensmittel werden von einem innerhalb der Mauern befindlichen, der Gesellschaft gehörigen Laden verkauft. – Der Compound beher-

bergte zur Zeit meines Besuches 2600 Eingeborene aller möglichen Stämme ... Sie kommen aus allen Himmelsrichtungen, durch die hohen Löhne, gewöhnlich 18 bis 30 Mark die Woche, herbeigelockt, und bleiben dort drei Monate und länger, zuweilen sogar für lange Zeit. ■
(Nach: Rosa Luxemburg: ‹*Die Akkumulation des Kapitals*›. Berlin 1913, S. 335 f., Anmerkung)

5.6 Die Südafrikanische Union wird gebildet

Der Burenkrieg
In der britischen Kapkolonie lebte damals ein reicher Mann, Cecil Rhodes. Ihm gehörten die meisten Diamantenminen. Zugleich war er Abgeordneter im Parlament in Kapstadt. Da die Gold- und Diamantenminen auf burischem Gebiet lagen, beschloß er, die beiden Burenrepubliken britisch zu machen.

Im Jahre 1885 hatte das Deutsche Reich Südwestafrika in Besitz genommen. Daraufhin besetzte Großbritannien das Betschuanaland, das heutige Botswana. Cecil Rhodes stellte eine Privatarmee auf und zog von Betschuanaland aus nach Norden, besiegte afrikanische Stämme und eroberte das Land, das noch heute nach ihm Rhodesien genannt wird. Damit waren die beiden Burenrepubliken von Großbritannien eingekreist.

Im Jahre 1899 fielen die Briten mit ihren Armeen in den Oranje-Freistaat und in Transvaal ein. Aber im offenen Kampf konnten sie nicht siegen. So verwüsteten sie das Hinterland, trieben das Vieh ab und schleppten die auf den Farmen zurückgebliebenen Frauen und Kinder der Buren in befestigte und mit Stacheldraht umgebene Lager, sogenannte Konzentrationslager. Dort starben Tausende der Frauen und Kinder. Die brutale und grausame Kriegsführung der Briten zwang die Buren zum Frieden. Sie verloren ihre Unabhängigkeit: Der Oranje-Freistaat und Transvaal wurden zusammen mit der Kap-Provinz und dem seit 1843 britischen Natal zu einer großen Kolonie zusammengeschlossen, die den Namen «Südafrikanische Union» erhielt.

Für die Nichtweißen änderte sich damit nichts. Sie wurden von den Briten genauso ausgebeutet wie von den Buren. Im Jahre 1926 schrieb eine britische Kommission über Südafrika:

■ Die verhältnismäßig hohen Löhne weißer Handwerker sind abhängig von der Beschäftigung einer großen Anzahl ungelernter eingeborener Arbeitskräfte; hierfür ist der Handwerker typisch für die gesamte weiße Gesellschaft, die in einem Lande, das ärmer ist als die meisten Länder Westeuropas, einen Lebensstandard aufrechterhalten kann, der sich eher dem amerikanischen als dem europäischen annähert, und zwar nur deshalb, weil

es die Massen gelehriger, niedrig bezahlter eingeborener Arbeiter zu seiner Verfügung hat. ■
(Nach: C. W. de Kiwiet: ‹*A History of South Africa, Social and Economic*›. S. 214)

Im Jahre 1961 verließ Südafrika das britische Commonwealth, weil in Großbritannien und anderen Mitgliedstaaten des Commonwealth Kritik an der Rassenpolitik Südafrikas geübt wurde. Seither nennt sich das Land «Republik Südafrika».

Arbeitsaufgaben

– Nennen Sie die Gründe, die dazu führten, daß am Kap der Guten Hoffnung eine weiße Kolonie entstand.
– Nehmen Sie Stellung zu der Behauptung, daß die weißen Südafrikaner ein menschenleeres Land vorgefunden hätten.
– Beschreiben Sie, wie die vielrassische Gesellschaft in Südafrika entstanden ist, und warum sich die Buren zu den Herren aufschwingen konnten.
– Wie begründeten die Buren ihre Herrschaft aus der Bibel? Nehmen Sie Stellung zu dieser religiösen Begründung von Herrschaft.
– Welche Veränderungen führten die Briten am Kap der Guten Hoffnung ein, und warum führten sie sie ein? Welche Folgen hatten diese neuen Gesetze für die Buren? Was taten sie?
– Welche Folgen ergaben sich für Buren und Afrikaner, als in Südafrika Gold und Diamanten gefunden wurden?
– Inwiefern kann man sagen, daß sich die britische Herrschaft für die Schwarzen nicht viel anders auswirkte als vorher die Herrschaft der Buren?
– Warum trat Südafrika 1961 aus dem britischen Commonwealth aus?

6 Schwarzer Widerstand – weißer Polizeistaat

Absicht: Es sollen zunächst die Widerstandsbewegungen der Nichtweißen und die Gründe für ihr Scheitern dargelegt werden. Es folgt die Beschreibung der wichtigsten Gesetze, die die von den Weißen angestrebte «Ordnung» wiederherstellten und die Südafrika in einen Polizeistaat für die Nichtweißen verwandelten.

6.1 Widerstandsbewegungen der Nichtweißen

Mahatma Gandhi

In der Provinz Natal am Indischen Ozean waren seit 1850 zahlreiche Inder seßhaft geworden. Ursprünglich waren sie als Arbeiter gekommen, um in den Zuckerrohrplantagen zu arbeiten. War ihr Arbeitsvertrag beendet, so blieben sie meist in Südafrika, um dem fürchterlichen Elend in ihrer Heimat (vgl. Heft 1 ‹*Francisco Pizarro* . . .› insbesondere Kapitel 1) zu entgehen. Denn ursprünglich waren die Inder in Südafrika mit den Weißen gleichberechtigt und schickten sogar Abgeordnete in das Parlament von Natal. Später wanderten auch indische Händler und Geschäftsleute ein, die in ihrer Heimat mit dem Handel wohlvertraut waren und alsbald den weißen Kaufleuten Konkurrenz machten. Dies führte zu einer antiindischen Bewegung bei der weißen Bevölkerung von Natal. Im Jahre 1893 wurde den Indern das Wahlrecht entzogen.

Im gleichen Jahr kam Mahatma Gandhi nach Südafrika. Er wurde bald der Sprecher der Natal-Inder und rief sie zu gewaltlosem Widerstand auf. Er organisierte Streiks und Demonstrationen und rief die Inder wiederholt zum Boykott der weißen Geschäfte auf (das heißt: er rief sie auf, in diesen Geschäften nichts zu kaufen). An dem Schicksal der Inder, die jetzt fast so rechtlos waren wie die Schwarzen, vermochte er nichts zu ändern.

Albert Luthuli

In Südafrika wirkten Gandhis Ideen noch lange nach. Im Jahre 1912 gründeten die Afrikaner ihre erste Organisation, den (South) «African National Congress» (ANC). Dieser ANC kämpfte jahrzehntelang mit den Methoden der Gewaltlosigkeit vergebens gegen das weiße rassistische Regime. Nach dem Zweiten Weltkrieg spitzte sich die Lage zu.

1948 hatte die Nationale Partei die Regierung übernommen und führte ein Apartheidsgesetz nach dem anderen ein. Der ANC wählte im Jahre 1952 einen neuen Vorsitzenden, Albert Luthuli, ehemaliger Häuptling und überzeugter Christ, Lehrer und Prediger. Wie Gandhi glaubte auch Luthuli, man könne die Weißen überzeugen, daß sie sich moralisch falsch verhielten, wenn man ihnen passiven Widerstand entgegensetze und an ihr Gewissen appelliere. Er sollte sich täuschen.

In den fünfziger Jahren führte er einen großen Feldzug des Ungehorsams durch. Es wurde vereinbart, daß die Afrikaner sich nicht an das nächtliche Ausgehverbot hielten (alle Afrikaner müssen um 22 Uhr in ihren Unterkünften sein), daß sie in Cafés eindrangen, in die nur Weiße gehen dürfen, sich auf Bänke setzten, die ausschließlich für Weiße vorgesehen waren usw. Die Gefängnisse füllten sich mit Afrikanern und waren bald überfüllt. Die internationale Presse berichtete über die Aktionen und schilderte ausführlich den Rassenstaat Südafrika. Schließlich verhaftete die Polizei auch Luthuli. Im Jahre 1958 wurde er angeklagt, aber da ihm weder eine Verschwörung gegen den Staat noch Aufhetzung zum Rassenkampf nachgewiesen werden konnte, mußte man ihn wieder freilassen.

Das Massaker von Sharpeville (1960)

Vielen Afrikanern war die Bewegung von Luthuli nicht radikal genug. Daher spaltete sich im Jahre 1959 vom ANC der «Panafricanist Congress» (PAC) unter dem Universitätslehrer Robert Sobukwe ab. Sobukwe begann sofort einen Feldzug gegen die Paßgesetze (→ S. 111 ff.). Tausende von Afrikanern zogen vor die örtlichen Polizeistationen.

So auch am Morgen des 21. März 1960 etwa 6000 Afrikaner des Wohnviertels Sharpeville, das südlich von Johannesburg liegt. Sie hatten ihre Pässe zu Hause gelassen, um die Polizei dazu herauszufordern, sie ins Gefängnis zu stecken. Um 11.30 Uhr tauchten zwei Panzer auf, dann folgten drei weitere. Die Polizei gab keine Befehle zur Auflösung der Demonstration. Plötzlich wurden mehrere Schüsse abgegeben, denen ein wahrer Kugelregen folgte. Die Menge stürzte nach allen Seiten davon. 69 Menschen, darunter 8 Frauen und 10 Kinder blieben ermordet vor der Polizeiwache liegen. Fast alle waren von hinten von den Kugeln getroffen.

Die Antwort auf das Massaker von Sharpeville war die Arbeitsniederlegung aller Afrikaner in Südafrika, die ANC und PAC gemeinsam organisierten. Zwei Wochen lang war die Wirtschaft Südafrikas gelähmt. Einen Augenblick lang schien es, als ob die Regierung einlenken wollte. Sie setzte die Paßgesetze außer Kraft. Aber die Afrikaner wollten mehr: sie wollten die endgültige Abschaffung der Paßgesetze. Luthuli verbrannte seinen Paß, Tausende von Afrikanern folgten seinem Beispiel. Schließlich rief die Regierung den Ausnahmezustand aus, setzte Militär ein und erstickte den Aufstand, indem sie die afrikanischen Führer verhaftete.

6.2 Weißer Polizeistaat

Sobald einigermaßen Ruhe im Lande eingekehrt war, verbot die Regierung den ANC und den PAC als «kommunistische Organisationen». Sobukwe erhielt eine fünfjährige Gefängnisstrafe, Luthuli wurde an seinen Heimatort verbannt, den er nur einmal noch verlassen durfte, als er 1961 nach Oslo fuhr, um den Friedensnobelpreis in Empfang zu nehmen.

Untergrundorganisationen

Die Afrikaner gaben noch nicht auf. Es bildeten sich Untergrundorganisationen. Die bekannteste nannte sich «Speer der Nation» und wurde von Nelson Mandela geführt. Sie verübte Sprengstoffanschläge, achtete aber sorgfältig darauf, daß keine Menschen dabei umkamen. Schließlich wurden Mandela und sieben Mitangeklagte vor Gericht gestellt und erhielten lebenslängliche Gefängnisstrafen.

Das Sabotagegesetz

Im Jahre 1962 verabschiedete das Parlament das Sabotagegesetz:

■ Jede Person, die irgendeine verbotene und mutwillige Tat verübt, durch die sie verletzt, beschädigt, zerstört, nutzlos oder dienstunfähig macht, außer Tätigkeit setzt, behindert, verändert, beschmutzt, vergiftet oder gefährdet

a) Gesundheit des Publikums
b) Aufrechterhaltung von Gesetz und Ordnung
c) Wasservorräte ...

ist der Sabotage schuldig und muß mit entsprechenden Strafen belegt werden; falls nicht die Todesstrafe verhängt wird, muß mindestens auf 5 Jahre Gefängnis erkannt werden. ■

(Nach: Franz J. T. Lee: ‹*Südafrika vor der Revolution*›. Band III. Eine Alexander-Defense-Publikation, o. O., 1967, S. 395 f.)

Das bedeutet zum Beispiel: Wer an eine Wand malt: «Nieder mit der Apartheid» oder wer die Luft aus dem Reifen eines Autos eines Regierungsbeamten herausläßt, wird nach dem Sabotagegesetz bestraft.

Das 90-Tage-Gesetz und das Schutzhaftgesetz

1963 erging das 90-Tage-Gesetz. Es ermöglichte dem Justizminister und der ihm untergeordneten Polizei, verdächtige Personen ohne Haftbefehl – also ohne Gerichtsbeschluß – für 90 Tage festzusetzen. Über die Auswirkungen dieses Gesetzes berichtete *DER SPIEGEL* 43/1971:

■ Der apartheidsfeindliche Rechtsanwalt Albert Sachs wurde ohne Angabe von Gründen verhaftet und auf der Grundlage des «90-Tage-Gesetzes» drei Monate lang eingekerkert. Als er dann immer noch keine Reue zeigte, wurde er entlassen, aus dem Gefängnis herausgeführt – und vor dem Tor wieder festgenommen. Gesamthaftdauer: 178 Tage. Ein Farbiger wurde mit diesem Trick statt der 90 vom Gesetz erlaubten insgesamt 203 Tage festgehalten. ■

Im Jahre 1965 wurde dieses Gesetz wieder aufgehoben und statt dessen das Schutzhaftgesetz erlassen, das noch heute in Kraft ist. Danach können in Südafrika die Justizbehörden jeden bis zu 6 Monaten in Haft nehmen, der als Zeuge der Anklage bei Straftaten (auch politischen) benannt wird oder aber als möglicher Zeuge angesehen wird. Damit kann jeder Gegner der Regierung in Haft genommen werden.

Diese und zahlreiche andere Gesetze, der Ausbau der Polizei und ein ausgedehntes Spitzelsystem haben einstweilen dazu geführt, daß in Südafrika wieder «Ruhe» herrscht.

Arbeitsaufgaben

– Beschreiben Sie die verschiedenen Widerstandsbewegungen der Nichtweißen in Südafrika! Versuchen Sie, den gewaltlosen Widerstand zu beurteilen.

– Nennen Sie einige Gesetze, die die «Ordnung» (für wen?) wiederherstellen.
– Erläutern Sie, warum Südafrika ein Polizeistaat für die Nichtweißen ist.

7 Südafrika und der Westen

Absicht: Dieses Kapitel will Ihnen einen Überblick über die Wirtschaft Südafrikas und seine wichtigsten Wirtschaftspartner geben. Es will Ihnen aufzeigen, daß Auslandsinvestitionen in Südafrika ein besonders lukratives Geschäft sind und warum das so ist. Schließlich behandelt es die Touristenwerbung Südafrikas in der Bundesrepublik.

Die Republik Südafrika wird in den westlichen Ländern stark kritisiert wegen ihrer Apartheidspolitik. Sie wurde sogar von den Olympischen Spielen ausgeschlossen. Die moralische Verurteilung Südafrikas hindert aber kein westliches Land daran, mit dem Apartheidsstaat gute Geschäfte zu machen.

7.1 Der Außenhandel Südafrikas

Südafrika ist auf den Export angewiesen. Einst war es britische Kolonie und hatte fast nur Gold und Diamanten exportiert. Heute ist es ein hochindustrialisiertes Land, das auch bereits industrielle Fertigwaren exportiert. Die wichtigsten Ausfuhrprodukte sind Gold, Diamanten, Platin, Chrom, Uran, Vanadium, Asbest, Nahrungsmittel, Wein, Tiere, industrielle Fertigwaren. Die westlichen Länder sind in erster Linie an den Rohstoffen interessiert. Die industriellen Fertigwaren exportiert Südafrika vor allem an seine Nachbarstaaten Rhodesien, Angola, Moçambique, Malawi.

Wohin exportierte die Republik Südafrika im Jahre 1970? (Angaben in Millionen Rand)

Großbritannien	446,4
EWG-Länder	282,3
Afrika	263,9
Amerika	176,5
Sonstiges Europa	64,8

(Nach: Bundesstelle für Außenhandelsinformation: ‹*Marktinformation Republik Südafrika*›. Nr. A/145, August 1972)

Südafrika ist aber auch darauf angewiesen, aus dem Westen zu importieren. Es braucht vor allem: Maschinen, Transportausrüstungen, Fertigwaren und Erdöl.

Woher importierte die Republik Südafrika im Jahre 1971?

Die 15 wichtigsten Lieferländer (Angaben in Millionen Rand)

Großbritannien	670,6
USA	469,7
Bundesrepublik Deutschland	408,9
Japan	292,1
Italien	105,2
Frankreich	104,7
Australien	62,1
Niederlande	58,4
Schweiz	56,0
Kanada	47,3
Schweden	43,9
Belgien	38,0
Hongkong	21,1
Österreich	14,4
Brasilien	13,7
Sonstige	424,5

(Nach: Bundesstelle für Außenhandelsinformation: ‹*Marktinformation Republik Südafrika*›.)

7.2 Auslandsinvestitionen in Südafrika

Heft 4 ‹*Deutsche Firmen in der Dritten Welt*› schildert die Gründe, weshalb Firmen der Bundesrepublik im Ausland sich niederlassen, also Kapital dort investieren. (Sie erwarten hohe Gewinne, in der Dritten Welt gibt es zumeist keine Streiks, dafür billige und beliebig viele Arbeitskräfte, die Bundesregierung unterstützt die Firmen finanziell.) Auch in Südafrika haben westlich-kapitalistische Staaten in dieser Weise Kapital investiert, Fabriken gebaut und einheimische Firmen aufgekauft. Die folgende Graphik (nach A. Kellock u. a.: ‹*Race to Power*›. S. 26) zeigt ungefähr, welche Länder vor allem in Südafrika investiert haben:

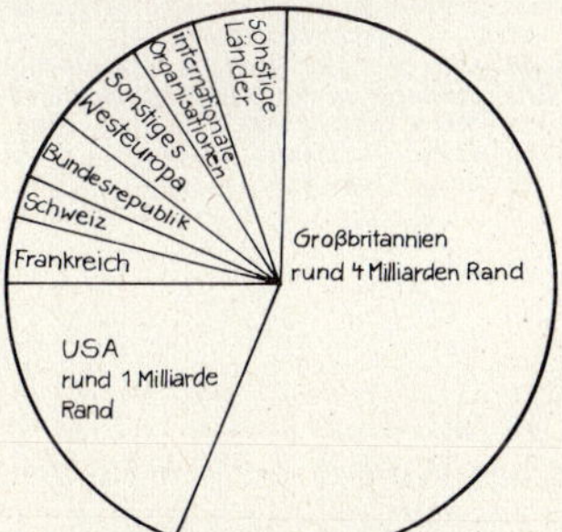

7.3 Die Bundesrepublik Deutschland und ihre wirtschaftlichen Verbindungen mit Südafrika

Südafrikanische Werbung in der Bundesrepublik

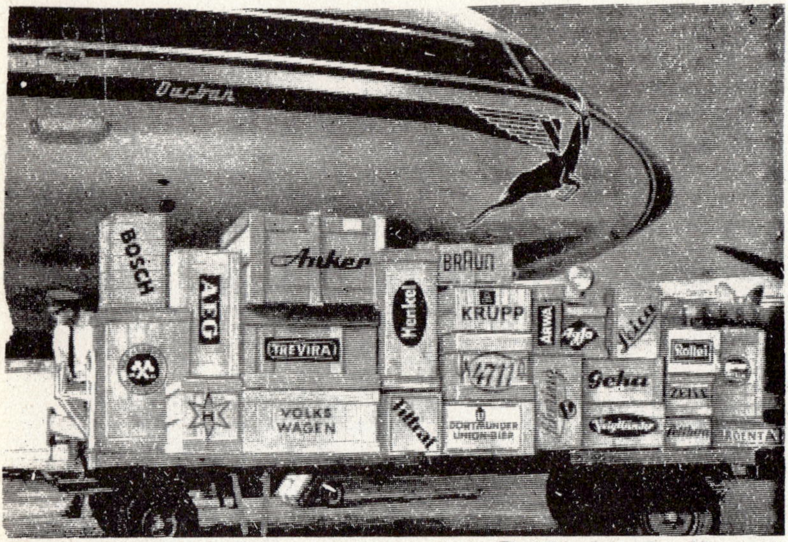

Fliegen Sie nach Südafrika!

Südafrika hat noch Platz für Ihr Produkt

Das Land unvergleichlicher Schönheit und Kontraste bietet Ihnen das Potential eines ausbaufähigen Marktes mit hochentwickelten Industrien und regem Handel. Durch die Weite und Mannigfaltigkeit Südafrikas reisen Sie leicht und billig dank eines Transportsystems, das den Ansprüchen einer hochentwickelten Wirtschaft angepaßt ist. Knotenpunkte von Industrie und Handel sind durch ein schnelles, modernes Flugsystem verbunden, und die South African Railways verfügen über ein ausgedehntes Netz von bequemen Zügen und Omnibussen. Alle diese Verkehrsmöglichkeiten geben Ihnen Gelegenheit, sehr viel in kurzer Zeit zu sehen – und Arbeit mit Vergnügen zu verbinden wie nie zuvor. Überzeugen Sie sich selbst! Es ist Platz für Sie unter der südafrikanischen Sonne und Platz für Ihr Produkt auf dem südafrikanischen Markt. South African Airways wird alle Ihre Ansprüche erfüllen. In den großartigen Boeing 707 Stratojets schweben Sie über Nacht in eine verheißungsvolle neue Welt, erleben Sie Ihre Geschäftsreise wie eine herrliche Urlaubsfahrt! Die Sorge um den Transport Ihrer Waren nimmt Ihnen schnell, sicher und gewissenhaft der ausgebaute, moderne SAA-Cargo-Dienst ab.

South African Airways
Flugplan ab November 1965:

montags	16.15 ab London
	20.15 ab Rom
dienstags	16.15 ab London
	19.25 ab Frankfurt
mittwochs	16.30 ab Athen
	18.15 ab Rom
	21.20 ab Madrid
donnerstags	16.15 ab London
	19.30 ab Zürich
freitags	16.15 ab London
	19.00 ab Paris
	21.00 ab Lissabon
samstags	16.15 ab London
	19.25 ab Frankfurt
sonntags	17.30 ab Athen
	19.15 ab Rom
	21.50 ab Lissabon
oder	16.15 ab London

Südafrika hat noch Platz – das und sein Prachtklima machen es zu einem herrlichen Ferienland. Eine Reise nach Südafrika wird Ihnen ein unvergeßliches Erlebnis sein. Interessieren Sie sich auch für Pauschalreisen?

Flugauskunft und Beratung erteilt Ihnen gerne Ihr IATA-Flugreisebüro oder South African Airways, Frankfurt/M., Kaiserstr. 81, Tel.: 330111; Düsseldorf, Klosterstraße 4, Ecke Berliner Allee, Tel.: 353636; Hamburg, Bergstr. 11, Tel.: 335587; München, Theatinerstraße 42, Tel.: 220223.

SAMSTAGS DIREKTFLUG FRANKFURT – WINDHOEK

(Anzeige in: *DER SPIEGEL* 51/1965)

Aus einer südafrikanischen Werbebroschüre für deutsche Industrielle

■ SÜDAFRIKA – LAND ZUM INVESTIEREN

Südafrika ist das blühendste Land auf dem afrikanischen Kontinent ...

Einwanderer strömen in großen Mengen in das Land. Produktion, Beschäftigung, Verbrauch und Investitionen nehmen schnell zu ...

DAS LAND DER SPITZENWERTE

Südafrika bietet:

- Einen hohen Gewinn. Der durchschnittliche Gesamtgewinn beträgt bei ausländischen Investitionen 15 Prozent. Bei Gold und anderen Minen beträgt der Durchschnittsgewinn sogar 17 Prozent, bei Investitionen in der Industrie 13 Prozent. Diese Gewinnprozentsätze gehören zu den höchsten der Welt.
- Eine hochentwickelte industrielle Wirtschaft, die auf den Prinzipien des freien Unternehmertums beruht.
- Hinsichtlich der Kaufkraft den größten Markt Afrikas.
- Eine starke Währung ...
- Geringe Besteuerung.
- Eine stabile Regierung und Arbeitsfrieden in der Industrie. ■

(Aus: ‹*Südafrika – Land zum Investieren*›. Hg. von Departement für Information, Pretoria 1969)

Und so stiegen die deutschen Investitionen:

1968:	946	Millionen DM
1969:	1177	Millionen DM
1970:	1703	Millionen DM

(Nach: Bundesstelle für Außenhandelsinformation: ‹*Marktinformation Republik Südafrika*›)

Beispiel für eine Investition: Volkswagen of South Africa

■ Als «Paradies für Investoren» (*Industriekurier*) schätzt Deutschlands Unternehmerschaft das Land am Kap, aber auch, weil die schwarzen Arbeitskräfte dank umfassender Kontrolle gut kalkulierbar sind. Georg Eckert, bis Ende August [1971] Chef der Volkswagen of South Africa: «Das wirkt sich positiv aufs Geschäft aus: Man weiß, man hat seine Arbeitskräftezufuhr und bekommt soundso viel aus bestimmten Gebieten!»

Über 4000 Arbeitskräfte sind bei der südafrikanischen VW-Dependence [Zweigwerk] beschäftigt, darunter 1700 Schwarze und 650 Farbige, die in Schnellkursen für ihre Arbeit am Montageband trainiert werden. Eine Lehrlingsausbildung gewährt das VW-Zweigwerk, wie alle anderen südafrikanischen Firmen, ausschließlich Weißen.

Nur wenige besonders clevere Afrikaner und Mischlinge, etwa der Schlosser Anthony, erlangen die Qualifikation eines VW-Facharbeiters. Anthony gehört zur Betriebsinstandhaltung, und er wird – wie seine weißen Kollegen – zur Reparatur und Pflege von Maschinen eingesetzt. Er arbeitet, so versichern deutsche Ingenieure in Uitenhage, genauso gut und zuverlässig wie ein deutscher Schlosser. Doch wenn er eine Maschine repariert, muß eine weiße Aufsichtsperson dabei sein – so jedenfalls will es ein Vertrag zwischen VW und der weißen Automobilarbeitergewerkschaft.

Anthony erhält nur ein Drittel dessen, was seine weißen Schlosser-Kollegen einstecken. Und das ist noch relativ günstig, denn im Durchschnitt verdienen Weiße für gleiche Arbeit fünfmal soviel wie Schwarze ...

VW-Eckert: «Das hat doch alles nichts mit Moral zu tun, das ist doch nur eine Frage des Geschäfts.» Und das Geschäft floriert: 1968 und 1969 schüttete das südafrikanische VW-Werk jeweils 45 Prozent Dividende [Gewinnanteil für die Aktionäre] aus. ■

(Aus: *DER SPIEGEL* 43/1971, S. 169)

Schwarze Arbeiter in deutschen Firmen in der RSA

■ Zahlreiche Betriebe geben ihren Arbeitern nicht einmal die Hälfte des Existenzminimums von monatlich 300 bis 400 Mark für eine fünfköpfige Familie.

Während große deutsche Unternehmen in Südafrika – wie Siemens, AEG und Demag – ihre Löhne für schwarze Arbeiter in den letzten Monaten dem Existenzminimum angepaßt haben, sind es vor allem mittlere Betriebe, so Horst Kleinschmidt von der südafrikanischen Kirchenorganisation «Sprocas», «die sich hinter dem Glanz der Großen verstecken».

Einer dieser Kleineren ist der Nürnberger Blumenhändler Simon Kerscher, der in der Bundesrepublik Nelken und Rosen aus seiner Gärtnerei Springbok Flower Company in Kempton Park vertreibt. Seine Löhne sind, so Kleinschmidt, «sicherlich mit die schlechtesten in diesem Teil Transvaals»: Schwarze Arbeiter verdienen etwa 25 Mark in der Sechs-Tage-Woche, ein Vormann rund 29 Mark.

Im Vergleich mit den Wohnbaracken der Springbok Flower Company hausen Gastarbeiter in der Bundesrepublik fast komfortabel. Kleinschmidt: «Jeder Arbeiter erhält ein Stahlbett ohne Matrazen oder Decken. Es gibt keine Zimmerdecken, und das Dach leckt, wenn es regnet. Es gibt kein Licht, kein heißes Wassser.»

Wenn auch im Februar erstmals eine schwarze Streikwelle über das Kapland rollte und 60 000 unterbezahlte Zulu-Arbeiter höhere Löhne durchsetzten, so gilt Südafrika doch noch immer als Markt der billigen und willigen Arbeitskräfte. Denn von den 7,5 Millionen Werktätigen sind nur 400 000 gewerkschaftlich organisiert.

Im Durchschnitt verdienen Südafrikas Schwarze 130 Mark monatlich, die Weißen dagegen 1400 Mark. Millionen Afrikaner bilden ein Arbeitslosen-Heer, das stets bereit ist, auch für Hungerlöhne in die Fabriken zu gehen.

Stichproben des SPIEGEL vor deutschen Fabriktoren in Südafrika enthüllten Unerfreuliches. So hat Witness Granville Cele, Maschinenführer im Werk der Düsseldorfer Henkel GmbH in Natal, einen Wochengrundlohn von rund 50 Mark.

George Khuluse, Packer beim Remscheider Werkzeughersteller Gedore, kassiert pro Woche knapp 50 Mark.

Zahlen über Investitionen und Löhne für die Schwarzen werden in den meisten deutschen Unternehmen denn auch wie geheime Kommandosachen behandelt. Als eine Gruppe von Wissenschaftlern der Universität Kapstadt im April einen Fragebogen an 110 deutsche Firmen verschickte, gab es nur zwei verwertbare Antworten. ■

(Aus: *DER SPIEGEL* 52/1973, S. 36)

7.4 Südafrika als Touristenland für Bundesrepublikaner

Aus einer südafrikanischen Werbebroschüre, die in der BRD verteilt wird:

■ Südafrika – neuer Reisehorizont.

Entdecke Südafrika.

Ein herzliches Willkommen entbietet Ihnen Südafrika, das wundervolle Land an der Südspitze des weiten Erdteils Afrika. Diese moderne, über 1 200 000 Quadratkilometer große Republik empfängt jedes Jahr eine Viertelmillion Besucher, die per Flugzeug oder Schiff anreisen, um sich an der bunten Palette zu erfreuen, die vom ursprünglichen, romantischen Afrika bis zur modernsten Zivilisation, die erst in jüngster Vergangenheit die erste Herztransplantation vollbrachte, alles umfaßt.

Land romantischer Gegensätze . . .

Wo freundliche Menschen Ihre Sprache sprechen . . .

Land der Gaumenfreuden . . .

und der guten Hotels . . .

und auch Motels . . .

In den modernen Städten gibt es so vieles zu tun . . .

und so vieles zu sehen im Krüger-Nationalpark . . .

und in anderen großen Wildschutzgebieten . . .

Lernen Sie das faszinierende Leben der Eingeborenen kennen . . .

In diesem Land voller Überraschungen fasziniert der Gegensatz zwischen dem primitiven Stammesleben der Bantu und dem anspruchsvolleren Lebensstandard der Bantu in den Städten. Der Besucher kann sowohl die Lebensweise der einen als auch der anderen kennenlernen: das Stammesleben am besten in Zululand und in der Transkei, das städtische Leben in den Gebieten um die Industriezentren.

Bei einer Rundreise durch Südafrika hat der Besucher eine Fülle von Gelegenheiten, Bantu-Motive zu beobachten und zu fotografieren . . . die Bantu-Minentänze, die jeden Sonntag in einer der Goldminen am Witwatersrand [bei Johannesburg] stattfinden. Diese Tänze sind ein hinreißendes Schauspiel . . . ■

(Aus: ‹*Südafrika – neuer Reisehorizont*›. Designed, produced and published by order and at the expense of the Government of the Republic of South Africa and issued for free distribution abroad by the South African Tourist Corporation, o. O., o. J.)

So sieht eine englische Karikatur das Touristenland Südafrika:

Arbeitsaufgaben

– Was exportiert, was importiert die Republik Südafrika? Wer sind die wichtigsten Lieferländer Südafrikas, wohin exportiert Südafrika vor allem?

– Welche Länder haben in Südafrika investiert? Wie wirbt Südafrika in Deutschland, um den Handel, um Auslandsinvestitionen anzukurbeln? Was wird in der Werbebroschüre für deutsche Industrielle über das Land gesagt? Was bedeutet insbesondere der letzte Satz? Können Sie daraus eine Folgerung ziehen über gemeinsame Interessen zwischen den weißen Südafrikanern und jenen, die ihr Kapital in Südafrika angelegt haben?

– Warum ist Volkswagen of South Africa eine besonders lukrative Investition? Ziehen Sie Heft 4 heran!

– Untersuchen Sie den Auszug aus der südafrikanischen Werbebroschüre für Tourismus: Was wird über das Land und seine Einwohner ausgesagt, was wird nicht gesagt? Vergleichen Sie damit die britische Karikatur!

8 Südafrika als Vormacht im südlichen Afrika

Absicht: In diesem Kapitel werden zunächst die übrigen Länder des südlichen Afrika kurz charakterisiert. Es wird gezeigt, daß in einer Reihe dieser Länder ähnliche Machtverhältnisse herrschen wie in Südafrika und daß es in den meisten dieser Länder bereits Freiheitsbewegungen gibt. Weiterhin geht es darum, die führende Rolle der Südafrikanischen Republik im südlichen Afrika darzustellen und schließlich am Beispiel des Cabora-Bassa-Staudammes die Interessenverfilzung deutlich zu machen, die zwischen ausländischen Lieferfirmen, portugiesischer Kolonialherrschaft und südafrikanischem Rassismus besteht, eine Interessenverfilzung, der die Freiheitsinteressen der farbigen Bewohner des südlichen Afrika entgegenstehen.

8.1 Die Länder des südlichen Afrika

Die Länder des südlichen Afrika werden direkt oder indirekt von Weißen beherrscht. Die ungefähre Grenze zwischen dem «weißen» südlichen Afrika und Schwarzafrika (so nennt man die freien afrikanischen Länder südlich der Sahara) bildet der Sambesi.

Karte 5

Namibia (Südwestafrika)
Dieses dünnbesiedelte, steppen- und wüstenreiche Land war bis zum Ersten Weltkrieg deutsche Kolonie. 1919 wurde es dem Völkerbund unterstellt, der das Land an Südafrika zur Verwaltung übergab (Mandatsgebiet).

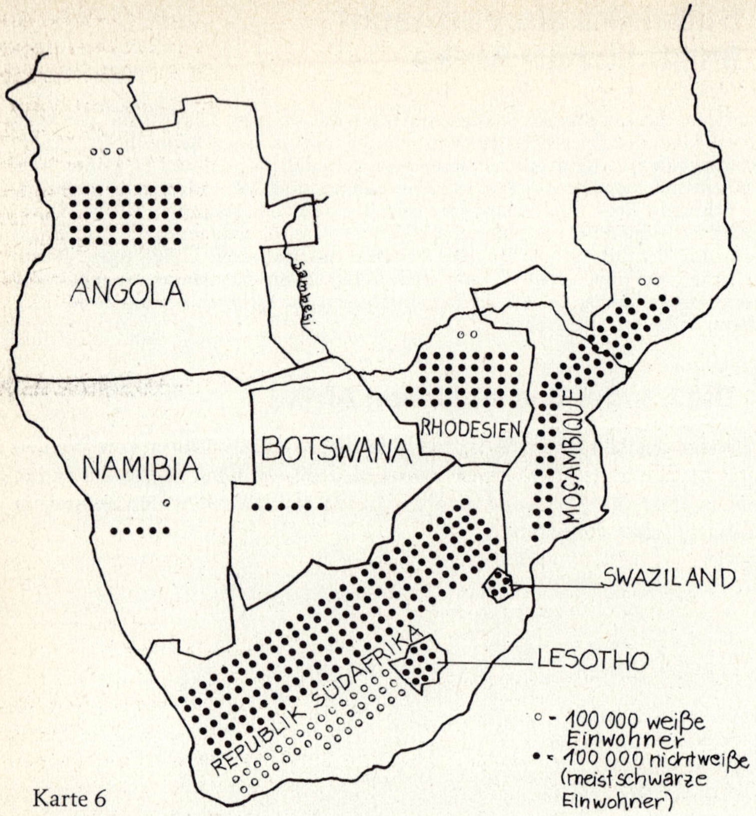

Karte 6

Nach dem Zweiten Weltkrieg übernahmen die Vereinten Nationen die Rolle, die vorher der Völkerbund innehatte. Die Vereinten Nationen forderten Südafrika wiederholt auf, Namibia die Unabhängigkeit zu geben. Statt dessen dehnte Südafrika seine Apartheidsgesetze auf das Mandatsgebiet aus. Praktisch ist Namibia heute also Südafrikas widerrechtlich angeeignete fünfte Provinz.

Rhodesien

Die Afrikaner nennen das Land Zimbabwe. Es wurde von Cecil Rhodes (→ S. 131) erobert. Die etwa 230 000 Weißen besitzen etwa die Hälfte des Landes, den mehr als 4 Millionen Afrikanern überließen sie knapp ein Viertel des Landes (der Rest blieb unverteilt). Um 1960/61 wollte Großbritannien schrittweise die Unabhängigkeit Rhodesiens vorbereiten und wenigstens einigen Schwarzen, die ein gewisses Eigentum besaßen, das

Wahlrecht verleihen. Das führte zur weißen Rebellion gegen Großbritannien, und im Jahre 1965 erklärten die Siedler, die sich inzwischen die rechtsradikale Regierung Ian Smith gegeben hatten, einseitig ihre Unabhängigkeit von Großbritannien.

Großbritannien sah sich nicht in der Lage, diese Rebellion der weißen Siedler zu unterdrücken. Es veranlaßte zwar, daß die meisten Länder der Welt jeglichen Handel mit Rhodesien abbrachen (sogenannte Wirtschaftssanktionen); aber das half nichts; denn Südafrika half dem «kleinen Bruder» im Norden, nahm die rhodesischen Waren ab und versorgte das Land mit den Waren, die es brauchte. Seither ist Rhodesien von Südafrika abhängig. Zugleich ist Südafrika das große Vorbild der Weißen: Sie sind dabei, ihr Land in einen Apartheidsstaat nach dem Muster des großen Bruders umzuwandeln.

Angola und Moçambique

Bei beiden Ländern handelt es sich um Kolonien Portugals. Zwar behaupten die Portugiesen, es handele sich um «Überseeprovinzen» Portugals. Damit können sie den Vorwurf abwehren, daß sie beiden Ländern nicht die Unabhängigkeit gewähren. In Wirklichkeit aber herrscht in beiden Ländern schlimmster Kolonialismus mit Zwangsarbeit für die Schwarzafrikaner auf den Farmen der kleinen weißen herrschenden Minderheit.

Botswana, Lesotho, Zwaziland

In diesen drei Ländern leben kaum Weiße. Es handelt sich um ehemalige britische Kolonien, die seit einigen Jahren unabhängig sind. Sie haben auch eigene schwarze Regierungen. Ein Blick auf die Landkarte zeigt aber, daß alle drei Länder geographische Geiseln von Südafrika sind, von dem sie sowohl politisch als auch wirtschaftlich abhängig sind.

8.2 Freiheitsbewegungen im südlichen Afrika

Freiheitskrieg in Angola

Im Jahre 1961 erhoben sich die Afrikaner in Angola gegen Unterdrückung und Zwangsarbeit durch die portugiesischen Kolonialherren. Dieser Versuch der Selbstbefreiung wurde von Portugal, das Truppen aus Europa kommen ließ, zunächst blutig unterdrückt. Aber die Angolesen gaben nicht auf. Zwei Befreiungsbewegungen kämpfen heute noch in Angola und machen Fortschritte bei der Befreiung ihrer Landsleute. Von Zaire aus operiert die UPA (Union der Völker Angolas, auch GRAE genannt) und von Sambia aus die MPLA (Volksbefreiungsbewegung Angolas), die besonders erfolgreich ist. Beide Bewegungen arbeiten neuerdings zusammen und haben damit ihre Erfolgschancen entscheidend verbessert.

Ein deutscher Journalist berichtet vom Kampf der MPLA (1972)

■ Als Portugals militärische und politische Führer vor einigen Jahren einsahen, daß der Krieg mit herkömmlichen Mitteln nicht mehr zu gewinnen war, versuchten sie, mit dem Einsatz von Chemikalien [Erntevernichtungsmitteln] eine Wende zu erzwingen. Durch die Zerstörung der Felder der Zivilbevölkerung, so hofften sie, würde auch die Versorgung der Partisanen gefährdet. Die chemische Kampfführung hatte aber ganz andere Folgen: es erhob sich eine weltweite Welle des Protests gegen die Regierung in Lissabon. Viele Menschen erfuhren hierdurch erstmals von der Existenz des Befreiungskrieges in Angola und mehrere Regierungen und Organisationen begannen, der MPLA humanitäre Hilfe zu schicken oder die Hilfe zu intensivieren ...

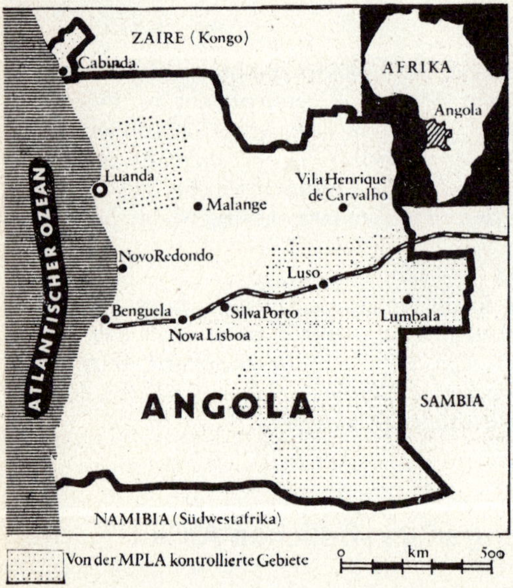

Karte 7
(Zeichnung: Schrand, *Frankfurter Rundschau*)

Die Erfolge der MPLA auf militärischem Gebiet wurden durch die konsequente Einhaltung der Prinzipien des Guerilla-Krieges ermöglicht. Die MPLA hat gegen die rund 60 000 Soldaten der Portugiesen nur etwa 6000 ausgebildete und ausgerüstete eigene Kämpfer aufzubieten. Angesichts dieser Kräfteverhältnisse wäre die Befreiungsbewegung, wenn sie sich auf herkömmliche Gefechte einließe, in kurzer Zeit aufgerieben. Die Taktik der MPLA besteht darin, direkter Begegnung mit dem Feinde auszuweichen und nur nach sorgfältiger Vorbereitung, wenn sie des Erfolgs sicher ist, zum Angriff überzugehen ...

Ihre Waffen erhält die MPLA vom Befreiungskomitee der Organisation für afrikanische Einheit [ihm gehören die meisten schwarzafrikanischen Staaten an] und neuerdings in geringerem Umfang auch von China ... Bis vor zwei Jahren war die MPLA relativ schwach bewaffnet und beschränkte sich hauptsächlich auf Hinterhalte. Inzwischen ist die Ausrüstung jedoch erheblich verbessert worden. Mit den sowjetischen Aka-Gewehren ist die MPLA den Infanteriewaffen der Portugiesen sogar überlegen ...

Der Krieg wäre wahrscheinlich längst entschieden, wenn Portugal nicht massive Unterstützung durch die NATO bekäme. Auch die Bundesrepublik hat Portugal militärische Ausrüstung geliefert, die heute noch in Angola eingesetzt wird.

Dennoch: Die MPLA hat in den vergangenen elf Jahren unter schwierigsten Bedingungen beachtliche Erfolge errungen. Es ist abzusehen, daß sie sich unter wesentlich verbesserten Bedingungen und wachsender internationaler Anerkennung dem Ziel der Unabhängigkeit des Landes weiter nähern wird. Die MPLA hat gegenüber den Portugiesen einen unschätzbaren Vorteil: Sie besitzt die Unterstützung des Volkes. ■

(Aus: *Frankfurter Rundschau* vom 2. Februar 1972)

Guerillakrieg in Moçambique

Seit dem Jahre 1965 wird auch in Moçambique gekämpft. Die FRELIMO (Front zur Befreiung von Moçambique) hat ihren Stüzpunkt in Tansania. Die nördlichen Provinzen des Landes befinden sich fest in den Händen der FRELIMO. Aber sie ist auch in die Provinz Tete vorgedrungen, wo der Cabora-Bassa-Staudamm gebaut wird (→ S. 150 ff.).

Die Berichte spanischer Priester über Massaker der Portugiesen in Moçambique

„Unser Chef befiehlt, alle zu töten“

Nach den Bombern kamen die Soldaten und metzelten die Bewohner des Dorfes Wiriyamu nieder

(Aus: *Süddeutsche Zeitung* vom 21./22. Juli 1973)

Brief des Vorsitzenden der Deutschen Bischofskonferenz

■ An den Vertreterkreis des Theologenkreises
der KSG Münster
44 Münster
Frauenstr. 3–7 11. 5. 73

Sehr geehrte Damen und Herren,
wenn ich auf Ihren Brief, der am 19. März 1973 hier einging, erst jetzt antworte, dann deswegen, weil ich erst genauere Informationen einziehen wollte.

Die Situation in Afrika ist gewiß nicht erfreulich, davon machen Angola und die übrigen portugiesischen Besitzungen keine Ausnahme. Nicht zu leugnen ist jedoch, daß in Portugal, dem man nie eine rassistische Kolonialpolitik vorwerfen konnte, eine Umbesinnung im Gang ist. Die Autonomiebewegung, von Präsident Caetano[1] eingeleitet, wird sicher in nicht allzu ferner Zukunft zur Unabhängigkeit dieser Länder führen. Leider ist zu befürchten, daß der Terror, den auch die von amerikanischer, sowjetrussischer und chinesischer Seite unterstützten Befreiungsbewegungen ausüben, diese Entwicklung verzögert.

Sie dürfen versichert sein, daß die Bischofskonferenz eines Landes, dem ebenfalls die Selbstbestimmung verweigert ist, nämlich die Deutsche Bischofskonferenz, alles tun wird, um in geeigneter Weise die Unabhängigkeit und Selbstbestimmung der Bevölkerung Afrikas zu fördern.

Mit freundlichen Grüßen
Julius Kardinal Döpfner ■

Aus einem offenen Brief der FRELIMO an Bundeskanzler Brandt (1970)

■ Eure Exzellenz, Sie sind zweifellos darüber informiert, daß Ihr Land im letzten Jahr drei Kriegsschiffe an Portugal geliefert hat, die auf Ihrer Schiffswerft «Blohm und Voss» in Hamburg gebaut wurden. Es sind dies die größten Schiffe, die seit dem Zweiten Weltkrieg in Westdeutschland gebaut wurden. Ihr Wert beträgt 40 Millionen Dollar. Eingesetzt werden sie in den Kolonien – gegen unser Volk. Die westdeutsche Regierung wußte dies, bevor sie geliefert wurden. Die Portugiesen machten daraus kein Geheimnis; in ihrem Magazin «Marinerundschau» gaben sie am 31. Mai 1969 bekannt, daß sie eines der drei Kriegsschiffe bereits von Westdeutschland erhalten haben und daß diese Schiffe mit eigenen Hubschraubern und für den intensiven Einsatz in den Überseeprovinzen ausgerüstet sind. ■
(Nach: *Blätter für deutsche und internationale Politik* 8/1970, S. 882)

Kampftätigkeit in Rhodesien
Gegen das rassistische Regime der weißen Siedler Rhodesiens bildeten sich zwei schwarze Widerstandsorganisationen (Zimbabwe African People's Union = ZAPU und Zimbabwe African National Union = ZANU). Wiederholt erhoben sie sich in den Städten und auf dem Lande, organisierten Streiks und Überfälle. Beide Organisationen operieren von Sambia und Moçambique aus und werden auch von der Organisation afrikanischer Einheit (OAU) unterstützt. Wiederholt kam es auch in jüngster Zeit zu

1 Marcello Caetano, von 1968–1974 Ministerpräsident von Portugal (durch Militärputsch gestürzt).

Überfällen von kleinen afrikanischen Kampftrupps auf einsam gelegene Farmen und Polizeistationen. Bislang behielt die rhodesische Polizei die Oberhand. Aber schon hat sie den großen Bruder in Südafrika um polizeiliche Unterstützung gebeten. Es ist nur noch eine Frage der Zeit, bis auch in Rhodesien der offene Befreiungskampf ausbrechen wird.

Streik in Namibia

Um die Jahreswende 1971/72 streikten in Namibia über 40 000 Ovambos. Die Ovambos leben im Norden des Landes und werden von ihren Häuptlingen zu Tausenden an die weißen Siedler von Namibia als billige Arbeitskräfte vermietet. Gegen diese Ausbeutung setzten sie sich zur Wehr.

Zeitungsberichte sprachen davon, daß die Arbeitgeber versuchten, die streikenden Afrikaner durch Aushungern zur Rückkehr an ihre Arbeitsplätze zu zwingen. Polizei wurde eingesetzt, und es wird nicht ausgeschlossen, daß viele Ovambos den Streik mit ihrem Leben bezahlen mußten.

Auch in Namibia hat sich eine Befreiungsbewegung gebildet, die South West African People's Organisation (SWAPO), die bereits wiederholt auch Freiheitskämpfer über Botswana und über Sambia ins Land einschleuste. Aber das Steppenland Namibia gewährt Freiheitskämpfern kaum Schutz. Die Polizei hatte mit ihnen ein leichtes Spiel.

8.3 Die Rolle der Republik Südafrika im südlichen Afrika

Die Gefahr für den südafrikanischen Rassismus kommt aus dem Norden

Die freien schwarzafrikanischen Staaten, die sich in der Organisation afrikanischer Einheit (OAU) zusammengeschlossen haben, haben sich die Befreiung Afrikas von Rassismus und Kolonialismus zum Ziel gesetzt. Daher unterstützen sie die Befreiungsbewegungen, die gegen den portugiesischen Kolonialismus und gegen den rhodesischen und südafrikanischen Rassismus kämpfen. Der Hauptfeind ist Südafrika selbst; denn es ist das mächtigste Land im Süden Afrikas.

Südafrika hat ein Interesse daran, daß die Kämpfe der Befreiungsbewegungen möglichst weit im Norden, möglichst weit entfernt von den eigenen Grenzen stattfinden. Angola, Moçambique, Rhodesien und auch Namibia bilden, solange in ihnen weiße Minderheiten herrschen, ein Vorfeld für Südafrika, eine Pufferzone. Aber es ist nur noch eine Frage der Zeit, wie lange Portugal, das Armenhaus Europas, sich teure Kolonialkriege leisten kann. Daher hat es sich bereits mit Südafrika verbündet. Weiße südafrikanische Truppen stehen in Bereitschaft, um in die Kämpfe in Angola und

Moçambique einzugreifen. In Rhodesien wurden südafrikanische Polizei und auch reguläre Truppen bereits eingesetzt. Ausrüstungshilfe und Luftwaffenpersonal stellen die weißen Rassisten ihren bedrängten Verbündeten zur Verfügung. Es ist möglich, daß im südlichen Afrika ein zweites Vietnam entsteht, und es ist auch möglich, daß die USA und Großbritannien dann an der Seite des weißen Südafrika kämpfen werden, um ihre Konzerne zu beschützen, die in Südafrika so große Geschäfte machen.

Die «Vorwärts»-Politik der Republik Südafrika
Es sind nicht nur militärische Gründe, die das Interesse der Republik Südafrika an den übrigen Ländern des südlichen Afrika erklären. Mindestens genauso wichtig sind die wirtschaftlichen Interessen.

Südafrika hat bereits eine Industrie aufgebaut, die Fertigwaren produziert. Diese Fertigwaren sollen in Afrika verkauft werden. Daher strebt Südafrika an, einen Wirtschaftsblock im südlichen Afrika aufzubauen, in dem es selbst den Industriestaat darstellt, während die anderen Länder Rohstoffe und Arbeitskräfte stellen und die Fertigwaren abnehmen. Ein Journalist, der die Verhältnisse im südlichen Afrika besonders gut kennt, schreibt:

■ Die Sicherheit der Republik, sprich: die Aufrechterhaltung der weißen Minderheitsherrschaft, und wirtschaftlicher Wohlstand, sprich: die einzigartige Ausbeutung der Arbeitskraft der farbigen Südafrikaner, wären in der Tat auf Jahre oder Jahrzehnte hinaus schwerer zu erschüttern, wenn die Schaffung eines solchen Wirtschaftsblocks gelänge. Er würde sich einmal auf die schon jetzt wirtschaftlich stark abhängigen Länder Malawi, Rhodesien, Botswana, Lesotho, Zwaziland und Namibia und zusätzlich auf die portugiesischen Kolonien Angola und Moçambique erstrecken . . .

Bei der Verwirklichung dieses Zieles profitiert Südafrika davon, daß die Portugiesen in ihren afrikanischen Kolonien von den afrikanischen Befreiungsbewegungen stark in die Defensive gedrängt worden sind: Die Kolonialmacht muß die Kosten für rund 90 000 Soldaten in Angola und Moçambique aufbringen. ■
(Aus: Rolf-Henning Hintze: ‹*Die Ausdehnung südafrikanischer Herrschaft im südlichen Afrika*›. In: ‹*Entwicklungspolitik epd-Materialien zur III. Welthandels- und Entwicklungskonferenz*›. Frankfurt a. M., o. J. (1972), S. 11 f.)

8.4 Cabora Bassa

Abschließend wollen wir uns noch mit einem Projekt befassen, das bei uns in der Bundesrepublik eine heftige Diskussion ausgelöst hat, weil an ihm deutsche Firmen maßgeblich beteiligt sind. Es handelt sich um den Bau eines riesigen Staudammes am Sambesi, bei Cabora Bassa in Moçambique.

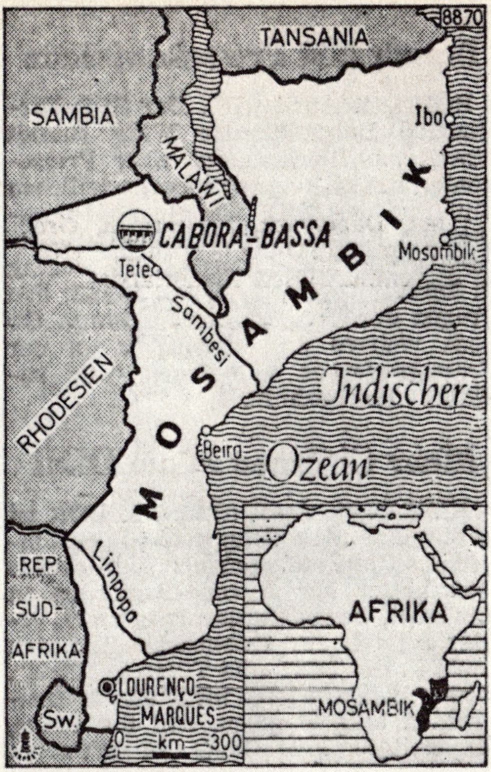

Karte 8
(Aus: *Frankfurter Rundschau* vom 2. April 1974, S. 2)

Der Cabora-Bassa-Staudamm wird, wenn er einmal gebaut ist, einer der größten der Welt sein. Dieses größte Entwicklungsprojekt Afrikas ist zugleich ein Beispiel, wie Portugal, Südafrika und Konzerne der westlichen Welt eng zusammenarbeiten, um Kolonialismus und Rassismus im südlichen Afrika aufrechtzuerhalten. Drei wirtschaftliche Ziele werden durch den Damm gesetzt:

- Der Sambesi wird für größere Schiffe befahrbar gemacht: Nutznießer werden Rhodesien und vor allem die Portugiesen sein.
- Durch das Staudammsystem können 1,5 Millionen Hektar Land bewässert werden; das ist eine Fläche von der Größe Schleswig-Holsteins. Portugal möchte dort weiße Siedler ansässig machen: das heißt, einen Staudamm auch gegen die «schwarze Flut» errichten.
- Es wird Strom erzeugt werden, der in die Nachbarländer exportiert werden soll.

Die Kosten für das Projekt belaufen sich auf ca. 1,6 Milliarden DM. Da das arme Portugal dieses riesige Unternehmen nicht finanzieren kann, trat es an ausländische Firmen heran. Es fanden sich 4 französische, eine italienische, 2 südafrikanische und 6 deutsche Firmen (neben einer portugiesischen) bereit, den Damm zu bauen und vorzufinanzieren. Die sechs deutschen Firmen sind:

– AEG – Allgemeine Elektrizitätsgesellschaft
– AEG-Telefunken (Berlin – Frankfurt)
– B B C (Brown, Boveri und Cie. AG, Mannheim)
– HOCHTIEF AG (Essen)
– Siemens AG (Berlin – München)
– Voith GmbH Maschinenfabrik (Heidenheim).

Der Lieferanteil der deutschen Firmen beträgt 404,7 Millionen DM.

Pressestimmen zum Cabora-Bassa-Projekt

Eine portugiesische Zeitung (*Diario de Noticias*, Lissabon, vom 14. 10. 1969):

■ Der Fortschritt, den der Cabora-Bassa-Damm bedeutet, wird nicht nur erlauben, dem Guerillakampf, der seit fünf Jahren festzustellen ist, ein Ende zu setzen, sondern wird auch eine Million Europäer ins Sambesital bringen, was eine große Bedeutung nicht nur für die portugiesische Provinz, sondern für das ganze südliche Afrika haben wird. ■

Die *Frankfurter Rundschau* am 27. 5. 1970:

■ Um den riesigen Bedarf an Arbeitskräften zu decken, ist angeblich an die Ansiedlung von einer Million Europäer in den nächsten zehn Jahren gedacht, darunter 300 000 portugiesische Arbeiter, die augenblicklich wegen der Arbeitslosigkeit im Mutterland im Ausland leben. Die Regierung in Lissabon stellt weißen Arbeitern für die Beteiligung am Cabora-Bassa-Projekt nicht nur freie Überfahrt, gute Löhne, Sozialleistungen und alle 18 Monate einen Europaurlaub in Aussicht, sondern nach erfülltem Arbeitsvertrag schließlich sogar Grund und Boden im Sambesital einschließlich Haus und Ausrüstung, die nach mehrjähriger Arbeit Eigentum werden.

Die Bedeutung von Cabora Bassa ist in erster Linie politisch; im gleichen Maße, wie die Verwirklichung dieser Pläne die portugiesische Herrschaft festigt, schwinden die Aussichten der schwarzen Bevölkerungsmehrheit, die Geschicke ihres Landes in absehbarer Zeit selbst bestimmen zu können. ■

Die französische Zeitung *Le Monde* am 11. 6. 1970:

■ Ohne Zweifel wird der Bau des Dammes, der 1975 in Betrieb genommen wird, der schwarzen Bevölkerung mehr Arbeitsmöglichkeiten geben, aber – wie üblich – wird es die weiße Minderheit sein, die die Profite daraus zieht. ■

Die wahren Interessen der Republik Südafrika am Cabora-Bassa-Projekt

Neben dem Damm von Cabora-Bassa wird ein zweiter Staudamm am Cunene-Fluß gebaut, zwischen Namibia und Angola. Beide Dämme haben für Südafrika den gleichen Zweck:

■ Der Leiter der südafrikanischen Opposition, Sir de Villiers Graaf, der die auswärtige Politik der Regierung unterstützt, drückte das im April 1968 so aus: «Die Portugiesen kämpfen auch für die Interessen Südafrikas. Verlören sie, würde an zwei der wichtigsten Grenzen Südafrikas eine äußerst unerfreuliche Situation eintreten. Deshalb muß Südafrika irgend etwas Nichtmilitärisches tun, um die Portugiesen, die so gute Arbeit leisten, in ihrem Kampf gegen die Terroristen zu unterstützen.» Er fügte hinzu, daß die Staudämme im Cunene-Fluß und bei Cabora Bassa vor diesem Hintergrund gesehen werden müssen ...

Das Cabora-Bassa-Projekt wurde erst realisierbar, als Südafrika sich im Jahre 1967 bereit erklärte, die Elektrizität abzunehmen. Viele Jahre lang wird Moçambique deshalb auf die Zusammenarbeit mit Südafrika angewiesen sein; denn bis zum Jahre 2004 muß das investierte Kapital zurückbezahlt werden. Auch wenn das Land jemals unabhängig werden sollte, wird die neue Regierung gezwungen werden, gute Beziehungen zu seinem mächtigen Nachbarn zu unterhalten. Die Alternative dazu ist, den Damm ohne Schadenersatz zu verstaatlichen. Es ist klar, daß die Konzerne und Staaten, die in den Cabora-Bassa-Damm investiert haben, zu verhindern

So wird der Cabora-Bassa-Staudamm in einigen Jahren aussehen.

suchen werden, daß die FRELIMO in Moçambique an die Macht kommt. ■
(Aus: Sietse Bosgra: ‹*Cabora Bassa*›. Göttingen o. J., S. 43)

Arbeitsaufgaben

– Lesen Sie aus Karte 6 das ungefähre Zahlenverhältnis zwischen Weißen und Nichtweißen in den verschiedenen Ländern des südlichen Afrika ab.

– Beschreiben Sie die gemeinsame Lage der Nichtweißen in der Südafrikanischen Republik, in Namibia, Rhodesien, Angola und Moçambique! Warum werden Lesotho, Botswana und Zwaziland als «geographische Geiseln» Südafrikas bezeichnet?

– Warum wird in Angola und Moçambique von Freiheitsbewegungen gekämpft? Warum besteht sowohl in Namibia als auch in Rhodesien eine gespannte innere Lage?

– Nennen Sie Gründe dafür, warum die verschiedenen Freiheitsbewegungen im südlichen Afrika bisher noch nicht gesiegt haben.

– Bestimmen Sie die Rolle der Südafrikanischen Republik im südlichen Afrika. Welche gemeinsamen Interessen bestehen zwischen den Regierungen der von Weißen beherrschten Länder des südlichen Afrika?

– Welchen ökonomischen, politischen und militärischen Interessen dient Ihrer Meinung nach das Cabora-Bassa-Projekt?

– Wie würden Sie die Beteiligung deutscher Firmen am Bau des Cabora-Bassa-Projektes bewerten?

Schlußbemerkung: Was können wir tun?

Wir können mit anderen über die Lage im südlichen Afrika diskutieren. Mit unseren Eltern, mit den Lehrern, mit Freunden und Bekannten . . .

Wir können uns einer kirchlichen oder politischen Gruppe anschließen, die sich mit Fragen des südlichen Afrika befaßt. Es gibt in der Bundesrepublik viele Cabora-Bassa-Gruppen.

Wir können südafrikanische Waren einfach nicht mehr kaufen. Was nützt das? Sicher nicht viel; aber wenn es alle täten? In Holland haben Studenten einen Boykott von Kaffee aus Angola gefordert und durchgesetzt!

Wir können uns an die Befreiungsbewegungen wenden und bei ihnen anfragen, was wir für sie tun können. Die Briefe müßten möglichst in Englisch oder Französisch abgefaßt sein. Eine Frankfurter Schulklasse hat zwei Morsegeräte gebastelt und sie an die M P L A in Angola geschickt. Sie erhielt dafür ein Dankschreiben. Jetzt werden Freiheitskämpfer an diesen Morsegeräten ausgebildet!

Wir können auch einfach Geld sammeln und an die Befreiungsbewegungen schicken! Dort wird jede Mark gebraucht!

Hier die wichtigsten Anschriften der Befreiungsbewegungen:

MPLA
P. O. Box 1595
Lusaka
Zambia

MPLA
P. O. Box 20 793
Dar es Salaam
Tanzania

MPLA-Vertretung in Schweden:
MPLA
Kransbindervägen 10
S-Hägersten 12 636

FRELIMO
Joaquim Chissano
Frelimo Representative
P. O. Box 15 274
Dar es Salaam
Tanzania

Finanzielle Unterstützung an:
Xavier Sulila, Finance Secretary of Frelimo
External account no. 52 346
National Bank of Commerce
City Drive Branch
Dar es Salaam
Tanzania

SWAPO
Andreas Z. Shipanga
P. O. Box 2603
Dar es Salaam
Tanzania

African National Congress (ANC)
ANC
P. O. Box 2239
Dar es Salaam
Tanzania

Organisationen in der Bundesrepublik zur Unterstützung der Befreiungsbewegungen:

Angola Komitee
53 Bonn-Beuel
Bergweg 21

Komitee Südliches Afrika
c/o Politische Buchhandlung
69 Heidelberg
Marstallstr.

Informationszentrum Dritte Welt
78 Freiburg
Lorettostraße 20 a

Projektgruppe Afrika
Peter Meyns
Berlin 19
Leonhardtstr. 6

Cabora Bassa Gruppe Frankfurt
Jörn Dörfel
6 Frankfurt 70
Lettigkautweg 10

Informationszentrum Dritte Welt
46 Dortmund
Jägerstraße 5

Kommentierte Film-, Dia-, Schallplatten- und Tonbandliste

Der Einsatz von audiovisuellen Medien über den Rassismus im südlichen Afrika und den Befreiungskampf der Afrikaner sollte so geschehen, daß südafrikanischen Selbstdarstellungen und Verharmlosungen der Rassentrennungspolitik Gegendarstellungen gegenübergestellt werden. Wir haben daher unsere Vorschläge in zwei Gruppen geordnet:

1. Selbstdarstellungen Südafrikas
2. kritische Darstellungen des Rassismus im südlichen Afrika und Berichte über den antiportugiesischen Befreiungskampf der Afrikaner.

Zu 1.

Lassen Sie sich doch bitte von der *Botschaft der Republik Südafrika, Presse- und*

Informationsabteilung, 5 Köln, Heumarkt 1, einen Katalog der dort zu entleihenden Filme zusenden.

Südafrika stellt sich vor, Film 40 Min. Farbe; Deutsches Filmzentrum

Wildparadies zwischen Schilf und See, Film 30 Min. Farbe; Deutsches Filmzentrum (Das südafrikanische Wildschutzgebiet «St. Lucia»)

Tierparadies Süd-Afrika, Film 16 Min. Farbe; Deutsches Filmzentrum

Oranje-Freistaat, Film 10 Min. Farbe; Deutsches Filmzentrum

Treffpunkt Südafrika, Film 55 Min. Farbe; Deutsches Filmzentrum

Transvaal, das goldene Herz Südafrikas, Film 13 Min. Farbe; Deutsches Filmzentrum

Südafrika, Königreich der Tiere, Film 18 Min. Farbe; Deutsches Filmzentrum

Frieden in unserer Zeit, Film 26 Min. Farbe; Deutsches Filmzentrum

Die folgenden Filme über die Botschaft der Republik Südafrika:

Das Land meiner Väter, Film 18 Min. Farbe 1964
(Ein Rechtsanwalt aus der Transkei kehrt nach 20 Jahren von Johannesburg in seine Heimat zurück, um festzustellen, ob der Plan der Selbstregierung der Bantu tatsächlich erfolgreich befolgt wird.)

Anatomie der Apartheid, Film 18 Min. Farbe
(Versuch, die Apartheidspolitik zu rechtfertigen)

Die Arbeitsuchenden, Film 12 1/2 Min. Farbe
(Südafrika versorgt viele Menschen, die aus Gebieten außerhalb seiner Grenzen kommen, mit Arbeit. Der Film zeigt, wie diese «Gastarbeiter» versuchen, sich in ein zivilisiertes und industrialisiertes Land einzuleben. Der Film dokumentiert ungewollt, was Entfremdung heißt.)

Kap des guten Urlaubs, Film 23 Min. Farbe
(Ein Holländer besucht seine Verwandten in der Nähe von Kapstadt. Dabei lernt er die vielen Touristenattraktionen des westlichen Kaplandes einschließlich der Weinbaugebiete kennen. Vom Tafelberg aus wirft er einen Blick auf Kapstadt und seine Umgebung. Wichtig ist, was der Film *nicht* zeigt!)

Die weißen Südafrikaner, Film 22 Min. Farbe
(Der Film zeigt das Leben der weißen Minderheit in Südafrika. Völlig ungewollt ist hier ein Film der herrschenden Klasse entstanden, wohl mit der Absicht, daß *wir* als Weiße uns mit den weißen Südafrikanern identifizieren sollen. Man konfrontiere diesen Film mit dem Film *Ende des Dialogs.*)

Zu 2.
Ende des Dialogs, Film 24 Min. Farbe/sw Südafrika/Großbritannien 1970; BAG; LFD 7; LBS 1, 3–6, 8–10, 13, 14; EMZ 2, 7, 9, 12; KDF 1, 6; Deutsche Afrika-Gesellschaft
(Ein erschütternder und aufklärerischer Film über die südafrikanische Rassentrennungs-Politik, gedreht von Mitgliedern des Panafrikanischen Kongresses.)

Nur weil du schwarz bist, Tonbildreihe (90 Bilder, 1 Tonband) Farbe; Tonbildstellle der Südwestdt. Evang. Arbeitsgemeinschaft für Weltmission, 7 Stuttgart, Vogelsangstr. 62, Telefon (07 11) 63 81 31
(Teil I: *Apartheid – getrennte Entwicklung der Rassen*/17 Min. – Teil II: *Südafrika aus der Sicht der Nichtweißen*/22 Min.)

Katatura, Film 38 Min. Farbe; engl., deutsche Untertitel; über: Deutsche Afrika-Gesellschaft

(«Katatura» ist ein Wort der schwarzen Afrikaner in Südwestafrika und meint «Heimatlosigkeit».)

Rassismus im Süden Afrikas, 20 DIN-A 3-Schautafeln mit farbigen graphischen Darstellungen, Fotografien und Texten. Die Unternehmen: 1. Der weiße Block; 2. Ein Stück Geschichte; 3. Apartheidgesellschaft; 4. Lebensverhältnisse; 5. Beziehungen zwischen BRD und Südafrika. Gegen eine Schutzgebühr über: Tonbildstelle d. Südwestdt. Ev. AG (siehe oben) zu beziehen.

Behind the Lines (*Hinter der Front*), Film 32 Min. Farbe, englisch mit deutschen Untertiteln; Deutsche Afrika-Gesellschaft

(Besuch in den befreiten Gebieten der Befreiungsfront von Moçambique/FRELIMO)

Witnesses, Film 29 Min. Farbe 1970; englisch mit deutschen Untertiteln; Deutsche Afrika-Gesellschaft

(Der Film zeigt die Auswirkungen der Apartheidpolitik auf die 15 Millionen nichtweißen Südafrikaner)

Weiße Bastionen (II), Film 45 Min. Farbe 1971; LFD 7

(Ein Bericht vom antiportugiesischen Kampf in Moçambique)

Folterungen in Mozambique, Diareihe (30 Bilder), über: Rudolf Willemsen, 44 Münster, Wasserweg 6

A Luta Continua, Film 25 Min. Farbe, engl. dt. Text wird mitgeliefert; über: Cabora Bassa Gruppe, R. Einloft, 6 Frankfurt, Robert-Mayer-Straße 31; Deutsche Afrika-Gesellschaft

(Dokumentarfilm über den Befreiungskampf der FRELIMO in Moçambique, über den Bau des Cabora-Bassa-Staudamms; filmtechnische Mängel)

Viva Frelimo, Film 30 Min. Farbe, englisch; Deutsche Afrika-Gesellschaft

(Ein russisches Team drehte die Arbeit der Befreiungsbewegung mit Kampfszenen.)

Die Kinder der Frelimo, Film. Deutsches Filmzentrum

(Biermann/Pauli haben für die ‹Weltkinderhilfe› diesen Film über Erziehungsprobleme und die medizinische Versorgung gedreht.)

Kämpfendes Afrika, Widerstandslieder aus Südafrika, Dokumentationsplatte mit einem Textbuch zum Thema «Apartheid» für DM 20.– beim Verlag «pläne» GmbH, 46 Dortmund, Humboldtstraße 12, Tel.: 14 39 96.

Kommentierte Literaturliste

Heribert Adam, *‹Südafrika. Soziologie einer Rassengesellschaft.›* edition suhrkamp 343, Frankfurt am Main 1969 (für Lehrer)

Franz Ansprenger: *‹Der Schwarz-Weiß-Konflikt in Afrika›.* München/Mainz 1971.
Beschreibung der Konflikte zwischen Schwarz und Weiß, der Rechtfertigungsgründe, der Befreiungsbewegungen, der völkerrechtlichen Lage.

Américo Boavida: *‹Angola. Zur Geschichte des Kolonialismus›.* edition suhrkamp 366, Frankfurt am Main 1970
Ein Führer der angolesischen Befreiungsbewegung, der inzwischen im Kampf gefallen ist, analysiert den portugiesischen Kolonialismus und den Krieg in Angola.

Sietse Bosgra: *‹Cabora Bassa – ein Damm gegen die Afrikaner›*. Göttingen o. J.
Beschreibung des Entwicklungsprojektes, seiner Geschichte und der Interessen, die dahinterstehen. Mit vielen Quellen.

Bettina Decke: *‹Industrialisierung und Herrschaft in Südafrika›*. Neuwied 1972 (für Lehrer)

Freimut Duve: *‹Kap ohne Hoffnung oder Die Politik der Apartheid›*. rororo aktuell 780, Reinbek 1965 (vergriffen)
Aufsätze verschiedener – auch südafrikanischer – Autoren zu Apartheid, der Geschichte Südafrikas, dem Verhältnis der Bundesrepublik zu Südafrika. Z. T. Erlebnisberichte.

Hans W. Florin (Hg.): *‹Gewalt im südlichen Afrika›*. Frankfurt am Main 1971
Übersetzung einer Schrift engagierter englischer Christen über die Lebensbedingungen von 30 Millionen Menschen im südlichen Afrika mit Überlegungen zu einer Theologie der Revolution. Ein ausführlicher Anhang zitiert Quellen.

Franz J. T. Lee: *‹Südafrika vor der Revolution?›* Fischer Taschenbuch 1334, Frankfurt am Main 1973 (für Lehrer)

Albert Luthuli: *‹Mein Land mein Leben›*. München 1963
Autobiographie des Führers des African National Congress und Friedensnobelpreisträgers von 1961.

Rudi Maslowski: *‹Der Skandal Portugal›*. München 1971 (für Lehrer)

Eduardo de Soussa Ferreira: *‹Portugiesischer Kolonialismus zwischen Südafrika und Europa›*. Aktion Dritte Welt, 78 Freiburg, Lorettostraße 20 a (für Lehrer)

‹Schwarz kann nicht ziehen. Ein Werkbuch zum Thema Rassismus am Beispiel Südafrika›. Herausgegeben und zu beziehen von: Evangelisches Missionswerk in Südwestdeutschland, 7 Stuttgart, Vogelsangstr. 62.

Heft 9

Erika Birkholtz, Eberhard Herbst, Henning Herrmann,
Regina Horstmann, Erhard Meueler, Ekkehard Nolte,
Siegfried Pater, Heidemarie Reich, Rudolf Schmidt,
Ernst Wilhelm Timpe, Lena Untiedt

Gastarbeiter in der Dritten Welt

Rund 5000 Entwicklungshelfer waren
bis jetzt in der Dritten Welt tätig.
Wer hatte was davon?

Inhalt

(Foto: Bundesbildstelle)

1 Peace Corps auf deutsch

Absicht: Einleitend müssen wir darauf hinweisen, daß alle Informationen dieses Heftes sich auf den vom Staat finanzierten Deutschen Entwicklungsdienst (DED) beziehen.

Wir informieren als erstes darüber, was der Besuch von John F. Kennedy (1963) mit der Entstehung des Deutschen Entwicklungsdienstes zu tun hatte. Einige erste Zitate aus Berichten von Entwicklungshelfern zeigen, welche unterschiedlichen Erfahrungen bei dieser Arbeit gemacht werden können.

1963 kam der amerikanische Präsident John F. Kennedy in die Bundesrepublik Deutschland.

Im Gegensatz zu seinem Vorgänger Dwight D. Eisenhower galt der junge, dynamische Präsident in den USA als Vorbild eines neuen starken Selbstbewußtseins, als Inbegriff einer neuen moralischen Qualität des amerikanischen Lebensstils und einer selbstbewußten amerikanischen Weltpolitik.

Einer der Wahlschlager Kennedys war das «Peace Corps» («Friedens-Truppe») gewesen, sein Aufruf an die Jugend Amerikas zum freiwilligen Einsatz für öffentliche Aufgaben.

■ Kennedy ... stieß dabei auf ein vor allem in der bürgerlichen Mittelklasse weit verbreitetes Potential[1] an Hilfsbereitschaft und quasi[2] «unpolitischem» Engagement für eine gute Sache, und er erweckte in breiten Schichten der jungen Generation die Hoffnung, nun endlich gefördert, beteiligt und gehört zu werden. ■

(Aus: D. Danckwortt: ‹*Zehn Jahre DED – Rückblick und Vorschau*›. In: *Entwicklung und Zusammenarbeit* 6/7/1973, S. 3)

Als Kennedys Besuch in der BRD vorbereitet wurde, ging es unter anderem auch darum, eine politische Geste zu finden, mit der man dem mächtigen Gast eine Freude machen könnte.

Ein deutsches «Peace Corps»?!

Ja, das war's!

An einem Junitag 1963 unterzeichneten der damalige Bundesminister für wirtschaftliche Zusammenarbeit, W. Scheel, und der Vorsitzende des Arbeitskreises «Lernen und Helfen», J. Funke, die Gründungsurkunde des Deutschen Entwicklungsdienstes GmbH (DED). Dies fand im Beisein des amerikanischen Präsidenten John F. Kennedy, des Bundespräsidenten Heinrich Lübke und des damaligen Bundeskanzlers Konrad Adenauer in der Villa Hammerschmidt statt (vgl. das Bild S. 161).

1 Potential: in der Physik ein Maß zur Kennzeichnung der Stärke eines elektrischen oder magnetischen Feldes; hier: Leistungsfähigkeit
2 quasi: gleichsam, als ob

Die Gründung geschah zunächst nur auf dem Papier, denn es gab damals auf deutscher Seite kein Konzept, keine entsprechende Behörde, keine rechte Planung.

Erst am 1. Oktober 1963 begann man in Bad Godesberg mit der Arbeit. Ein Jahr später wurden die ersten hundert Entwicklungshelfer nach Tansania, Afghanistan, Libyen, Indien, Brasilien und Chile entsandt.

■ Der Besuch des Präsidenten Kennedy in der Bundesrepublik war begleitet von einem so großen Enthusiasmus[1] und einer so stürmischen Begeisterung der deutschen Bevölkerung, wie sie uns heute vielleicht kaum noch verständlich und wahrscheinlich in dieser Einhelligkeit und Ungetrübtheit auch nicht mehr möglich ist. Und auch die Gründung des Deutschen Entwicklungsdienstes war getragen von einem Optimismus, der ja für die erste Phase der Entwicklungshilfe überhaupt charakteristisch war.

Was hat sich da in zehn Jahren geändert, und was sehen wir heute anders? Vielleicht sind es vor allem zwei Faktoren[2], die wir heute anders einschätzen: damals hielten wohl alle die Unterentwicklung für ein Problem, das sich in übersehbaren Fristen erledigen lassen würde, und wir alle waren wohl damals davon überzeugt, daß die Entwicklungshilfe im wesentlichen in der Vermittlung und Übertragung von Methoden und Erfahrungen *unseres* industriewirtschaftlichen Wiederaufbaus in der Nachkriegszeit bestehen müsse. ■

(Aus der Begrüßungsansprache des Vorsitzenden des Arbeitskreises «Lernen und Helfen in Übersee» e. V., H. Pakleppa, anläßlich eines Gesprächs des Arbeitskreises zum zehnjährigen Bestehen des Deutschen Entwicklungsdienstes, in: *Informationsbrief* vom 3. 8. 1973)

Bis heute sind – die kirchlichen Entwicklungshelfer mitgerechnet – über 5000 deutsche Entwicklungshelfer in aller Welt tätig gewesen: Sie berichten:

■ Wir machten im Laufe dieser Zeit folgende Erfahrung: Stimmt die menschliche Seite der Zusammenarbeit mit Bolivianern nicht mehr, dann ist auch an keine sachliche Zusammenarbeit mehr zu denken . . .

Anfangs fällt die Umstellung vom «gut funktionierenden Leben in Deutschland» auf ein primitives Dasein in einem gottverlassenen Dorf Boliviens schwer. Man muß Wasser in Eimern vom Fluß hertragen; es gibt kein WC; das Zimmer ist ohne Fenster; in schöner Reihenfolge kommen Nudeln, Reis und Kartoffeln auf den Tisch; abends muß oftmals eine Kerze

1 Enthusiasmus: Begeisterung, Schwärmerei, Hochgefühl
2 Faktor: hier: mitwirkender Umstand

Den Begriff «Entwicklungshilfe» haben zuerst die kirchlichen Hilfswerke (vgl. Heft 6 *‹Ganz kleine Brötchen für die Dritte Welt›*) für ihre Arbeit verwendet. Er wurde sehr schnell auch für die wirtschaftlich und politisch verstandenen Investitionen der Bundesregierung verwandt. Man tat das besonders gern deshalb, weil der Begriff «Hilfe» an Uneigennützigkeit, Selbstlosigkeit und Sorge für den anderen, den Armen und Hilfsbedürftigen denken läßt. Hinter Entwicklungshilfe verbergen sich jedoch handfeste Interessen der Geber. Nach dem Grundsatz: *ich gebe, damit du gibst.*

3.4 Die Formen der Entwicklungspolitik

Die beiden wichtigsten Formen der Entwicklungspolitik der Bundesregierung sind die sogenannte Kapitalhilfe und die sogenannte technische Hilfe.

Mit der *Kapitalhilfe* wollen wir uns in diesem Heft nicht näher befassen. Die Kapitalhilfe wird vor allem in Form von Krediten gewährt. Die Kredite müssen von den Empfängerländern verzinst (heute durchschnittlich 2 %) und innerhalb eines bestimmten Zeitraumes (im Durchschnitt 30 Jahre, Beginn der Rückzahlung erst nach 10 Jahren) zurückgegeben werden.

Uns interessiert hier vor allem die sogenannte *technische Hilfe.* Sie besteht aus *Sachhilfe* und *personeller Hilfe* und wird *unentgeltlich* gewährt.

■ Der Aufbau von Gewerbeschulen, landwirtschaftlichen Mustergütern, Sozialzentren, Rundfunk- und Fernseheinrichtungen, Krankenhäuser und städtebaulichen Modellen ist dafür ebenso beispielhaft wie die Ausbildung von Fachkräften der Entwicklungsländer in der Bundesrepublik sowie die Entsendung deutscher Experten für spezielle Beratungsaufgaben. ■
(Aus: K. H. Sohn: *‹Entwicklungspolitik›*. München 1972, S. 13)

■ Während die Kapitalhilfe den Entwicklungsländern zinsgünstige Kredite zur Verfügung stellt, ist es Aufgabe der Technischen Hilfe, Wissen und Können zu vermitteln und damit die Voraussetzungen für eine beschleunigte wirtschaftliche und soziale Entwicklung zu schaffen. Technische Hilfe ist Bildungshilfe im weitesten Sinn. Schwerpunkt: berufliche Aus- und Weiterbildung.

In Einzelprojekten und Programmen der Technischen Hilfe arbeiten deutsche Fachkräfte mit einheimischen Kräften in Entwicklungsländern (counterparts) zusammen, werden Fach- und Führungskräfte in der Bundesrepublik oder in anderen Industrieländern aus- und fortgebildet, sowie Ausstattungsgegenstände geliefert. Die Maßnahmen der Technischen Hilfe werden in der Regel so durchgeführt, daß keine Geld-, sondern nur Sachleistungen aus dem betreffenden Entwicklungsland erforderlich sind. ■
(Aus: *‹Entwicklungspolitik. Probleme und Aufgaben. Technische Hilfe›*. Hg. vom Bundesministerium für wirtschaftliche Zusammenarbeit, Bonn 1970)

Es gibt zwei Personengruppen in der personellen Hilfe:

a) *Experten* (Fachleute, sehr oft Akademiker mit langjähriger Berufserfahrung).

■ Die Gehälter liegen über dem Niveau, das in der Bundesrepublik erreichbar wäre. Nur so können Fachkräfte auf dem deutschen Arbeitsmarkt überhaupt gewonnen werden. Der spezifische Gegenwert dieser Hilfe für die Entwicklungsländer entspricht andererseits nicht immer diesem Aufwand. ■
(Aus: K. H. Sohn: ‹*Entwicklungspolitik*›. München 1972, S. 156)

b) Zum anderen gibt es *Entwicklungshelfer*:

■ Entwicklungshelfer sind Freiwillige, die im Gegensatz zu Experten für wenig Geld Entwicklungshilfe machen. ■
(Oberamtmann Wulfstich im Bundesministerium für wirtschaftliche Zusammenarbeit, zitiert in: *analysen. Zeitschrift zur Wissenschafts- und Berufspraxis*. Hg. von der Bundesanstalt für Arbeit, Nürnberg, 5/1973, S. 5)

3.5 Die Ideologie[1] der personellen Entwicklungshilfe

Jede Politik, die Steuergelder beansprucht, auch die Entwicklungspolitik, muß öffentlich gerechtfertigt werden. Der Bundesbürger erwartet als Steuerzahler und Wähler mit Recht einen überzeugenden Nachweis über die verausgabten Gelder. Das zwingt die Regierungen, sowohl die Bundesregierung als auch die Landesregierungen, dazu, ihre politischen Vorhaben in der Öffentlichkeit darzustellen und zu begründen.

Eine regierungsamtliche Informationspolitik versucht daher, eine breite und massenhafte Zustimmung der Bürger gegenüber den Programmen und Handlungen der Regierung zu erreichen. In diesem Zusammenhang sind die folgenden Feststellungen zur Arbeit deutscher Entwicklungshelfer zu sehen:

1 Eine Ideologie ist ein System von bestimmten Anschauungen, Ideen und Begriffen, das sich im Reden, Erklären, Nachdenken, kurz: in den verschiedenen Formen des gesellschaftlichen Bewußtseins ausdrückt.

Konzeption[1] des Entwicklungsdienstes

Die Entwicklungspolitik der Länder Asiens, Afrikas und Lateinamerikas sowie die entwicklungspolitischen Maßnahmen der Industrieländer konzentrieren sich im wesentlichen auf bestimmte technisch-wirtschaftliche Bereiche und vernachlässigen oft die notwendigen Wandlungen im gesellschaftlich-kulturellen Bereich. Daher bedürfen die Hilfsmaßnahmen der Industrieländer, die sich vor allem auf die Vermittlung von technisch-wirtschaftlichem Wissen und auf Güterlieferungen konzentrieren, einer Ergänzung durch solche Hilfsmaßnahmen, die stärker auf niedrigeren Entwicklungsstufen ansetzen, mehr als bisher in weite Bevölkerungsschichten eindringen und eine stärkere Verlagerung auf den gesellschaftlich-kulturellen Bereich bringen.

Durch den Einsatz von Freiwilligen in den Entwicklungsländern sollen die bisherigen Hilfsmaßnahmen in diesem Sinne ergänzt werden. Die Freiwilligen werden also in den Entwicklungsländern eine doppelte Funktion ausüben. Sie werden einmal Kräfte und Ausbilder der mittleren Ebene heranbilden und somit den dort herrschenden Mangel beheben helfen. Darüber hinaus werden sie im außerberuflichen Einsatz durch enges Zusammenleben mit der einheimischen Bevölkerung als Katalysator[2] des sozialen Wandels wirksam und vermitteln insbesondere soziale Führungstechniken.

Der Gedanke der Partnerschaft bei der Tätigkeit des Entwicklungsdienstes soll nicht nur im Zusammenleben und Arbeiten der Freiwilligen im Ausland zum Ausdruck kommen, sondern auch in der Pflege des Kontaktes nach Beendigung eines Projektes und gegebenenfalls durch Gegenbesuche afrikanischer, asiatischer oder lateinamerikanischer Partner in der Bundesrepublik und Berlin. Die Möglichkeiten eines sinnvollen Austausches sollen geprüft werden.

Der Entwicklungsdienst ist nicht nur eine spezifische Hilfsform im Rahmen der deutschen Entwicklungspolitik, sondern er ist auch in seinen Rückwirkungen auf unsere eigene Gesellschaft zu sehen.

Er sucht die aktive Unterstützung der verschiedensten gesellschaftlichen Gruppen, unabhängig von ihrer weltanschaulichen oder religiösen Prägung.

Er sieht seine Tätigkeit als einen wesentlichen Beitrag in den Bemühungen um eine Ergänzung des deutschen Erziehungswesens auf dem Gebiet der sozialen und politischen Bildung junger Menschen. *Pläne* und Projekte für freiwillige Sozialdienste in Deutschland müssen deshalb im Zusammenhang mit dem Dienst im Ausland gesehen werden.

Im Entwicklungsdienst arbeiten Menschen aus den verschiedensten ge-

1 Konzeption: Entwurf eines Werkes
2 Katalysator: in der Chemie ein Stoff, der die Geschwindigkeit einer Stoffumsetzung verändert

sellschaftlichen Bereichen zusammen an einer gemeinsamen Aufgabe. Die Freiwilligen werden im Kontakt mit fremden Menschen und Lebensformen zur Überprüfung der eigenen Wert- und Ordnungsvorstellungen angeregt. Auf Grund dieser Erfahrungen und der Erweiterung ihres Weltbildes werden sie einen wertvollen Beitrag zur «internationalen Öffnung» in der Bundesrepublik leisten. ■

(Aus: ‹*Programmvorschlag für den Einsatz deutscher Freiwilliger in den Entwicklungsländern*›, dem Urentwurf zur Gründung eines staatlich geförderten deutschen Entwicklungsdienstes aus den Jahren 1962/63, in: *DED-Brief* Oktober/Dezember 1972, S. 3)

Der ehemalige Bundesminister Erhard Eppler in seiner «berühmten» Straßburger Rede (in: *Entwicklungspolitische Dokumente* 2/1971):

■ Entwicklungshelfer machen sich frei von den Errungenschaften einer satten Gesellschaft. Sie sind bereit, zusammen mit den Menschen in Asien, Afrika und Lateinamerika im Alltag der Mehrheit der Menschheit bescheiden das Notwendige zu tun.

Es ist ein gesunder, schöner, tüchtiger und selbstsicherer Menschenschlag, der ernst und gediegen geschult von hier aus in die Welt hinausgeht. Die neuen Verhältnisse über See verlangen Arbeitsfreude, Können und Verzichten bei stets froher Laune; denn meist kommen die Mädels an einsame Plätze, deren Hauptleben Insekten, Käfer usw. darstellen, die sich im Scheine einer einfachen Petroleumlampe auf dem Lehmfußboden ihres kleinen Zimmers tummeln.

(Aus: P. H. Kuntze: ‹*Das Volksbuch unserer Kolonien*›. Leipzig 1938, S. 159)

Wenn sie sich mit den Unterdrückten identifizieren[1], enthüllen sie unseren Reichtum, unsere Rechtssicherheit und unsere parlamentarische Demokratie als das beschämende Privileg[2] eines Viertels der Menschheit. Entwicklungsdienst ist politisch; der Entwicklungshelfer muß die Gründe für die Rückständigkeit seiner Umgebung kennen, er muß die politischen, sozialen, kulturellen und wirtschaftlichen Folgen seiner Arbeit kennen. Er kann nicht allein tätig werden, er braucht Rückhalt in einer politisch bewußten Organisation, die Entwicklungsdienst als Friedensdienst versteht. Die Organisationen der Entwicklungshelfer müssen arbeiten zwischen einer von Regeln, Traditionen und institutionalisierter[3] Entwicklungspolitik bestimmten Staatenwelt und den Kräften, die auf eine rasche Veränderung eben dieser Herrschafts- und Gesellschaftsstrukturen zielen. Entwicklungsdienst kann ohne Duldung und Förderung durch die Regierungen nicht tätig werden, Antrieb und Zielvorstellungen erhält er jedoch von einer Realität der gesellschaftlichen Konflikte. Angesichts von Ausbeutung und Unterprivilegierung steht er auf der Seite derjenigen, die sie zu überwinden trachten.

Der Entwicklungshelfer ist ein friedlicher Revolutionär, der durch praktische Arbeit auf gewaltlose Weise politischen und gesellschaftlichen Fortschritt bewirkt. Er teilt Trauer und Beschämung der Entrechteten, nicht ihren Haß. Politischer Haß trägt selten dazu bei, geistige Versklavung zu überwinden und neue Solidaritäten[4] zu schaffen; der Entwicklungshelfer braucht ihn nicht als Motor.

Er muß die Führung den Einheimischen selbst überlassen; er darf nicht nur Projekte in Angriff nehmen, die er für wichtig hält, sondern auch die, die die Einheimischen für wichtig halten, bisher aber nicht allein verwirklichen konnten. Er darf seine Meinung nicht aufdrängen, und doch muß er versuchen, zu überzeugen. Der Entwicklungshelfer muß vor allem zuhören können, getreu dem arabischen Sprichwort: «So lange man selber spricht, erfährt man nichts»

Durch sein solidarisches Handeln mehr als durch sein Reden nimmt der Entwicklungshelfer Stellung zu dem, was um ihn herum geschieht. Er kann auch unter einem Herrschaftssystem der Unterdrückung und des Terrors Sozialarbeit leisten. Er tut ohne Arroganz[5], ohne Pathos[6], ohne überflüssige und laut verkündete Doktrinen[7] das Nächstliegende: Durch sein Beispiel, seine Haltung und seine Anregungen weckt und stärkt er den Willen zur Veränderung.

Nicht nur der Entwicklungshelfer muß seine Rolle lernen, auch die Menschen des Gastlandes müssen lernen, ihn aufzunehmen. Es ist schwer für erwachsene Menschen, sich plötzlich von einem jungen Fremden etwas sagen zu lassen. Die Partner des Entwicklungshelfers müssen lernen, die richtigen Fragen zu stellen und aus den Antworten kritisch das auszuwählen, was ihren Bedürfnissen entspricht . . .

Der Entwicklungshelfer muß lernen, seine Vorurteile zu vergessen und sich auf diejenigen einzustellen, die zwar seiner Hilfe bedürfen, aber sie vielleicht zu Beginn gar nicht wünschen. Schon die Anwesenheit des Entwicklungshelfers weist auf die Unterlegenheit des anderen. Der Entwicklungshelfer muß die richtige Mischung aus Geduld und Aktivität, aus Anpassung und Initiative finden. ■

1 identifizieren: hier in der Bedeutung von «gleichsetzen»
2 Privileg: Vorrecht, Sonderrecht
3 institutionalisieren: einrichten, errichten
4 Solidarität: Zusammengehörigkeitsgefühl, Übereinstimmung, gegenseitige Verpflichtung
5 Arroganz: Überheblichkeit, Anmaßung
6 Pathos: übertriebene Gefühlsäußerung
7 Doktrinen: Lehrsätze

(Foto: Bundesbildstelle / Deutscher Entwicklungsdienst)

Der damalige Bundeskanzler Willy Brandt äußerte sich in einer Ansprache am 29. 6. 1973 bei einem Empfang für deutsche Entwicklungshelfer zum Tag des zehnjährigen Bestehens des DED (in: *Entwicklungspolitik.* Materialien Nr. 39, Juli 1973, S. 33) wie folgt:

■ Der Optimismus der Gründerjahre hat einer realistischeren Einschätzung der eigenen Möglichkeiten und der Lage in Afrika, Asien und Lateinamerika Platz gemacht. Das Konzept des DED, nach dem nicht der eifernde Idealist, sondern der sozial engagierte Fachmann Erfolg hat, hat sich bewährt.

Die Arbeit der Helfer hat viel Anerkennung gefunden. In einigen Ländern hat sie, wie beabsichtigt, sogar dazu geführt, daß sich die deutschen Fachleute überflüssig machten. Ich halte dies für ermutigend.

In Zukunft müssen wir bei der Entwicklungshilfe nicht nur an die Quantität, sondern auch an die Qualität denken. Die Anforderungen, die an unsere Entwicklungshelfer gestellt werden, zeigen dies deutlich. Ich appelliere nachdrücklich an qualifiziertere Fachleute in der Bundesrepublik, ihren Karrierefahrplan für eine überschaubare Zeit zu vergessen. Sie sollten prüfen, ob sie nicht für die Menschen in der Dritten Welt, aber auch zu ihrem eigenen Nutzen und dem ihres Landes einen zeitlich begrenzten Einsatz in Afrika, Asien und Lateinamerika für sinnvoll und möglich halten. Der DED braucht sie.

Bei einem Vergleiche verschiedener Zeiten ist zu berücksichtigen, daß der Boden der betreffenden Kolonie, das Klima, die Pflanzenbearbeitung und der Neger als Arbeiter sich mehr oder weniger gleich geblieben sind, während sich im übrigen sehr viel verändert hat. Gleich geblieben ist vor allem Nachtigals Mahnung: „Das ganze Geheimnis jeglichen Erfolges in Afrika heißt Geduld!"

Für den in der Heimat gebliebenen Deutschen aber gilt es, Hebbels Worte zu beherzigen:

„Laß aber du, o Vaterland, dich mahnen,
Vergiß sie nicht, die Kinder in der Ferne;
Sie werden segeln unter deinen Fahnen,
Drum sorge du, daß man sie achten lerne!"

(Aus: P. H. Kuntze: *‹Das Volksbuch unserer Kolonien›*. Leipzig 1938, S. 152)

Sie liebe Helferinnen und Helfer, wollen in Kürze ausreisen. Ich wünsche Ihnen Ausdauer und Freude an Ihrer neuen Aufgabe. Finden Sie gute Freunde in Ihren Gastländern. Kehren Sie zufrieden heim. Ihre Aufgabe endet nicht an dem Tag, an dem Sie das Flugzeug zum Heimflug besteigen.

Für die Menschen in der Dritten Welt und auch für dieses Land ist es wichtig, daß Sie Ihre praktischen Erfahrungen in unserer Gesellschaft weitervermitteln. Noch mehr aber die Einsicht, daß die Schicksale aller Menschen miteinander verbunden sind.

Ich hoffe sehr, daß Sie, über die zwei Jahre hinaus, ein Leben lang Entwicklungshelfer für eine erträglichere Welt von morgen sein werden.

1971 formulierten Angehörige des Deutschen Entwicklungsdienstes (hauptamtliche Mitarbeiter und Entwicklungshelfer) ‹Grundsätze und Kriterien zur Beurteilung von Projekten›, aus denen wir die Einleitung zitieren:

I. Entwicklungsziele

Der Deutsche Entwicklungsdienst will durch seine von gesellschaftspolitischer Verantwortung getragene fachliche Mitarbeit

1. zum Abbau von einseitigen sozio-ökonomischen[1] Abhängigkeiten der Entwicklungsländer von den Industrieländern und zur Verringerung herrschender sozialer Unterschiede in den einzelnen Entwicklungsländern beitragen;

2. in Partnerschaft mit gleichgesinnten Kräften des Gastlandes dessen Eigenständigkeit fördern;

3. über die Vermittlung von Fachkenntnissen und Hilfe bei der Entwicklung rationaler[2] Verhaltensformen die Bestrebungen der Entwicklungsländer im Hinblick auf sozio-ökonomische Entwicklung unterstützen;

4. an vorhandenem Wissen und Verhalten wie auch an den traditionellen Gesellschaftsstrukturen ansetzen und

5. beitragen zum Lernprozeß der eigenen Gesellschaft, um auch hier vorgegebenes Wissen und Verhalten und traditionelle Gesellschaftsstrukturen zu verändern, wo diese einer gerechteren Entwicklungspolitik hinderlich sind.

II. *Verhältnis zur Planung der Gastländer*

1. Die Mitarbeit von Entwicklungshelfern in einem Gastland muß von Trägern der Entwicklung in diesem Land erwünscht werden und erfolgt auf Anforderung oder mit Einverständnis seiner Regierung.

2. Die Mitarbeit des DED in einem Projekt muß der Entwicklungsplanung des Gastlandes zugeordnet sein. Dabei wählt der DED die Aufgaben aus, die seinem Auftrag und seinen Zielen entsprechen.

(Foto: M. Friedel / Deutscher Entwicklungsdienst)

III. *Zielgruppen*

1. Der DED entsendet Entwicklungshelfer in Projekte, die der breiten Bevölkerung dienen; und zwar vorzugsweise in Projekte, die sozial und wirtschaftlich benachteiligten (marginalen[3], unterprivilegierten) Gesellschaftsgruppen nützen.

2. In Ländern, deren eigene Entwicklungsanstrengung nicht vorrangig auf die Verringerung der herrschenden wirtschaftlichen und sozialen Unterschiede ausgerichtet ist, wird die Mitarbeit des DED auf solche Projekte beschränkt, die den sozial und wirtschaftlich benachteiligten Gruppen nützen.

3. Die Mitarbeit in Projektinstitutionen, die vorwiegend privilegierten

1 sozio-ökonomisch: gesellschaftlich-wirtschaftlich
2 rational: vernünftig, von der Vernunft ausgehend, planvoll, begrifflich faßbar
3 marginale Gruppen: Außenseiter, Randgruppen der Gesellschaft

Schichten dienen und in denen durch Hilfe von außen keine Änderung in dieser Ausrichtung absehbar erscheint, lehnt der DED ab.

IV. *Personeller Bedarf*

1. Durch die Entsendung von Entwicklungshelfern bemüht sich der Deutsche Entwicklungsdienst, zur Schließung echter Bedarfslücken beizutragen. Voraussetzung dafür ist das erkennbare Bemühen des Gastlandes, diese Lücken aus eigener Kraft zu schließen.

2. Durch die Mitarbeit von Entwicklungshelfern darf keine Entlassung, Veränderung oder Blockierung einheimischer Arbeitskräfte verursacht werden. Der DED muß im Gegenteil daran mitwirken, daß die von Entwicklungshelfern ausgeführten oder neu geschaffenen Aufgaben möglichst bald von Einheimischen übernommen werden können . . .

(Aus: ‹*unter uns gesagt . . . Hausbrief der Mitarbeiter im Deutschen Entwicklungsdienst*›. Zusammengestellt vom Pressereferat des Deutschen Entwicklungsdienstes, Bonn-Bad Godesberg, Nr. 6/Juli 1971)

4 Werbung und Bewerbung

Absicht: In diesem Kapitel stellen wir einander gegenüber:
- Auszüge aus Bewerbungsschreiben von Entwicklungshelfern,
- Werbeanzeigen des Deutschen Entwicklungsdienstes

4.1 Aus Bewerbungsschreiben

■ Ich möchte Spuren hinterlassen . . . ■

■ Einmal wirklich gebraucht werden . . . ■

■ 1962 habe ich zwei Monate in einem Lager des internationalen Zivildienstes in der Kinderabteilung einer Heilanstalt für Geisteskranke gearbeitet, in der Nähe Athens/Griechenland. Diese Arbeit hat mir sehr zu denken gegeben. Die Arbeitsbedingungen dort waren sehr ungünstig und die Arbeit sehr schwer. Ich stelle mir die Arbeit beim Entwicklungsdienst ähnlich vor. In dieser Arbeit kann ich aber eine Aufgabe sehen, die ich in meinem Beruf nicht finde. Diese Aufgabe sehe ich darin, anderen Menschen zu einem gesünderen und glücklicheren Leben zu verhelfen. Ich glaube auch, daß jeder einzelne von uns seinen notleidenden Mitmenschen gegenüber eine Verpflichtung hat, sei es aus christlichen oder kulturellen Gründen. ■

Nicht der Mond

Negerjunge, verlange nicht den Mond,
der so fern ist im Raum
mit seinem Geheimnis, das keiner enthüllt.
Verlange erst einmal
deine Zuteilung an Illusion
hier auf der Erde;
dein Stück
Brot.

Der Mond ist ein Spielzeug, von dem weiße Jungen
aus Rußland und aus Amerika
träumen, daß sie es einst mit Händen greifen
können.
Tausche nicht deine sicheren freien Träume ein
gegen die Schimären[1] derer,
die sich deine Brüder nennen
und es nicht sind.

Hier auf der Erde, mein Negerjunge,
wird dein Traum sich erfüllen oder versinken oder dahintreiben
wie es das Schicksal will.

Negerjunge, verlange nicht den Mond!

(G. B. Victor, Angola/Afrika, in: *‹Schwarzer Orpheus. Moderne Dichtung afrikanischer Völker beider Hemisphären›*. Ausgewählt und übertragen von Janheinz Jahn, München 1964, S. 99)

1 Schimären: Trugbilder, Hirngespinste

Ich habe ein sehr schönes Leben in Genf, ich verdiene gut und habe niemandem gegenüber Verpflichtungen, aber ich möchte nicht mein ganzes Leben so verbringen.

Es ist mir bekannt, daß die Arbeit beim Deutschen Entwicklungsdienst den vollen Einsatz eines jeden verlangt, und ich bin bereit, mich mit meiner ganzen Kraft dafür einzusetzen.

■ Ich strebe eine Tätigkeit als Entwicklungshelfer in Übersee an, weil ich aus Abenteuerlust andere Völker und andere Sitten der Menschen kennenlernen möchte. ■

■ Ich möchte mithelfen zu geben, ich möchte an der menschlichen Existenz mitarbeiten, ich möchte helfen, da, wo ich weiß, daß meine Hilfe willkommen ist und gebraucht wird – ohne materiellen Hintergedanken, einfach, wo der Mensch den Mensch braucht, und noch etwas: ich möchte mir später keine Versäumnisse vorwerfen, welche ich meiner Bequemlichkeit zuzuschreiben hätte.

Ich möchte helfen, und daher bewerbe ich mich. ■

■ Ich will mich bemühen mit den Bedürftigen zu denken, mich mit ihnen auf eine Stufe zu stellen, mit ihnen zu leben und mit ihnen arm zu sein. ■

■ Zu guter Letzt noch die Anmerkung, daß auch die sogenannte Abenteuerlust ihre Rolle spielt. Das etwas prickelnde Gefühl des Unbekannten, das man nur erahnen kann, verleiht dem Ganzen noch einen letzten Schuß Pulver, wobei mein ganz besonderes Interesse Südamerika gilt. ■

■ Ich stelle mir vor, daß eine Aufgabe in Übersee beruflich sehr wertvoll sein kann ... Ich glaube die ideellen Werte, die man bei einer solchen Aufgabe gewinnt, kann man bei der üblichen Berufskarriere nie erreichen. ■

■ Mit meiner Bewerbung als Entwicklungshelfer will ich den Menschen in der Dritten Welt mit Verantwortung und Bewußtsein meine erworbenen technischen, handwerklichen und organisatorischen Talente vermitteln. Ich bin ein Mann der Tat und sehe, welche Zwiespältigkeit in dieser Welt herrscht ... Ich habe das echte Bedürfnis, eine wirkliche Verantwortung zu tragen. ■

■ Es ist unsere Aufgabe, den Entwicklungsländern dahingehend zu helfen, daß nicht die gleichen verhängnisvollen Fehler gemacht werden wie bei uns (Umweltverschmutzung, Überproduktion, Wegwerfgesellschaft, Werteverschiebung).

Wahrscheinlich steckt mir auch ein bißchen «Abenteuer»lust in den Adern. Denn was stehenbleibt, stirbt. Nur das Ständig-sich-selbst-in-Frage-Stellen führt zur Persönlichkeitsbildung. ■

4.2 Kommentare der Umwelt

Neben Ermunterungen wie «Schau dir die Welt an, und du wirst sie besser verstehen!» und «In deinem Alter hätte ich auch gerne solche Möglichkeiten gehabt! Mach was draus!» hört man auch Sprüche wie die folgenden:

■ Deinen Idealismus möchte ich haben! ■

■ Bist du aber mutig, gehst zu den Wilden! ■

■ Hoffentlich werden Sie nicht skalpiert da unten! ■

■ Hast du keine Angst da draußen? ■

■ Bleib hier und schaff was Ordentliches, die kommen auch allein zurecht. Uns hat auch keiner was geschenkt! ■

■ Hoffentlich verliebst du dich nicht in einen Schwarzen! ■

■ Willst du dir die Lepra holen? ■

■ Löbliche Entwicklungshelfer und sonstiges Lumpengesindel und Dreckspatzen! Einst sind nur die Pfaffen in die Mission gegangen, um die Zahl der Schäflein zu mehren. Jetzt geht auch Ihr. Warum läßt die Kirche und auch Ihr die Menschen in anderen Erdteilen nicht in Ruhe? Gott hat Euch nicht berufen, andere mit Eurer Religion zu beglücken und Kultur zu beglücken. Wenn Ihr was tun wollt, dann fanget vor Eurer Türe und bei unseren Rückständigen mit der Entwicklungshilfe an. Es gibt hierzulande Elend genug, um welches Ihr Euch kümmern solltet. Es ist doch Idiotie, eigene Leute in das Ausland zu schicken und Gastarbeiter zu importieren. ■
(Dr. T.)

■ Ihr Arschlöcher arbeitet erst mal zu Hause, bevor Ihr Euch auf Steuerkosten im Ausland rumdrückt. Verfluchte Nichtstuer! ■
(anonym)

■ Es wäre besser, wenn die vollkommene Unterentwicklung erst einmal im eigenen Lande beseitigt würde! Die Krankenhäuser bei uns haben zu wenig Ärzte, zu wenig Personal, die Kranken müssen auf den Gängen liegen, da Räumlichkeiten fehlen. Es ist kein Geld für die Krankenhäuser, für Hospitäler, Kliniken und Altersheime da. Im eigenen Land fehlt es an allen Ecken und Enden. Da schaut man drüber weg. Statt dessen will man die Leute ins Ausland schicken. Das ist ein Skandal! Warum in die Ferne gehen, bei uns kann man genug lernen, und es ist auch genug Arbeit da, auch zur Entwicklung! ■
(anonym)

4.3 Wie wird man Entwicklungshelfer?

Um eine Vorstellung von all den bürokratischen Erfordernissen zu gewinnen, die hier nötig zu sein scheinen, sollten Sie sich einen Satz Bewerbungsunterlagen, insbesondere den Fragebogen, vom DED schicken lassen!

Nach einer Vorauswahl wird ein Teil der Bewerber zu einer Vorstellungstagung eingeladen und eventuell als geeignet «angenommen». In Vorbereitungskursen werden sie in die zu erwartenden Aufgaben eingestimmt. Nach Abschluß der Vorbereitung reisen die Entwicklungshelfer aus und beginnen nach einer mehrwöchigen Einführung mit der Arbeit. Die Arbeitsverträge laufen mindestens zwei Jahre. Die Vielfältigkeit der Arbeiten zeigt uns folgende Anzeige des Deutschen Entwicklungsdienstes:

Fachleute aus über hundert Berufen, die die folgenden Bedingungen erfüllen: Mindestalter 21 Jahre, abgeschlossene Berufsausbildung und zusätzliche Berufserfahrung, deutsche Staatsangehörigkeit. Für die folgenden Projekte suchen wir möglichst schnell Bewerber:

Gesundheitsbereich: **Ärzte** für Algerien, Dahomey, Kamerun, Tansania, Uganda. **Krankenpfleger** für Malaysia. **Lehrschwester** für Nepal. **Krankengymnastin** für Malaysia. *Jugend- und Sozialarbeit:* **Sozialarbeiter/Sozialpädagogen** für Nepal. *Ingenieure/Techniker:* **Tiefbauingenieure** für Afghanistan, Nepal, Malaysia, Peru. **Vermessungs-Ingenieure/Techniker** für Algerien, Äthiopien, Tansania, Zambia, Ecuador, Jamaica, Malaysia. **Wasserbauingenieure** für Tansania, Nepal, Malaysia, Ecuador. **Wirtschaftsingenieure** für Peru. **Gewerbelehrer,** Fachrichtung **Elektronik oder Metall,** oder **Maschinenbauingenieur** für Ecuador. **Textilingenieur** für Peru. **Ingenieur für Landmaschinen** für Algerien. **Physiker** oder **Physik-Ingenieur** für Peru. *Technik/Handwerk:* **Buchbinder** für Ghana. **Elektromeister-Techniker** für Brasilien. **Fernmeldemonteur** für Jamaica. **Gerber** für Äthiopien. **Gold- und Silberschmied** für Jamaica. **Kältemechaniker** für Ecuador. **Kfz-Mechaniker/Kfz-Schlosser** für Ecuador. **Klempner/Installateur** für Zambia. **Schwermaschinenmechaniker** für Malaysia. **Schreinermeister** für Afghanistan. **Tischler/Zimmerer** für Kenia, Jamaica. **Karosserieschlosser** für Zambia. *Landwirtschaft:* **Agraringenieure** für Algerien, Bolivien, Brasilien, Afghanistan, Kamerun. **Ländliche Hauswirtschafterinnen/Lehrerinnen** für Algerien, Äthiopien, Kamerun, Afghanistan, Brasilien. **Tierärzte** für Algerien, Ecuador. **Landwirte** für Algerien, Peru. **Gartenbauingenieure (Gärtner-Förster)** für Algerien, Brasilien. *Kaufmännischer Bereich:* **Sekretärinnen** für unsere Beauftragtenbüros in Übersee. *Lehrkräfte und Sonderberufe:* **Lehrer für naturwissenschaftliche Fächer** für Malaysia, Tansania, für Peru: Lehrerin. **Biologe** oder **Biologielaborant** für Peru. **Dipl.-Handelslehrer(in)** für Kamerun. **Meeresbiologe/Biochemiker** für Tansania. **Sportlehrer** für Nepal. **Werklehrer** für Nepal.

Arbeitsaufgaben

– Beschreiben Sie bitte, wie Sie sich den Tagesablauf einer Krankenschwester in einem afrikanischen Krankenhaus vorstellen.
Was macht sie in ihrer Freizeit?

– Was glauben Sie, wie sich Ihre eigenen Vorstellungen von Afrika gebildet haben?

Jeder, der sich etwas Wichtiges vornimmt, macht sich bestimmte Vorstellungen davon, wie das Geplante verlaufen wird: wie man ein Fest verleben, ein Geschenk übergeben, aus einer Reise das Beste machen will und wird.

Unsere Vorstellungen von den Dingen bilden sich aus Erlebtem und Gehörtem, aus Wünschen und Wunsch-Bildern:

4.4 Wunschbilder

DAS HERRLICHE KENIA, EIN LAND DER GEGENSÄTZE

Nur wenige Ferienländer der Welt können sich mit Kenia vergleichen: seine 579 000 q km erstrecken sich von der Wüste im Norden bis zu den klaren Wassern des Indischen Ozeans im Osten, von den Ufern des Viktoria Sees, dem grössten Binnengewässer Afrikas, im Westen, zu den schneebedeckten Gipfeln des Mount Kenya.

In Kenia kommt jeder auf seine Kosten: der Fotograf, der Schriftsteller, der Sportler, der Maler, der Botaniker, der Jäger, der Fischer, der Bergsteiger, der Sporttaucher und natürlich auch jene, die sich nur sonnen und einmal faul sein wollen.

Kenia's Küste ist zauberhaft mit dem schönen palmgesäumten Korallenstrand. Mombasa, die grösste Küstenstadt des Landes, ist Kenias Überseehafen. Hier sieht man arabische Dhaus neben schnellen modernen Ozeanschiffen. Hier berührt das Netz der grossen Bahnlinien Ostafrikas, das Kenia, Uganda und Tansania erschliesst, die Küste. Im Norden und im Süden dieser historischen Stadt, an strahlend weissem Strand gelegen, sind Hotels, die einheimische wie fremde Besucher anlocken.

Das Hinterland ist flacher, oft trockener Busch, der vor Nairobi in ein fruchtbares Hochland übergeht, auf dem ein grosser Teil des landwirtschaftlichen Reichtums Kenias beruht. Dieses Hochland erklärt auch die glückliche Anomalie, dass ein Land, durch dessen Mitte der Äquator läuft, dennoch grösstenteils ein gemässigtes Klima mit warmen, sonnigen Tagen und kühlen, frischen Nächten hat.

Weite Gebiete des Landes werden als Nationalparks, Wildreservate und Tierschutzgebiete im ursprünglichen Zustand erhalten. Dort kann man einen fast unbegrenzten Reichtum afrikanischer Flora und Fauna beobachten und fotografieren. In Wäldern, hochliegenden Parklandschaften und in der offenen Savanne, wo Flachlandtiere wie Antilopen und Zebras, Vögel und afrikanische Raubtiere in ungezählter Menge leben, sind luxuriöse "Lodges" (Blockhaushotels zur Beobachtung des Wildes) errichtet worden. In anderen weiten Gebieten kann man Wildarten jagen, für die Kenia weltberühmt ist.

Der Ausdruck "auf Safari gehen" mag vor dem geistigen Auge das Bild einer von einem unerschrokkenen Jäger geführten langen Reihe von Trägern oder einer mit allem Nötigen ausgerüsteten Expedition in einen der wilderen Teile des Landes enstehen lassen. Aber in Suaheli bedeutet das Wort "Safari" eine Reise jeder Art: sei es eine Autotour, eine Fahrt per Bus oder Bahn, ein Ausflug zum Nationalpark, oder tatsächlich eine echte, grosse Expedition in irgend eines der abgelegeneren Gebiete Kenias, die einen besonderen, faszinierenden Reiz auf Jäger und Forscher aus aller Welt ausüben.

Wählen Sie sich aus, was Ihnen am besten gefällt. Zu jeder Zeit des Jahres gibt es in Kenia viel zu sehen, zu tun und zu geniessen.

(Aus: ‹*Kenia bietet jedem etwas*›. Veröffentlicht vom Ministerium für Fremdenverkehr und Naturschutz, Nairobi, Kenia 1968, S. 1)

Liebenswerter Eindringling erobert Taj Mahal!

Das ist sie. Einen Raubzug in Kaschmir hat sie bereits hinter sich. Feingestickte Schals, kostbare Silberwaren und exotische Kunstwerke aus Papier hat sie erbeutet. Sie gehört zu den liebenswerten Eindringlingen unseres Landes. Aus Neu-Delhi hat sie sich goldverzierte Saris aus Seide mitgenommen. Und in Jaipur mussten die schönsten Juwelen dran glauben. Jetzt verlangt sie, in der Rajasthan-Suite zu wohnen. Im berühmten Hotel Taj Mahal in Bombay. Und weil das Taj für seine Tanzgruppe berühmt ist, will sie diese Gruppe unbedingt sofort sehen.

Sie will es, sie sagt es — und bekommt es.

Wer Indien liebt, kann alles von ihm haben. Und Indien zu lieben, ist leicht. Beginnen Sie Ihre Sommerferien in Kaschmir, dem grossen Tal im Himalaya, das einst Lieblingsplatz der mächtigen Moguls war. Wohnen Sie in einem farbenprächtigen Hausboot. Geniessen Sie die vielseitigste und exotischste Küche. Schlendern Sie tagsüber durch prächtige und turbulente Basars. Verträumen Sie die Nacht in Liebesgärten, die Fürsten ihren Lieblingsfrauen und Konkubinen bauen liessen.

Verleben Sie die Ferien Ihres Lebens — in Kaschmir. Kaschmirferien sind nicht teurer als Rivieraferien. Sie brauchen nur gebieterisch zu befehlen, und Sie erhalten umfangreiche Prospekte, die voll mit schönen Bildern sind. Aber so schön die Bilder auch sind — an die Wirklichkeit reichen sie nicht heran.

Schreiben Sie noch heute an: Staatliches Indisches Verkehrsbüro, Kaiserstrasse 77, 6 Frankfurt/Main — oder lassen Sie sich in Ihrem Reisebüro beraten.

Indien heisst seine liebenswerten Eindringlinge willkommen.

Tourismuswerbung der indischen Regierung, in *DER SPIEGEL* vom 20. 4. 1970

Der Deutsche Entwicklungsdienst (DED) warb und wirbt mit folgendem:

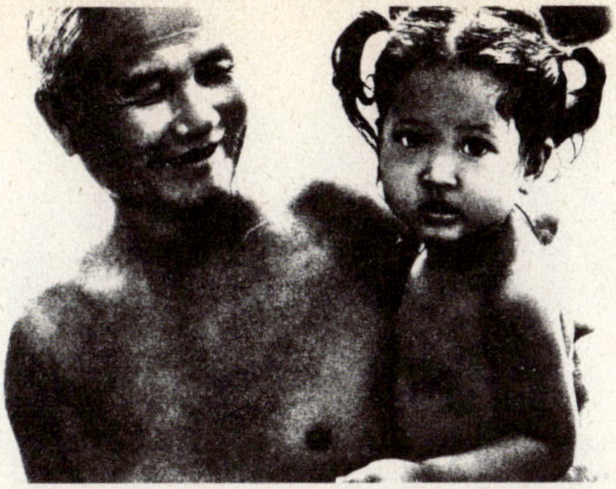

1971
Treffpunkt 3. Welt

Schluß mit dem Mitleid und den Trostpflästerchen. Sich selbst einsetzen. Als Entwicklungshelfer/in. Große, schwer lösbare Aufgaben übernehmen. Ausgebildete Fachkräfte werden ständig gebraucht in Afrika, Asien oder Lateinamerika.

Arbeitsaufgaben

– Sehen Sie einmal Illustrierte durch und stellen Sie zusammen, welche Produkte mit jeweils welchen bildlichen und textlichen Anreizen verkauft werden sollen!
– Stellen Sie die gleichen Fragen an die Anzeigen des Deutschen Entwicklungsdienstes.
– Besorgen Sie sich bitte aus Reisebüros Prospekte, Plakate, aus Illustrierten und Tageszeitungen Werbeanzeigen für Luftreisen überseeischer Gesellschaften (Thayline, Indonesian Air, Iran Air usw.). Fragen Sie bitte in Reisebüros nach Prospekten über Fernreisen deutscher Reisegesellschaften!
– Stellen Sie einmal in Zusammenhang mit Heft 5 (‹*Kenia oder: Urlaub der Reichen in den Ländern der Armen*›) zusammen, welche Erlebnisse in der Dritten Welt hier jeweils versprochen werden!
– Haben Sie Fernsehsendungen und Kinofilme über Länder in Afrika, Asien und Lateinamerika gesehen oder entsprechende Bücher und Hefte gelesen? Wie wurde hier die Dritte Welt dargestellt?

(Aus: *Vermessungstechnische Rundschau* 1968, S. 278)

– Sammeln Sie weitere Witze über die Dritte Welt (Witze über Neger, Menschenfresser, Missionare, Analphabeten usw.).
– Welche Einstellungen gegenüber der Dritten Welt und ihren Bewohnern drücken sich in solchen Witzen aus?
– Besorgen Sie sich von der Zeitschrift *päd. extra*, 6 Frankfurt/M., Postfach 11 90 86, den Poster ‹*Neger & Co.*› von Rainer Hachfeld (gegen Voreinsendung von 5,– DM 10 Poster DIN A2) und diskutieren Sie die Texte und Bilder.
– Man kann bei der gleichen Adresse auch die Titelgeschichte des Hefts 13/74 v. 1. Juli 1974 ‹*Neger & Co. Die Dritte Welt in Medien und Gegenmedien*› (gegen Voreinsendung von 5,– DM 20 Exemplare) bestellen.

5 Gastarbeiter in der Dritten Welt I: Aus eigener Sicht

Absicht: In diesem Kapitel drucken wir zwei komplette Berichte von Entwicklungshelfern über ihre Arbeit sowie Tagebuch- und Berichtzitate ab.

Sie sollen die unterschiedlichen Rollen-Erwartungen deutlich machen, die an den Gastarbeiter aus der BRD im Land selbst gerichtet werden.

Sie sollen die typischen Schwierigkeiten und Widerstände deutlich machen, die ein Entwicklungshelfer nicht an seinem Arbeitsplatz und schon gar nicht allein überwinden kann:

– Widerstände, die durch die bestehenden Herrschaftsstrukturen in den Gastländern hervorgerufen werden (Ordnung für Entwicklungshelfer des DED vom 30.5.1969, Ziffer 2.4, verpflichtet den Entwicklungshelfer «sich nicht in politische Auseinandersetzungen des Gastlandes einzumischen»).

– Schwierigkeiten, die im Entwicklungshelfer selbst begründet sind (Teamunfähigkeit, Vorurteile, Überheblichkeit usw.).

Die Aufgabe der wenig vorbereiteten Entwicklungshelfer ist nicht leicht. Sie kommen in Länder, die darauf angewiesen sind, technisches Wissen (Know-how) der Industrienationen zu übernehmen. Die Menschen, mit denen die Entwicklungshelfer zusammentreffen, haben eine andere Hautfarbe, Rasse, Sprache und Kultur. Wie sie denken, sich verhalten und arbeiten, ist uns fremd und unverständlich. Sie wollen Nützliches und Fortschrittliches gerne übernehmen, geraten aber dabei zumeist in den Konflikt, ihre gewohnten Denk-, Arbeits- und Verhaltensgewohnheiten aufgeben zu müssen.

Entwicklungshelfer und Einheimische stehen sich bei ihrer Begegnung mit Vorurteilen gegenüber.

Die Vorurteile bei den Einheimischen sind durch die zumeist koloniale Vergangenheit oder durch Begegnungen mit Europäern entstanden. So sind für viele Menschen der Dritten Welt die Europäer zum Beispiel alle reich, sie wissen alles, sie können alles.

Unsere Vorurteile haben ebenfalls ihre Geschichte. Für uns gelten die Einheimischen der sogenannten Dritten Welt sehr oft nur als unselbständige Menschen, die man anleiten muß, «faule Subjekte», die man unbedingt zu fleißigen Arbeitern machen will usw.

Die Rede von den armen, faulen, aber glücklichen Negern in den deutschen Schulbüchern, den Heiden in Missionsberichten, den tierhaft starken, aber dummen «Eingeborenen» in Abenteuergeschichten und -filmen haben bei fast jedem von uns von Kindesbeinen an ein tiefgehendes Gefühl von der Minderwertigkeit nichtweißer, überhaupt außereuropäischer Menschen bewirkt.

■ Afrika verdankt seine erstaunliche wirtschaftliche Entwicklung dem Fleiß und der Tatkraft der Europäer, was freilich ohne die Mitwirkung der Eingeborenen nicht möglich gewesen wäre. ■
(HIRSCHGRABEN-Verlag: «Die Länder der Erde», 1967 – Hauptschule)

■ Das dichtbesiedelte Uruguay ist ein Land der Weißen, die Indios sind ausgerottet . . . Die demokratische Ordnung gründet sich auf einen gesunden Mittelstand. ■

(KLETT-Verlag: «Länder und Völker», Ausgabe C, Band Nr. 2, 1969 – Hauptschule)

■ Unreflektiert und instinktiv – im scharfen Gegensatz zum reflektierenden und moralisierenden Kontinent Europa – freut sich der Afrikaner seines «Schwarzer-Mensch-Seins». ■
(LIST-Verlag: «Afrika», Harms Erdkunde Band 5, 1967 – Gymnasium)

Die Indianer Südamerikas, die ihr Ausgebeutetsein im Bergwerk mit «viel Selbstvertrauen» tragen,
■ wissen, daß sie unentbehrlich sind ... und sie halten ein Leben lang in der Trostlosigkeit der Bergwerksiedlungen aus. ■
(BAYERISCHER Schulbuchverlag: «Das ist unsere Erde», Band 2: «Europa und die Welt», München 1967, 6. Auflage)

■ *Mao Tse-tung*, Herr über 750 Millionen Chinesen, ... Buddha und Dschingis Khan in einer Person, fühlt sich als Führer im Aufstand der gelben Massen. Er kommandiert mit eiserner Hand das willenlose «Heer der blauen Ameisen». ■
(GEHLEN-Verlag: «Staatsbürger von morgen», 1969 – Hauptschule)

■ Wenn die Menschen in aller Welt vor dem Elend bewahrt sind, wenn sie mit unserer Hilfe gelernt haben, sich selbst zu helfen, dann erst können sie *unsere* Industriewaren mit dem Ertrag ihrer Arbeit bezahlen. ■
(HIRSCHGRABEN-Verlag: «Mensch und Gemeinschaft in Geschichte und Gegenwart», 1966 – Hauptschule)

■ Wenn in weiten Teilen der Welt Menschen hungern müssen, liegt es meist daran, daß schlecht gewirtschaftet wird. In Holland leben fast dreimal soviel Menschen auf einem Quadratkilometer wie in Indien; trotzdem herrscht hier Wohlstand und dort Hungersnot. ■
(MÜLLER-Verlagsgesellschaft: «Einigkeit in Recht und Freiheit», 1969 – Hauptschule)
(Alle Zitate nach: K. Fohrbeck, A. J. Wiesand, R. Zahar: *‹Heile Welt und Dritte Welt›*. Opladen 1971, S. 24 f.)

So treffen bei der Begegnung von Entwicklungshelfern und Einheimischen Gruppen aufeinander, die ihre Einstellungen und ein Leben lang erlernte Denk- und Verhaltensgewohnheiten nicht so ohne weiteres abstreifen und überwinden können, es aber manchmal auch gar nicht wollen.

So ist der Entwicklungshelfer bei uns von klein auf zum Konkurrenzdenken nach dem Leistungsprinzip erzogen worden. Nun wird von ihm plötzlich die Fähigkeit zur Zusammenarbeit erwartet, also ein völlig neues und gänzlich ungeübtes Verhalten.

der Patientenzahl her als auch von den Krankheiten. Es fallen vor allem vereiterte Wunden, Durchfälle, Wurmerkrankungen, Erkältungen, Augenentzündungen und kleinere Unfälle an – durchschnittlich kommen 20–30 Patienten pro Tag. Da das Dispensaire gleich neben der Schule liegt, kommen in der Schulpause noch etwa 10–15 Schüler, um sich behandeln zu lassen. Anfangs arbeitete ich ganz allein – seit 1. März arbeitet ein junger Mann aus dem Dorf mit mir zusammen – einerseits zum Übersetzen, andererseits, um ein wenig angelernt zu werden. Er stellt sich geschickt an, und an den Tagen meiner Abwesenheit erledigt er alle anfallenden Aufgaben außer der Medikamentenverteilung. Durch diese Arbeit habe ich schnell Kontakt zu den Frauen hier bekommen, vielleicht auch schon etwas Vertrauen aufbauen können, denn bereits Anfang April wurde ich das erste Mal zu einem Neugeborenen geholt und konnte gleich den Nabel versorgen.

Da ich von der fachlichen Qualifikation her nur eine äußerst einfache Schwesternhelferinnenausbildung aufweisen kann, keine Spritzen geben kann und darf, ist der Rahmen, innerhalb dessen ich arbeiten kann, begrenzt. Ich nahm daher Kontakt zum Arzt des nächsten Krankenhauses auf, das nur 40 km entfernt ist, um ihm Patienten zur Diagnose zu überweisen, die er dann mit den entsprechenden Medikamenten zurückschickt, damit ich die Behandlung ausführen oder überwachen kann. Andererseits soll die Arbeit im Dispensaire nur einen Teil meiner Aktivitäten darstellen, so daß die Frage meiner Qualifikation diesbezüglich nicht zu schwerwiegend ist.

Da die Frauen hier ohne Ausnahme kein Französisch sprechen, begann ich sofort, Bannana zu lernen; bis Ende April konnte ich zwar fast alles verstehen, was im Dispensaire geredet worden ist, konnte selbst aber nur ganz einfache Sätze bilden.

In der sogenannten Frauenarbeit habe ich auf Wunsch einiger Frauen mit Nähkursen begonnen – sie kommen allerdings nur sehr unregelmäßig dazu. An drei Vormittagen in der Woche halte ich zudem noch Nähkurse für junge Mädchen, in denen die Teilnehmerzahl zwischen 4 und 16 schwankt. In allen Kursen wird bis jetzt noch das gleiche genäht – einfache Kinderkleidung –, später sollen noch Blusen für die Mädchen und Frauen selbst genäht werden. Einige Frauen nähen sich gerade für die kommende Regenzeit ein Moskitonetz, das wir zum halben Ladenpreis selbst herstellen können. Für die Nähkurse konnte ich ein junges Mädchen einstellen, das neben Französisch und Bannana noch andere Sprachen der Nachbarstämme spricht. Diese ist zwar kein Bannana-Mädchen, was eventuell zu Schwierigkeiten hätte führen können, da wir nicht sicher waren, ob sie von den Frauen anerkannt wird, aber bis jetzt konnte ich keine Art von Mißtrauen ihr gegenüber feststellen. Bis jetzt arbeitet dieses Mädchen nur stundenweise – es ist zu überlegen, wie ich sie weiterhin in mein Arbeitsprogramm einbeziehen kann und gewisse Arbeiten von ihr ausführen lassen kann, da das Mädchen selbst großes Interesse an der Mitarbeit zeigt.

Um noch besser Kontakt zu den Frauen zu bekommen, versuche ich so oft wie möglich im Dorf Familien zu besuchen, mich mit ihnen zu unterhalten, allerdings macht da die Verständigung noch große Schwierigkeiten.

In der Dispensairearbeit fiel mir auf, daß die häufigste Ursache der Krankheiten die hygienischen Lebensbedingungen hier sind. Das Dorf ist zwar ausreichend mit Brunnen versorgt, aber auch das Brunnenwasser ist schmutzig – bis jetzt besitzt nur eine Familie im Dorf eine Latrine. Meines Erachtens hat es wenig Sinn, immer wieder Tabletten gegen Darminfektionen auszuteilen, ohne den Menschen die Zusammenhänge von Hygiene und Gesundheit klarzumachen.

Ein weiterer Ansatzpunkt wäre die Beratung der Mütter in der Kinderernährung – die Kinder werden meist bis zu 2 oder 3 Jahren gestillt – bis die Mütter eben von neuem schwanger sind. Erst sehr spät bekommen die Kinder Brei dazugefüttert. Sobald die Frauen erneut schwanger sind, stellen sie das Stillen abrupt ein, und die Kinder verlieren viel Gewicht. Ursprünglich dachte ich hier einzugreifen und zu versuchen, über PAM Milchpulver zu bekommen, um dies gratis weiterverteilen zu können, damit die Kinder diese kritische Phase besser überwinden können. Dies wäre aber eine rein karitative Aktion gewesen und keine Anregung für die Frauen, zu versuchen, mit den vorhandenen Lebensmitteln auszukommen. Es geht bei ihnen vor allem darum, Verständnis für die echten Bedürfnisse des Kindes zu wecken. Wie ich das realisieren kann, weiß ich noch nicht – vielleicht wäre am leichtesten, in den Familien anzufangen, zu denen ich bereits etwas Kontakt gefunden habe.

In welcher Richtung ich die Frauenarbeit ausbaue, weiß ich noch nicht. Die Nähkurse haben in meinen Überlegungen nur einen Wert, wenn sie als Kontaktmöglichkeit betrachtet werden. Die Frauen, die dazukommen, sind fast ausschließlich die Frauen unserer Mitarbeiter, die durch einen regelmäßigen Monatsverdienst zu den finanziell bestgestellten Familien des Dorfes gehören. Der Nähkurs könnte also leicht als weiteres Privileg verstanden werden – andererseits ist gerade bei diesen Familien durch den Kontakt der Ehemänner zu uns ein gewisses Bedürfnis und Bereitschaft vorhanden, über ihre Lebensbedingungen nachzudenken und eventuell etwas zu deren Verbesserung zu unternehmen. Wenn ich davon ausgehe, daß ich hier Anstöße geben soll, die Lebensbedingungen zu verändern, dann müßten wohl Nähkurse ganz wegfallen, denn in dem Moment, in dem sich die Frauen in die «Pagnes» hüllen, ist die Funktion der Kleidung bereits erfüllt. Man muß sich fragen, ob man nicht mit dem Nähen von verschiedenen Modellen «Modevorstellungen», die uns in Deutschland in Konsumzwänge gebracht haben, aus denen man nicht so leicht herauskommt, schafft. Verleitet man nicht allzuleicht die Frauen, das so wenig vorhandene Geld unnötig auszugeben?

Die Kurse mit den Mädchen würde ich eventuell gerne weiter ausbauen, um sie auf alle Aufgaben, die auf sie in ihrer Familie zukommen, vorzubereiten – also: Gartenarbeit – Hausarbeit – Kochen – Hygiene – Säuglingspflege. Bis jetzt ist es noch recht schwer, auch nur eine regelmäßige Teilnahme der Mädchen am Nähkurs zu erreichen, doch sollte dies eine Grundbedingung sein, wenn man die Mädchen in irgendeiner Weise ausbilden möchte. Inwieweit diese praktische Bildung die fehlende Schulbildung kompensieren könnte, wäre eine zu untersuchende Frage. Als ersten Schritt werde ich wohl versuchen, die Väter der Mädchen über dieses Vorhaben zu informieren und mit ihnen darüber zu diskutieren.

In der kommenden Regenzeit möchte ich versuchen, mit einzelnen Mädchen und Frauen kleine Gemüsegärten anzulegen, daraus könnte sich ein Ansatzpunkt für konkrete Ernährungsberatung ergeben.

Für mich persönlich wird auch in der kommenden Zeit das Wichtigste sein, auf allen Arbeitsgebieten so viel Erfahrung wie möglich zu sammeln, bevor ich größere Aktionen anlaufen lassen kann. Es wird auch noch sehr viel Zeit in Anspruch nehmen, bis ich mit den hiesigen Lebensverhältnissen vertraut bin.

Wir sind hier ein Team von 3 Entwicklungshelfern – ein Landwirt – ein Dorfhandwerker und ich – und es war wohl im Projektansatz geplant, daß wir gemeinsam arbeiten, irgendwelche Aufgaben gemeinsam ausführen. Wir diskutieren sehr viel über unsere Arbeit. Da wir oft sehr verschiedene Meinungen haben, werden die aufgeworfenen Gedanken von vielen Seiten überlegt, jedoch haben wir bis jetzt noch keinen Ansatzpunkt für eine gemeinsame Aktion gefunden. Auch hat jeder im Team die Freiheit, nach abgeschlossener Diskussion trotzdem noch seine Idee zu verwirklichen, da bis jetzt das Team nur beratende und nicht entscheidende Funktion hat. Meines Erachtens sollte aber, spätestens wenn sich wenigstens für zwei von uns ein gemeinsamer Ansatzpunkt ergibt, das Team Entscheidungen treffen, die für uns alle bindend sind, da die Arbeit wirklich vom ganzen Team getragen und nicht nur geduldet werden sollte.

Pont Carol, 12. Mai 1973 gez. D. S. ■

■ Projektbericht TAPERAS (Bolivien)
Projektträger: Consejo Integral de Desarrollo

Anfang Februar dieses Jahres nahm ich meine Tätigkeit in Taperas auf. Ich sollte die bereits bestehende Cooperativa Agropecuaria neu organisieren bzw. ausbauen und nach der Vertragsbeendigung von Peter von K. (Landwirt) dessen Aufgabe bis zum Eintreffen eines anderen Landwirts mitübernehmen.

Taperas, das ca. 700 Einwohner zählt, liegt 300 km von Santa Cruz entfernt an der Bahnlinie Santa Cruz-Corumba. Zu den bereits im Ort ansässigen Nachkommen der Chiquitanos-Indianer kamen während des Baues der Eisenbahnlinie sehr viele Arbeiter mit ihren Familien hinzu, so daß sich die Einwohnerzahl bis auf 1200 erhöhte, die aber nach Abschluß der Arbeiten wieder sank. Ein Grund dafür liegt wohl in einer länger andauernden Trokkenheit und am Fehlen von Arbeitsplätzen. Sehr viele Einwohner von Taperas, in der Mehrzahl junge Leute, sind nach Brasilien abgewandert, wo sie sich vor allem in São Paulo einen Arbeitsplatz erhofften, verhältnismäßig wenige sind nach Santa Cruz gezogen.

Die im Ort verbliebenen Familien versuchten, sich in der Landwirtschaft ihren Lebensunterhalt zu verdienen. Auf ausgesprochenen Minifundien[1] bauten sie vor allem Mais und Yuka[2] an, der Ertrag war jedoch wegen der sehr sandigen Bodenverhältnisse und der primitiven Arbeitsmethode gering. Auf Grund der schlechten Ertragslage waren die Männer gezwungen, sich auf den umliegenden Estancias[3] zu verdingen. Dadurch, daß die Großgrundbesitzer den Arbeitern nur Mindestlöhne bezahlen, leben die Familien in einer ständigen Abhängigkeit und Verschuldung, die ihnen jeden Weg zur wirtschaftlichen Unabhängigkeit verbaut.

Im Dorf lebende Collas[4] sind in die Dorfgemeinschaft voll integriert und nehmen eher eine von allen anerkannte hervorragende Stellung ein. Das Problem Camba[5]-Colla besteht nicht.

Die gleichen Verhältnisse findet man in den umliegenden kleinen Dörfern, die nach Taperas orientiert sind. Taperas selbst ist nach der 50 km entfernten Provinzhauptstadt San José (5000 Ew.) orientiert, wohin auch die wenigen landwirtschaftlichen Produkte geliefert werden. Die im Dorf bezogenen Waren kommen meist aus Santa Cruz, weniger aus Brasilien.

Auf Betreiben des sehr aktiven österreichischen Padre Elmar K. wurde im Oktober 1971 ein Generator im Dorf installiert, so daß es täglich 4 Stunden elektrisches Licht gibt. Ebenfalls mit Unterstützung von Obras Publicas wurde bis zum Juli d. J. eine komplette Wasserversorgung im Dorf eingerichtet.

Außerdem besteht am Ort eine neue Schule für 200 Schüler und die von Monika U. betreute Posta Sanitaria.

Im Jahr 1969 wurde von einem spanischen Laienbruder mit Unterstützung des Consejo de Desarrollo Integral (Vicariat) San Ignacio die landwirtschaftliche Genossenschaft gegründet. Dem Bruder stand ein Kredit des Vicariats in Form von Lebensmitteln, Kleidung und Gegenständen zur Verfügung. Eine Basis für eine landwirtschaftliche Cooperative[6] war nicht vorhanden, die ersten Aktivitäten beschränkten sich auf das Schlagen von

Eisenbahnschwellen. Leider wurde versäumt, die Bevölkerung des Dorfes über das Wesen einer Genossenschaft und deren Ziele aufzuklären. Vielmehr war man anscheinend mehr darauf bedacht, möglichst schnell eine große Zahl von Socios[7] in der Genossenschaft zu haben. Auf die Einlage eines Genossenschaftsanteiles wurde verzichtet, bei der miserablen finanziellen Lage der Leute noch verständlich. Jeder der eingetretenen Socios hatte mehr oder weniger unbeschränktes Anrecht auf einen Kredit in Form von Lebensmitteln usw. Dieser Kredit war eigentlich als Übergangshilfe gedacht. Die Socios sollten auf dem in der Zwischenzeit amtlich vermessenen Gelände Weiden und Äcker anlegen.

Ein zweites Versäumnis war, daß keiner der Socios darüber aufgeklärt wurde, daß es sich bei den ausgegebenen Gegenständen um einen zurückzuzahlenden Kredit handelt. Die Folge war: Das Ganze wurde als Geschenk angesehen, und jeder holte sich zum Teil mehr als für den Eigenbedarf notwendig war und verkaufte die Dinge weiter. Die Administration achtete nicht darauf, wie alles verwendet wurde und kümmerte sich auch nicht um die Rückzahlungsmöglichkeiten der Socios, geschweige denn wurde mit Nachdruck darauf geachtet, daß wirklich Äcker und Weiden angelegt wurden. Die 27 Genossen in Taperas und Dolores verschuldeten sich immer mehr. Tatsächlich legten die Socios insgesamt 35 ha Kunstweide an, aber erst im Jahre 1971 begann man Urwald für Chaco[8] zu roden.

Der Erlös vom Verkauf der Eisenbahnschwellen ging vollständig an den Consejo Integral de Desarrollo (fälschlich als «Zentralgenossenschaft» bezeichnet).

Mitte 1970 wurde der spanische Bruder von einem italienischen Freiwilligen abgelöst, der von Beruf Soziologe war. In der Kreditvergabe wurde weiterhin fahrlässig verfahren. Nach einem halben Jahr wurde der italienische Freiwillige nach San José versetzt und konnte sich deshalb nur noch sporadisch um die Cooperativa kümmern. Die Genossenschaft zeichnete sich darin aus, daß innerhalb der Mitglieder große Uneinigkeit herrschte; man hatte zwar in der Zwischenzeit den Vorstand gewechselt, aber auch diesen nie richtig anerkannt. Durch ihre lang andauernde totale Abhängigkeit fehlte den Socios jedes ökonomische Denken und zukunftbezogenes Planen. Auf den anderen nahm man wenig Rücksicht und hatte kaum ein Verantwortungsbewußtsein ihm gegenüber. Für sie bedeutete der Grundsatz der Genossenschaft anscheinend nur: alle für mich. Das kommt auch darin zum Ausdruck, daß insgesamt 25 Mann in 60 Tagen keine 8 Hektar vollständig zur Aussaat vorbereitet bekamen (Roden, Abbrennen, Saubermachen), obwohl hier normal ein Mann in 30–40 Tagen 1 ha fertigbringt. Sehr viele verließen sich auf die anderen.

Ende 1971 wurde endlich mit der Kreditvergabe aufgehört, aber in der Zwischenzeit war die durchschnittliche Schuldenlast auf ca. 850 Pesos[9] bei noch

23 aktiven Socios in Taperas angewachsen, in Dolores beträgt die Verschuldung ca. 350 Pesos pro Socio.

Mein Vorgänger, Peter v. K., hat in der kurzen Zeit, die er hier war, damit begonnen, die Socios einander näherzubringen und versuchte neue Produkte anzubauen. Er legte kleine Versuchsfelder für Reis, Baumwolle und Erdnuß an. Im März erhielt die Cooperativa vom Desarrollo Integral auf Kreditbasis pro Socio eine Kuh. Der Socio muß innerhalb von 4 Jahren 2 Kälber zurückgeben, dann wird er Eigentümer. Leider läßt die Qualität des Viehs sehr zu wünschen übrig. Für das Vieh ist jetzt auf mein Anraten nur ein Socio verantwortlich. Anfangs äußerten die Socios den Wunsch, die Kühe zuzuteilen, damit jeder wisse, welche Kuh wem gehöre. Der Ganado[10] sollte trotzdem beisammenbleiben. Ich konnte die Leute gerade vom Genossenschaftsgedanken her davon überzeugen, daß es besser sei, den ganzen Viehbestand die vier Jahre der Genossenschaft zu überlassen, weil so ein eventueller Verlust eines Tieres als gemeinsamer Schaden zu tragen ist und nicht den einzelnen trifft. In 4 Jahren soll der Viehbestand an die Socios verteilt werden, wobei die Möglichkeit einer weiteren gemeinsamen Betreuung ins Auge gefaßt wurde.

In den ersten Wochen in Taperas versuchte ich mir einen Überblick über die Situation des Dorfes, vor allem aber der Cooperativa zu verschaffen. Sehr von Vorteil war, daß Peter v. K. die Probleme schon einigermaßen kannte und Pater Elmar K. mir jederzeit Auskunft geben konnte. Die finanzielle Lage der Genossenschaft war sehr schlecht, die der Socios katastrophal, vor allem auf Grund der Verschuldung gegenüber der Cooperativa. Hinzu kommt, daß sehr viele Socios bei der Cooperativa Ahorro y Credite (Kreditgenossenschaft) in San José stark verschuldet sind. Überhaupt gab mir die Kreditvergabe dieser Bank im Lauf der Zeit Anlaß, dort vorstellig zu werden: Im Prinzip werden die gleichen Fehler gemacht wie in Taperas, das heißt, es werden Kredite unter Mißachtung der primitivsten wirtschaftlichen Grundsätze gewährt, oft genug wird die wirtschaftliche Lage des Kreditnehmers fast ganz außer acht gelassen.

Dadurch, daß im Vorjahr so gut wie nichts angebaut wurde, konnte kein Erlös aus der Ernte erwartet werden. Die von Peter v. K. als Versuch angebauten Erdnüsse hatten einen guten Ertrag, Reis ebenfalls. Bei Baumwolle gab es vor allem auf Grund des Wetters und der sehr kleinen Anbaufläche kaum eine Ausbeute.

Mir wurde sehr bald klar, daß die Landwirtschaft zwar eine Grundlage der Cooperativa sein kann, aber vorerst als Existenz für die Socios nicht ausreichend ist, vor allem, weil es an genügend gerodeten Anbauflächen fehlt. (Die Cooperativa besitzt etwas über 500 ha im Grundbuch eingetragenes Land. Die Fläche läßt sich aber leicht vergrößern.) Ich sah meine Aufgabe deshalb darin, die Genossenschaft auf dem landw. Sektor weiter auszubauen, dazu aber noch andere Verdienstmöglichkeiten für die Socios zu suchen, so daß sie nicht mehr auf die Estancias angewiesen sind, um zu verdienen. Einen Ansatzpunkt sah ich im Aufbau einer Ziegelei. Die Genossenschaft hatte schon länger den Plan, ein Genossenschaftshaus mit Lagerraum und Büro zu bauen. Die dazu notwendigen Ziegel wollte man in dem eigens dafür errichteten Brennofen herstellen, den man aber nur einmal benutzen konnte. Am Bau des Ofens wurde von Dezember bis März (!) vergeblich gearbeitet, weil keiner wußte, wie er zu konstruieren sei. Die Socios waren damit einverstanden, einen Brennofen zu bauen, den man über Jahre benutzen kann. Der Absatz der Ziegel und der Steine ist langfristig gesichert, da die nächste Ziegelei in San José ist und in Taperas nur ca. 20 Prozent der Häuser ein Ziegeldach haben. Die Produktion für das erste halbe Jahr ist bereits vergeben. Im Juni konnte ich einen Ziegeleibesitzer aus San José dazu gewinnen, ein paar Socios im Aufbau einer Ziegelei und in der Herstellung von den Ziegeln und Ziegelsteinen zu unterweisen. Der Ofen konnte Ende August fertiggestellt werden, und man ist dabei, den ersten Brand vorzubereiten. Die ersten Ziegel sind für das im Bau befindliche Genossenschaftshaus bestimmt, bei welchem das Dach noch gedeckt werden muß.

In den wöchentlichen Versammlungen der Socios habe ich versucht, den Männern den Genossenschaftsgedanken näherzubringen und sie von der Notwendigkeit einer aktiven Mitarbeit zu überzeugen, vor allem aber davon, daß das, was sie hier aufbauen, einzig und allein für sie selbst ist, denn oft genug hörte ich die Ansicht, daß das doch alles wohl für den Pater und für mich sei. Man ist es eben seit eh und je gewohnt, für andere zu arbeiten und selber nichts zu haben. So ist mir vor allem am Anfang aufgefallen, daß viele einfach nur gewohnt waren, Anweisungen entgegenzunehmen und nicht in der Lage waren, selbständig mitzudenken. Es dürfte sich im Lauf der Zeit am Ablauf der Versammlung so viel geändert haben, daß früher nur zwei oder drei, wenn überhaupt, geredet haben, während heute rege Diskussionen unter Teilnahme fast aller stattfinden.

Da die Cooperativa die juristische Person noch nicht besitzt, haben wir Ausschüsse gebildet, welche die Vorbereitung des Antrages auf Erteilung der juristischen Person vornehmen sollen. (Ausarbeitung der Statuten[11], sozio-ökonomische Studie usw.) Im Juni habe ich alle aufgefordert, definitiv zu erklären, ob sie in der Cooperativa weiterarbeiten wollen. Es haben sich alle bereit erklärt. Nicht-Socios aus dem Dorf sind bereit, ebenfalls einzutreten.

Da in Bolivien laut Genossenschaftsgesetz die Möglichkeit besteht, seine Geschäftseinlage mit Arbeit abzugelten, sind wir übereingekommen, daß jeder einen Hektar Urwald roden und zur Aussaat vorbereiten muß, damit seine Einlage entrichtet ist; Geld ist ja keines vorhanden. Wir haben gemeinsam die im Vorjahr nicht fertiggestellten 8 ha an alle aufgeteilt und weiteres Gelände parzelliert[12]. Das Gelände ist zusammenhängend, aber es wurde deshalb hektarweise aufgeteilt, um die Gewähr zu haben, daß jeder seinen Hektar gerodet hat, weil die Erfahrung gezeigt hat, daß für gemeinsames Arbeiten die persönliche Voraussetzung doch noch nicht vorhanden ist.

In der Zwischenzeit sind die 23 ha gerodet, und man ist dabei, das Gelände für die Aussaat herzurichten. Die Semillas[13] stellt die Cooperativa aus der vorherigen Ernte bzw. habe ich von meinem Arbeitsgeld gekauft. Der Ertrag wird nach einem Schlüssel zwischen Socio und Cooperativa aufgeteilt.

In Dolores, das jetzt der Cooperativa Taperas angeschlossen ist, wurde ebenfalls Urwald gerodet.

Die Arbeiten in der Cooperativa werden mit Lebensmitteln (Öl, Mehl, Haferflocken, Maismehl, Sojamehl und Sojamilch) bezahlt, die wir vom Vicariat San Ignacio erhielten. Um dem stark überhöhten Preisniveau entgegenzuwirken, habe ich mit dem Aufbau einer Konsumgenossenschaft begonnen. Ohne den Händlern in Taperas, die ohnehin ihre Monopolstellung auszunützen wissen, die Existenzgrundlage zu nehmen, wäre ein Ausbau möglich, vor allem, da bald das Genossenschaftshaus zur Verfügung steht. Die stark vernachlässigte Administration[14] konnte ich neu organisieren, unter anderem auch durch Einführung einer übersichtlichen Buchführung. Ein hiesiger Lehrer, den ich unterwiesen habe, wird ehrenamtlich die Arbeit weiterführen.

Dadurch, daß die Socios nicht mehr auf die umliegenden Estancias zum Arbeiten gingen, habe ich mir das Mißtrauen der Eigentümer zugezogen, vor allem, weil billige Arbeitskräfte knapp werden.

In Santa Cruz ließ ich Bodenproben analysieren. Angebaut sollen werden: Mais, Reis und Erdnuß. Der Markt für die landwirtschaftlichen Produkte ist vor allem in San José, wo der Cooperativa ein Lager- und ein Verkaufsraum zur Verfügung stehen, zu finden. Der Transport läßt sich per Bahn durchführen. (In San José ist die Errichtung einer Erdnußöl-Fabrik durch Obras Publicas geplant.) Eine Ausweitung des Marktes nach Roboré (6000 Ew.), 60 km entfernt in Richtung Brasilien, ist möglich.

Mit Unterstützung von Obras Publicas ist geplant, die hier vorkommenden Kalklager auszubeuten, was ebenfalls eine Verdienstmöglichkeit für Taperas ergeben würde.

Seit April unterrichte ich an der hiesigen Schule in Agropecuaria[15]. Vier mal in der Woche habe ich versucht, den Schülern alle Grundkenntnisse des Gemüsebaues beizubringen. Mir fiel auf, daß im Dorf keinerlei Gemüse angebaut wurde, was sich nicht zuletzt auf den Gesundheitszustand der Bevölkerung auswirkte. Man äußerte mir gegenüber, daß kein Gemüse wachsen würde. Ich hatte noch einige Sämereien von Peter v. K. erhalten, mit denen ich einen Versuch machte. Wir konnten ein Gelände säubern und einzäunen. Mit Salat, Möhren und Tomaten hatten wir einen sehr guten Erfolg. Vor allem aber wurde gezeigt, daß es möglich ist, hier in Taperas Gemüse anzubauen.

Vom Ertrag aus dem Schulgarten soll im Lauf der Zeit eine kleine Bücherei angelegt werden, da Bücher so knapp sind. Von meinem Arbeitsgeld kaufte ich verschiedene Geräte (Gießkannen, Harken, Schlauch) und auch Sämereien. Inzwischen haben viele Familien sich eigene Gärten hergerichtet und konnten schon zum erstenmal ernten. Ein Socio hat sich jetzt eine Tomatenpflanzung angelegt; an den Anbau von Zwiebeln, die ebenfalls einen guten Absatz haben, wird gedacht.

In Dolores habe ich zusammen mit den Bewohnern ebenfalls einen Versuchsgarten eingerichtet, wo bereits mehrere Zentner Tomaten kurz vor der Ernte stehen.

Bei den von Pater Elmar betreuten Ayoreo-Indianern habe ich zusammen mit Annette B. gleichfalls einen kleinen Demonstrationsgarten angelegt. In zwei weiteren umliegenden Dörfern wollte ich zusammen mit einem neu eintreffenden Entwicklungshelfer Versuche anstellen.

Meine Arbeit in Taperas wurde durch einen Freundeskreis in Deutschland finanziell unterstützt.

Wegen der meines Erachtens in Bolivien nicht mehr gewährleisteten Sicherheit werde ich das Land Anfang Oktober verlassen.

September 1972 gez. P. A. ■

5.2 Der Entwicklungshelfer als Chef

Der Entwicklungshelfer geht oft mit dem Vorsatz hinaus, ein gleichberechtigter Partner der ausländischen Arbeitskollegen (Counterpart) zu sein. Diesen Vorsatz zu verwirklichen ist nicht einfach.

1 Minifundien: winzige Landstücke
2 Yuka (auch Yucca): Palmlilie, bei uns Zierpflanze
3 Estancia (span.): Landgut
4 Colla: Hochlandbewohner
5 Camba: Flachlandbewohner
6 Cooperative: Genossenschaft
7 Socios (span.): Teilhaber, Genossenschaftsmitglieder
8 Chaco (span.): landwirtschaftlich nutzbare Fläche
9 1 Peso = 0,33 DM (1968)
10 Ganado (span.): Vieh, Herde
11 Statuten: Satzung, Ordnung
12 parzellieren: in Flächenstücke aufteilen
13 Semillas (span.): Samen, Saatgut
14 Administration: Verwaltung
15 Agropecuaria (span.): Landwirtschaft und Viehzucht

■ Plötzlich war ich Chef – plötzlich war ich jemand – wurde von Leuten respektiert, geehrt, hofiert, geachtet. Plötzlich flüsterte man in meiner Gegenwart. Ich war Direktor eines Kinderheimes geworden – Chef über eine Anzahl von 220 Kindern und Jugendlichen im Alter von 2–20 Jahren. Dieses Gefühl, plötzlich jemand zu sein, war ganz neu und aufregend für mich zugleich. Strahlte man wirklich so viel aus, daß die Kinder und Angestellten des Heimes mich täglich umwarben?

Erst langsam erkannte ich, daß nicht ich, sondern der Deutsche, Europäer, der Weiße, gemeint war. Ihn respektierte man, er war jemand, der alles wissen und alles können mußte.

Die Rolle eines Chefs – eines Direktors, eines Vorgesetzten ganz allgemein, ist eine der gefährlichsten und schwersten. Hat nicht jeder von uns manchmal das Verlangen, auf einem hohen Stuhl zu sitzen? Wir alle, die wir in einem Land der Dritten Welt arbeiten, sind automatisch Vorgesetzte und können nicht mit dieser für uns neuen Rolle fertig werden. ■

(E. H., Afghanistan)

> Ich habe von Kontakt gesprochen.
> Zwischen Kolonisator und Kolonisierten ist kein Raum als für Fron, Einschüchterung, Zwang, Polizei, Steuer, Raub, Vergewaltigung, Zwangsmonokultur, Verachtung, Mißtrauen, Dünkel. Selbstgefälligkeit, Tölpelei, enthirnte Eliten, erniedrigte Massen.
>
> Nirgends ein menschlicher Kontakt, immer aber das Verhältnis von Macht und Unterwerfung, das den Kolonisierenden zum Aufseher, zum Feldwebel, zum Sträflingsbewacher, zur Nilpferdpeitsche und den Eingeborenen zum Produktionsmittel macht. Mir bietet sich nur diese Gleichung an:
>
> *Kolonisation = Verdinglichung.*
>
> (Aus: A. Césaire: ‹*Über den Kolonialismus*›. Berlin 1968, S. 22 f.)

■ Während der Kolonialzeit lebten die Afrikaner in extra für sie eingeteilten Gebieten. Sie kannten die Weißen hauptsächlich als ernste Respektspersonen, Menschen, die hinter Schreibtischen sitzen, Befehle austeilen und Gehorsam von ihnen verlangen. Europäer fuhren in Autos an ihnen vorbei oder ritten auf Pferden. Manchmal winkten sie ihnen zu, doch selten schüttelten sie die Hand eines Afrikaners oder nahmen an seinem Leben teil.

Die Afrikaner, die den Europäer von der Kolonialzeit her kennen, haben ein fest geprägtes Bild von ihm. Von daher kann ich mir auch das ehrerbietige, zurückhaltende und manchmal mißtrauische Verhalten einiger Afrikaner mir gegenüber erklären. ■

(R. H., Kenia)

CHEF ODER GAST?

Die Mission ist eine der wichtigsten Aufgaben der Kirche. Immer noch warten viele Millionen auf die Frohe Botschaft. Zudem dringt heute der Unglaube bis in die fernsten Länder und raubt den Menschen auch das Wenige, was sie von Gott wissen. Die Liebe Christi muß uns dazu drängen, alles zu tun, daß auch die Heiden die Wahrheit erkennen und zum Glauben gelangen.

In den Missionsländern arbeiten Priester, Brüder, Schwestern, Katechisten, Lehrer, Ärzte und andere Helfer. Viele Missionare kommen aus christlichen Ländern, andere stammen aus den Missionsländern selbst. Sie suchen durch Predigt und Unterricht, Gebet und Gottesdienst, Jugenderziehung und Krankenpflege die Menschen für Christus zu gewinnen.

Wir alle müssen helfen, den Missionsauftrag des Herrn zu erfüllen. Missionare und Neubekehrte warten auf unsere Hilfe. Vor allem helfen wir

durch unser Beten und Opfern; denn ohne Gnade kann kein Mensch zu Christus kommen. Auch können und sollen wir die Missionsarbeit unterstützen, indem wir Geld und andere Gaben spenden, die Missionszeitschriften halten und verbreiten und für die Mission sammeln und werben. Das Geld dient dem Bau von Kirchen, Schulen und Krankenhäusern, dem Unterhalt der Missionare und der Einrichtung neuer Missionsstationen.

Wer in die Missionen gehen will, muß Freude daran haben, an der Ausbreitung des Reiches Christi mitzuwirken; er muß außerdem gesund und genügend begabt sein. Es ist eine große Gnade, von Gott in die Mission berufen zu werden. Wer den Ruf Gottes zur Mission in sich verspürt, soll diesem Rufe freudig folgen.

Überlege: 1. Warum ist die Mission eine der wichtigsten Aufgaben der Kirche? 2. Wer arbeitet in den Missionen? 3. Wie suchen die Missionare die Menschen zu Christus zu führen? 4. Wozu dient das Geld, das für die Missionen gesammelt wird? 5. Welche Eigenschaften muß man haben, wenn man in die Mission gehen will?

(Aus: ‹*Katholischer Katechismus der Bistümer Deutschlands*›. Freiburg 1955, S. 94 f.)

(Foto: M. Friedel / Deutscher Entwicklungsdienst)

5.3 Der Entwicklungshelfer als Gast

«DER GAST IST KÖNIG!»
Sehr oft berichten Urlauber, die zum Beispiel in Griechenland oder auf Sardinien abseits der großen Urlaubszentren Gelegenheit zu einem privaten Besuch hatten, von der Großzügigkeit ihrer oft sehr armen Gastgeber.

Diese unerwartete Erfahrung macht sehr oft der Entwicklungshelfer:

■ In kaum einer anderen Gesellschaft ist die Gastfreundschaft in so eindrucksvoller Art und Weise zu erleben wie in Afghanistan. Ihr Ursprung ist in der Religion zu suchen: Während eines Ausfluges am Sonntag begegneten wir kurz vor einem Dorf in der Nähe von Kabul einem alten Bauern. Nach den höflichen langen Begrüßungsformen über salemaleikum . . . usw. waren wir schnell in ein heiteres Gespräch verwickelt. Dies war Anlaß genug, um uns in sein Haus einzuladen. Von da an waren wir Gast für den ganzen Tag. Kaum hatten wir uns unter dem schattigen Maulbeerbaum auf Kissen und Teppichen niedergelassen, als uns der Tee von unseren Gastgebern serviert wurde. Nach einer guten Weile entschlossen wir uns, den Weg fortzusetzen. Sehr erstaunt, geradezu hilflos sahen wir uns an, als der Bauer uns erklärte, er ließe jetzt gerade ein Mittagessen für uns zubereiten. Nach weiteren zwei Stunden, während wir uns angeregt über das Leben hier und in Europa unterhalten hatten, nahmen wir Platz an einer bunten, überaus reichhaltig gedeckten Tafel. Ein auf dem Teppich ausgebreitetes Mahl: Safranreis, Huhn, Salate, Fladenbrote und Melone standen vor uns.

Es war nicht nur das köstliche Mittagessen, was uns so sehr beeindruckte, sondern, daß die Familie, um uns als Gäste zu ehren, eins von ihren drei Hühnern geschlachtet hatte! ■
(L. U., Afghanistan)

■ Alle sind sehr lieb, respektvoll und so höflich, daß es mir oft schon peinlich ist. Sie sind immer guter Laune und um Kontaktaufnahme mit den Ausländern bemüht. Das ist natürlich bei unseren Spanisch-Kenntnissen ein großes Problem. Zum Blödeln reicht es ja; um sich richtig zu unterhalten, ist es zuwenig! Hedwig und ich haben uns gestern eine Stunde lang mit einer chilenischen Lehrerin unterhalten, es ging recht gut, aber nur deshalb, weil die Chilenin viel Zeit hatte und die Geduld, so lange aufmerksam zuzuhören und so langsam und deutlich zu sprechen, bis wir uns verstanden hatten. ■
(H.-M. R., Chile)

■ Als ich dem afrikanischen Ortsvorsteher erklärte, daß ich in der Hütte von Phydilliah, meiner afrikanischen Kollegin, schlafe, ist er plötzlich verlegen. Er meint, daß es bei ihr vielleicht etwas beengt sei, und deutet vor-

sichtig, an daß er ein Bad und eine auch sonst mir angemessenere Umgebung habe. Er befürchtet, daß ich zwar aus Höflichkeit zugesagt habe, bei Phydilliah zu wohnen, aber lieber in einer europäischen Umgebung übernachten würde. Diese Vorstellung hat sich gerade bei vielen der besser gestellten Afrikaner entwickelt. Erfahrungen aus der Kolonialzeit, die sie noch längst nicht verkraftet haben. Ich beteure, daß ich mich bei Phydilliah wohl fühle und mir ihre Hütte angenehm sei. ■
(R. H., Kenia)

Arbeitsaufgaben

Diskutieren Sie folgende Fragen:

1. Wie verhalten sich die Einheimischen gegenüber dem ausländischen Gast?
2. Welche unterschiedlichen Erfahrungen machten die Entwicklungshelfer?
3. Wie sieht es bei *uns* mit der Gastlichkeit aus?
4. Äußern Sie sich zu dem Begriff «Gast»arbeiter!

5.4 Der Entwicklungshelfer als Lehrer und Lernender

■ Von März bis November waren wir intensiv mit der Arbeit im Kindergarten und der Ausbildung von Kindergärtnerinnen beschäftigt. Schulen und Kindergärten bleiben von November bis März geschlossen, da ausreichendes Brennmaterial fehlt, um heizen zu können. In dieser Periode fanden wir Zeit, uns intensiver mit der engsten Umgebung zu beschäftigen. In der Nähe von uns lebten die Hassaras, eine unterprivilegierte Schicht. Unterprivilegiert gehalten von der herrschenden Schicht wegen ihrer Abstammung von den Heeren Dschingis Khans, der vor 600 Jahren Afghanistan zerstörte. Alle Familienmitglieder, Vater, Mutter und Kinder müssen gemeinsam den Lebensunterhalt verdienen. Zu einer Familie zählen ungefähr 6 bis 10 Personen. Bisher war es eine Seltenheit, wenn ein Hassara die Schule besuchen konnte. Schulbildung genoß bisher die herrschende Schicht, deren wirtschaftliche Verhältnisse gesichert sind.

Um den Eltern Mut zuzusprechen, ihre Kinder in die Schule zu schicken, bedurfte es vieler Unterhaltungen und Zusprüchen. Wir versuchten ihr Selbstbewußtsein dadurch zu stärken, indem wir ihnen verständlich machten, daß sie mit Mut und Ausdauer gegen die Benachteiligung kämpfen könnten.

Wie versuchten wir dieses zu erreichen?

Indem wir die Kinder in den Kindergarten holten und sie für die Schule vorbereiteten. Wir nahmen außerdem mit den Lehrern der Kinder Kontakt auf.

den Grund meines Hierseins. Zuerst hielt ich das zumindest bei den Lehrerinnen für günstig (bei Director u. Principal wurde es mir erst später bewußt), ich meinte, durch bloßes Tun Veränderungen anregen zu können. Die Lehrerinnen verfolgen aber zwar meine Methoden mit Interesse, halten sie auch für gut, ziehen für sich jedoch keinerlei Konsequenzen daraus.

(A. B., Indien)

Groß waren die Erwartungen, die man in uns setzte. Unsere «Schüler» waren selbst Lehrer an Einrichtungen, die unseren Berufsschulen ähneln. Dadurch waren sie für die Umwelt geachtete und vergleichsweise wohlhabende Mitmenschen geworden. Wir sollten ihren Wissensstand auf dem Gebiet der Elektronik verbessern. Es kam der Augenblick, an dem wir uns zum erstenmal gegenüberstanden. Unsere «Schüler» waren alle im schwarzen Anzug erschienen, trugen ein weißes Hemd mit sorgfältig ausgesuchter Krawatte. Mein Freund und ich dagegen, die wir in den nächsten sechs Monaten ihre Lehrer sein sollten, hatten graue Arbeitskittel angezogen. Unmöglich, daß ein «Ingeniero», dazu noch ein deutscher, im Arbeitsanzug herumlaufen konnte. Es hätte uns angestanden, allenfalls noch im blütenweißen Kittel zu erscheinen, aber so? . . .

Wir waren uns der Schwierigkeit gar nicht recht bewußt, die wir heraufbeschworen hatten. Die Gefahr, daß wir abgelehnt, ja verachtet wurden, lag nahe.

Als wir nun unter den Augen unserer Schüler darangingen, mit Hammer und Meißel den Betonfußboden des Werkraumes aufzuschlagen, um Elektroleitungen zu verlegen und eine funktionsfähige Werkstatt daraus zu machen, wich die anfangs geübte Zurückhaltung sanfter Kritik. Man wollte von uns wissen, ob diese niedere Arbeit denn nicht ein paar Hilfsarbeiter, also schlecht bezahlte Indios, machen könnten. Darauf antworteten wir, es wäre doch viel besser, wenn man selbst einmal diese Arbeit tun würde, einfach, um sie kennenzulernen und «mitreden» zu können. Um Ingenieur zu werden, sei es bei uns daheim geradezu vorgeschrieben, so ein Praktikum zu machen.

Und nun kam Leben in die staunende Versammlung. Zögernd trat der erste vor und nahm Hammer und Meißel zur Hand. Seinen guten schwarzen Anzug nicht schonend, klopfte er drauflos. Bald kam der zweite dazu, und es dauerte nicht lange, da war das Eis gebrochen, und zwanzig Männer in schwarzen Anzügen taten freiwillig, worum wir sie schwerlich hätten bitten können. Wir aber hatten gelernt, daß Vormachen besser ist als alles Reden.

In Zukunft sollten wir noch sehr oft merken, daß jedesmal, wenn unsere Schüler etwas lernten, wir auch Erfahrungen sammelten.

(R. Sch., Ecuador)

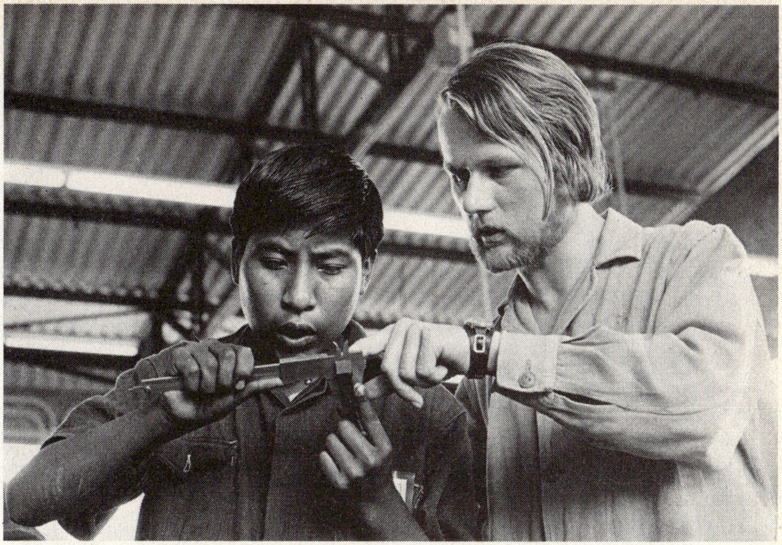

Diskutieren Sie bitte, wie es kommt, daß man bei uns in der BRD in Berichten über «personelle Hilfe» immer nur solche Fotos wie das obige, fast nie aber solche Fotos zu Gesicht bekommt.
(Fotos: oben: Bundesbildstelle / Deutscher Entwicklungsdienst; unten: Bundesbildstelle)

11. 1. 1968
Fritz (Beruf: Bauingenieur) baut die ersten Häuser im Centrum. Er ist erst ein paar Wochen hier und legt bereits los. Ich habe ihm gesagt, daß ich mich erst umsehen würde und nicht voreilig anfangen würde. Doch er ist voller Schaffensdrang, er will etwas leisten . . .

26. 4. 1968
Das erste Haus ist fertig. Die Brasilianer besichtigen das neue Bauwerk. Im Laufe des Tages pilgern immer mehr zur Besichtigung. Bei zunehmender Tageshitze wird es unerträglich heiß im Hausinnern. Die Brasilianer hört man immer wieder sagen: «In diesem Ofen möchte ich nicht wohnen.» Emilio (der Counterpart von Fritz) redet auf Fritz ein: «Ich habe ja gesagt, daß wir unter dem Dach eine Steinbreite offen lassen sollen. Du wolltest alles verschließen, damit kein Ungeziefer ins Haus kommt. Nun ist kein Ungeziefer im Haus, aber Menschen wollen auch nicht in diesem Haus wohnen.» Fritz ist sehr niedergeschlagen. Er wird am Montag mit dem Umbau beginnen.
(Tagebuchauszüge von S. P./Brasilien)

5.5 Der Entwicklungshelfer nimmt Partei

In einem Krankenhaus zum Beispiel, in dem eine (Entwicklungs-) Helferin arbeitete, war es üblich, daß die brasilianischen Krankenschwestern nach ihrer Schönheit bezahlt wurden. Diejenige, die schöner war, erhielt das Dreifache des Gehaltes ihrer häßlichen Kollegin, die nur 20 Mark bekam. Es ist nun keineswegs so, daß ein Freiwilliger hinkommt und naiv meint, er brauchte seinen deutschen Gerechtigkeitssinn nur zu übertragen. So naiv ist niemand. Die Schwierigkeit aber ist, was ein Freiwilliger in einem solchen Fall tun soll.

Ich glaube, es gibt keinen Freiwilligen, der dann sagt, das ist alles in Ordnung, und sich abfindet. Dadurch schon ist er kein neutrales Faktum, sondern wird ein Politikum.
Er muß immer Stellung beziehen und wird es auch, selbst dann, wenn er gar nichts tut. Damit bezieht er nämlich ebenfalls Stellung und wird nach kurzer Zeit unglaubwürdig.

Zurück zum Fall: Die Krankenschwestern empfinden die Ungerechtigkeit ihrer Bezahlung ebenso stark wie der Freiwillige, sind aber machtlos. Bei ihnen geht es um die Existenz. In Brasilien gibt es genügend Arbeitskräfte. Man muß nicht lange nach Schwestern suchen. Wird der Helfer nun für sie beim Chefarzt vorstellig, legt er gar Beschwerde bei einer vorgesetzten Dienststelle ein, sitzen die Schwestern dennoch auf der Straße. Der Helfer aber gilt als subversiv[1], wird als Kommunist denunziert[2]. Man kann annehmen, daß in den Krankenhäusern mindestens einer denunziert, denn sie

sind unmittelbar dem Gesundheitsministerium unterstellt. Die Verbindung ist ganz direkt. Eine unlösbare Situation, wenn eine Helferin Krankenschwestern weiterbilden und sie beraten soll. In diesem Fall von Hilfe oder sogar von Entwicklungshilfe zu sprechen, ist unglaubwürdig. Das Wort «helfen» müßte man überhaupt entfernen. Das ist ein ganz falscher Begriff. Für mich stellt sich nach meinen Erfahrungen eine grundsätzliche Frage an die personelle Entwicklungshilfe, die man nicht mit einem eindeutigen Ja beantworten kann. Ist sie nicht vielleicht ein Gedanke aus dem vorigen Jahrhundert? Ist sie nicht inzwischen überholt? Müßte man sich nicht Gedanken machen, ob es nicht andere Möglichkeiten und Formen gibt? ■
(Aus: *Publik* vom 10. 9. 1971)

Der Entwicklungshelfer geht hinaus, um Entwicklung in Gang zu bringen. Er will helfen, die Unterentwicklung zu überwinden. Im Land angekommen, sieht er sich einem solchen Ausmaß an Not und Elend, an sozialer Ungerechtigkeit gegenüber, daß er nicht weiß, wie er dagegen kämpfen soll.

Der Entwicklungshelfer erkennt an seinem Arbeitsplatz, was wir in all diesen Heften zu veranschaulichen versuchen, daß sich nämlich die Entwicklung von wenigen auf Kosten der Unterentwicklung vieler vollzieht.

Beginnt er kritisch nach den Ursachen der Unterentwicklung zu fragen und beginnt er die gefundenen Antworten laut zu äußern, dann heißt das in der Sprache der Politiker besorgt: «Die Entwicklungshelfer beginnen sich zu politisieren.»

1 subversiv: zerstörend, umstürzend
2 denunzieren: aus persönlichen, niedrigen Gründen anzeigen

■ Sind Entwicklungshelfer «rote Revolutionäre»?

Unionspolitiker fordern den «unpolitischen Fachmann», den es in den meisten Ländern gar nicht geben kann

Von unserem Redaktionsmitglied Hannes Burger

Die Lücke, die der niederbayerische CSU-Abgeordnete Franz Xaver Unertl im Bundestag hinterlassen hat, wird einem jedesmal schmerzlich bewußt, wenn der fränkische CSU-Abgeordnete Roser den Mund auftut. Denn Unertl saß wie Roser im entwicklungspolitischen Ausschuß des Bundestages, wie dieser hatte er keine Ahnung von der Materie[1], aber im Gegensatz zu Roser zeichnete ihn die altbayerische Tugend aus, über Dinge, von denen er nichts verstand, auch nicht öffentlich zu reden. Bei der CDU gibt es einen,

«Natürlich macht mir die Arbeit als Entwicklungshelfer hier Freude, trotzdem habe ich in letzter Zeit ein ziemlich ungutes Gefühl dabei!»
(Zeichnung: Markus, in: *stern* 7/1971)

der es eigentlich besser wissen müßte und trotzdem unsachlich mitredet: Leisler Kiep.

Jedesmal, wenn – wie jetzt in Bolivien – einige von den rund tausend im Einsatz befindlichen deutschen Entwicklungshelfern in Schwierigkeiten geraten, wenn sie aus Deutschland Solidarität und Hilfe brauchen, bekommen sie prompt von den entwicklungspolitischen Sprechern der Opposition noch Prügel nachgeworfen. Die Anschuldigungen, mit denen faschistische Regime die Verletzung von Verträgen und Menschenrechten zu rechtfertigen versuchen, können gar nicht lächerlich genug sein, daß sie nicht von den Oppositionssprechern in rechter Solidarität aufgegriffen und für parteitaktische Polemik[2] mißbraucht würden.

Dabei gäbe es für die Oppositionspolitiker, ebenso wie für sogenannte «Welt»-Blätter durchaus genügend Möglichkeiten, sich aktuell zu informieren, bevor sie unverantwortlich mit alten Schablonen kommentieren. Die Behauptung Rosers, der Deutsche Entwicklungsdienst (DED) sei eine «Zufluchtstätte von linksrevolutionär Programmierten» ist ebensowenig von Sachkenntnis getrübt wie die Unterstellung Kieps, DED-Helfer in Bolivien hätten sich mit politischen Aktivitäten in die internen Angelegenheiten des Landes eingemischt.

Sicher gibt es im DED auch «Linke», eine Minderheit, wie es sie überall in unserer Gesellschaft gibt, und noch ist dies kein Kriminaldelikt. Politisch Rechtsorientierte gibt es freilich kaum unter den Entwicklungshelfern, weil sich Entwicklungshilfe mit der Mentalität der Rechten nur selten verträgt. Die große Mehrheit der DED-Helfer setzt sich vielmehr aus solchen Leuten zusammen, wie Roser sie erst durch eine Umstrukturierung des DED «machen» will: «nüchterne und qualifizierte Fachleute», zum Beispiel: Mechaniker, Elektriker, Schreiner, Sozialarbeiter und Landwirte.

Bei dem einen mag der Idealismus für die Dritte Welt größer sein als die Haltbarkeit seiner Schweißnähte, bei dem anderen die Fachkenntnis gepaart sein mit einem Schuß Abenteuerlust, und dem dritten mag die rassige farbige Freundin näherliegen als der Wehrdienst zu Hause. Was immer ihre Motive sind, die sie hinausführen: bei ihrer Arbeit, die fast alle mit Pflichtbewußtsein erfüllen, bleibt den Entwicklungshelfern auf die Dauer politisches Denken nicht erspart. In einem Staat, in dem die Politik der Regierung darauf gerichtet ist, das Land wirklich zu entwickeln, ist auch der Entwicklungshelfer bewußt oder unbewußt in die – dann meist «linke» – Regierungspolitik integriert. Bei jedem politischen Kurswechsel ist er automatisch mit gefährdet. In rechtsgerichteten Diktaturen, wie Brasilien oder Bolivien, wird Entwicklungshilfe, sofern sie sachgerecht und der Korruption unzugänglich ist, allenfalls als Beruhigungsmittel oder als Alibi für eigene Versäumnisse geduldet.

Den tumben «Fachidioten» jedoch, der mit politischen Scheuklappen nur darauf achtet, daß die Schleifmaschine funktioniert, gleichgültig ob Garten- oder Folterwerkzeuge daran geschliffen werden, den wird Roser in der heutigen jungen Generation nicht mehr finden. Und in dem Augenblick, in dem die Arbeit der «nüchternen und qualifizierten Fachleute» auch nur im kleinen Bereich strukturpolitische Wirkungen erzielt, tauchen politische Konflikte auf.

Da ist beispielsweise in Bolivien ein Landwirt vom DED, der den Kleinbauern mit Hilfe seiner Fachkenntnisse beigebracht hat, ihre Pfirsiche in besserer Qualität zu produzieren, dann die betrügerischen Zwischenhändler auszuschalten und das Obst über eine Vermarktungsgenossenschaft für gutes Geld selbst in den Städten zu verkaufen. Spätestens als die Großgrundbesitzer die Konkurrenz auf dem Markt spürten, als die Händler sich ihrer Pfründe beraubt sahen, machten die aus dieser Richtung mobilisierten Behörden Schwierigkeiten, und der *neutrale Fachmann* mußte merken, daß auch die Entwicklung kleinster Strukturen Politik ist. Es war «Aufwiegelung von Campesinos».

Selbst wenn eine deutsche Hauswirtschaftslehrerin nur den künftigen Haushaltsgehilfinnen zu den Fachkenntnissen auch die sozialen Rechte des jeweiligen Landes beibringt und die Mädchen sich dann nicht mehr so ausnützen lassen wie zuvor, kann dies von den «Herrschaften» als politische Verhetzung ausgelegt werden. Es braucht also keine «linksrevolutionär

Programmierten», um in Entwicklungsländern in politische Konflikte zu geraten.

Was soll endlich der unpolitische Fachmann tun, wenn es im Entwicklungsland Aufstände, Revolutionen oder bürgerkriegsähnliche Situationen gibt – wie in Bolivien durchschnittlich einmal im Jahr? Wird er dann einen Menschen, der um Zuflucht vor revolutionären Liquidierungskommandos[3] bittet, schroff von der Tür weisen? Oder wird er nicht auch schlicht menschlich reagieren, wie es möglicherweise einige deutsche Entwicklungshelfer in Bolivien getan haben, als die Anhänger der damals legalen Regierung von den damals Aufständischen (und erst nach ihrem Sieg Regierenden) verfolgt wurden?

Während der Revolution 1971 bestürmten beispielsweise bolivianische Patres in Santa Cruz den DED-Beauftragten Gerd Merrem, doch mit seinem Privatflugzeug den zu ihnen geflüchteten (seiner damaligen Regierung loyalen[4]) Rektor der Universität vor den rechtsradikalen Greifkommandos über die Grenze zu retten. Sie werden sich wohl nur schwer erklären können, warum Merrem für diese, unter eigenem Lebensrisiko ausgeführte menschliche Tat ausgerechnet bei christlichen Politikern in Deutschland kein Verständnis findet. Hätten diese sich bei bolivianischen Bischöfen erkundigt, bevor sie Entwicklungshelfern die Etiketten von roten Revolutionären aufklebten, wäre ihnen diese Blamage erspart geblieben. ■

(Aus: *Süddeutsche Zeitung* vom 20. 7. 1972)

Manche Entwicklungshelfer vergleichen sich mit einer merkwürdigen Feuerwehr, die folgende Verhaltensmaßregeln erhält:

Löscht das Feuer (der Unterentwicklung), wann immer Ihr zu Hilfe gerufen werdet!

Schont Euch dabei nicht, denn es geht um das Leben der Brandopfer, die auf Eure Hilfe angewiesen sind!

Solltet Ihr jedoch Leute bemerken, die den Brand anheizen und Öl ins Feuer gießen und damit für sein ständiges Weiterbrennen sorgen, dann nehmt die Hände vor die Augen und stellt Euch blind!

Geht ja nicht zu den Brandstiftern hin, um sie anzuklagen und wegzujagen! Das wäre «Einmischung»!

1 Materie: in der Philosophie die außerhalb und unabhängig vom Bewußtsein bestehende objektive Realität, hier: Stoff, Gegenstand, Inhalt einer Darlegung
2 Polemik: Auseinandersetzung, Meinungsstreit
3 liquidieren: beseitigen, umbringen
4 loyal: regierungstreu, gesetzestreu

«Die Arbeit als Entwicklungshelfer in Südamerika hatte ich mir etwas anders vorgestellt.»
(Zeichnung: Markus, in: *stern* 33/1972)

Eine Entwicklungshelferin stellte auf Grund ihrer Erfahrung folgende Thesen auf:

■ – Die personelle Entwicklungshilfe kann die Lebensverhältnisse einzelner verbessern, sie kann besondere Notlagen mildern, durch sie kann Wissen vermittelt werden.
– Die personelle Entwicklungshilfe ist in der Regel nicht in der Lage, solche Veränderungen hervorzubringen, die die Ursachen der Unterentwicklung betreffen.
– Der Entwicklungshelfer ist von seiner Kultur geprägt und kann nur nach seinen Wertvorstellungen handeln. Somit besteht die Gefahr, daß er seine Erfahrungen fremden Kulturen aufpropft.
– Aufgezwungene Erfahrungen erzeugen Abhängigkeiten, sie nehmen den Menschen ihr Selbstbewußtsein und lähmen damit Eigeninitiativen.

- Durch die Arbeit in den Entwicklungsländern kann eine Sensibilisierung[1] des Entwicklungshelfers erreicht werden.
- Die eigentliche Entwicklungshilfe müßte bei uns beginnen. ■

(E. B., Brasilien)

Angesichts der vorgefundenen Situation im jeweiligen Gastland (man denke nur an die vielen Militärdiktaturen in der Dritten Welt) sehen einige der Entwicklungshelfer Möglichkeiten für eine sinnvolle und fruchtbare Arbeit. Die meisten passen sich schlecht und recht an.

Einige machen sich einen richtig schönen Tag.

Andere wieder versuchen, sich mit den Unterdrückten zu solidarisieren und politisch mitzuarbeiten.

Sie kriegen Schwierigkeiten, im Gastland wie zu Hause.

Wie auch immer die Entwicklungshelfer sich mit der Situation des Landes auseinandersetzen –

sie erkennen, daß ihr Beitrag zur Überwindung von Unterentwicklung doch recht fragwürdig ist.

Arbeitsaufgaben

- Diskutieren Sie bitte an Hand der Berichte, ob und inwieweit die offiziellen Erwartungen (Kapitel 3) durch die Arbeit der Entwicklungshelfer erfüllt werden.
- Kann der Entwicklungshelfer etwas entwickeln?
- Welche Schwierigkeiten liegen in ihm selbst, seiner Erziehung und in seinen ihm vertrauten Verhaltensweisen begründet?
- Diskutieren Sie unter Hinzuziehung der Hefte 2, 3, 4 einmal, ob überhaupt die dort beschriebenen wirtschaftlichen und politischen Strukturen der Unterentwicklung in irgendeiner Form von einzelnen überwunden werden können. Wenn nein, von wem denn?

6 Gastarbeiter in der Dritten Welt II: Aus fremder Sicht

Absicht: Den Berichten deutscher Entwicklungshelfer stellen wir hier kritische Kommentare von Einheimischen zur Tätigkeit von Entwicklungshelfern und zur deutschen Entwicklungspolitik im allgemeinen gegenüber.

Der *DED-Brief* August 1968, S. 2, über Sardar B. B. Pandé, den Königlich Nepalesischen Botschafter in der Bundesrepublik Deutschland:

1 sensibilisieren: empfindlich(er) machen

■ Sardar Pandé sieht in den Freiwilligen des Deutschen Entwicklungsdienstes die besten Botschafter Deutschlands, da sie als einzige «at the grass-roots» arbeiten. Diese Kleinarbeit sei für Nepal die einzig sinnvolle. Mit großen Projekten könne in Nepal nicht gearbeitet werden. Großen Wert sieht er ebenso in der praktischen Demonstration, die die Freiwilligen leisten: «To see is to believe – was der einfache Nepalese sehen kann, akzeptiert er.» Für einen Diplomaten ungewöhnlich ist auch seine Auffassung, daß Freiwillige als «kleine Leute» in Nepal besonders gern gesehen sind: «Das Land ist klein, es weiß dies und liebt jene, die sich ebenfalls ‹klein› machen.» Seinen Ruhm verdankt Nepal nicht wie Indien den Rajas, sondern den kleinen Leuten: den Sherpas (Lastenträger) und den Gurkhas (Elite-Soldaten, etwa Gebirgsjäger). «Die DED-Freiwilligen können viel lernen in Nepal», meint der Botschafter: «Ehrfurcht vor der gewaltigen Natur [der Berge] und Ehrfurcht vor Gott», der für Hindus und Buddhisten der gleiche sei. ■

■ Für uns bleibt der weiße Mann auch heute noch der starke Mann, der Kolonisator, der zugleich Reiche und Intelligente, der Meister, der die Direktiven[1] erläßt und der gewohnt ist, zu befehlen.

Sie dagegen kommen mit einer anderen Doktrin[2], nämlich derjenigen, uns glauben zu machen, Sie kämen nicht, um sich bedienen zu lassen, sondern um selbst zu dienen – welch seltsame Sprache! Folglich beobachten wir Sie, und selbst nach afrikanischer Begrüßung bleiben wir im Zweifel über all das Gute, das Sie uns antun wollen. Nach unserer Denkweise tut der Weiße dem Schwarzen einfach nichts für nichts, er handelt stets zu irgendeinem Nutzen. Folglich wollen wir wissen, zu welchem Nutzen.

Wir bewundern Sie mehr als die Kolonisatoren, weil Sie menschlicher sind, weil Sie unsere Häuser und Küchen betreten, weil Sie unsere Nahrung essen, weil Sie interessiert, was wir machen. Aber hüten Sie sich vor einem allzu schnellen, aktiven Urteil über unsere Handlungen!

Ich würde meinen, daß Ihre Aufgabe darin bestünde, uns alles zu bringen, was Sie an menschlicher Liebe aufbringen, um den Weg zu einer echten Zusammenarbeit wenigstens für die künftige Generation vorzubereiten, für die die Auswirkungen der Kolonialzeit bereits nur noch Geschichte sein werden.

Seit die westlichen Länder die Freiwilligenbewegungen geschaffen haben, gibt es in Kamerun Freiwillige verschiedenster Nationalität. Was uns am meisten auffällt, ist ihr unterschiedliches Verhalten. Da gibt es zum Beispiel diejenigen, die ohne vorherige ernsthafte Ausbildung zu uns kommen – sehr häufig kennen sie noch nicht einmal die Probleme ihres eigenen Landes, geschweige denn die des Auslandes. So kann es passieren, daß sich ein junger Mann oder ein junges Mädchen plötzlich von heute auf morgen in einem anderen als dem eigenen Kontinent wiederfindet, und dies ohne psychologische Vorbereitung. Diese Leute halten wir für Abenteurer; sie sind unfähig, in einem echt afrikanischen Milieu zu dienen.

Es gibt auch Freiwillige, die da glauben, man müsse sich auf das Niveau der Einheimischen begeben, um ihnen helfen zu können. Ich meine, das sei ebenfalls ein Irrtum. Sie sollten sich bemühen, stets Weißer zu bleiben, das heißt korrekt in der Kleidung, sauber, im Besitze des Lebensnotwendigen; denn unsere Leute begreifen nichts mehr, wenn sie einen Weißen in schmutzigem, schlampigem Aufzug sehen, wie die Freiwilligen gewisser großer Länder.

Denn nur wenn Sie Weiße bleiben in Ihrer Art zu leben, vielleicht noch mit größerer Einfachheit und ebensolcher Bescheidenheit, akzeptieren wir Sie wirklich. Andernfalls, und dies trifft vor allem im ländlichen Milieu zu, betrachten die Leute Sie als «kleine Weiße» (petits blancs), das heißt Weiße, die bei sich zu Hause arme Teufel sind und die hierherkommen, um bei uns richtig leben zu können. Falls sie Sie bei Ihrem Alltagsleben betrachten und beobachten können, so werden sie sagen: «Sie geben sich einfach, um uns besser helfen zu können.» Vor allem aber berichten Sie Ihren engsten einheimischen Mitarbeitern alle Details über Ihre Arbeit in Ihrem Lande. Sie dürfen Ihre Rolle nicht mit derjenigen der Missionare verwechseln, die natürlich in ihrer Einfachheit auch so akzeptiert werden. ■
(M. Fondjo, Douala/Kamerun, in: *DED-Brief*, April 1972, S. 11)

■ Unsere Gemeinde kennt die Deutschen nur ganz hoch über sich, erlebt sie aus Koch-, Gärtner-, Fahrer-, Schreiberperspektive. Wir möchten sie als Brüder neben uns haben.

Inspektoren erscheinen auch aus Deutschland, sehen zu, ob wir ihr Geld richtig verwenden und die Leute geschickt einsetzen. Sonntag war einer da, der schon vor der Abreise wußte, wie alles geregelt werden müßte. Der redete von Quittungssystemen, Produktionsmaximalen[3] und Kirchenstrategie[4]. Alles – Geld, Deutsche, wir – war Rohmaterial seiner Denkmaschine. ■
(Aus: F. Pawelzik: *‹Was einem Afrikaner so auffällt›*. In: *Der Überblick* 4/1969, S. 17)

1 Direktiven: Anweisungen
2 Doktrin: Lehre, politischer Grundsatz
3 Produktionsmaximale: höchstmögliche Herstellung/Erzeugung von Gütern
4 Strategie: Lehre von der Vorbereitung und Lenkung großer militärischer Operationen; hier: politische Planung

■ Der Kiap[1] schnauzt uns an,
Und seine Adern schwellen.
Er ruft: Ihr seid doch dumm!
Er sagt: Ihr seid unwissend – aber:
Kann er ein Kanu bauen,
Den Mast befestigen
und den Ausleger?
Kann er das Kanu steuern
durch die Nacht,
Die Richtung nicht verlieren?
Weiß er, wann aus dem Meer
Die Schildkröte auf den Strand kommt
Und ihre Eier legt? ■

(Gedicht aus Papua-Neuguinea von Kumalau Tawail, übersetzt aus *EACC News/ACS Newsletter*, in: *Der Überblick* 2/1973, S. 36)

■ Die Beziehung zwischen europäischen Ländern und den neuen Staaten der Dritten Welt sieht freundschaftlich aus, aber der Kern des Verhaltens bleibt derselbe: Das Verhältnis zwischen den Reichen und den Armen, zwischen Geberländern und Empfängerländern, zwischen Starken und Schwachen, zwischen Herrenrasse und Paria. Die freundschaftliche Beziehung besteht im Grunde nicht zwischen den beiden Völkern, sondern zwischen den regierenden Kreisen im Westen und der korrupten Oberschicht der Entwicklungsländer. Und immer wieder ist das Denkschema der westlichen Welt: «Man muß diesen Völkern der Dritten Welt helfen, und nur wir sind in der Lage zu helfen. Ohne unsere Hilfe sieht ihre Zukunft hoffnungslos aus.»

Mit Sicherheit kann ich hier niederschreiben, daß dieses Denkschema falsch ist. Man kann nachweisen, daß dieses Denkschema die moralische Grundlage ist, um sich in die inneren Angelegenheiten anderer Völker einzumischen, was fast immer von seiten der westlichen Länder gewaltsam und blutig verlaufen ist. Vietnam ist ein klares Beispiel hierfür. Ich nenne dieses Denkschema die moralische Grundlage des Neokolonialismus.

Es ist eine Tatsache, daß Entwicklungshilfe aller Art unmöglich unsere gewaltigen sozialen Probleme zu lösen vermag. Auch bei gutem Willen ist sie wie ein Tropfen auf einen heißen Stein. Daß die Entwicklungshilfe die Zielscheibe von Korruption aller Art ist, ist auch kein Geheimnis mehr. ■

(Aus: Lim, Kong-hua: *‹Wie ich die deutsche Kulturpolitik sehe›*. In: *Entwicklung und Zusammenarbeit* 5/1972, S. 23; Lim, Kong-hua aus Indonesien studierte technische Chemie an der Technischen Hochschule Ban-

1 Kiap: Kolonialbeamter, Verwalter

dung/Indonesien, promovierte an der TH Aachen in der Fachrichtung Bergbau und Hüttenkunde. Zur Zeit an der TH Aachen als Assistent tätig. Als Kritiker des Regimes General Suhartos wurde ihm der Paß entzogen.)

■ Ich habe eine neue Entwicklungshelferin einmal schwer schockiert, als ich ihr sagte: «Laut Statistik sind wir hier 35 351 unterentwickelte Menschen. Ab heute sind wir 35 352 unterentwickelte Menschen, und darunter sind Sie der allerunterentwickeltste, so unterentwickelt, daß man sie manchmal auslachen wird. Oder können Sie unter einem Dach wohnen, durch das es regnet? Können Sie in einem Haus wohnen, das im Winter nicht geheizt werden kann, weil der Fußboden und die Wände voller Ritzen sind? Können Sie ohne Waschmaschine waschen, ohne Gasherd kochen, ohne elektrisches Bügeleisen bügeln, ohne WC auskommen usw., usw.?» Genauso wie der Indianer für seine Urwaldstation ein entwickelter Mensch ist und wir nicht, genauso sind diese Menschen für ihre augenblickliche Situation durchaus entwickelt, das heißt, sie verstehen, darin zu leben und die deutschen Entwicklungshelfer zunächst einmal nicht. Will der Entwicklungshelfer von diesen Menschen für voll genommen werden, so hat er sich schleunigst selbst so zu entwickeln, daß auch er in der neuen Situation so zu leben versteht, daß er sich über nichts mehr zu wundern braucht. ■
(Der brasilianische Leiter eines Projektes, in dem Entwicklungshelfer arbeiten, in: *DED-Brief*, April 1973, S. 39)

Erfahrungen im Leben mit «Entwickelten» von John Blain (aus: *Der Überblick* 2/1973, S. 31):
■ Der Verfasser kommt aus dem westafrikanischen Staat Gambia. Er lebt seit sechseinhalb Jahren in Köln, wo er als Filmproduzent und wirtschaftlicher Berater für Investoren in Afrika tätig ist und eine Handelsvertretung betreibt.

Ich hasse das Wort. Entwicklung, Entwicklung. Wie oft muß ich das hören von Leuten hier in Europa. Sie mögen Mitleid mit uns haben, sie mögen Idealisten sein – auf jeden Fall blicken sie so oder so auf uns herab. «Eure unterentwickelten Länder», sagen sie, und oft sind sie noch ganz stolz auf ihr Interesse an uns. Aber sie haben nicht begriffen – jedenfalls die meisten Leute nicht –, daß wir Leute aus Afrika, Asien und Lateinamerika nicht entwickelt zu werden brauchen. Wir sind schon entwickelt. Ich kann mir nicht helfen, ich glaube, es ist das tiefe, aber oft gut versteckte Vorurteil gegen unsere Haut, gegen unser uneuropäisches Aussehen, das bewirkt, daß technische Entwicklung mit menschlicher Entwicklung verwechselt wird. Jedes menschliche Wesen, das erwachsen ist und nicht krank, ist entwickelt, jede Rasse ist entwickelt. Denn das Vorurteil ist der fundamentale Grund für alle Beobachtungen, sogar für wissenschaftliche Er-

ENTWICKLUNGSPOLITIK

(Zeichnung: D. Schubert, in: *Publik* vom 27. 4. 1970)

klärungen, für Redensarten, die mithelfen, unseren Kontinent als unterentwickelt darzustellen. All das kluge und dumme Gerede hilft in der Tat, daß wir in vieler Hinsicht noch unterdrückt sind. Selbst die Weißen, die kommen, um uns zu helfen, sind im Grunde nicht davon überzeugt, daß wir «entwickelt» sind.

Die Hilfe, die wir brauchen, ist in meinen Augen eine moralische Verpflichtung, schließlich sind wir jahrhundertelang benutzt und ausgebeutet worden, um die sogenannten entwickelten Länder zu dem zu machen, was sie sind, nämlich reich. Deswegen sind wir auch nicht mehr zu scheu, um Hilfe zu erbitten. Wir finden es nicht entwürdigend, Hilfe zu bekommen. Aber diese Hilfe sollte doch nicht mit einem hochmütigen Vorurteil verbunden sein. Sehen Sie, sehr oft bekommen wir Hilfe nur dann, wenn wir genau die Gebrauchsanweisung der Helfer befolgen. Und,entschuldigen Sie, aber viele Helfer, ja viele sogenannte Experten, kennen einfach unsere Situation nicht. Aber das stört sie nicht, sie bestehen darauf, daß wir die Hilfe genauso anwenden, wie sie es sich ausgedacht haben. Sie reden von Assistenz, ein gutes Wort! Doch wie oft wollen überseeische Helfer keine Assistenten sein, sondern Bosse. Oder es wird uns gesagt, seht, Ihr bekommt für soundso viel Millionen Mark Hilfe, um ein bestimmtes Projekt zu entwickeln. Gehen Sie mit mir, gucken Sie sich genau um, Sie werden feststellen, daß von diesen herrlichen Millionen sehr, sehr viel Geld für die europäischen oder westlichen Experten verwendet wird. *They have very often a damned good time in Africa.* ■

■ Die Macht der Technologie ist von Deutschland und Europa bei uns bis in die Knochen eingedrungen. Diese Macht erhebt automatisch die Europäer über die Einheimischen, so daß ein Afghane in der Zusammenarbeit mit einem «Mister» immer untergeordnet bleibt und als «Übersetzer» eingeordnet wird.

Entwicklungshilfe löst zwei entscheidende Faktoren aus:

a) sie löst in der Regel Überheblichkeit aus, sobald Menschen der Ersten Welt in der Dritten Welt arbeiten,

b) sie wird mit Barmherzigkeit übermittelt. Die Auswirkungen der Entwicklungshilfe erbrachten nach meiner Feststellung an bekannten Beispielen keine gewünschten Ergebnisse. ■

(A. K., Afghanistan)

■ Länder, die die Hilfe anderer Nationen in Anspruch nehmen müssen, erwarten, daß ganz bestimmte Ziele gefördert werden. Das wichtigste ist eigenverantwortliche Unabhängigkeit. Die unterstützten Länder müssen es erreichen, sich unabhängig von fremdem Geld selbst helfen zu können. Aber vieles an der bisherigen Hilfe hat uns nur abhängiger gemacht. Daher fragen sich viele Entwicklungsländer heute, ob die Entwicklungshilfe nicht eine Art von Neo-Kolonialismus darstellt.

Leute, die aus Industrienationen zu uns kommen, erscheinen – ob sie es wollen oder nicht – als Bestandteil von uns fragwürdigen Entwicklungsbemühungen. Sind sie sich dessen bewußt? Und sind sie dazu bereit und darauf vorbereitet, unsere Entwicklungsziele zu unterstützen? Sehen sie ihre Aufgabe vor allem auch darin, die Produktions- und Handelstrukturen in ihren eigenen Ländern zu verändern? . . .

Die allerwichtigste Aufgabe aber haben bei uns tätige ausländische Fachkräfte in ihren eigenen Heimatländern. Sie sind es, die es den Leuten in Europa klarmachen müssen, daß grundsätzliche Veränderungen erforderlich sind und daß bloße «Hilfsmaßnahmen» die Probleme nicht lösen können. Wenn sich die Haltung der europäischen Länder uns gegenüber nicht wandelt, dann dürfte es für Europäer schwierig sein, uns überhaupt noch zu helfen.

Es darf auch nicht vergessen werden, daß die Rolle europäischer Fachleute in Asien immer nur eine sehr bescheidene sein kann. Wirklich entwicklungswirksame Schritte müssen vor allem von uns selbst getan werden. Leute von draußen können zwar einige Initiativen und Anregungen geben – aber die Hauptaufgabe bleibt für uns. Auch wenn keine Europäer in unsere Länder kämen, müßten wir den Kampf um eine neue Gesellschaft fortsetzen!

(Aus: S. L. Parmar: *‹The Role of the European Expatriate in Asia. Die Rolle europäischer Fachkräfte in Asien›*. In: E. le Coutre: *‹Unterwegs zur einen Welt›*. Stuttgart 1970, S. 279 f.)

Wir wurden in der Schule Europas erzogen: aber trotzdem oder gerade deshalb wollten wir bestätigen, daß wir nicht daran dächten, Afrika zu verleugnen und daß für uns der Fortschritt nur von Afrika selbst aus möglich war, von den afrikanischen Traditionen, von dem Bewußtwerden des Schwarzen seiner selbst, von dem Bewußtwerden seiner Geschichte, seiner Kultur, seiner Einheit. Wir sagten, wir dachten, daß die westlichen Lebenserfahrungen keinen Sinn hätten, wenn sie nicht mit diesem Erbe wieder verbunden würden.

(Aimé Césaire, Dichter und Dramatiker aus Martinique, zitiert nach *DED-Brief* März/April 1971, S. 2)

Arbeitsaufgaben

– Der Slogan «Lernen und Helfen in Übersee» wird von rückkehrenden Entwicklungshelfern häufig so diskutiert, daß überlegt wird, welchem der beiden Tätigkeitswörter im Rückblick auf die eigenen Erlebnisse und Erfahrungen der Vorrang einzuräumen sei. Wie würden Sie diese Frage beantworten?

– Beziehen Sie bitte in Ihre Diskussion über die Feststellungen und Einsichten von Entwicklungshelfern die im letzten Kapitel wiedergegebenen Stimmen aus der Dritten Welt mit ein.

– Schließlich und endlich wollen wir Sie bitten, unter Hinzuziehung von Heft 10 ‹*Ausländische Arbeiter in der BRD*› die Situation von deutschen Entwicklungshelfern in der Dritten Welt mit der Situation ausländischer Arbeiter in der Bundesrepublik Deutschland zu vergleichen in bezug auf:

– Ausbildung,
– Motive «rauszugehen»,
– Abhängigkeiten,
– Kulturschock,
– Gründe sozialen Alleinseins,
– Sexualität,
– unverwechselbare Erfahrungen usw.

Beachten Sie dabei vor allem daß wir in Heft 10 den Ausdruck «Gastarbeiter» vermieden, in diesem Heft aber mit Absicht benutzt haben.

Kommentierte Film- und Tonbild-Liste

Begegnung im Urwald, Film 23 Min. Farbe; Deutsches Filmzentrum
(An einem etwas abgelegenen Thema – australische Geologen begegnen auf der Suche nach Gesteinsproben, die auf Erdöl schließen lassen, im Urwald von Neuguinea Ureinwohnern – kann der Problemkreis «Aufeinandertreffen unterschiedlicher Kulturen» diskutiert werden.)

Nachbarn von morgen, Film 32 Min. s/w 1969; Deutsches Filmzentrum
(Bericht über die Arbeit des Deutschen Entwicklungsdienstes in Nairobi.)

Lehrlinge in Übersee, Film 19 Min. s/w 1970; Deutsches Filmzentrum
(Viele deutsche Entwicklungshelfer werden im Rahmen der Berufsausbildung eingesetzt; eine filmische Fehlleistung, die aber gerade deshalb diskutiert werden sollte.)

Kraft für Butwal, Film 30 Min. s/w; EMZ 1–12
(Kirchliche Entwicklungshelfer bereiten in Nepal die Gründung eines Industriezentrums vor.)

Kenia – das habe ich mir anders vorgestellt, Film 60 Min. s/w 1968; Deutsches Filmzentrum
(Ein Film von Christian Doermer über die Tätigkeit deutscher und amerikanischer Entwicklungshelfer in Kenia, dem man kritisch gegenübertreten muß.)

Praxis in Tunesien, Film 15 Min. Farbe 1968; Deutsches Filmzentrum
(Vorbereitung eines Einsatzes von Entwicklungshelfern des DED.)

Entwicklungshelfer berichten ..., Tonbildschau (140 Farbdias mit Textbuch und Tonband); über: Institut für Entwicklungshelfer, 5 Köln 21, Theodor-Hürth-Straße 2–6, Telefon (02 21) 81 66 71

Kommentierte Literaturliste

Erhard Eppler: ‹*Wenig Zeit für die Dritte Welt*›. Stuttgart, Berlin, Köln, Mainz 1971
Ein Bestseller des ehemaligen «Entwicklungshilfe-Ministers›. Er erläutert die Entwicklungspolitik der Bundesrepublik und zeigt die Schwierigkeiten auf, die die Diskussion von «Entwicklungshilfe» in der BRD bestimmen.

Eberhard le Coutre (Hg.): ‹*Unterwegs zur einen Welt. Aus der Arbeit von «Dienste in Übersee»*›. Stuttgart 1970
Dieser Band erschien zum zehnjährigen Bestehen des evangelischen Arbeitskreises «Dienste in Übersee». Zur Ergänzung unserer auf die Arbeit des DED bezogenen Informationen außerordentlich wichtig: Ziele, Methoden, Probleme, Berichte von 24 Entwicklungsfachkräften aus 14 Ländern, Stimmen von draußen und ein dokumentarischer Anhang.

Ulrike Ries (Hg.): ‹*Entwicklungshelfer. Deutsche in der Dritten Welt*›. Hannover 1971
In diesem Band berichten zurückgekehrte Entwicklungshelfer von ihrer Arbeit in Ländern der Dritten Welt. Welche unterschiedlichen Motive bewegten die einzelnen Autoren, in ein Entwicklungsland zu gehen?

Heft 10

Alfred Holzbrecher, Else Holzbrecher, Erhard Meueler

Ausländische Arbeiter in der BRD

2,5 Millionen ausländische Arbeiter in der Bundesrepublik Deutschland. Wem nützt ihre Arbeit? Ist die Ausländerbeschäftigung Ausbeutung oder Entwicklungshilfe?

Ihnen wird auffallen, daß wir außer in Zitaten nie das Wort «Gastarbeiter» gebrauchen. Dieser vielbenutzte Begriff stimmt einfach nicht: Denn wer läßt schon seine Gäste arbeiten?

Inhalt

1 «Jeder ist seines Glückes Schmied!»

Wir halten diesen Satz für eine Lüge!

Denn jemand, der die Volksschule besucht hat, kann nur noch mit allergrößten Anstrengungen Lehrer oder Arzt werden.

Ohne Abschlußzeugnis der 9. Klasse kann man so gut wie keine Lehre beginnen, damit weder Geselle noch Meister, sondern allenfalls ungelernter Arbeiter (Hilfsarbeiter) oder angelernter Arbeiter werden.

Die berufliche Stellung und das spätere Ansehen hängen davon ab, welche Art von Schule (Volksschule, Realschule, Gymnasium, Fachschule, Hochschule) man besucht hat.

Aber nicht nur die Schulbildung bestimmt, über die Höhe des Arbeitslohns, das berufliche und das allgemeine gesellschaftliche Ansehen. Es kommt auch darauf an, welchen Beruf die Eltern haben, wo man geboren ist und welche Sprache man spricht: Lohn, beruflicher Aufstieg und gesellschaftlicher Erfolg eines Arbeiters hängen auch davon ab, ob er aus Gelsenkirchen, einem niedersächsischen Dorf oder aber aus irgendeinem Dorf in der Türkei, in Italien oder Griechenland stammt.

Absicht: Dieses Kapitel versucht klarzustellen, daß die Millionen ausländischer Arbeiter aus den Randstaaten Europas nicht etwa deshalb auswandern mußten und müssen, weil sie an ihrem Glück nicht genug geschmiedet haben, sondern weil es noch immer Leute gibt, die von der Armut und der Arbeit anderer leben.

Betrachten Sie bitte die Schaubilder auf S. 236. Viele ausländische Arbeiter konnten auch ihre Familien hierherholen. Mit diesen und den zahlreichen illegal eingereisten Arbeitern (man schätzt ihre Zahl auf 10 Prozent der legal Eingereisten) erhöhen sich diese Zahlen um Hunderttausende.

■ Ich habe Spanien verlassen, weil es dort für mich keine Zukunft gab, auch konnte ich dort kein menschenwertes Dasein führen ...

Niedrige Löhne, hohe Preise und mangelnde Freiheit ...

Ich habe immer mein ganzes Geld meiner Frau gegeben: wenn ich nur ein kleines Ersatzteil für das Fahrrad kaufen wollte, blieb nichts mehr übrig. Ich habe nicht einmal einen Pfennig, um mir eine Tasse Kaffee oder Zigaretten zu kaufen ...

Ich hätte so manches Mal gerne einen getrunken, aber ich hatte einfach nicht genug Geld ...

... Ich wollte, daß es meine Kinder einmal besser haben als ich ... Ich wollte sie zur Schule schicken und sie gut aufwachsen lassen, dabei konnte ich ihnen nicht einmal etwas zum Anziehen kaufen ... Ich mußte weggehen, es war einfach nötig, um für meine Familie zu sorgen ... denn es ist traurig, wenn man nicht genug Geld hat, daß die Familie davon leben kann ...

Wer von Ihnen schon einmal zum Beispiel Italien oder Spanien bereist hat, wird vielleicht festgestellt haben, daß noch sehr viele Leute dort in der Landwirtschaft arbeiten; daß es aber auch einige Industriezentren gibt, beispielsweise in der Gegend von Barcelona oder in Norditalien.

Nehmen wir ein Beispiel – Italien –, um in einem geschichtlichen Rückblick uns folgende Fragen zu stellen:

Was sind die Ursachen dieser Armut?
Was hat die Armut der einen mit dem Reichtum der anderen zu tun?

Die *Großgrundbesitzer* in Süditalien konnten, da sie die «Herren» waren, seit Jahrhunderten eine Veränderung der Besitzverhältnisse zugunsten der Bauern verhindern. Sie bestimmten, was angebaut und produziert wurde, wer auf dem Land für sie arbeitete oder wer von seinem Land vertrieben werden sollte.

Auf Grund der Nähe zu den alten Handelsstraßen waren die Städte Norditaliens dem Süden wirtschaftlich immer etwas überlegen.

Den *Herren des Nordens* gehörte die Industrie.

Den *Herren des Südens* gehörte das Land.

1860 eroberte die Monarchie von Savoyen den Süden: Italien war nun eine Nation.

Die Industrieherren des Nordens setzten einige Jahre später durch, daß auf ausländische Industriegüter ein hoher Zoll erhoben wurde. Das Ziel war, die ausländischen Waren so stark zu verteuern, daß die Käufer sich lieber für die italienischen Produkte interessierten: diese waren ja billiger.

Die Folge war, daß die Industrie Norditaliens blühte und immer mehr Waren verkaufen konnte. Dazu brauchte sie aber Arbeitskräfte ...

Die nun folgende «Entwicklung» im Süden war die Kehrseite dieser Medaille, die

Entwicklung der Unterentwicklung.

Als Reaktion auf die Zollpolitik der Industrieherren im Norden schlossen die anderen europäischen Märkte ihre Grenzen für italienische Agrarprodukte, die vorwiegend aus dem Süden stammten.

Die Folge war, daß weniger produziert werden mußte, weil man nur wenig verkaufen konnte.

Wer war der Hauptleidtragende dieser Entwicklung?

Der Großgrundbesitzer?

Er konnte und kann im schlimmsten Fall immer noch Land verkaufen oder verpachten und eine andere Arbeit aufnehmen.

Den Bauern ging es immer schlechter.

Sie mußten für den Großgrundbesitzer arbeiten und von dem leben, was er oder ein anderer Großhändler ihnen für die Weintrauben oder die Schafwolle bezahlte.

Weil nun die Großhändler selbst die Produkte schlecht verkaufen konnten, zahlten sie den Kleinbauern immer weniger.

DIE AUSWANDERUNG IN ITALIEN IST EINE DIREKTE FOLGE DER NICHT GELÖSTEN AGRARFRAGE.
(Aus: Paolo Cinanni: ‹*Emigration und Imperialismus*›. München o. J., S. 50)

In 80 Jahren wanderten etwa 25 Millionen Italiener in die großen Industriezentren Europas und Amerikas.

■ Als das mit Deutschland aufkam
sagte ich mir,
so wie jedermann, ich auch:
Deutschland ist ein kleines Amerika.
Gehst du dorthin, Niyazi,
lebst du dort wie die Reichen von Bebek.
Denn die Armen
können nur in Amerika – oder in Deutschland oder in einem
anderen westlichen Land –
leben wie ein Amerikaner. Während
das in unseren Ländern
nur eine Sache der Reichen ist . . .
Dort hat jeder einen Wagen.
Moderne Wohnungen mit Bad,
stangenweise Anzüge,
Nylonhemden
und Geliebte, die er an den Straßenecken küßt,
genau wie im Film. ■

(Aus: Aras Ören: ‹*Was will Niyazi in der Naunynstraße*›. Berlin 1973, S. 25)

2 Was ist Arbeit? Und wem dient sie?

Absicht: Wir wollen Sie in diesem Kapitel anregen, sich ein wenig mit den ‹*Stichwörtern zur Politischen Ökonomie*› am Schluß dieses Bandes zu beschäftigen. Sie sollten sich an Hand der ‹*Stichwörter*› um eine Definition von «Arbeit» bemühen. Unterbleibt diese Bemühung, sind die Probleme, die in den folgenden Kapiteln dargestellt werden, nur sehr schwer zu verstehen und kaum in der richtigen Weise zu beurteilen.

■ Handelt es sich bei den folgenden Tätigkeiten um Arbeit?
1. Ein Vertreter besucht eine Warenmesse.
2. Ein Philosoph denkt.
3. Eine Stewardess fragt einen Fluggast nach seinem Befinden.

4. Ein Partisan kämpft gegen eine Invasionsmacht.
5. Ein Lehrer liest Zeitung.
6. Ein Fließbandarbeiter prüft die Werkstücke auf Lackierfehler.
7. Ein Lehrling holt für den Meister Bier.
8. Ein Schrebergärtner gräbt sein Blumenbeet um.
9. Schüler diskutieren über den Unterrichtsstil des Lehrers.
10. Ein Urlauber liest ein Buch über die politischen Verhältnisse in Griechenland.
11. Ein Hausbesitzer prüft, ob die Mieten eingegangen sind.
12. Arbeiter organisieren einen Streik.
13. Ein Pferd zieht einen Wagen.
14. Ameisen bauen einen Ameisenhaufen.
15. Kinder spielen im Sandkasten.
16. Ein Lehrling besucht eine Gewerkschaftsveranstaltung.
17. Ein Automechaniker bastelt nach Feierabend an seinem Wagen.
18. Einer bringt einen anderen um.
19. Ein Fälscher druckt 1000-Mark-Scheine nach.
20. Einer gräbt ein Loch in die Erde und schüttet es wieder zu.
21. Ein Weinprüfer macht Weinproben.
22. Ein Schüler lernt Vokabeln.
23. Ein Lehrling geht zur Berufsschule.
24. Ein Reisebürovertreter testet, als ‹Gast› getarnt, ein Hotel auf Teneriffa.
25. Eine Profi-Fußballmannschaft spielt gegen eine andere.
26. Eine Hausfrau kauft ein.
27. Eine Mutter erzieht ihre Kinder.
28. Ein Polizist bewacht ein öffentliches Gebäude.
29. Eine Animierdame läßt sich zum Whisky einladen.
30. Ein Großaktionär studiert die Börsenkurse.

Es gibt verschiedene Aussagen und Auffassungen darüber, was Arbeit für den Menschen und sein Leben bedeutet. Ihr findet im folgenden einige derartige Aussagen. Diskutiert in Eurer Gruppe, welche Ihr für zutreffend haltet und welche für falsch:

a) (In der Bibel steht, daß Gott nach dem Sündenfall zu Adam sagt:) «Weil du der Aufforderung deines Weibes nachgekommen bist und von dem Baum gegessen hast, soll der Ackerboden verflucht sein deinetwegen. Mit Mühsal sollst du dich von ihm nähren dein Leben lang . . . Im Schweiße deines Angesichts sollst du dein Brot essen.»

b) (In der Bibel steht auch:) «Das Leben währet siebzig . . . Jahre, und wenn es köstlich gewesen ist, ist es Mühe und Arbeit gewesen.»

c) Durch Arbeit unterscheidet sich der Mensch vom Tier.

d) Arbeit ist ein notwendiges Übel.

e) Arbeit macht frei.

f) Erst außerhalb des Bereichs Arbeit lebt der Mensch wirklich und kann er glücklich sein.

g) In der Arbeit wird sich der Mensch seiner selbst bewußt; in seiner Arbeit verwirklicht sich der Mensch.

h) Arbeit ist die Erfindung einer Minderheit, die Mehrheit zu unterdrücken.

i) Ohne Arbeit kann der Mensch nicht sinnvoll und glücklich leben.

j) Der Mensch arbeitet, um mit dem geschaffenen Wert seine Bedürfnisse und Wünsche zu erfüllen. ■

(Aus: W. Dahle: *‹Deutschunterricht und Arbeitswelt: Modelle kritischen Lernens›*. Reinbek 1970, S. 17 f.)

3 Die ausländischen Arbeiter als «industrielle Reservearmee» der Bundesrepublik

Absicht: Dieses Kapitel geht der Frage nach, warum zum Beispiel deutsche Arbeitgeber ausländische Arbeiter beschäftigen und wie sie sie anwerben, wie mit illegal eingereisten Arbeitern ein organisierter Menschenhandel betrieben wird, warum man von einer «Reservearmee» spricht und schließlich: wer in unserer Gesellschaft welche Interessen und Standpunkte gegenüber dem «Ausländerproblem» hat.

3.1 Sind ausländische Arbeiter nur eine vorübergehende Erscheinung?

Seit dem Zweiten Weltkrieg ist die Produktion der deutschen Unternehmen für den Inlandmarkt wie für den Weltmarkt ständig gestiegen. Eines Tages jedoch hatte die Bundesrepublik ihre Reserven an Arbeitskräften, also an Nichtarbeitenden (Arbeitslose einschließlich der nicht berufstätigen Frauen) erschöpft.

– Es gab also bald mehr Arbeitsplätze als Arbeiter, die diese Arbeitsplätze besetzen konnten.

Die Arbeitskraft-Reserven auch der ländlichen Umgebung der Industriezentren waren bald ausgeschöpft. Ebenso war der größere Teil der bisher nicht berufstätigen Frauen mobilisiert. Also mußte der

– Einzugsbereich der Arbeitskräfte vergrößert werden.

So wurden eines Tages die nationalen Grenzen der Bundesrepublik überschritten. Es kam zu einer

– internationalen Wanderungsbewegung von Arbeitskräften aus den ländlichen Gebieten Europas in die Industriezonen Europas, insbesondere in die Bundesrepublik Deutschland.

Doch nicht erst seit ein paar Jahren gibt es diese *«internationale Landflucht»*:

In den dreißiger und vierziger Jahren des 19. Jahrhunderts begann in Preußen die «industrielle Revolution»: die Dampfmaschine und andere technische Neuerungen wurden in der Industrie eingeführt, die dadurch mehr herstellen und sich ausbreiten konnte.

Gleichzeitig wuchs aber die Bevölkerung ungeheuer an, weil eine bessere ärztliche Versorgung die Sterblichkeitsrate sinken ließ. Diese Bevölkerungsexplosion war so stark, daß selbst die neue, sehr stark sich ausbreitende Industrie nicht alle Leute beschäftigen konnte: Viele wanderten nach Amerika aus.

Doch Anfang der achtziger Jahre schlug dieses Pendel zurück, vor allem weil die Montanindustrie[1] im Ruhrgebiet sich sehr schnell zu einem immer größer werdenden Industriezentrum entwickelte: die Arbeitskräfte wurden knapp. Nun schickten die deutschen Unternehmer Werber in die preußischen Ostprovinzen und in das Russische Reich, um insbesondere polnische Arbeiter für ihre Fabriken zu gewinnen.

1914 gab es im Deutschen Reich schon 1 Million ausländische Arbeiter. Im Zweiten Weltkrieg wurden – als Ersatz für die zum Militär eingezogenen deutschen Arbeiter – zivile ausländische Arbeiter, Kriegsgefangene und deutsche Verfolgte des Nazi-Regimes zur Zwangsarbeit herangezogen.

Im September 1941 arbeiteten 2,1 Millionen Ausländer, besonders aus Belgien, Italien, Jugoslawien, Polen, den Niederlanden und der Tschechoslowakei, in Deutschland.

Nach dem Bau der «Mauer» (1961) hörte der Zustrom von Flüchtlingen aus der DDR in die BRD auf und damit der Zustrom von Arbeitskräften. Man war mit einemmal wieder gezwungen, die benötigten Arbeitskräfte aus dem europäischen Ausland zu beschaffen.

Es wurden sogenannte *Anwerbeverträge* mit folgenden Ländern abgeschlossen:

1955 mit Italien
1960 mit Spanien und Griechenland
1961 mit der Türkei
1964 mit Portugal
1965 mit Tunesien
1968 mit Jugoslawien

[1] Montanindustrie: Bergbau, eisenerzeugende und -verarbeitende Industrie

3.2 Die Anwerbung oder: Die deutschen Arbeitgeber haben freie Auswahl

■ Sieben Jahre beträgt die durchschnittliche Wartezeit zwischen der Antragstellung und der Ausreise . . . In der Istanbuler Vermittlungsstelle warten 1,2 Millionen Anträge auf Bearbeitung. Augenblicklich sind die Anträge von 1965 an der Reihe. ■
(Helge-Ulrike Peter, in: *Frankfurter Rundschau* vom 20. 1. 1973)

(Zeichnung: D. Schubert, in: *Publik* vom 27. 4. 1970)

Der normale Weg der Anwerbung

Die deutschen Arbeitgeber machen genaue Angaben darüber, wie viele ausländische Arbeiter sie benötigen. Die Bundesanstalt für Arbeit (BfA) in Nürnberg entscheidet nun, durch welche Deutsche Kommission in Spanien, Italien, der Türkei usw. die benötigten Arbeitskräfte angeworben werden sollen. Vorher prüft das örtliche deutsche Arbeitsamt, ob am zukünftigen Arbeitsort angemessene Unterkünfte bereitstehen.

Nun bittet die jeweilige Deutsche Kommission zum Beispiel in Spanien oder Griechenland die dortige Verwaltung, ihr geeignete Bewerber vorzustellen.

Als «ungeeignet» gelten solche, die im dortigen Strafregister eingetragen sind und/oder politisch verfolgt werden (laut vertraglicher Vereinbarung mit den ausländischen Regierungen; vgl. S. Geiselberger [Hg.]: ‹*Schwarzbuch: Ausländische Arbeiter*›. Frankfurt a. M. 1972, S. 44).

■ Sieben deutsche Ärzte sorgen dafür, daß nur wirklich gesunde und für die jeweilige Arbeit geeignete Türken den Weg in die Bundesrepublik antreten. Und wer angibt, er sei Bauschlosser und auch entsprechendes Papier vorweisen kann, der ist noch lange nicht durch. In Prüfwerkstätten müssen

die verschiedenen Handwerker ihre Fertigkeiten nachweisen. Der Anteil von Facharbeitern an den Vermittelten liegt bei etwa 50 Prozent. Sie haben einen großen Vorteil: Für sie beträgt die Wartezeit nicht sechs bis sieben Jahre, sondern nur sechs bis acht Monate. ■
(Aus: *Frankfurter Rundschau* vom 21. 7. 1973)

Ist die ärztliche Untersuchung positiv verlaufen, bekommt der ausländische Arbeiter den vom zukünftigen Arbeitgeber unterschriebenen Anstellungsvertrag: Der tarifliche Mindestlohn und eine angemessene Unterbringung (Schlafstellen für Ledige) werden garantiert. Der Vertrag ist am Anfang in der Regel auf ein Jahr befristet. Wechselt der ausländische Arbeiter schon vorher seinen Arbeitsplatz, riskiert er die Ausweisung.

Anwerbung aus Ländern der Europäischen Gemeinschaft
Die Arbeitsvermittlung für Arbeiter aus den Ländern der Europäischen Gemeinschaft geschieht nach einem einfacheren Verfahren: Sie können im Rahmen der von den neun Mitgliedsländern vereinbarten Freizügigkeit in jedem EG-Land einen Arbeitsplatz selbst suchen, sich einen Arbeitsvertrag ausstellen lassen und dann sich bei der zuständigen deutschen Behörde eine Arbeitserlaubnis besorgen.

3.3 Die illegale Einreise und Beschäftigung oder: Wie kann sich ein Unternehmen «gesundstoßen»?

Was sind Illegale? «Illegale» werden die genannt, die nur mit einem Touristenvisum in die Bundesrepublik kommen. Dieses Touristenvisum ist eine Einreiseerlaubnis (für bestimmte Länder) für Besuchszwecke, also keine Erlaubnis, Arbeit aufzunehmen.

■ Sie scheuen die Behörden und die Öffentlichkeit und sind dadurch jeder Schikane ihres Sklavenhalters schutzlos ausgesetzt. ■
(Aus: *‹Dokumentation zum Ausländerrecht›*, 1972 herausgegeben vom AStA Auslandsreferat der Universität Stuttgart und der Evangelischen Studentengemeinde Stuttgart, S. 172)

■ Illegale Geschäfte mit Gastarbeitern
Stuttgart (dpa)
Mehrere illegale Vermittlungszentralen für ausländische Arbeiter sind in Stuttgart ausgehoben worden. Wie die Polizei mitteilte, wurden nach ersten Ermittlungsergebnissen allein von einer der Zentralen über 100 illegal in die Bundesrepublik eingeschleuste Ausländer «beschäftigt». Die Zentralen

verliehen die Ausländer für 12,50 bis 13,50 Mark je Stunde an Baufirmen, zahlten den Arbeitskräften selbst jedoch nur 6,50 Mark Stundenlohn. Bei mehreren Haussuchungen entdeckten die Beamten Hinweise darauf, daß in Baden-Württemberg «illegaler Arbeiterhandel im großen Stil» betrieben werde. Die Polizei kam den illegalen Zentren durch Zufall auf die Spur: Bei Kontrollen von Tübinger Baustellen stießen die Beamten auf mehrere jugoslawische Arbeiter ohne Pässe. Die Verleiher hatten sie den Ausländern nach Angaben der Polizei abgenommen, um sie dadurch in der Hand zu haben. ■
(Aus: *Stuttgarter Zeitung* vom 23. 11. 1971)

Arbeitgeber, die Illegale beschäftigen, sparen dadurch Steuern und Sozialabgaben (z. B. Kranken-, Renten-, oder Unfallversicherung). Das bedeutet für den Ausländer, daß er bei einem Unfall von keiner Versicherung Geld bekommt.

Wird ein Illegaler entdeckt, wird er ausgewiesen.

■ Wäre man wirklich an einer Ausrottung dieses Übels interessiert, so wären die Strafen für die Sklavenhalter drastisch zu erhöhen und den betroffenen Ausländern Straffreiheit in Aussicht zu stellen ...

Illegale kann es bei uns nur so lange geben, wie sich sogenannte Arbeitgeber bereit finden, sich dieser billigsten Ware Arbeitskraft zu bedienen. ■
(*‹Dokumentation zum Ausländerrecht›*, s. oben)

3.4 Eine Reservearmee kann man bei Bedarf einberufen und nachher wieder entlassen

Jedes Land unterscheidet beim Militär zwischen den ständig in Waffen gehaltenen Soldaten und den Reservetruppen. Bei letzteren handelt es sich um solche Soldaten, die nur dann mobilisiert werden, wenn sie unbedingt gebraucht werden (z. B. im Krieg, um die regulären Truppen zu verstärken). Werden sie nicht mehr benötigt, kehren sie in ihre alten Berufe zurück.

Diese Vorstellung einer «Reservearmee» kann man auch auf die Warenproduktion unserer Gesellschaft anwenden:

- Die Produktion ist davon abhängig, wieviel von den Waren verkauft werden kann.
- Immer wieder gibt es aber Schwierigkeiten, die erzeugten Waren zu verkaufen, weil beispielsweise weniger verbraucht wird, weil Konkurrenten die gleichen Waren billiger anbieten usw.
- In solchen Fällen muß die Produktion der Ware gedrosselt werden, das heißt: es werden weniger Arbeiter beschäftigt; es kommt zu Entlassungen (oder Kurzarbeit).

Beispiel ihnen weitgehende (politische) Mitbestimmungsmöglichkeiten gibt usw.

oder für die *Rotation*: den «Wechsel», das heißt, ausländische Arbeiter dürfen nur etwa zwei Jahre in der BRD bleiben, werden dann in ihre Heimat zurückgeschickt, neue Ausländer werden geholt ...

Der Zeichner Markus beschreibt die «Rotation» im *stern* 52/1973, S. 133 so:

»*Und was heißt auf türkisch:* ›Schönen Weihnachtsurlaub, ihr seid alle ab sofort entlassen!‹?«

Welche Interessen hat ...

der ausländische Arbeiter:

- Er möchte im allgemeinen länger als ursprünglich beabsichtigt in der BRD bleiben.
- Er möchte nach Möglichkeit seine Familie nachholen.
- Er ...
  (Überlegen und diskutieren Sie weitere Argumente.)

der deutsche Arbeitgeber:

- Er beschäftigt ausländische Arbeiter, weil ihn «in erster Linie die Arbeitskraft interessiert und was sie für den betrieblichen Produktionsprozeß zu leisten imstande ist».
  (*Bundesarbeitsblatt* 4/1970, Rolf Weber/Arbeitgeberverband)
- Er ist zunehmend daran interessiert, fachlich ausgebildete (ausländische) Arbeiter zu bekommen.
- Er ...
  (Diskutieren Sie das Interesse der Arbeitgeber an «Integration» und «Rotation».)

die betroffene Gemeinde,

in der der ausländische Arbeiter wohnt:

- Sie muß die Folgelasten (Schule usw.) der Ausländerbeschäftigung bezahlen bzw. tragen, so z. B. auch genügend Wohnungen bereitstellen.
- Sie beschäftigt sich mit der Frage, ob und wie lange die Ausländer

bleiben und wie sie zu integrieren sind.

die deutsche Bevölkerung:

- (Was können Sie aus Ihren eigenen Erfahrungen und Erlebnissen darüber aufzählen?)

4 Erkundungen zur Lage der ausländischen Arbeiter

Vorschlag zur Arbeitsmethode

Die Schule befindet sich immer in einer unglücklichen Situation: Sie soll und will Hilfen zum Verständnis und zur Bewältigung von Situationen und Problemen des täglichen Lebens und der zu erwartenden Zukunft geben.

Sie kann dies aber in den meisten Fällen nur so, daß sie *über* diese Situationen und Probleme belehrt. Diese Belehrung geschieht meistens mit Hilfe von Schulbüchern und anderen Arbeitsmaterialien. Nur in wenigen Fällen kann sie der Beschränkung, nur mit Büchern arbeiten zu müssen, entrinnen.

Wir, die Autoren, schlagen vor, daß Schüler und Lehrer, die mit diesem Heft arbeiten, *drei Erkundungen zur Lage der ausländischen Arbeiter* durchführen.

Sie werden Auskunft darüber geben können, mit welchen öffentlichen Einrichtungen und mit welchen Arbeitsbedingungen die ausländischen Arbeiter und ihre Kinder (Schulsituation) zu tun bekommen. Sie werden zeigen, daß alle diese Stellen und ihre jeweiligen Entscheidungen die Lage des ausländischen Arbeiters entscheidend bestimmen.

Natürlich können wir solche Erkundungen nicht im voraus planen. Ob und vor allem wie Sie diese durchführen können, hängt zum größten Teil von den jeweiligen Einrichtungen bzw. deren Bereitschaft, Auskünfte zu geben, ab. Im folgenden wollen wir noch einige Tips geben, von denen wir meinen, daß sie nützlich sein könnten.

Zur Erkundung 1: Betrieb

Vielleicht bekommen Sie nicht alle von Ihnen gewünschten Informationen. Deshalb wäre es gut, wenn einige von Ihnen den Betrieb schon vorher besichtigen hängigkeiten zwischen Sprachkenntnissen und der beruflichen Stellung der ausländischen Arbeiter im Betrieb bestehen:

Von den ausländischen Arbeitnehmern im Bundesgebiet

die ... Deutsch sprachen	waren im Herbst 1968 beschäftigt als ungelernte Arbeiter	angelernte Arbeiter	Facharbeiter [1]	Angestellte	Lehrlinge Praktikanten Volontäre
			Männer in %		
fließend	16	31	27	22	4
gebrochen	39	42	16	2	–
nicht	61	25	13	–	–
insgesamt	34	36	20	8	2
			Frauen in %		
fließend	29	24	–	36	–
gebrochen	57	36	3	3	–
nicht	73	25	–	–	–
insgesamt	53	30	3	12	2

[1]) einschließlich Vorarbeiter, Meister

(Aus: *Schule und Dritte Welt*. 31/1971, S. 28)

Die Unfähigkeit, sich in Deutsch verständigen zu können, ergibt natürlich einen erheblichen Mangel an Informationen:

Man kann Informationsschriften und Hinweise am Schwarzen Brett nicht verstehen, und man traut sich nicht, mit Gesten und mit Hilfe anderer ganz lebenswichtige Fragen an die Vorgesetzten zu richten. Dazu ein Beispiel:

■ Meine Frau können sie jetzt nicht entlassen, weil unser zweites Kind unterwegs ist. Sehen Sie, das ist auch eine Geschichte, die viele Kollegen aus der Türkei nicht wissen. Keiner sagt es ihnen. In Deutschland ist das anders als bei uns. Wenn eine Frau ein Kind bekommt, hat sie Mutterschutz, und die Firma darf sie nicht entlassen. Das ist sehr gut hier. Viele wissen das nicht. Zum Beispiel haben sie in einer kleineren Firma die Frau von einem Kollegen gekündigt. Wir sind zur Beratungsstelle für Ausländer gegangen – im Haus der IG-Metall, wissen Sie. Da hat der Kollege gesagt, daß seine Frau schwanger ist. Als sie sagten, sie muß ein Attest vom Doktor haben und der Firma vorlegen, da hatte sie das Attest schon lange. Sie haben sich aber nicht getraut, das Attest dem Chef zu geben. Sie haben geglaubt, wenn er weiß, daß die Frau schwanger ist, dann wird sie gleich entlassen. Dann ist doch alles gut gegangen, und sie hat heute noch die Arbeit, weil die Firma wieder große Aufträge hat. Aber das müssen die

Leute alles wissen. Sie wissen sehr wenig, wenn sie direkt aus der Türkei kommen – und niemand sagt es ihnen. ■
(Aus: H. Kammrad: *‹«Gast»-Arbeiter-Report›*. München 1971, S. 53 f.)

Arbeitsaufgaben

– Warum wurden Informationen über den gesetzlichen Mutterschutz durch den Arbeitgeber nicht weitergegeben?
– Warum hat die ausländische Arbeiterin nicht danach gefragt?
– Welche Nationalitäten sind in dem von Ihnen besichtigten Betrieb beschäftigt?
– Worin liegt der Vorteil, wenn nur Arbeiter *einer* Sprache beschäftigt werden?
– Versuchen Sie einmal, sich mit einem ausländischen Arbeiter zu unterhalten oder einem Gespräch zuzuhören.
– Wie reden Deutsche mit Ausländern? Schreiben Sie die Sätze auf und vergleichen Sie diese mit der «normalen» Redeweise.
Worin liegen die Unterschiede?
Würden Sie so miteinander reden?
– Welche Arbeiten werden im Betrieb von den Ausländern verrichtet?
– In wieviel Sprachen sind die Betriebswarntafeln verfaßt?
– Welche Kontakte zwischen Deutschen und Ausländern können beobachtet werden?
– Unserer Beobachtung nach sieht ein «Gespräch» meist so aus, daß dem Ausländer ein Befehl gegeben wird, auf den er weder antworten noch eine Frage stellen kann, sondern ihn sofort ausführen muß.
Denken Sie sich einmal ein solches «Gespräch» aus; schreiben Sie es auf und/oder spielen Sie es.
– Wie würden Sie reagieren, wenn man mit Ihnen dauernd so «reden» würde?
– Diskutieren Sie,
warum so wenig für die Sprachförderung der ausländischen Arbeiter getan wird,
warum bisher nur ganz wenige Großbetriebe Sprachunterricht während der Arbeitszeit durchführen,
warum es für einen ausländischen Arbeiter einfach nicht zumutbar ist, nach seinem Arbeitstag noch in einer Volkshochschule Deutsch zu lernen.

Der sprachunkundige Ausländer ist unfallgefährdeter als seine deutschen Kollegen

Der ausländische Arbeiter «feiert» weniger «krank» als sein deutscher Kollege. Er ist jedoch infolge seiner meist völlig ungenügenden sprachlichen Ausbildung viel eher das Opfer von Arbeitsunfällen:

Unfallhäufigkeit ausländischer Arbeitnehmer

	Unfälle je 1000 Versicherte	Verhältnis der Unfallhäufigkeiten zu deutschen Versicherten
Spanier	198	1 : 2,25
Griechen	203	1 : 2,3
Jugoslawen	232	1 : 2,6
Italiener	237	1 : 2,7
Türken	285	1 : 3,2
Deutsche	88	–

(Nach: *Eßlinger Zeitung* vom 8. 2. 1972)

■ Etwa jeder 20. Arbeitsunfall ereignet sich in Baden-Württemberg bei ausländischen Arbeitern wegen Verständnisschwierigkeiten. Das hat eine Umfrage des Arbeits- und Sozialministeriums bei Gewerbeaufsichtsämtern und Firmen ergeben ... In der Praxis habe diese Erfahrung schon bisher dazu geführt, daß große Betriebe in einzelnen Abteilungen oder im gesamten Betrieb nach Möglichkeit nur ausländische Arbeitnehmer einer Nationalität beschäftigen. ■
(Aus: *Handelsblatt* vom 3. 3. 1971)

■ Am 4. April 1971, an einem sonnigen Sonntagmorgen, verstarb unser türkischer Arbeitskollege Sitki Ursar an den Folgen eines Betriebsunfalls.

Sitki war 35 Jahre alt und Vater von drei Kindern. Das vierte Kind ist unterwegs. Er war nicht aus Abenteuerlust nach Deutschland und nach West-Berlin gekommen. Er kannte seine Pflichten als Familienvater. Er wollte und er mußte seiner Familie in Ikezdere, tief in der asiatischen Türkei, nördlich von Ankara am Schwarzen Meer, ein einigermaßen menschenwürdiges Leben ermöglichen. Um Geld zu verdienen, ging er nach Deutschland. Er mußte bei uns und mit uns arbeiten, weil sein Staat nicht fähig war, ihm und seiner Familie Arbeit und Brot zu geben.

Am 18. März 1971 um 12.45 Uhr wurde Sitki an einer Bandstraße zur Herstellung von Trevira-Fasern von einem Septett – das sind sieben große Förderwalzen – erfaßt, gequetscht und lebensgefährlich verletzt. Sein Brustkorb wurde zertrümmert und die rechte Lungenhälfte zerstört. Am Abend des gleichen Tages fanden sich viele seiner Landsleute im Krankenhaus ein, um sich nach Sitkis Befinden zu erkundigen. Er war bewußtlos. Die Ärzte kämpften um sein Leben.

Sitki arbeitete erst seit zwei Monaten an der Bandstraße. Niemand hat ihn gründlich angelernt, denn Anlernen kostet dem Betrieb Zeit und Geld. Nie zuvor hatte Sitki eine derartige Produktionsanlage gesehen. Er wollte einem Kollegen behilflich sein, als es am Septett einen Aufläufer gab. Woher sollte er wissen, wie gefährlich diese Walzen sind, wenn man sich ihnen falsch nähert? Und die Bandstraße durfte nur bei schwerwiegenden

Störungen angehalten werden. Ein Unfall kommt dem Unternehmer immer noch billiger als ein Ausfall der Produktion, denn die Beiträge an die Berufsgenossenschaft müssen so oder so bezahlt werden. Nach dem Unfall kommen die Beamten vom Gewerbeaufsichtsamt und von der Berufsgenossenschaft. Sie haben Vorschläge zu unterbreiten, wie die Unfallstelle besser gesichert werden kann. Die erteilten Auflagen hat der Unternehmer dann zu befolgen. Jetzt, wo es geschehen ist, wissen sie alle, wie und warum es geschehen konnte. So einfach ist das.

Sitki Ursar ist tot. Seine Frau und die vier Kinder haben Mann, Vater und Ernährer verloren. Der Leichnam wird auf Kosten der Berufsgenossenschaft nach Ikezdere überführt. Und wenn der Ort nicht ein paar tausend Kilometer entfernt wäre, würde das Unternehmen sicher einen Kranz zur Beerdigung schicken. Aber wir als Kollegen, wir können Sitki Ursar nicht so schnell vergessen, denn als er nach Deutschland reiste, winkte ihm seine Familie noch lange nach. Sitki ging in ein anderes Land, wo sie ihn ‹Gastarbeiter› nannten. Kann ein Gastgeber den Gast überhaupt jemals ver-

„Ein Türke? – ich hatte schon Angst, es wäre einer von unseren Leuten!"

(Zeichnung: F. Wolf, in der Beilage *‹Gastarbeiterproblem›, Deutsches Allgemeines Sonntagsblatt*)

gessen, der sich in der Gastgeberwohnung mit einem verrosteten Messer tödlich verletzt hat? Aber wir sind so. Wir waren noch nie gute Gastgeber. Und darum wird die Familie Ursar in Ikezdere in der Türkei auch niemals eine Beileidsbekundung erhalten. Und manch einen deutschen Kollegen hört man noch dumm daherreden: ‹Da muß die Berufsgenossenschaft nun vielleicht jahrzehntelang Geld an diese türkische Familie schikken, wo der doch nur zwei Monate bei uns gearbeitet hat›. ■
(Aus: H. Kammrad: *‹«Gast»-Arbeiter-Report›*. München 1971, S. 141 f.)

«Die sollen doch froh sein, wenn sie hier überhaupt arbeiten können . . .»
Ein ausländischer Arbeiter erzählt:

■ «. . . da war vor ein paar Jahren nur ein deutscher Polier oder Facharbeiter, der hat eine kleine Baufirma oder Metallfirma gegründet, an der Spitze ein paar Deutsche, vier oder fünf, die Deutschen verdienen 2000 Mark, sonst lauter Gastarbeiter, die arbeiten zehn und zwölf Stunden am Tag . . . die sind heute keine kleinen Firmen mehr, die sind reich geworden durch Gastarbeiter, weil man nur mit Gastarbeitern solche Schweinereien machen kann.» ■
(Aus: *Süddeutsche Zeitung* vom 2./3. 12. 1972)

■ In dem anderen Osram-Werk in Neustadt begannen Glasbläser um 60 bis 65 Kolben im Tag mehr zu produzieren, weil sie ihre Arbeitsstellen als bedroht ansahen. Die Direktion wünschte dieselbe Steigerung in Augsburg. Der Meister sagte: «Das ist ja kein Akkord, das ist jeden Tag dasselbe, 550 Kolben . . .»; und Floreal erwiderte (es gab mehrere Auseinandersetzungen darüber): «550 Kolben im Tag kann ich zwanzig Jahre lang herstellen, 650 im Tag keine zehn Jahre. Wer hat was davon, wenn man sich so ruiniert?» Daraufhin wurden vier entlassen, er, sein Bruder, der auch in Augsburg ist, und zwei Deutsche . . . «. . . eine Elektrowanne wurde von Augsburg nach Neustadt geschickt, wo die Leute mehr produzieren, und wir wurden ohne weiteres auf die Straße gesetzt, um Terror auf die andern auszuüben. Die deutschen Kollegen in Augsburg, die machen jetzt auch um siebzig Kolben im Tag mehr.» ■
(Aus: *Süddeutsche Zeitung* vom 2./3. 12. 1972)

An ausländischen Arbeiterinnen verdient man am meisten
In der letzten Zeit hat sich der Anteil der ausländischen Frauen in der BRD vergrößert. Teilweise kommen sie auf Grund der «Familienzusammenführung» hierher; das heißt, von den hier arbeitenden verheirateten Männern gibt es viele, die ihre Frauen nachholen möchten.

Die meisten ausländischen Frauen arbeiten. Hier trifft sich das Interesse der Wirtschaft mit dem des verheirateten Ausländers, der seine Frau nach Deutschland nachholen möchte.

Wieso soll man Leute hierherholen, die nicht arbeiten und nur eine Belastung darstellen?

Dem betagten Vater einer spanischen Arbeiterin wird der Zuzug zu seiner Tochter nach Deutschland mit der folgenden Begründung versagt:
■ «Der Kläger hat in der Familie seiner Tochter keine echte Aufgabe zu erfüllen. Er ist auf Grund seines Alters und seiner Gebrechlichkeit nicht in der Lage, tatkräftig zum Wohlbefinden der Tochter in der BRD beizutragen. Wie der Kläger selbst vortragen läßt, bedarf er vielmehr ihres Beistandes, der ihm zwangsläufig auch nur außerhalb deren Arbeitszeit zuteil werden kann. Der Aufenthalt der Tochter wird dadurch nicht erleichtert, sondern ihre Arbeitskraft zusätzlich auch während ihrer Freizeit in Anspruch genommen. Das liegt aber nicht im Sinne der deutsch-spanischen Anwerbevereinbarung.» ■
BayVGH, Urteil vom 3. März 1970 – Nr. 88 VIII 69.
(Zitiert nach: E. Klee [Hg.]: *‹Gastarbeiter. Analysen und Berichte›*. edition suhrkamp 539, Frankfurt a. M. 1972, S. 47)

Da auch deutsche Arbeiterinnen niedrigere Löhne als ihre männlichen Kollegen für die oft gleiche Arbeit beziehen, ist es nicht verwunderlich, daß die deutschen Arbeitgeber zunehmend an ausländischen Arbeiterinnen interessiert sind. Sie sind billigere Arbeitskräfte als ihre männlichen Kollegen.

Von den im Bundesgebiet beschäftigten *männlichen* ausländischen Arbeitern die . . .

Deutsch sprachen	hatten im Herbst 1968 einen Brutto-Stundenlohn von				
	unter 4,– DM	4,– bis unter 5,– DM	5,– bis unter 6,– DM in %	6,– DM und mehr	nicht bekannt
fließend	10	46	29	4	11
gebrochen	14	59	19	2	6
nicht	24	61	10	–	5

Von den im Bundesgebiet beschäftigten *weiblichen* ausländischen Arbeitern die . . .

Deutsch sprachen	hatten im Herbst 1968 einen Brutto-Stundenlohn von				
	unter 3,– DM	3,– bis unter 4,– DM	4,– bis unter 5,– DM in %	5,– DM und mehr	nicht bekannt
fließend	–	47	15	–	27
gebrochen	11	55	18	–	14
nicht	25	53	9	–	12

(Aus: *‹Das Gastarbeiterproblem als Unterrichtsgegenstand›*. In: *Schule und Dritte Welt* 31, 1971, S. 28)

1969 verdienten ausländische Arbeiter etwa 100 DM weniger als deutsche Arbeiter (nach *DER SPIEGEL* 48/1971)

Arbeitsaufgaben

– Wie können Sie es sich erklären, daß Frauenarbeit niedriger bezahlt wird als Männerarbeit?
– Welche Beziehungen bestehen zwischen den Sprachkenntnissen der ausländischen Arbeiter(innen) und ihrem Lohn?
– Diskutieren Sie die Feststellung, daß ausländische Arbeiter etwa 100 DM weniger verdienen als deutsche.

Die „Nigger" Europas wehren sich

■ Als Spanier, Italiener, Griechen und Jugoslawen bei den Hella-Werken in Lippstadt für eine Teuerungszulage in den Streik traten, rief die Betriebsleitung Bereitschaftspolizei gegen die ausländischen Arbeiter auf den Plan. Mit Hunden, Gummiknüppeln und gezogenen Pistolen sollten die Arbeiter zur Räson gebracht werden, die für einen Hungerlohn von netto 600 DM im Monat bei den Hella-Werken schuften.

Nach der Methode «Teile und herrsche» hatte die Firma den deutschen Facharbeitern zwar 15 Pfennig Teuerungszulage pro Stunde zugebilligt, wollte die ausländischen Arbeiter aber leer ausgehen lassen. Nach einem viertägigen, in bewundernswerter Einheit durchgeführten Streikkampf setzten die Arbeiter Teuerungszulagen von 30 beziehungsweise 40 Pfennig pro Stunde durch. ■

(Aus: *Deutsche Volkszeitung* vom 2. 8. 1973)

■ «Bewußt auf Verschleiß der Menschen hin angelegt zieht die Geschäftsleitung das durch, denn in der Türkei warten ja noch 10 000 andere», so formuliert der zweite Bevollmächtigte der Kölner IG-Metall-Ortsverwaltung, Heinz Wintgen, gegenüber der *Frankfurter Rundschau* sein Urteil über die Arbeitsbedingungen im Niehler Ford-Werk ...

Der Funke, der den Zündstoff in Flammen setzte, war das Vorgehen der Ford-Manager nach dem Ende der Werksferien. Rund 3000 Arbeiter waren nicht pünktlich zur Arbeit zurückgekehrt. Mehr als 2000 hatten nach Auskunft des Betriebsrats ordnungsgemäße Krankmeldungen eingereicht. Um die Produktion in Gang zu halten, wurde die Arbeit umverteilt, so daß die Restbelegschaft wesentlich mehr – und teilweise völlig ungewohnte – Ar-

Streik der ausländischen Arbeiter bei Hella in Lippstadt ...

beiten zu erledigen hatte. Als die Werksleitung dann ungeachtet der Personalknappheit Hunderte von inzwischen aus dem Urlaub zurückgekehrte Arbeiter feuerte, gleichgültig, ob sie Entschuldigungen beibringen konnten oder nicht, kochte die Unzufriedenheit angesichts der Überlastung am Nachmittag des 24. August in der Halle Y an den Fließbändern über ...

Daran, daß sich das Mißtrauen der Türken auch gegen den Betriebsrat richtete ... ist der Betriebsrat freilich nicht ganz unschuldig. So gehören dem 47köpfigen Betriebsrat nur fünf Türken an – das Ergebnis einer Wahllistenpolitik des Betriebsrats. Daß die Türken über die Finessen des deutschen Streikrechts so offenkundig uninformiert waren, daß sie die jahrelangen erfolglosen Vorstöße des Betriebsrats zur Verbesserung der Arbeitsbedingungen diesem Betriebsrat anlasteten und nicht der änderungsunwilligen Geschäftsleitung, das zeugt nicht gerade von übermäßiger Informations- und Aufklärungsarbeit durch den Betriebsrat ...

Dabei hatte die Polizei die Rädelsführer vor den Schlägen der wütenden Gegendemonstranten in Schutz nehmen müssen. «Diese Gegendemonstration der Arbeitswilligen ist unzweifelhaft von Managern, Obermeistern und Meistern organisiert worden», so erklärte Wintgen der *Frankfurter Rundschau*, so bestätigte auch Betriebsratsboß Lück. «Dazu ist über Hallenmikrofon in der Halle FK aufgerufen worden. Angeführt wurde der Zug von Angestellten, die sich eingehakt hatten, und diese Deutschen haben

angefangen zu schlagen», so sagt Augenzeuge Wintgen. «Ich hätte das nicht für möglich gehalten: das war Rassenwahn; alles, was schwarze Haare hatte, war in Gefahr. Die haben ebenso das Recht gebrochen wie ein Teil der Streikenden. Man kann die doch nicht als Helden feiern und die anderen rausschmeißen.» ■
(Aus: *Frankfurter Rundschau* vom 14. 9. 1973)

Erkundung 2: Endstation Hilfsarbeiter oder: Die Lage der Kinder der ausländischen Arbeiter

Absicht: Aus dem folgenden wird deutlich, daß sich die Probleme und die soziale Benachteiligung ausländischer Arbeiter ihren deutschen Kollegen gegenüber insbesondere am Schicksal ihrer Kinder in der BRD zeigen.

■ Etwa 850 000 ausländische Kinder und Jugendliche leben in der BRD. ■
(Aus: *Frankfurter Rundschau* vom 16. 12. 1972)

■ Ihre Zahl dürfte steigende Tendenz haben, denn immer mehr ausländische Arbeiter holen ihre Familien in die Bundesrepublik nach und richten sich auf einen langfristigen Aufenthalt ein. Ihre Kinder wachsen hier auf, besuchen deutsche Kindergärten und Schulen oder sind selbst erwerbstätig. Es ist anzunehmen, daß auch ein Teil von ihnen später nicht mehr in ihre Heimatländer zurückkehren wird. ■
(Aus: Verena McRae: ‹*Die Gastarbeiter*›. Nürnberg 1971, S. 83)

Die Kinder ausländischer Arbeiter werden oft zu «Analphabeten in zwei Sprachen» gemacht

Sind die ausländischen Arbeiter mit einem Bahn-Sammeltransport in der BRD angekommen, verteilt das Arbeitsamt die Ankömmlinge an die Betriebe gemäß deren Anforderung. Das Ordnungsamt als Polizeibehörde der jeweiligen Stadt- bzw. Kreisverwaltung registriert sie. Holt der zunächst stets allein einreisende Arbeiter bzw. die Arbeiterin später seine/ihre Familie nach, muß er/sie den Ehepartner, nicht aber die Kinder unter 16 Jahren anmelden. Daher besuchen trotz Einschulungsgesetz viele ausländische Kinder *keine Schule*.

■ «Die Kinder ausländischer Arbeitnehmer haben in der BRD den gleichen Anspruch auf Entfaltung ihrer Persönlichkeit und damit den gleichen Bildungsanspruch wie deutsche Kinder. Es ist sicherzustellen, daß ihnen unter den gleichen Bedingungen der Zugang zu Kindertagesstätten und allen sonstigen Einrichtungen der Jugendhilfe offensteht. Bei der Durchführung der allgemeinen Schulpflicht, die ausschließlich in deutscher Verantwortung liegt, ist auf sprachliche Schwierigkeiten Rücksicht zu nehmen. Ein zusätz-

„Die Kinder aus den Scheißhausländern“

hule schwänzen, Zeitung austragen — d die deutschen Behörden ellen sich dumm: „Wir können Kinder doch nicht verhaften und die Schulen treiben“

(Aus: *konkret* vom 20. 4. 1972)

licher Unterricht in der Muttersprache ist notwendig. Darüber hinaus sind die Kinder auf eine Rückkehr in ihre Heimat vorzubereiten. Personelle Engpässe müssen – notfalls durch deutsche Initiative – überwunden werden. Um die Aussichten ausländischer Jugendlicher für eine erfolgreiche Berufsausbildung zu verbessern, sind Möglichkeiten der sprachlichen Ausbildung zu nutzen» (Maßnahmen der Länderarbeitsminister). ■
(Aus: *‹Grundsätze zur Eingliederung ausländischer Arbeitnehmer›*. In: *Bundesarbeitsblatt* 4/1970, S. 284)

■ Viele sehen keine Chance

Seit Anfang der sechziger Jahre gibt es in allen Bundesländern die Schulpflicht für alle hier lebenden ausländischen Kinder. Sie müssen, wie deutsche Kinder auch, mit sechs Jahren eingeschult werden und neun Jahre zur Schule gehen – gleichgültig, wie es in ihrem Heimatland mit der Schulpflicht aussieht. (In Griechenland, Spanien, Portugal und in der Türkei sind Kinder nur sechs Jahre schulpflichtig, in Italien und Jugoslawien acht Jahre. Aus diesen Ländern kommen fast alle ausländischen Arbeitnehmer in der Bundesrepublik.)

Natürlich sind nicht alle ausländischen Eltern glücklich über die Chance ihrer Kinder, neun Jahre in einer deutschen Schule lernen zu dürfen. Mindestens in der ersten Zeit kommen ihre Kinder mißmutig nach Hause, weil sie in der Schule kaum verstehen können, wovon die Rede ist. Nicht wenige Eltern denken, es wäre sinnvoller, wenn der große Junge, wie in der Heimat, schon Geld verdiente und das Mädchen die kleinen Geschwister hüten könnte, damit die Mutter zur Arbeit gehen kann.

Größere Kinder, die, frisch importiert, hier eingeschult werden, haben es besonders schwer. Kein Wunder, daß viele bei nachweislich durchschnittlicher Intelligenz in ihren Leistungen das Schlußlicht der Klassen sind. Leichter haben es die Schulanfänger und die Fünfjährigen, für die es – allerdings nicht überall – Vorschulklassen gibt. Diese Jahrgänge lernen noch spielend mit Gegenständen und Bildern Deutsch und brauchen noch keinen Lehrstoff zu bewältigen. Aber so ganz von selbst, wie gewöhnlich kleine Kinder im Ausland die Landessprache lernen, geht es bei ihnen nicht. Mit deutschen Kindern haben sie kaum Kontakt, und zu Hause kann niemand mit ihnen Deutsch sprechen. ■
(Aus: *DIE ZEIT* vom 20. 10 1972)

■ ... in der ersten Realschulklasse, der Mathematiklehrer, gleich in der ersten Stunde ... er liest die Namen vor und wir melden uns. Wie er zu meinem Namen kommt (er heißt Pedro Gonzales Valera), fragt er: ‹Du bist kein Deutscher?› ‹Nein›, sag' ich, ‹ich bin kein Deutscher.› Und da sagt er: ‹Ich bin nicht für Ausländer – und wenn ich kann, schmeiß' ich dich. ■
(Aus: *Süddeutsche Zeitung* vom 2./3. 12. 1972)

■ «Unsere Schule wird zur Zeit von 220 Schülern besucht, von denen fünfzig Kinder ausländischer Arbeitnehmer sind. Dieser hohe Anteil von Schülern, die der deutschen Sprache nicht mächtig sind, behindert durch seine andere Mentalität unseren Unterricht in nicht zu verantwortender Weise. Die ausländischen Kinder können dem Unterricht nicht folgen, weil sie den Lehrer nicht verstehen und nicht von ihm erreicht werden. Darüber hinaus fehlen ihnen die Kommunikationsmöglichkeiten mit ihren Mitschülern. ■
(Rundbrief des Kollegiums einer Hauptschule, das sich an die Öffentlichkeit wandte. Zitiert nach: *DIE ZEIT* vom 20. 10. 1972, S. 81)

Für den ausländischen Schüler ergeben sich hier in der Bundesrepublik unendlich viele Schwierigkeiten:

- Oft ist er hierhergekommen, bevor er zu Hause eingeschult worden war; oder er wird aus der dort begonnenen Schulausbildung gerissen, ohne daß er gelernt hatte, in seiner Muttersprache ausreichend lesen und schreiben zu können.
- Die meisten Ausländer kommen aus landwirtschaftlich genutzten Gebieten, in denen die Heranwachsenden einen entsprechenden Wortschatz lernen (Esel, Aussaat, Getreide ...). Hier nun stoßen die Einwanderer auf viele Wörter aus dem technischen Bereich, die Dinge bezeichnen, die sie hier zum erstenmal in ihrem Leben sehen.
- Da Wohnungen in der BRD teuer zu mieten sind und die meisten Vermieter nicht gerne an Ausländer vermieten, wohnen die ausländischen Arbeiter notgedrungen meist dort, wo auch sozial schwache und benachteiligte Gruppen der Deutschen leben, also in Gegenden mit Barackensiedlungen und äußerst schlechten Altbauwohnungen.
- Die heranwachsenden Ausländer lernen die Umgangssprache dieses Wohngebiets, die sich sehr oft von der in der Schule vermittelten Umgangssprache unterscheidet.
- Wenn in der Umgebung der ausländischen Schüler nur Dialekt gesprochen wird (Schwäbisch, Kölsch ...), passen sie sich dieser Umgangssprache an. In der Schule wiederum sollen sie Hochdeutsch sprechen, was für sie natürlich eine Doppelbelastung bedeutet.

Da die ausländischen Schüler vor so großen Sprachproblemen stehen, haben sie weit geringere Chancen als die deutschen Mitschüler, einen weiterführenden Schultyp besuchen zu können.

Erhebungen zeigen, daß weitaus mehr deutsche Schüler als ausländische die Realschule und das Gymnasium erreichen und besuchen.

Dagegen wird ein großer Teil von ausländischen Kindern in die bestehenden Sonderschulen abgeschoben, obgleich ihre schulischen Schwierigkeiten meist anders bedingt sind als bei den anderen Sonderschülern.

Im folgenden geben wir zwei Statistiken:

Von 1000 aus der Hauptschule entlassenen ausländischen Schülern haben

377 ausländische Schüler den Hauptschulabschluß erreicht,
604 ausländische Schüler den Hauptschulabschluß *nicht* erreicht,
19 ausländische Schüler die Befähigung zum Besuch der Klasse 10 der Fachoberschule zuerkannt bekommen.

(Nach: R. Leudesdorff, H. Zilleßen: ‹*Gastarbeiter = Mitbürger*›. Gelnhausen 1971, S. 66)

Decken, Kopfkissen und Matratze haben. Bei über 50 Bewohnern muß ein Krankenzimmer vorhanden sein. Für je zwei Bewohner muß eine Kochstelle vorgesehen werden, für je 5 Bewohner eine Waschstelle, für je 20 eine Dusche, für je 10 Männer ein Abortsitz und ein Urinal, für je 8 Frauen ein Abort. ■
(Aus: S. Geiselberger [Hg.]: *‹Schwarzbuch: Ausländische Arbeiter›*. Frankfurt a. M. 1972, S. 123)

■ Wenn wir Wohnungen finden können, dann nur in Häusern, die vorher als ungeeignet für die deutsche Bevölkerung befunden worden sind ... Als ich ein paar Tage mit meiner Miete im Rückstand war, öffnete der Vermieter mein Zimmer mit seinem eigenen Schlüssel und nahm meinen Paß als Sicherheit an sich. ■
(Ein Türke in einer Untersuchung des Berliner Senats, nach: *ZEIT-magazin* 42 vom 20. 10. 1972)

■ Es gibt allerdings auch Vermieter, die ausschließlich nur an Ausländer vermieten: Ausgebaute Lagerräume unter Fabrikdächern, Scheunen, ausgebaute Kinos, stillgelegte Fabrikhallen mit Sperrholzwänden in einzelne kleine Kammern unterteilt, notdürftig hergerichtete Ruinen, Kellerräume, Baracken. Zu horrenden Preisen. Mit einer 3-Zimmer-Wohnung, die auf dem freien Wohnungsmarkt an die 300 Mark Miete bringen würde, wird oft durch Belegung mit 8–12 Ausländern 800–1200 Mark Gewinn erzielt. Es sind keine Einzelfälle. Zu erhöhten Wucherpreisen kommen oft mindere Rechte. Ich habe zum Beispiel eine Hausordnung, die neben den 19 Punkten für Deutsche 3 Zusatzpunkte für Ausländer aufweist:

Punkt 20: Für die im Kellergeschoß wohnhaften Gastarbeiter ist jeglicher Besuch nur mit Genehmigung des Vermieters gestattet.

21: Das Übernachtenlassen von Besuchern ist grundsätzlich verboten.

22: Den Anordnungen des Hausmeisters ist Folge zu leisten, Verstöße gegen die 3 letzten Punkte haben die sofortige Kündigung und Ausweisung aus der Unterkunft zur Folge. ■
(Aus: G. Wallraff: *‹Neue Reportagen, Untersuchungen und Lehrbeispiele›*. Köln 1972, S. 68)

■ Ein anderer Kollege aus der Türkei hat 160 Mark für ein ganz kleines Zimmer bezahlt – in Kreuzberg. Das verstehe ich auch nicht. Das war eine Wohnung – eine Küche, zwei große Zimmer und das kleine Zimmer. Die deutsche Familie hat 60 Mark für die Wohnung bezahlt, mein Kollege 160 Mark für das kleine Zimmer. Warum machen die so einen Betrug? Das sind alles alte Häuser, die bald abgerissen werden sollen – für Neubauten. Alles schlechte Wohnungen, aber sehr viel Miete. Da in Kreuzberg wohnen jetzt sehr viele türkische Familien – alle zusammen. Aber wo sollen die alle in Berlin wohnen, wenn die Häuser wirklich abgerissen werden? Als meine

Frau nach Berlin kam, waren wir gleich auf dem Wohnungsamt. Da haben sie gesagt, für Ausländer gibt es keine Wohnungen.
(Aus: H. Kammrad: *‹«Gast»-Arbeiter-Report›*. S. 53)

Schwierigkeiten beim Suchen einer Privatwohnung

Der Schriftsteller G. Wallraff schreibt in seinem Buch *‹Neue Reportagen, Untersuchungen und Lehrbeispiele›* (Köln 1972, auch als Rowohlt Taschenbuch 6842) auf S. 68:
Ich habe in Köln einen Versuch unternommen und mich auf Zeitungsanzeigen hin um möblierte Zimmer bemüht. Zuerst, wie ich sagte, für einen ausländischen Bekannten, einen sogenannten Gastarbeiter. Bei 30 Anfragen fand sich nur ein Vermieter bereit, für so einen sein Zimmer herzugeben. Die meisten bekannten deutlich: «Wir vermieten nicht an Ausländer», oder brachten die Ausrede «ist schon vergeben». – Als ich ein paar Stunden später bei den gleichen Vermietern wieder anrief und das Zimmer für mich, einen Deutschen, beanspruchte, waren die Zimmer plötzlich ohne Ausnahme noch zu besichtigen.

Arbeitsaufgaben:
– Geben Sie in Ihrer Tageszeitung zwei Anzeigen gleichen Inhalts auf: Einmal sucht ein Lehrer mit 2 Kindern eine 4-Zimmer-Wohnung, ein andermal ein türkischer Arbeiter dasselbe.
– Sammeln Sie in einem Planspiel, in dem eine Gruppe Wohnungsvermieter, die andere Gruppe wohnungsuchende ausländische Arbeiter spielen, Argumente, die für eine Verweigerung (Vermieter) und für das Recht auf eine Wohnung zu angemessenem Preis (ausländische Arbeiter) sprechen.

5 Die ausländischen Arbeiter werden überwacht und betreut

Absicht: Dieses Kapitel will die Frage aufwerfen, warum die ausländischen Arbeiter zum einen durch ein besonderes Ausländergesetz in ihren Grundrechten eingeschränkt werden, zum anderen aber Objekt besonderer Fürsorge durch staatliche wie private Organisationen sind.

Sind die ausländischen Arbeiter alle verkappte Kriminelle?

Das Lied von Tonio Schiavo

Franz Josef Degenhardt

Dies Lied ist gewidmet dem italienischen Gastarbeiter Tonio Schiavo. Er lebte nur kurze Zeit in der westdeutschen Stadt Herne.

Das ist die Geschichte von Tonio Schiavo,
geboren, verwachsen im Mezzo-giorno.
Frau und acht Kinder, und drei leben kaum,
und zweieinhalb Schwestern in einem Raum.
Tonio Schiavo ist abgehaun.
Zog in die Ferne,
ins Paradies,
und das liegt irgendwo bei Herne.

Im Kumpelhäuschen oben auf dem Speicher
mit zwölf Kameraden vom Mezzo-giorno
für hundert Mark Miete und Licht aus um neun,
da hockte er abends und trank seinen Wein.
Und manchmal schienen durchs Dachfenster rein
richtige Sterne
ins Paradies,
und das liegt irgendwo bei Herne.

Richtiges Geld schickt Tonio nach Hause.
Sie zählten's und lachten im Mezzo-giorno.
Er schaffte und schaffte für zehn auf dem Bau.
Und dann kam das Richtfest, und alle waren blau.
Der Polier, der nannte ihn «Itaker-Sau».
Das hört er nicht gerne
im Paradies,
und das liegt irgendwo bei Herne.

Tonio Schiavo, der zog sein Messer,
das Schnappmesser war's aus dem Mezzo-giorno.
Er hieb's in den fetten Bauch vom Polier,
und daraus floß sehr viel Blut und viel Bier.

Tonio Schiavo, den packten gleich vier.
Er sah unter sich Herne,
das Paradies,
und das war gar nicht mehr so ferne.

Und das ist das Ende von Tonio Schiavo,
geboren, verwachsen im Mezzo-giorno:
Sie warfen ihn siebzig Meter hinab.
Er schlug auf das Pflaster, und zwar nur ganz knapp
vor zehn dünne Männer, die waren müde und schlapp,
die kamen grad aus der Ferne – aus dem Mezzo-giorno –
ins Paradies,
und das liegt irgendwo bei Herne.

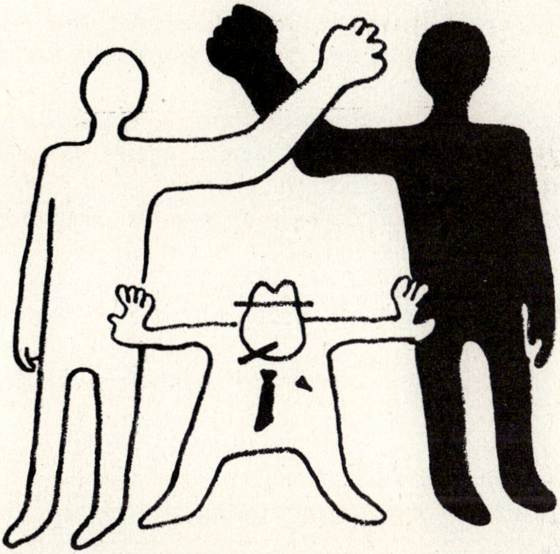

Plakat, französischer Mai 1968

F. J. Degenhardt zu diesem Lied (1971):

Dieses Lied habe ich 1966 geschrieben. Also ein sogenannter guter, alter Degenhardt. Aber es fehlt eine letzte Strophe. Und die müßte dem Inhalt nach so lauten:

Wenn die Arbeiter aller Länder sich verständigen, daß sie einer Klasse angehören, also das gleiche Interesse haben, dann werden sie sich nicht mehr gegenseitig beschimpfen und erstechen. Dann werden sie ihre Waffen gegen ihren wahren Feind richten. Dieser Prozeß der Verständigung ist längst in Gang gesetzt. Und er läuft von Hanoi bis San Franzisko, von Leipzig bis Kapstadt. Und er wird ganz sicher zu Ende geführt werden. Amen.

(Aus: ‹*Franz Josef Degenhardt*›. Hg. v. Heinz Ludwig Arnold, Edition Text + Kritik, München 1972, S. 102)

Wenn ein ausländischer Arbeiter nach Deutschland kommt, muß er sich mit einer für ihn *völlig fremden Umwelt* auseinandersetzen.

Er muß sich an die *Industriearbeit* gewöhnen,
er muß mit dem *schnellen Arbeitsrhythmus* fertig werden.

Er wird *aus seinem vertrauten Lebensbereich* in der Heimat *herausgerissen*, ohne in Deutschland einen neuen Lebensbereich zu finden, der ihm Schutz und Hilfe gibt.

Dazu kommt noch, daß er *öfter* als deutsche Arbeiter seinen *Arbeitsplatz wechselt*, und sich immer wieder von neuem an die jeweils neue Umgebung gewöhnen muß.

AKKORD	Oft lebt er *völlig isoliert* und muß auf die Anerkennung verzichten, die man braucht, um Krisen besser
+	
ANGST	überwinden zu können.
+	Manchmal lebt er *jahrelang ohne seine Familie* in
HEIMWEH	Deutschland; er weiß nicht genau, wie es ihr geht und macht sich große Sorgen.
=	Auch lebt er in dem *Bewußtsein, von der deutschen*
KRANKHEIT	*Bevölkerung nicht gern gesehen zu werden.*

Dies alles sind Gründe, die einen Menschen dazu führen können, auf irgendeine Weise straffällig zu werden.

Und die Zeitungen tun so, als ob alle ausländischen Arbeiter verkappte Kriminelle wären.

Von 10 000 Deutschen wurden 277 straffällig,
von 10 000 ausländischen Arbeitern wurden 136 straffällig.

Wenn man außerdem noch bedenkt, daß die meisten ausländischen Arbeiter zwischen 20 und 50 Jahren alt sind, dann ist ihr Anteil an den Straftaten noch geringer einzustufen, denn die Altersstufe zwischen 20 und 50 Jahren stellt die Mehrzahl der Kriminellen.
(Nach Statistik von 1970, aus: *DER SPIEGEL* 43/1970)

Arbeitsaufgaben:

– Stellen Sie einmal aus unterschiedlichen Tages- und Wochenzeitungen eine Dokumentation über deren Berichterstattung von Straftaten ausländischer Arbeiter zusammen.
– Können Sie Unterschiede in der Schilderung von Schlägereien von Deutschen oder von Ausländern feststellen?

Das Ausländergesetz schränkt die Grundrechte der ausländischen Arbeiter ein

In unserer Literaturliste S. 295 f. finden Sie das sogenannte Ausländergesetz angegeben. Wir können es hier aus Platzgründen nicht abdrucken, noch viel weniger die vielen Verwaltungsvorschriften, die noch stärker als der Wortlaut des Gesetzes selber die Praxis der Behörden regeln. Wir geben daher nur einige Anmerkungen und Zusatzinformationen:

Aus der Sicht leitender Verwaltungsbeamter ist es das Ziel des Gesetzes, nicht den Ausländer, sondern das Gastland und seine Bürger vor dem Ausländer zu schützen.
(Nach: Wirtz, *Neue Juristische Wochenschrift*, zitiert nach: E. Klee [Hg.]: ‹*Gastarbeiter*›. S. 39)

Eine Aufenthaltserlaubnis, die der ausländische Arbeiter braucht, um eine Arbeitserlaubnis zu bekommen, darf nur erteilt werden, soweit es ... das schutzwürdige Interesse der Wirtschaft erfordert.
(Aus: W. Kanein: ‹*Das Ausländergesetz und die wesentlichen fremdrechtlichen Vorschriften*›. München 1966, S. 97)

Verwaltungsfachleute empfehlen die «Rotation» an Stelle der Eingliederung, also den *zwangsweisen* Austausch der hier lebenden Arbeiter durch neue Arbeitskräfte, die nach Ablauf weiterer drei Jahre wiederum abgelöst werden sollen.
(Nach: E. Klee [Hg.]: ‹*Gastarbeiter*›. S. 41; Hervorhebung durch die Verfasser)

Nach etwa 5 Jahren (Aufenthalt) ist nach Auffassung des Verwaltungsgerichts München der kritische Punkt *drohender* Niederlassung erreicht.
(Nach: E. Klee [Hg.]: ‹*Gastarbeiter*›. S. 41; Hervorhebung durch die Verfasser)

Im Grundgesetz der Bundesrepublik Deutschland heißt es:

Alle Menschen sind vor dem Gesetz gleich.
(Artikel 3/I)

Wie arbeiten Sie mit ausländischen Arbeitern zusammen?
Wir interessieren uns sehr dafür, ob und wo Sie mit ausländischen Arbeitern zusammentreffen und zusammenarbeiten.

Wenn Sie uns schreiben (E. Meueler, 3406 Bovenden-Billingshausen, Kehrgasse 3), dann teilen Sie uns doch bitte folgendes mit:

1. Was Sie tun und warum Sie eine solche Arbeit versuchen,
2. was Sie erreichen wollen und was Sie bis jetzt erreicht haben.

Wir werden interessante Beiträge zu veröffentlichen versuchen und vorgeschlagene und erprobte Arbeitsformen mit Ihnen diskutieren.

6 Wem nützt die Beschäftigung der ausländischen Arbeiter?

6.1 Wir alle sind Nutznießer der Ausländerbeschäftigung

Alle Gesellschaftsspiele, die wir spielen, alle Sportkämpfe, an denen wir teilnehmen, verfahren nach dem K.O.-Prinzip: der Stärkere gewinnt!

Die Geschichte der Entwicklung der westlich-kapitalistischen Industriestaaten lehrt, daß die Entwicklung der einen immer die «Unterentwicklung» der anderen bedingt: Beides gehört eng zusammen (vgl. das Kapitel 1 dieses Heftes und Heft 1 ‹*Francisco Pizarro . . .*›.)

Diese Geschichte ist eine Geschichte der Herrschaft und der Abhängigkeit, wie fast alle Hefte dieser Reihe zu zeigen versuchen.

Die Unternehmer in der BRD und anderer Industriestaaten nutzen das Gefälle zwischen entwickelten und «unterentwickelten» (oder besser: unterentwickelt gehaltenen) Gebieten, also ein Gefälle zwischen Ländern mit hohen Löhnen und Niedriglöhnen, indem sie

- entweder in den «Niedriglohnländern» ihre Fabriken bauen (vgl. Heft 4 ‹*Deutsche Firmen in der Dritten Welt*›)
- oder die billigen Arbeitskräfte aus diesen Ländern in die BRD hereinholen.

Die Not der einen – keine Arbeit zu haben – ist Glücksumstand für die anderen – die Kapital haben und dieses vermehren wollen.

– Millionen warten in den armen Ländern darauf, in einem Industrieland Arbeit zu finden. Wären sie nicht da, gäbe es bei uns so viele offene Arbeitsplätze, daß die deutschen Arbeiter sehr viel höhere Löhne fordern könnten.

– Je nach Bedarf können bei Schwankungen beim wirtschaftlichen Wachstum der BRD Ausländer ohne weiteres entlassen werden.

Heinz von Harrassowski, Leiter der Verbindungsstelle in Istanbul:

■ Wenn auf einen Schlag 200 000 Leute aus Deutschland zurückkämen, wäre das eine Katastrophe. ■

Halil Tunç, türkischer Gewerkschaftsführer:

■ Für eine plötzliche Rückkehr türkischer Arbeiter aus dem Ausland gibt es keine Vorbereitungen ... ■

(Im übrigen sei die türkische Regierung «an Devisen interessiert, aber nicht an den Problemen der Menschen».)

(Beide Zitate aus: *DER SPIEGEL* 49/1971)

Da viele Angehörige der ausländischen Arbeiter in ihrem Heimatland bleiben, sparen die deutschen Gemeinden viel Geld, das sie sonst für Krankenhäuser, mehr Wohnungen usw. ausgeben müßten.

Trotzdem klagen die Gemeinden schon jetzt, daß sie die anfallenden Kosten, auch für Schulen, Freizeit- und Sozialeinrichtungen usw. nicht mehr bezahlen könnten; dabei wird aller Voraussicht nach die Zahl der ausländischen Arbeiter – besonders in den Großstädten – noch weiter ansteigen.

Die Ausländer haben zwar theoretisch das Recht auf Inanspruchnahme

● **der Rentenversicherung,**
aber vom Herkunftsland aus ist es sehr schwierig, ohne einen geeigneten Berater den Rentenanspruch durchzusetzen.
In der Arbeiterrentenversicherung steht einem beachtlichen Beitragsaufkommen (1961–71: 20 Milliarden DM) eine vergleichsweise minimale Inanspruchnahme von Leistungen durch Ausländer gegenüber (rund 700 Millionen Rentenüberweisungen ins Ausland).
■ Mit diesem Einnahmeplus haben die Ausländer in zehn Jahren 19,4 Milliarden DM zur Finanzierung der laufenden Renten beigetragen. ■

(Aus: *Unternehmerbrief des Deutschen Industrieinstituts*, 6. 4. 1972)

● **der Arbeitslosenversicherung,** aber
■ auf die Höchstdauer der Unterstützung von 1 Jahr wird der arbeitslose Ausländer kaum kommen, da man ihm vorher die Aufenthaltsgenehmigung entzogen haben wird. ■

(Aus: *dpa-Hintergrund* II, S. 57)

- **des Mutterschutzgesetzes,** aber

  ■ immer wieder werden Frauen entlassen, weil sie schwanger sind. ■ (DGB-Beraterin, Düsseldorf)

- **der Unfallversicherung**

  Die dazugehörige Krankenbehandlung im Herkunftsland wird aber nur bezahlt, wenn entsprechende Abkommen bestehen.

- **des Bundessozialhilfegesetzes** (§ 120),

  dagegen meint das Ausländergesetz § 10 (1) Ziffer 10: ein ausländischer Arbeiter

  ■ kann ausgewiesen werden, wenn er den Lebensunterhalt für sich und seine unterhaltsberechtigten Angehörigen nicht ohne Inanspruchnahme der Sozialhilfe bestreiten kann oder bestreitet. ■

Die Ausländer wissen oft gar nicht, welche Rechte ihnen zustehen (z. B. Sozialleistungen), die Bestimmungen sind zu kompliziert, sie werden nicht oder nur schlecht beraten . . .

Wie die Erfahrung gezeigt hat, wird auch die gesetzlich geregelte Gleichberechtigung in vielen Fällen durch das Ausländergesetz oder durch die Praxis der Behörden wieder aufgehoben.

Sollte der ausländische Arbeiter zum Beispiel wegen Krankheit arbeitsunfähig sein, so

■ kann die Aufenthaltserlaubnis versagt werden, weil der Zweck des Aufenthalts, nämlich die Arbeitnehmertätigkeit und damit Hilfe für die deutsche Wirtschaft und Industrie, nicht mehr vorliegt. ■
(Aus: Weißmann: *‹Kommentar zum Ausländergesetz›*. S. 46)

6.2 Viele meinen jedoch, die ausländischen Arbeiter seien die eigentlichen Nutznießer, und die Ausländerbeschäftigung sei so etwas wie «Entwicklungshilfe»

Bis vor einigen Jahren beschäftigte man sich besonders mit der Frage, ob die ausländischen Arbeiter für die deutsche Industrie ein Gewinn oder eine Belastung sind.

Wurde die Frage mit «Belastung» beantwortet, forderte man: «Die Ausländer müssen raus!»

Im anderen Fall war es ein «Gnadenrecht», für das die Ausländer dankbar zu sein hatten.

Selbst noch 1972 ergibt eine Meinungsumfrage des Nachrichtenmagazins *DER SPIEGEL:*

■ 73 Prozent der Bundesbürger sind dafür, daß die Entwicklungshilfe gekürzt wird;
71 Prozent der Bundesbürger sind dafür, daß die Zahl der ausländischen Arbeiter vermindert wird. ■
(Nach: *DER SPIEGEL* 44/1972, S. 60)

Die Geldüberweisungen der ausländischen Arbeiter in ihre Heimatländer

	1967	1968	1969	1970	1971
			in Mio. DM		
Insgesamt	2 150	2 150	3 000	4 300	5 300
darunter nach					
Italien	850	850	950	1 150	1 300
Griechenland	350	300	400	500	600
Spanien	350	300	350	450	500
Türkei	300	350	550	900	1 200
Jugoslawien	200	250	550	950	1 250

Schätzungen bzw. Neuschätzungen der Deutschen Bundesbank, lt. *Statistische Beihefte zu den Monatsberichten*, Reihe 3 – Zahlungsbilanzstatistik, Juni 1972, Nr. 6, zitiert nach:
(‹*Ausländische Arbeitnehmer. Erfahrungsbericht 1971*›. Bundesanstalt für Arbeit, S. 6)

Wie Sie sehen, steigen die Geldüberweisungen der ausländischen Arbeiter an ihre Familien in den Heimatländern, mit Ausnahme der Jahre 1967/68, als viele ausländische Arbeiter wegen einer Krise in der deutschen Wirtschaft ausgewiesen wurden.

In sehr vielen Fällen ist nur *ein* Familienmitglied ausgewandert, das nun noch die restliche Familie unterhalten muß.

■ Jetzt schicke ich jeden Monat 100,– bis 150,– Mark an meine Eltern in Istanbul. Wie lange wir in Deutschland bleiben, das weiß ich noch nicht – nicht für immer – nein – Pläne haben wir noch nicht gemacht. Wenn ich Geld gespart habe, vielleicht 10 000 Mark, dann kann ich in Istanbul ein Geschäft aufmachen. ■
(Aus: H. Kammrad: ‹*«Gast»-Arbeiter-Report*›. S. 55)

Diesen Betrag, den ein ausländischer Arbeiter nach Hause überweist, muß er sich mühsam durch Überstunden, Akkordarbeit usw. erarbeiten und von seinem (niedrigen) Verdienst abzweigen. Er kann also letzten Endes noch weniger ausgeben als ein deutscher Arbeiter.

Und im übrigen:

■ Es ist eine alte Regel, daß Devisen, die ins Ausland fließen, die Tendenz haben, in ihr Ausgangsland in Form höherer Auslandsnachfrage zurückzugehen ... Die Gewöhnung an deutsche Konsum- und Investitionsgüter, der die ausländischen Arbeitskräfte während ihrer Beschäftigung in Deutschland unterliegen, dürfte sich im Endergebnis auch für unseren Außenhandel günstig auswirken. ■

(S. Balke, Vorsitzender der «Bundesvereinigung der Arbeitgeberverbände» (BDA), zitiert nach: *DER SPIEGEL* 44/1972)

Die Rückkehr oder: Der Traum vom Kleinkapitalisten

Wer in sein Heimatland zurückkehrt, will vor allem nicht mehr «einfacher Arbeiter» sein. Viele träumen von einem Beruf als Selbständige, als Dorfladenbesitzer oder Taxifahrer.

Eine Studie, die 1971 für das Bundesministerium für wirtschaftliche Zusammenarbeit erstellt wurde, kommt zu dem Ergebnis:

■ Die Erfahrung zeigt, daß viele kleine Gastarbeiterunternehmer gezwungen sind, nach kurzer Zeit wieder aus dem Markt auszutreten, nach Schätzungen 30 bis 40 Prozent, unter anderem weil bestimmte unternehmerische Kenntnisse und Fähigkeiten fehlen. ■

(Aus: *‹Entwicklungspolitische Förderung der Rückgliederung türkischer Arbeitnehmer in die Volkswirtschaft ihrer Heimat›*. München 1971, S. 69, zitiert nach: *DAS ARGUMENT* 68/1971, S. 777)

Sind es nur die «fehlenden unternehmerischen Kenntnisse», die den Traum vieler Rückkehrer zerstören?

■ Die meisten Rückwanderer kehren in die traditionelle Wirtschaft, in das Handwerk und in den Bereich der Dienstleistungen zurück oder bleiben selbständig, *während ihre Ersparnisse schnell im Konsumstrom umgesetzt oder zum Kauf von Grundstücken bzw. Wohnungen verwendet werden.* ■

(M. Nikolinakos, in: *Blick durch die Wirtschaft* vom 21. 1. 1971; zitiert nach: *DAS ARGUMENT* 68/1971, S. 772)

Zum wirtschaftlichen Wachstum des Landes tragen sie kaum bei. Die Träume von einer eigenständigen Existenz enden meist bereits nach kurzer Zeit in einem Fiasko: Durch den Aufenthalt in der Bundesrepublik sind sie es gewohnt, mehr als vorher zu konsumieren. Teure elektrische Geräte und Autos werden gekauft als nach außen sichtbares Zeichen für die eigene Arbeit im Ausland. Die Nachfrage nach den gewohnten deutschen Konsumgütern steigt.

«Es ist eine alte Regel ...», siehe oben.

Der ehemalige Bundesminister Eppler in einem *SPIEGEL*-Interview (42/1970, S. 73):

■ Nur wenn wir begreifen, daß unsere Arbeitskraft zu schade ist, in weniger produktiven Bereichen eingesetzt zu werden, und wenn wir in diesen Bereichen sukzessive den Entwicklungsländern einen Teil unseres Marktes überlassen, können sie die brachliegende Arbeitskraft in ihren eigenen Ländern so in Werte ummünzen, daß sie schließlich das, was sie von uns brauchen an Industrieausrüstungen, bezahlen können mit dem, was sie auf unserem Markt verdienen. ■

Die Bundesrepublik und andere Industriestaaten produzieren Waren, die sie natürlich verkaufen wollen. Dazu brauchen sie Abnehmer, mit anderen Worten: einen «sicheren Markt». Spanien, Griechenland oder die Türkei sollen also bei uns in der BRD die notwendigen Industrieausrüstungen kaufen.

■ Zahlreiche westdeutsche Firmen errichten eigene Produktionsstätten in der Türkei, unter ihnen die Mercedes-Benz AG und das Volkswagenwerk (Montagewerke), die Schering AG (Pharmazeutika), Farbwerke Hoechst (Arzneimittel), Siemens-Schuckert (Isolierkabel), Krupp und Mannesmann (Stahlfabrikate und Rohre). ■

(Nach: *DAS ARGUMENT* 68/1971, S. 775 f.)

«Die rückkehrenden Arbeiter sollen», so eine Interpretation des Entwicklungsplans (‹*Entwicklungspolitische Förderung der Rückgliederung . . .*›, s. oben),

■ durch die Gründung von Reparaturwerkstätten für Landmaschinen, Lastwagen und Pkw, aber auch für Erzeugnisse der Elektroindustrie . . . einen weitverzweigten Vertriebs- und Wartungsapparat aufbauen. ■

Sie sollen

■ die Rolle von Zulieferern übernehmen; kleine mittelständische Betriebe, keine Konkurrenz für das ausländische Kapital, mit diesem jedoch durch vielfältige Abhängigkeiten fest verbunden. ■

(Aus: Klaus-Peter Dietzel: ‹*Zur Rolle der rückkehrenden Arbeiter in der Entwicklungsstrategie des westdeutschen Imperialismus*›. In: *DAS ARGUMENT* 68/1971, S. 779 f.)

Immer mehr Unternehmer kommen zur selben Erkenntnis wie Kurt Hansen, Chef des Chemie-Konzerns Bayer (in einem *SPIEGEL*-Interview, 29/1971, S. 34):

■ Ich frage mich zum Beispiel, ist es richtig, die Arbeiter zu den Maschinen zu transportieren, oder ist es nicht klüger, die Maschinen zu den Arbeitern zu bringen. Es ist sicher besser, Fabriken in Griechenland oder Spanien zu bauen, bevor wir Hunderttausende von Gastarbeitern holen. ■

PARTNER TÜRKEI
ODER
FOLTERN FÜR DIE FREIHEIT DES WESTENS?

(Titel eines Buches von B. Heinrich und J. Roth über die Geschichte der Türkei, rororo-aktuell 1600, Reinbek 1973)

(Aus: *Entwicklungspolitische Korrespondenz* 4/1971, S. 20). Die Zeichnung bezieht sich auf Folterungen der griechischen Militärregierung, die bis zum Sommer 1974 an der Macht war.)

Diejenigen Firmen, die in diesen «Niedriglohnländern» Fabriken bauen, haben in erster Linie das Interesse, große Gewinne zu machen (und nicht «Entwicklungshilfe» zu leisten).

Diese großen Gewinne können nur gemacht werden, wenn die Löhne niedrig bleiben. Und das garantieren meist die Regierungen dieser Länder, indem sie beispielsweise Streiks grundsätzlich verbieten und gewerkschaftliche Organisierung für «illegal» erklären.

Dies betrifft auch rückkehrende Ausländer, die in ihrem Heimatland Genossenschaften gründen wollen:

■ In Spanien untersagt das Gesetz die freie Bildung von Interessengruppen und Vereinigungen, schon die erste Kontaktaufnahme von Emigranten miteinander ist erschwert. ■

(Aus: *DER SPIEGEL* 49/1971, S. 127)

In einem Kabarettext heißt es leicht überspitzt:

Salvatore muß arbeiten
Damit die Mark stabil bleibt
Salvatore muß arbeiten
Damit der Arbeitsmarkt stabil bleibt
Salvatore muß arbeiten
Damit der Konsum stabil bleibt
Salvatore muß arbeiten
Damit wir unseren Lebensstandard halten können
Salvatore muß arbeiten
Damit die Metropolen Metropolen
Und die armen Länder arme Länder bleiben
Salvatore muß arbeiten
Damit die Reichen reicher werden
Salvatore muß arbeiten
Damit Salvatore arm bleibt

(Münchner Rationaltheater: *‹Wer beschiß Salvatore G.›*, zitiert nach: R. Uthoff: *‹Die Drei Säulen des Kapitalismus . . . Drei Programme›*. S. 125. Das Bändchen ist erhältlich über: Münchener Rationaltheater, 8 München 13, Hohenzollernstraße 74)

Übrigens, wußten Sie schon . . .

. . . nach einem Jahrzehnt Gastarbeiterwanderung nach Norden mußten die Griechen feststellen, daß ihrer Wirtschaft dringend notwendige Arbeitskräfte weggelaufen waren.

Fast ein Zehntel der griechischen Bevölkerung – etwa 850 000 Personen – wanderten in den letzten zehn Jahren ab. 70 Prozent davon ließen sich von der Bundesrepublik als Gastarbeiter anwerben.

(Aus: *DER SPIEGEL* 43/1972, S. 147)

Während Griechen zur Gastarbeit nach Deutschland wanderten, mußten griechische Hoteliers Araber und Afrikaner anwerben.

(Aus: *DER SPIEGEL* 28/1972, S. 101)

Arbeitsaufgaben

– Diskutieren Sie den Satz von Klaus-Peter Dietzel: «Den Randstaaten Europas fällt immer mehr die Rolle einer ‹verlängerten Werkbank› der westeuropäischen Industrie zu.» (Nach: *DAS ARGUMENT* 68, S. 770)
– Überprüfen Sie die Aussagen des Kabarettextes auf ihre Richtigkeit. Wie kommt das Münchner Rationaltheater zu diesen Behauptungen?

Zahlen, Tendenzen der Ausländerbeschäftigung, neueste Literaturhinweise und Adressen der Aktionsgruppen, Erfahrungsberichte der verschiedenen Gruppen usw. Dieses Material und mehrere Tagungen sollen die Kommunikation und den Erfahrungsaustausch zwischen den verschiedenen Gruppen fördern.

Jedes Jahr erscheint im September der *‹Erfahrungsbericht Ausländische Arbeitnehmer›* der
Bundesanstalt für Arbeit
85 Nürnberg 2, Frauentorgraben 33–35

Im folgenden einige Bücher, die sich mit der Wirtschaft, Geschichte und Politik der Auswanderungsländer beschäftigen:

Italien

Cinanni (s. oben)

Pino Ferraris: *‹Die 100 Tage von Reggio. Bericht über einen Aufstand in Süditalien›*. Berlin 1971, Rotbuch 35

Portugal

Mario Soares: *‹Portugal – Rechtsdiktatur zwischen Europa und Kolonialismus›*. Reinbek 1973, rororo aktuell 1655

Türkei

Brigitte Heinrich, Jürgen Roth: *‹Partner Türkei oder Foltern für die Freiheit des Westens›*. Reinbek 1973, rororo aktuell 1600

Spanien

Peter Klein: *‹Francos zweite Inquisition. Spanien zwischen Folter und EWG›*. München 1971, Reihe Hanser 81

Bernhard Schütze: *‹Rekonstruktion der Freiheit. Die politischen Oppositionsbewegungen in Spanien›*. Frankfurt a. M. 1969, edition suhrkamp 298

M. Raske, K. Schäfer, N. Wetzel (Hg.): *‹Der totalitäre Gottesstaat, die Lage der Christen in Portugal, Spanien und im Baskenland›*. Düsseldorf 1971, Patmos-Verlag

Griechenland

Jean Meynaud, C. T. Aris: *‹Bericht über die Abschaffung der Demokratie in Griechenland. Analyse der Klassenstruktur›*. Berlin 1969, Rotbuch 1

M. Nikolinakos, K. Nikolaou (Hg.): *‹Die verhinderte Demokratie: Modell Griechenland›*. Frankfurt a. M. 1969, edition suhrkamp 302

Athènes-Presse Libre: *‹Schwarzbuch der Diktatur in Griechenland›*. Reinbek 1970, rororo aktuell 1338/39

Heft 11

Dieter Otten

Stichwörter zur Politischen Ökonomie

(Aus: *links* 51/1974)

Die wichtigsten Begriffe der Kritik der Politischen Ökonomie in systematischer Reihenfolge. Eine kurze Erläuterung und zugleich eine knapp gefaßte Einführung in den gegenwärtigen Diskussionsstand der marxistischen Theorie der kapitalistischen Gesellschaft.

das falsch. Schließlich gehen hier auch Rohstoffe, Maschinen und vieles mehr in den Wert der Waren mit ein. Man geht dennoch zu Recht von dieser Annahme aus, denn erstens gilt diese Aussage für den Warentausch allgemein, und zweitens sind auch die Maschinen Ergebnisse menschlicher Arbeit und erhalten dadurch ihren Wert. Nur ist diese Arbeit schon getan und abgegolten. Deshalb muß man ihren Wert Stück um Stück auf die neuen Produkte übertragen bzw. abschreiben. Kurz: Auch hier gilt die Erklärung des Wertes einer Ware. Nur etwas komplizierter, weil jetzt zwischen dem Neuwert und dem übertragenen Wert schon getaner Arbeit zu unterscheiden ist. Eine andere Verständnisklippe ist das Wort Privatproduzent: Anfangs ist damit derjenige gemeint, der tatsächlich ganz allein für den Markt produziert. Heute ist der «Normalproduzent» eine Firma oder besser: die hier arbeitenden Arbeiter.

Auf dem Markt jedoch verhält sich jede Firma – wie viele Arbeiter sie auch beschäftigen mag – wie eine Einzelperson. Sie tauscht nicht anders als ein Privatproduzent. Für beide gelten also die gleichen Gesetze. Deshalb ist es nicht nur zulässig, sondern richtig, den Tauschvorgang in seiner einfachsten Form zu untersuchen. Denn was hier gilt, ist allgemein gültig. Die allgemeinste Erkenntnis enthält sozusagen die Erklärungsmöglichkeiten für alle komplizierteren Verfeinerungen der Marktwirtschaft. Man kann in diesem Vorgehen geradezu das Erklärungsprinzip der Politischen Ökonomie erkennen, nämlich vom Einfachen her das Komplizierte und vom Abstrakten her das Konkrete zu erfassen. Weil das so ist, darum folgen auch diese Stichwörter in ihrer Reihenfolge nicht einfach dem Alphabet, sondern der logischen Reihenfolge, in der die einzelnen Tatbestände vom Tauschgesetz her zueinander stehen.

Tauschgesellschaft

Die moderne Wirtschaftsgesellschaft ist eine Tauschgesellschaft. Ihre Entstehungsgeschichte ist die Geschichte der Ausbreitung der Tauschgesetze vom ersten gelegentlichen Warentausch bis hin zum Tausch von Arbeitskraft gegen das Geld der Unternehmer.

Damit jedoch eine Tauschgesellschaft entstehen kann, sind erst einmal zwei Voraussetzungen nötig:

1. muß es schon so weit spezialisierte Berufe geben, daß jeder Arbeiter oder Handwerker normalerweise nur eine bestimmte und nicht eine ganze Reihe von Arbeiten verrichtet; und
2. muß die Güterproduktion so organisiert sein, daß jeder Handwerker oder Unternehmer die Güterherstellung auf eigene Faust, also als ungeplante, private Initiative, unternimmt.

Eine Tauschgesellschaft ist also eine privatwirtschaftliche Gesellschaftsordnung. Und dies heißt: Die Produzenten, die Handwerker und Unternehmer kommen in dieser Gesellschaft nur in den Genuß der Arbeit des anderen, wenn sie ihre Güter untereinander austauschen. Daher kommt es auch, daß die Mehrzahl aller Güter von vornherein für den Tausch und nicht für den eigenen häuslichen Bedarf hergestellt wird. Den Bedarf der Menschen decken sie in der Regel erst, nachdem sie eingetauscht oder gekauft worden sind. Mit einem Wort: Eine Tauschgesellschaft ist dadurch gekennzeichnet, daß in ihr alle Güter als *Waren* produziert werden.

Waren

sind ausschließlich für den Markt hergestellte Dinge und Güter. Für den Hersteller haben die Waren nur einen Wert als *Tausch*mittel. Den Verbraucher dagegen, der die Waren kauft, interessiert nur derjenige «Wert» (besser: die Leistung), welchen die Waren für seinen *Gebrauch* oder besser Verbrauch haben. Mit anderen Worten: Waren haben einen *Tauschwert* (auf dem Markt) und einen *Gebrauchswert* (im privaten oder öffentlichen Konsum). Daß sie einen Gebrauchswert haben, ist nicht schwierig zu erkennen: Man würde wohl keine Ware herstellen, wenn sie niemand gebrauchen könnte oder wenn sie zu nichts nütze wäre. Deshalb kann man sagen: Daß eine Ware Gebrauchswert besitzt, heißt nichts anderes, als daß man sie zu irgend etwas benutzen kann bzw. sie zu irgend etwas benötigt. Wirtschaftlich messen kann man den Nutzen natürlich nicht, man kann ihn nur feststellen. Schwieriger liegt es mit dem Tauschwert, der wirtschaftlich meßbaren Seite von Waren. Die Schwierigkeit besteht darin, daß er zwar jeder einzelnen Ware als deren besondere Eigenschaft anzuhaften scheint, andererseits aber für die unterschiedlichsten Waren gilt, sofern sie nur denselben *Wert* haben und in dieser Beziehung gleich sind. Irgendwie ist der Tauschwert einzelner Waren also Ausdruck für den gemeinsamen Wert, den verschiedene Waren untereinander haben. Genauer gesagt liegt die Sache so: Wenn man tauscht, dann gibt man keine wertvollen Schmucksachen für billigen Tand her. Im Gegenteil, man gibt eine genau abgemessene Menge bestimmter Waren (10 Liter Benzin, 8 Tafeln Schokolade oder 4 Dutzend Eier) nur gegen eine andere Menge ab, wenn diese genauso wertvoll ist wie der eigene Tauschgegenstand.

Marktwert

bzw. der Wert der Waren ist das, was die unterschiedlichsten Güter gemeinsam haben: Sie alle sind Produkte menschlicher Arbeit, und der Wert, als Maßstab, ist die zur Herstellung von Waren benötigte *Arbeitszeit*. Der Wert ist also nichts anderes als eine Form, die *Zeit*, die man für eine Warenherstellung benötigt, zu messen und anzugeben. Ganz klar also, daß der Tausch von unterschiedlichen Warenmengen mit gleichem Wert (6 Flaschen Schnaps gegen 120 Liter Heizöl) nicht bloß ein «wirtschaftlicher Vorgang» ist, sondern ein Austausch der Arbeitszeit von Menschen. Der Wert der Waren hat nun zwei gesellschaftliche Aufgaben: Zunächst regelt er die Verteilung der Güter unter den Gesellschaftsmitgliedern. Wer eine Ware herstellt und verkauft, bekommt die gleiche Menge Arbeitszeit in Form einer anderen Ware oder in der Form von Geld wieder herein. Aber der Wert der Waren regelt nicht nur die Güterverteilung. Er steuert auch und vor allem die Bedingungen, unter denen die Güter in einer Gesellschaft hergestellt werden. Dies geschieht dann, wenn mehrere Hersteller die gleiche Ware anbieten, zu deren Herstellung aber unterschiedliche Produktionszeiten benötigen. Derjenige, welcher die Ware in der kürzesten Zeit herstellt, ist nicht nur der billigste Verkäufer, sondern auch der, welcher seine teureren Konkurrenten in der Konkurrenz bald aus dem Rennen geworfen hat. Wollen die anderen nicht völlig pleite gehen, dann müssen sie versuchen, mindestens ebensoschnell zu produzieren. Nun weiß jeder, daß die Herstellungszeit für Waren nicht einfach vom Fleiß der Arbeiter abhängt. Viel entscheidender sind die Techniken, Werkzeuge, Maschinen und auch die Kenntnisse der Arbeiter, und von ihnen hängt im wesentlichen die Anzahl der Waren ab, welche man in einer Stunde herstellen kann. Andersherum gesagt, sie bestimmen die Herstellungszeit für die einzelne Ware. Diese ist schließlich nichts anderes als Arbeitsstunde geteilt durch die Anzahl der Produkte.

Wenn unsere Produzenten nun versuchen, den Wettbewerbsvorteil des billig verkaufenden Konkurrenten auszugleichen, dann versuchen sie *tatsächlich*, seinen Vorsprung an höher entwickelten Techniken einzuholen. Kurz: Der unterschiedliche Tauschwert der gleichen Ware zwingt die technisch weniger entwickelten Herstellungsbetriebe, so lange ihre Produktionsbedingungen zu verbessern, bis sich überall die gleichen Methoden durchgesetzt und zu einem überall vergleichbaren Wert der Waren geführt haben.

So bildet sich in allen Produktionszweigen ein und derselben Gesellschaft ein durchschnittliches Wertmaß heraus. Erst jetzt kann man von einem regelmäßigen Tausch sprechen, denn von nun an ist überall für gleiche Tauschbedingungen gesorgt. Nur noch im Fernhandel mit weiterentwickelten oder zurückgebliebenen Ländern wird sich der Wettbewerbsvorteil auf Dauer ausnutzen lassen:

– Handelt man mit höher entwickelten Ländern, dann kann man dort billige Waren einkaufen, welche zu Hause aber sehr teuer sind. Der Unterschied von Einkaufs- und heimischem Verkaufspreis dürfte dann einen beträchtlichen Gewinn ausmachen.
– Handelt man mit unterentwickelten Ländern, dann kann man seine billig produzierten Waren zu den dort gültigen hohen Preisen verkaufen und macht dabei den gleichen Gewinn wie oben.

Wert und Preis

Man kann auf keinem Markt die Preise so machen, wie man will. Wer es dennoch versucht, wird bald spüren, daß es nicht geht. Entweder wird die Konkurrenz einen zu hohen Preis verderben. Oder man schadet sich mit zu niedrigen Preisen einfach selbst. Kann man jedoch billiger anbieten, weil man schneller herstellt als die Konkurrenz, dann werden die anderen gezwungen, ebensoschnell zu produzieren und den Vorsprung einzuholen – weil sie ja nicht pleite gehen wollen.

Wie man es also dreht und wendet, über kurz oder lang richten sich die Preise nach der in den Waren enthaltenen Arbeitszeit, also nach dem Warenwert. Natürlich kann jeder Händler oder Unternehmer willkürlich die Preise herauf- oder herabsetzen, aber die Marktgesetze (bzw. das Wertgesetz) sorgen nach kurzer Frist dafür, daß dieser Spaß nicht lange währt. So spielt sich mit gelegentlichen Abweichungen auf *allen* Endverbrauchermärkten (für Industriemessen und Großhandel siehe unter: PROFIT) ein Markt*preis* ein, der tatsächlich nichts anderes ist als der *Geldausdruck des Wertes*. Anders gesagt: Mark und Pfennig drücken aus, wieviel gesellschaftliche Arbeitszeit in einer Ware enthalten ist und geben den Wert im Preis an. Bleibt die Frage, wie die Werte zu ihrem Geldausdruck kommen. Schließlich gibt es in keiner Tauschgesellschaft eine Behörde, welche Warenwerte in Preise umrechnet und dafür genaue Geldbezeichnungen nennt. Tatsächlich bilden sich die Preise auf dem Markt selbst: und auch der Geldausdruck entsteht von selbst. Und das ist kein Zufall. Denn:

Geld,

oder besser gesagt Zahlungsmittel, ist eigentlich schon in jedem Tausch vorhanden, auch wenn man einfach zwei Waren, zum Beispiel eine Kiste Zigarren gegen zwei Flaschen Korn tauscht: Für die beiden Tauschpartner spielen Schnaps und Zigarren nämlich eine sehr unterschiedliche Rolle. *Jeder Partner interessiert sich für den Gebrauchswert der Ware, die ihm noch nicht gehört.* (Der Tabakhändler will den Schnaps – um ihn zu trinken; und der Spirituosenhändler will die Zigarren – um sie zu rauchen, versteht sich.) Seine *eigene Ware* ist für ihn nichts anderes als *Zahlungsmittel.* (Die eigene Ware hat für den Verkäufer keinen Gebrauchswert mehr, denn man tauscht grundsätzlich nur das, was man nicht mehr braucht, brauchen kann, brauchen will usw.) Der einzige Unterschied zur modernen Tauschgesellschaft besteht darin, daß das Geld nicht als selbständiges Zahlungsmittel existiert, sondern noch an eine ganz normale Ware gebunden ist. Deshalb ist in diesem Fall das Geld – obwohl vorhanden – nicht gleich erkennbar; es ist in der Ware so gut wie verborgen, weil die Zigarren oder der Schnaps eben in erster Linie nicht Geld, sondern Konsumgegenstände sind. Von regelrechtem Geld kann man also erst dann sprechen, wenn es eine Ware gibt, die zu nichts anderem mehr gebraucht wird denn als Zahlungsmittel. Natürlich hat diese Ware einen Gebrauchswert; aber der besteht nur darin, daß man sie besonders gut als Zahlungsmittel benutzen kann. Deshalb macht es bei einer solchen Ware keine Schwierigkeiten mehr, zu erkennen, daß ihr Tauschwert ein allgemeines Zahlungsmittel oder besser: der Ausdruck einer bestimmten Wertgröße schlechthin ist. Man kann sogar sagen: Wenn es eine solche Ware gibt, dann hat sich der Wert der Waren selbständig gemacht, und zwar nicht etwa sinnbildlich, sondern tatsächlich. Er kann dies nämlich tun, weil der Wert gar keine dinglich-stoffliche Eigenschaft des Gebrauchsgegenstandes ist. Er ist vielmehr – wie wir sahen – eine gesellschaftliche Beziehung. Diese Beziehung besteht ja losgelöst (= abstrakt) von jeder Ware. Mit den Waren hat sie nur insoweit zu tun, als die Beziehung erst im Warentausch zustande kommt. Die Arbeitsbeziehungen bzw. der Wert sind also abstrakt. Das Geld, als selbständiges Tauschmittel, drückt daher nur diesen losgelösten Charakter abstrakter Arbeit aus. Geld ist dazu in der Lage, weil es von vornherein eine Ware ist, die eben nur für das Tauschen selbst geeignet ist. Die besonderen Waren, welche sich im Laufe der Zeit als Geldwaren herausbildeten, sind die Edelmetalle Gold und Silber. Warum es gerade diese waren, ist nun nicht mehr schwer zu erklären: Sie entwickelten sich deshalb zu Geldwaren, weil sich ihre physikalischen Eigenschaften (also ihr Gebrauchswert) besonders gut für die Geldaufgabe eignen. Gold und Silber kommen in der Natur ziemlich rein vor, man muß sie nicht erst lange veredeln. Gold und Silber sind sehr haltbar, sie rosten nicht, setzen keinen Grünspan an usw. Sie lassen sich leicht verarbeiten, sind leicht zu zerteilen und auch leicht zu prägen. Und schließlich ist es sehr schwer, große Silber- bzw. Goldmengen zu finden. Deshalb ist der Tauschwert des Goldes hoch. Ein weiterer Vorteil, denn der Wert einer Arbeitsstunde stellt sich bei solchen Waren schon in wenigen Gramm dar. Großer Reichtum nimmt als Gold zum Beispiel nur einen kleinen Platz ein. Bis heute hat sich unter anderem Gold als die beste Geldware herausgestellt. Es ist zur unmittelbaren, selbständigen und in allen Gesellschaften direkt gültigen Wertform geworden. Es ist der reinste Ausdruck und Maßstab eines gesellschaftlichen Verhältnisses von Arbeitsstunde: Die Menge Gold nämlich, welche man in einer Stunde herstellt, ist der durchschnittliche Wert der menschlichen Arbeitsstunde auf einem einheitlichen Markt. Deshalb und nur deshalb tauscht es sich auch überall in einer Gesellschaft gegen die unterschiedlichsten Warenmengen aus.

Zirkulation

Sobald es in einer Tauschgesellschaft Geld gibt, verdoppelt sich der Tauschvorgang. Man tauscht zweimal: einmal Waren gegen Geld und dann Geld gegen Waren (abgekürzt W-G-W). Die Warenwelt verdoppelt sich selbst damit und besteht aus den Waren auf der einen Seite und dem Geld als allgemeinem Ausdruck der Warenwerte auf der anderen. Deshalb müssen die Mengen der hergestellten Warenwerte und die umlaufende Geldmenge auch immer gleich sein, wie in einer mathematischen Gleichung. Dies ist die Grundlage dafür, daß zwischen Geld und den Waren ein beständiger Kreislauf funktionieren kann: die Zirkulation von Waren und Geld. Daß sie andererseits durch die Existenz von Geld notwendig ist, liegt auf der Hand: Weil nämlich Geld keinen direkten Gebrauchswert hat, hat sein Besitz nur Sinn, wenn man es wieder austauscht gegen Waren.

Die besondere Goldware, also Gold und Silber, tritt immer in bestimmten Mengen bzw. mit bestimmtem Gewicht auf. Jedes Land prägt ihr dies auf und gibt ihr einen besonderen Namen: Man nennt sie Dollar, Gulden, Mark, Sterling usw. Die einzelnen Nationen schufen sich damit ihre Münzen bzw. ihre nationalen Währungen. Allmählich wurden die Gold- und Silbermünzen jedoch durch Papier oder Hartgeld ersetzt, denn es ist schon ziemlich mühselig, größere Geldwerte in schwerem Gold mit sich herumzutragen.

So schuf man stellvertretend für Gold Banknoten, deren aufgedruckter Wert vom Staat festgesetzt wird und natürlich einer dahinterstehenden Goldmenge, der sogenannten Golddeckung, entspricht. Früher konnte man daher jede Banknote gegen Gold wieder eintauschen. Direkt gegen Gold sind auf dem westlichen Weltmarkt im Moment nur sogenannte Reservewährungen, zum Beispiel wie der Dollar, tauschbar. Da man aber jede Währung gegen Dollar tauschen kann, ist auch heute noch gesichert, daß jede Banknote mit Gold gedeckt wird.

Die nationalen Staaten setzen den Wert ihrer Währung durch sogenannte Wechselkurse fest. Mit anderen Worten: Sie geben so viel Gold, wie die jeweilige Grundeinheit ihrer Währung wert ist. So entspricht die DM heute etwa 0,31 gr. Feingold, der Dollar 0,806 gr. und der Holländische Gulden 0,30 gr. Die Staaten können damit also nicht den Wert des Geldes festlegen; der ist ja abhängig von der Goldproduktion. Sie können nur festlegen, der wievielte Teil einer Münze Gold ihre Mark, ihr Dollar usw. ausmachen soll. So ist also gesichert, daß auch bei Banknoten das Gleichgewicht von Geld und Warenwerten erhalten bleibt.

Sollte ein Staat aber mehr Noten drucken, als produzierte (Waren-) Werte vorhanden sind, sinkt dementsprechend der Wertausdruck der Banknoten (Inflation).

Kapital

Wenn Geld im Grunde ein selbständig gewordenes gesellschaftliches Verhältnis ist, dann gilt das für Kapital erst recht. Denn *Kapital* ist nur eine besondere Verwendungsart von Geld und damit *eine besondere Art von selbständig gewordenem gesellschaftlichen Verhalten.*

Verwendet man Geld als einfaches Zirkulationsmittel, dann bekommt man es für eine Ware oder Dienstleistung und will es auch so schnell wie möglich wieder in Waren umsetzen. Von Geld oder Gold kann keiner leben.

Bei *Geld als Kapital* ist es genau umgekehrt. Hier braucht man *am Anfang* Geld (Startkapital). Erst dann kauft man Waren. Doch beileibe nicht zum eigenen Verbrauch. Man kauft, um sie zu verkaufen. Die einfache Zirkulation steht also auf dem Kopf: statt *W-G-W* hieße es *G-W-G*. Doch das allein gäbe keinen Sinn. Das eigentliche Ziel dieser verdrehten Zirkulation ist nämlich nicht bloß, Waren zu kaufen und zu verkaufen. Vielmehr geht es darum, sie zu einem höheren als dem Einkaufspreis zu verkaufen. Wird Geld zu *Kapital*, ist das Ziel der Zirkulation: *Geld zu vermehren.* (Zirkulationsformen $G\text{-}W\text{-}G^{+}$)

Deshalb sucht jeder, der Geld als Kapital verwendet, gekaufte Waren so schnell wie möglich wieder loszuwerden. Am liebsten, weil einfacher, wäre ihm sogar, das Geld ohne Warenhandel zu vermehren und für *Geld* sofort *mehr Geld* zu bekommen ($G\text{-}G^{+}$). Ist es schon schwierig zu erklären, wieso man eine Ware billiger einkaufen und teurer verkaufen kann – in der letztgenannten Form ist die Vermehrung des Geldes vollends mysteriös. Wer Geld mit Zinsen verleiht (darum handelt es sich nämlich bei $G\text{-}G^{+}$) kann als einzigen Grund für sein Wuchern aufführen, daß er das Kapital anstatt zu verleihen auch in Handels- und Industriegeschäften anlegen könnte, und dann hätte er bestimmt 10 Prozent Zinsen oder mehr bekommen. Mit anderen Worten: Die tatsächlichen Gewinne von Handel- und Industriekapital rechtfertigen hier den Zins von Leihkapital. Sozusagen als Entschädigung für dort entgangenen Gewinn. Das Geheimnis der wunderbaren Geldvermehrung liegt also im Handels- und Industriegewinn selbst.

Freilich: Handels- und Leihkapital (manchmal auch Wucherkapital) sind nicht nur die einfacheren, sondern auch die ersten Formen von Kapital. Schon in der einfachen Tauschwirtschaft des Mittelalters und der Neuzeit (12. bis 15. Jh.) gab es Handelskapitalisten und Bankiers. Der Handel lebte davon, in den höher entwickelten Ländern des Ostens billige Waren einzukaufen, welche zu Hause als Luxuswaren galten und teuer verkauft werden konnten. Der Zugewinn war so groß, daß auch nach Abzug der sicher hohen Transport- und Reisekosten usw. ein stattlicher Profit übrigblieb. Bankiers hingegen lebten davon, daß sie Händlern das Geld vorstreckten oder es an Fürsten, Ritter und andere Standespersonen verliehen.

Allerdings blieben Handel- und Kapitalgewinn beschränkt. Der Osten war weit, Handelsreisen dauerten Jahre, oft Jahrzehnte, und im Westen gab es wenige Waren, welche man überhaupt tauschen konnte. So blieb der Handel eine Randerscheinung und das Kapital auch. (Zumindest so lange, wie es nicht gelang, mit der industriellen Produktion selbst Gewinne zu machen und Waren zu haben, deren Herstellung weniger kostet als der Tausch auf dem Markt einbringt!)

Kapitalismus

Erst wenn die Geldwirtschaft sich überall ausgebreitet hat und Kapital nicht nur Handel und Geldverleih, sondern auch die *Industrie* beherrscht, dann kann man von kapitalistischer Wirtschaft sprechen. Hat diese Wirtschaft sich überall durchgesetzt und bestimmen ihre Prinzipien und Gesetze auch Kultur, Verfassungs- und Rechtswesen sowie die Politik, dann kann man diese Gesellschaftsordnung *Kapitalismus* oder *kapitalistische Produktionsweise* nennen. Kapitalismus ist also nichts anderes als eine *besondere Epoche* der Tauschgesellschaft. Oder besser: die Epoche, in der sich der *Warentausch in allen gesellschaftlichen Bereichen ausgebreitet hat.*

Jetzt gilt für das ganze Wirtschaftsleben, was man bis dahin nur für den Handel sagen konnte: Alles Wirtschaften wird nicht mit dem ersten und obersten Ziel unternommen, die Gesellschaft mit Waren zu versorgen; Ziel ist nun, das Geld zu vermehren, was man in Industrie und Handel angelegt hat. Die Gewinnerwartung wird zum Sinn des Wirtschaftslebens. Daß dabei auch die Bedürfnisse der Menschen befriedigt werden, ist allein der Tatsache zu verdanken, daß sich Gewinne nur dann machen lassen, wenn Waren zur Bedarfsdeckung hergestellt und verkauft werden. Aber der Mensch und seine Bedürfnisse stehen nicht im Mittelpunkt der Wirtschaftsüberlegungen, sie sind nur deren materielle Voraussetzung. Welche Verdrehungen das Wirtschaften hierdurch erfährt, liegt auf der Hand: Bedürfnisse werden nur dann und so lange befriedigt, wie Gewinne erwartet werden. Bedürfnisse haben nur dann ein Recht auf Befriedigung, wenn damit Kapital in Industrie und Handel vermehrt wird. Alle Bereiche, die keine Gewinne in Aussicht stellen, bleiben unbefriedigt und unterentwickelt: So zum Beispiel das Bildungswesen, die Gesundheitsversorgung, der öffentliche Verkehr, aber auch die Warenproduktion in unrentablen Industriezweigen, wo die Gewinnerwartung gering, die Versorgung der Menschen aber unverzichtbar ist. (Ein gutes Beispiel für das letztere sind die aktuellen Strukturkrisen in der Bundesrepublik.) Mit einem Wort: Gewinnerwartung ist das eigentliche Gesetz unserer Wirtschaft. Gewinnerwartung bestimmt, wo und was produziert wird. Gewinnerwartung entscheidet darüber, wer Arbeit erhält, wie Arbeitsplätze aussehen und vieles mehr. Doch wie entsteht Gewinn? Ganz allgemein dadurch, daß Handels- wie Industrieunternehmen etwas billiger einkaufen als verkaufen. Das heißt, am Ende eines Handelsgeschäfts auf dem Verbrauchermarkt werden Waren verkauft, welche *mehr wert* sind, als sie auf dem Einkaufsmarkt gekostet haben. Oder: Am Ende der Industrieproduktion werden Waren verkauft, die mehr wert sind, als alle jene Waren, welche man zu ihrer Produktion benötigt hat.

Gewinn macht also derjenige, welcher einen solchen Wertüberschuß oder *Mehrwert* verkaufen oder beziehungsweise in Geld verwandeln kann. Beim Fernhandel des Mittelalters war der Ursprung des Wertüberschusses leicht zu erklären: Die Handelsgesellschaft nutzte nur aus, daß im Fernen Osten Dinge billig hergestellt wurden, die auf dem heimatlichen Verbrauchermarkt teure Luxusgüter waren. Beim modernen Industrie- und Handelskapital reicht diese Erklärung allerdings nicht aus. Hier kauft der Handelsunternehmer schließlich auf demselben Markt, auf dem er auch verkauft. Hier gelten folglich gleiche Tauschbedingungen für Ankauf wie für Verkauf. Soll das Handelsunternehmen Gewinn machen können, muß es vom Industrieunternehmer zwangsläufig einen Preisnachlaß erhalten und damit einen Teil des Mehrwertes übertragen bekommen. Natürlich schenkt keiner dem anderen etwas. Schon gar nicht etwas vom Gewinn. Das Industrieunternehmen muß also seinen Nutzen davon haben, und der liegt darin, daß das Industrieunternehmen mit diesem Preisnachlaß sehr viel schneller und sicherer große Warenmengen absetzen kann. Damit kommt sein Geld schneller wieder rein, die Wartezeiten werden verkürzt, und die Industrieproduktion kann weiter angekurbelt werden. Daran sieht man, daß die Industrieproduktion allein die Quelle des Warenwertes und damit des gesamten Mehrwertes ist. Der jeweilige Gewinnanteil von Industrie und Handel entsteht also durch eine Art Aufteilung des volkswirtschaftlichen Wertüberschusses aus der industriellen Produktion. Das wirklich Entscheidende, das moderne Kapital unserer Gesellschaft, ist deshalb das *Industriekapital*. Völlig klar also, daß sich der Kapitalismus voll und ganz erst durch die Industrie entfalten kann. Die wirkliche Erklärung unserer Wirtschaftsordnung liegt also in der Erklärung des Industriekapitalismus und seiner Gesetze.

Lohnarbeit und Kapital

Wenn jemand sein Geld als Industriekapital anlegen will, benötigt er drei Dinge, nämlich:

1. Maschinen, Geräte und Werkzeuge,
2. Rohstoffe und Fertigteile,
3. Arbeitskräfte.

Diese Dinge muß er kaufen oder kaufen lassen. Die Maschinen, Rohstoffe und Fertigteile auf dem Industriefertigmarkt, die Arbeitskräfte auf dem *Arbeitsmarkt*. Der Arbeitsmarkt entsteht allerdings nicht so ohne weiteres. Dafür sind einige besondere Bedingungen erforderlich. Die wichtigste ist, daß es überhaupt Leute gibt, welche ihre Arbeitskraft gegen Kapital tauschen wollen. Selbständige, Handwerker oder Händler werden, solange sie ein Auskommen haben, ihre Arbeitskraft sicher nicht verkaufen. Unfreie Menschen, Sklaven, Leibeigene und Gefangene können es nicht, selbst wenn sie es wollten. Deshalb setzt der Arbeitsmarkt voraus, daß es *freie Arbeiter* gibt, also Menschen, die nur ihr Arbeitsvermögen und keine anderen Wirtschaftsgüter als Einkommensquellen besitzen. Diese Arbeiter kommen zwar wie in jedem Tauschgeschäft durch Austausch von Ware und Geld zu ihrem Einkommen, aber die Ware, die sie verkaufen, ist keine gewöhnliche, sondern eine höchst eigentümliche, nämlich ihr eigenes Arbeitsvermögen. Diese Ware verkaufen sie auch nicht an irgendwen, sondern an einen Unternehmer. Für diesen ist das Arbeitsvermögen der Arbeiter ein Produktionsgut wie andere auch. Er gibt dafür einen Teil seines industriellen Kapitals, nämlich den Lohn, und kauft die Ware damit an. Für ihn hat das Arbeitsvermögen des Arbeiters also wie jede andere Ware einen Tauschwert und einen Gebrauchswert. Tauschwert und Preis bemessen sich, wie man weiß, nach der notwendigen Herstellungszeit für die Ware, und der Gebrauchswert ist nichts anderes als die Warennutzung für den Käufer.

Soweit es sich um «normale» Waren handelt, ist dies alles sonnenklar. Nicht klar ist es bei einer Ware wie Arbeitsvermögen. Wie kommt deren Wert zustande? Was ist hier die notwendige und durchschnittliche Produktionszeit der Arbeitswelt? Und zuallererst, was heißt überhaupt Arbeitsvermögen als Ware produzieren? Und wer produziert schließlich Arbeitsvermögen? Doch wohl niemand anderes als der Arbeiter selbst, denn indem er sich am Leben erhält, produziert er auch seine Kraft zum Arbeiten! Aber zum Leben gehört nicht nur *Essen und Trinken*, sondern auch die *Aufzucht von Kindern*, deren *Ausbildung und Gesunderhaltung*. Schließlich auch die *Versorgung von Alten und Kranken* sowie der *Unterhalt* für Personen, die den *Haushalt* machen und nicht selbst verdienen können. Die Kosten dafür, die *Lebenshaltungskosten* also, *machen den Wert des Arbeitsvermögens aus*. Der Wert wird freilich nicht nach *irgendwelchen* Kosten bestimmt, sondern nach den gesellschaftlich durchschnittlichen. Die notwendigen Lebenshaltungskosten der Arbeiter sind also zwangsläufig die Ausgaben, welche dem Lebensstandard entsprechen, den die Arbeiter einmal erreicht haben. Heute sind dazu durchaus das Auto, der Fernseher, der Kühlschrank ebenso zu zählen, wie die Ferienreise und vieles mehr. Dies alles ist *heute das mindeste zum Leben*!

Der *Lohn*, so kann man sagen, ist der Preis bzw. die Geldsumme für den Wert des Arbeitsvermögens. Er *entspricht* damit *den durchschnittlichen Lebenshaltungskosten* des Arbeiters und seiner Familie.

Es ist damit ganz klar, daß der Lohn nichts mit der Arbeitsleistung des Arbeiters zu tun hat. Die *Arbeitsleistung* ist nämlich genau besehen *der Gebrauchswert der Ware Arbeitsvermögen.* Der Unternehmer erwirbt sie zu einem Preis, der zwangsläufig nichts mit dem Gebrauchswert zu tun hat. Durch den *Kaufvertrag* und die anschließende Bezahlung der Ware hat er wie bei jedem anderen Gut die alleinigen Nutzungsrechte. Daß im Lohnarbeitsverhältnis Bezahlung und Leistung wirklich auseinanderfallen, dafür sorgt der *Arbeitsvertrag*, also der Kaufvertrag für Lohnarbeit und Kapital. Er legt den Kaufpreis, das heißt den Lohn, *fest*; und er bestimmt den *Gebrauchswert*, wenn er festlegt, *wie lange der Unternehmer die Arbeitskraft für den vereinbarten Lohn gebrauchen kann*!

Lohnsystem

Der Arbeitsvertrag zwischen dem freien Lohnarbeiter und dem Unternehmer besiegelt ein Herrschaftsverhältnis. Der Arbeiter ist zwar kein Knecht und schon gar kein Sklave. Aber in dem Moment, wo er einen Arbeitsvertrag abschließt, unterschreibt er eine Abtretungsurkunde. Er gibt damit nämlich sein Anrecht auf den *von ihm* geschaffenen Reichtum an seine Firma ab. Der Unternehmer verfügt allein über den durch Arbeit produzierten Reichtum, und als Klasse verfügen die Unternehmer gemeinsam über den gesamten täglich erarbeiteten Reichtum der Gesellschaft. Folglich herrschen sie auch über die Entwicklung der Gesellschaft, über das Schicksal der Arbeitsplätze, deren Sicherheit und Ausstattung usw. Mit anderen Worten: Sobald Unternehmer über Reichtum verfügen, haben sie nur ein Interesse: Sie wollen Reichtum in Kapital verwandeln. Und deshalb setzen sie alles Geld immer wieder nur dort ein, wo es Gewinn verspricht – egal, was mit den anderen Lebensbereichen wird, egal, was es für Folgen für Mensch und Natur hat.

Das und nur das ist die besondere Herrschaftsmethode in unserer Gesellschaft: Das wirtschaftliche Gewinninteresse des Kapitals herrscht über das Lebensinteresse der Menschen. Die Herrschaftsordnung wird dadurch ziemlich undurchschaubar. Aber jeder, der Lohnarbeit leistet, weiß: Wer Kapital hat, herrscht – und wer Lohnarbeit leistet, ist ein Untertan. Nur, daß die Lohnarbeiter die Herrschaft praktisch bloß am Arbeitsplatz erleben und in der Freizeit tatsächlich frei sind. Anders gesagt: Das ganze Problem der kapitalistischen Herrschaft besteht darin, daß hier in der Regel nicht mit politischer Willkür und Gewalt geherrscht wird, sondern mit rechtlich einwandfreien Vertragsabschlüssen! Der Arbeitsvertrag ist eine freiwillig unterschriebene Urkunde, mit der man seine Arbeitskraft für acht Stunden pro Tag vermietet, abtritt, beherrschen läßt. Und wenn man seinen Lohn bekommt, wenn man also genug Geld erhält, um einigermaßen über die Runden zu kommen, dann scheint nichts dagegen einzuwenden zu sein. Schließlich wollen die meisten Menschen nur anständig leben. Wenn sie das können, sind sie auch mit Recht zufrieden. Dafür nimmt man schon in Kauf, daß man am Arbeitsplatz nicht frei ist. Hauptsache: «Gerechter Lohn für gerechte Arbeit» – sagen die meisten. *Und das ist der Punkt:* Weil keiner so recht weiß, welche Werte er in acht Stunden täglich herstellt, weil alle vielmehr glauben, der Lohn entspreche so ungefähr ihrer Arbeitsleistung, darum merken sie nicht, wieviel Reichtum sie ihrer Firma täglich abtreten. Und darum ist ihnen auch selten klar, daß die Herrschaft des Kapitals nicht bloß darin besteht, einen Vorgesetzten zu haben, der zur Arbeit hetzt: Und darum ist ihnen ebenfalls selten klar, daß sie wirtschaftlich ausgebeutet werden, *sobald* sie Lohnarbeit leisten – gut bezahlte wie schlecht entlohnte.

Gerechter Lohn

Ausbeutung ist nach der Ansicht vieler Leute eine Art Betrug. Sie reden von Ausbeutung nur dann, wenn für harte Arbeit zu wenig Lohn gezahlt wird! Andererseits glauben sie, daß bei gerechter Entlohnung niemand ausgebeutet wird. Gerechter Lohn für gerechte Arbeit, das ist ihre gewerkschaftliche Forderung. Dem ist entschieden zu widersprechen. Denn diese Ansicht geht davon aus, daß der Lohn eine Bezahlung für die Arbeitsleistung des Arbeiters, also für den Gebrauchswert, den die Arbeitskraft für den Unternehmer hat, sei. Bei normalen Gütern sowie bei der Ware Arbeitskraft meint man leicht, der Preis habe etwas mit dem Nutzen der erworbenen Ware zu tun bzw. mit der Leistung für den jeweiligen Nutznießer. Daher kommen viele auf die Idee, Qualität bestimme den Preis. Auch bei der Arbeitskraft. Hier ist es dann nur die Tagesleistung. Der Irrtum kommt zustande, weil der Wert nur im Tausch von Gütern ausgetauscht wird, und weil sich die Menschen nur wegen des Erwerbs von Gebrauchsgegenständen und deren Nutzen zu einem Tauschgeschäft bereit finden. In Wirklichkeit aber besteht der Wert losgelöst vom Nutzeffekt der Waren. Es ist eine Beziehung von Menschen, die sich nach der gesellschaftlich bestimmten Arbeitszeit für jedes Gut miteinander in Verbindung setzen.

Also auch zum Erwerb der Arbeitskraft bzw. zu deren Tausch gegen das Kapital des Unternehmers. Folglich ist auch hier der Wert durch die durchschnittliche Produktionszeit, also die Zeit, welche in den Lebenshaltungskosten enthalten ist, bestimmt. Der Lohn als Geldausdruck für diesen Wert muß dem aufs Ganze gesehen entsprechen. Zwar ist auch der Lohn Schwankungen unterworfen – manche Unternehmer versuchen, die Arbeitskraft unter ihrem Wert zu kaufen. Aber dem folgen in der Regel Lohnkämpfe, die das ausgleichen. Der Lohn ist daher über längere Zeit besehen tatsächlich das Entgelt für die Lebenshaltungskosten. Der Lohn ist dann auch der arbeitsmarktgerechte Preis für das Arbeitsvermögen. Er ist unter marktwirtschaftlichen Gesichtspunkten die einzig gerechte Form der Entlohnung, denn hier gelten als Maßstab die Regeln des Tausches von gleichgroßen Werten und nichts anderes.

Der marktgerechte Lohn schließt Ausbeutung nun keineswegs aus. Im Gegenteil. Er ist überhaupt erst die Voraussetzung für die Ausbeutung und damit für den Unternehmergewinn.

Also: Nicht zuwenig Lohn, sondern *Lohnarbeit* als solche *schafft dem Unternehmer Gewinn!*

Nicht bei der Lohnzahlung *betrogen zu werden,* ist Ausbeutung, sondern *seine Arbeitskraft als Ware verkaufen zu müssen!*

Nicht Armut, sondern *Lohnarbeit* macht Arbeiter und Angestellte zu *Proletariern,* also zur ausgebeuteten Klasse!!

Ausbeutung

Der finanzielle Unterschied zwischen dem Tageslohn und dem Wert der täglichen Arbeitsleistung der Arbeiter ist die Hauptquelle des Reichtums der Unternehmer. Der Arbeitsvertrag als rechtliche Handhabe, diesen Reichtum zu nutzen, ist daher zu vergleichen mit einem Pachtvertrag über Ölquellen oder Kohlebergwerke. Der Pachtvertrag gibt dem Nutznießer das Recht zur *Ausbeutung* der Naturstoffe. Der Arbeitsvertrag ermöglicht dem Unternehmer, als Nutznießer jenen Unterschied *auszubeuten,* der zwischen dem Tageswert der Arbeitskraft und dem Wert der Tagesarbeit besteht.

Wer von der Ausbeutung der Arbeiter spricht, meint nichts anderes. Ausbeutung ist das wirtschaftliche Verhältnis, in dem sich *jeder* Lohn- und Gehaltsempfänger zu seinem Unternehmer befindet. *Lohnsystem ist Ausbeutung.* Und Ausbeutung ist privatwirtschaftliche Nutzung des Überschusses aus unselbständiger Arbeit. Ausbeutung ist die eigentliche Form gesellschaftlicher Herrschaft in kapitalistischen Systemen.

Mehrwert

Die Leistung bzw. der Gebrauchswert des Arbeitsvermögens ist nichts anderes als die Tatsache, daß der Arbeiter Waren herstellt.

Und das heißt:

In der vereinbarten Arbeitszeit *stellt* der Arbeiter Warenwerte bzw. *Tauschwerte* her. Was den *Unternehmer also am Arbeitsvermögen interessiert, ist die Menge Tauschwert,* die der Arbeiter produziert. Denn diese Tauschwerte gehören ihm, dem Unternehmer. Ihm allein. Der Arbeiter hat sie durch den Kaufvertrag gleichsam abgetreten.

Wenn der Wert der Waren, die der Arbeiter herstellt, größer ist als sein Lohn, dann und nur dann macht der Unternehmer *Gewinn!* Das ist zwangsläufig der Fall, wenn erst einmal einige Techniken, die Arbeitsteilung und wissenschaftliche Erkenntnisse vorhanden sind. Dann kann nämlich jeder Mensch viel mehr Waren am Tag herstellen, als er selbst zu seiner Ernährung und seinem Unterhalt benötigt. Vorausgesetzt, Arbeiter und Unternehmer vereinbaren eine längere Arbeitszeit als die zum unmittelbaren

Lebensunterhalt nötige – dann kauft der Unternehmer mit dem Arbeitsvertrag eine Ware, die billiger ist als der Verkaufspreis der vom Arbeitsvermögen des Arbeiters hergestellten Waren. Das ist also das ganze Geheimnis des Unternehmergewinnes.

Der Wert von Rohstoffen, Maschinen *und* Arbeitskraft ist geringer, als der Wert der Gesamtproduktion an Waren. Da die toten Dinge ihren Wert nicht selbst vermehren, schafft also der Gebrauch von Arbeitskraft einen regelrechten Wertüberschuß. Der Unternehmer hat am Ende *mehr Werte im Besitz*, als er selbst ausgelegt hat. Der Arbeiter schafft ihm also Mehrwert. Dieser Mehrwert ist die Quelle, aus dem das Gewinneinkommen aller verschiedenen Kapitalsorten und Kapitalbesitzer stammt. Die hinter dem Mehrwert stehende Arbeit der Arbeiter sorgt dafür, daß sich das Einkommen von Kapitalbesitzern ständig vermehrt, unabhängig davon, ob sie als Eigner etwas tun oder nicht. Sie machen sich damit den wirtschaftlichen Überschuß buchstäblich zu eigen oder anders gesagt: Der von ihnen gar nicht geschaffene *Reichtum der Gesellschaft* wird ihr *Privatbesitz.*

Daß der Gewinn immer wieder als Kapital eingesetzt wird, also in Maschinen, Rohstoffen, Fertigteilen und Lohnarbeit, spielt dabei keine Rolle. Im Gegenteil: Es ist die Voraussetzung für neuen Mehrwert, neues Kapital, neue Investitionen usw. Lohnarbeit und Kapital gehören also notwendig zusammen. Ohne Lohnarbeit gäbe es kein industrielles Kapital und ohne industrielles Kapital keinen voll entwickelten Kapitalismus.

Ohne Kapital aber keine Lohnarbeiter, denn das *Lohnsystem* selbst gehört deshalb zum Wesen des Kapitalismus, weil es die Ursache des Unternehmergewinns ist. Lohnarbeit und Kapital sind also wie zwei Seiten einer Münze. Sie allein sind die wichtigen Bestandteile unserer Wirtschaft. Und die Menschen, welche Kapital besitzen oder Lohnarbeiter sind, bilden die wirklich modernen *Klassen* unserer Gesellschaft: die *Arbeiterklasse* und das *Bürgertum.*

Doch das Verhältnis von Lohnarbeit und Kapital besteht nicht nur aus gegenseitiger Abhängigkeit. Es ist vielmehr noch ein System unaufhebbarer Gegensätze.

Mehrwert und Profit

Mehrwert ist das Ergebnis der kapitalistischen Produktion. Er ist das Produkt menschlicher Arbeit von Lohnarbeitern. Der Arbeitsvertrag macht ihn zum Eigentum des Industrieunternehmers. Aber er ist dadurch noch lange nicht des Unternehmers sicherer Besitz. Zunächst besteht der Mehrwert nämlich in den Waren, die erst noch verkauft werden müssen. Der Mehrwert muß erst in Kapital verwandelt werden, bevor er zum sicheren Gewinn, zum Profit des Unternehmers, geworden ist.

Aber der Profit des Industriellen ist nicht einfach dessen in Geld verwandelter Mehrwert. Er muß diesen Mehrwert vielmehr mit einer Reihe anderer Kapitalisten teilen: Moderne Industrieunternehmen verkaufen ihre Waren an Groß- und Zwischenhändler. Das ist von Vorteil für beide. Dem Industrieunternehmen werden die Waren schnell abgenommen, es kann seine Waren schnell in Geld und seinen Mehrwert schnell in Profit verwandeln. Sein Ziel: bald wieder investieren, die Produktion ankurbeln und vergrößern. Für diesen Vorteil ist der Industriebetrieb bereit, einen Teil des Mehrwertes an die Handelsgesellschaften abzutreten. Je mehr der Handelsbetrieb nun abnimmt, um so mehr kann er von dem Mehrwert des Industriekapitals verlangen, um so größer ist sein Umsatz und desto größer sein eigener Handelsgewinn.

Am Mehrwert haben aber auch noch andere Unternehmen außer Industrie und Handel teil. So zum Beispiel die Banken, welche für Zinsen das Kapital vorgeschossen haben, Versicherungen, welche Prämien kassieren, Werbeunternehmen, Rechtsanwälte und viele Branchen und Einzelunternehmer mehr. Der Profit ist also keineswegs dasselbe wie der Mehrwert. Zumindest nicht vom Standpunkt des Einzelunternehmers aus. Im Gegenteil: Der Profit ist das Ergebnis wirtschaftlicher Aufteilung des Mehrwertes. Und hierbei spielt die richtige Nase des Unternehmers bzw. seiner Angestellten eine große Rolle. Denn es hängt von ihnen ab, wo und wie sie die Waren in der Zirkulation absetzen, wie sie das Kapital einsetzen und welchen Anteil sie bzw. ihr eigenes Kapital vom großen Mehrwertkuchen abbekommen.

Aber: So sehr auch der individuelle Profit davon abhängen mag, was Unternehmer und Manager tun, die gesellschaftliche Grundsubstanz des Profits, den Mehrwert, schaffen sie nicht. Dieser ist das Produkt der Arbeiter allein. Was die Manager können, ist allenfalls dafür sorgen, daß sie mehr oder weniger vom Mehrwert abbekommen. Vergrößern können sie ihn nicht. Denn aufs Ganze gesehen machen alle Unternehmen zusammen ebensoviel Profit, wie Mehrwert da ist. Was sie im Handel tun, ist nichts anderes, als um die spezielle Verteilung des Mehrwertes zu kämpfen.

Konkurrenz

Die Aufteilung des Mehrwertes beschränkt sich nicht allein auf die Verteilung unter Industrie- und Handelsunternehmen, Banken und Versicherungen. Wichtiger noch ist, daß der jeweilige Anteil von industriellem, kommerziellem und finanz-kapitalistischem Mehrwertanteil unter die einzelnen Unternehmen umverteilt wird. Mit anderen Worten: Wieviel ein Unternehmen vom Mehrwert als Profit nach Hause tragen kann, hängt nicht nur davon ab, ob es ein Industrie- oder Handelsbetrieb ist, sondern auch davon, wie diese Firma innerhalb ihrer Branche und zugleich auf dem Gesamtmarkt wirtschaftlich dasteht. Ist das Unternehmen wettbewerbsfähiger als andere, dann bekommt es sicher einen größeren Anteil des Mehrwertes als andere. Wieviel eine Firma also an Profit macht, hängt in letzter Instanz allein von der Konkurrenz ab. Das Geheimnis der Konkurrenz bzw. der Umverteilung des Mehrwertes unter die Konkurrenten ist dabei nichts anderes als das Wirken der einfachen Gesetze der Tauschwirtschaft: Dort, wo es eine Tauschgesellschaft mit einem Markt gibt, dort also, wo der Wert der Waren sich schon nach einem gesellschaftlich durchschnittlichen Maß von Arbeitszeit für einzelne Waren in Gestalt des Marktwertes herausbildet, ist es ein leichtes, diesen Marktwert zu unterbieten. Man braucht dazu nur eine bessere Technik, schnellere Maschinen, bessere Werkzeuge, oder bessere Energienutzung als die anderen, und schon produziert man die gleichen Waren viel schneller als seine Konkurrenten. Die Folge: Man ist selbst sehr viel billiger, kann aber seine Waren zum Marktwert kalkulieren. Besser noch, man bleibt ein wenig unter den Preisen der Konkurrenz, dann wird man ihnen einen gehörigen Anteil vom Markt abknöpfen. Während man selbst viel absetzen kann, bleiben die Konkurrenten auf ihren Waren sitzen oder müssen sie zu billig anbieten. Ergebnis: Das technisch fortschrittliche Unternehmen kann viel mehr Gewinne machen als die anderen. Seine Preiskalkulation und sein Absatz sorgen dafür, daß es mehr als nur seinen Mehrwert realisiert. Es eignet sich auch die Teile des Mehrwertes an, der in anderen Unternehmen produziert worden ist. Das entwickelte Unternehmen macht einen *Extraprofit*! Extraprofit auf Kosten der nicht abgesetzten oder unter Wert verkauften Waren weniger entwickelter Firmen. Denn: Was das fortgeschrittene Unternehmen an Zugewinn macht, müssen die weniger entwickelten Betriebe draufzahlen! Deshalb können sie es nicht zulassen, daß sich ein einziges Unternehmen fortentwickelt. Sie müssen den Fortschritt mitmachen oder über kurz oder lang pleite gehen. Also bildet sich wieder ein Gleichgewicht heraus, wenn auch diesmal auf einer Stufe besserer Technik und größeren Fortschritts. So lange jedenfalls, bis es einem Unternehmen gelingt, noch mehr Kapitale einzusetzen, seine Technologie zu verbessern und wieder billiger produzieren zu können als der Rest seiner Konkurrenten. Dann beginnt der Kampf um den Extraprofit von vorn. *Die Konkurrenz kann daher mit gutem Recht als der Lebenskampf der Unternehmen um den Extraprofit genannt werden!*

Sie ist die Triebkraft technischen Fortschritts im Kapitalismus und das Mittel der Umverteilung des Mehrwerts unter allen einzelnen Kapitalisten. Was und wieviel jeder bekommt, hängt also in der Konkurrenz von der Größe des Kapitals ab, das jeder in den Wettbewerb bringt. Wer mehr hat, bekommt auch mehr – ganz wie bei Monopoly.

Kapitalbewegung und Profitrate

Der endgültige Unternehmergewinn ist das Ergebnis der Umverteilung und Aufteilung des Mehrwertes in der Konkurrenz. Die *Konkurrenz* führt damit zu einem gewissen Ausgleich der jeweiligen Gewinnspannen und zwar im Verhältnis zum ausgelegten Kapital, also zu einem *Ausgleich der Profitrate.* Die höherentwickelten Unternehmen werden damit gleichsam für ihren hohen Kapitaleinsatz entschädigt. Für sich genommen, würde die Gewinnspanne eines fortschrittlichen Betriebes mit seinen größeren Kosten für die bessere Technologie wohl sinken. Schließlich bleiben die Rohstoffpreise und die Lohnkosten von seiner Kapitalanlage unberührt. Aber der Extraprofit gleicht den Rückgang der Profitrate wieder aus. Dafür jedoch, daß dieser Extraprofit nicht in den Himmel wächst, sorgt ein anderer Faktor der Konkurrenz: *die Kapitalbewegung.* Jeder Unternehmer oder Kapitalbesitzer sucht sein Geld mit größtmöglichem Gewinn anzulegen. Er wird es also stets dort einsetzen, wo er die höchste Profitrate erwarten kann, bzw. dort abziehen, wo seine Gewinne fallen. Wo der Konkurrenzdruck so hoch ist, daß nur noch mit teueren Geräten gearbeitet werden kann, fließt anlagesuchendes Kapital gern ab. Hier können sich eh nur die ganz Großen tummeln. Statt dessen versprechen noch unentwickelte Gebiete hohe Gewinne bei geringen Kosten. Hier fließt ganz sicher Geld hin und führt über kurz oder lang zu einem Wachstum der Anlagekosten. Dadurch sinkt die Profitrate auch hier, denn die Konkurrenz verlangt im Interesse des Extraprofits sehr bald eine ständige Verbesserung der Technologie und damit die Vergrößerung des Anlagekapitals. Schließlich gleichen sich durch diesen Effekt die hohen Profitraten der einzelnen Branchen und Betriebe einander an. Konkurrenz und Kapitalbewegung bilden eine regelrechte Durchschnittsprofitrate heraus, welche auf einem einheitlichen Waren- und Kapitalmarkt vorherrscht. Und: Nach ihrem Maßstab wird von nun an der Mehrwert umverteilt.

Damit führt die Durchschnittsprofitrate zu einer Art gemeinschaftlicher Ausbeutung der Arbeiterklasse durch sämtliche Unternehmen, welche am Ausgleich der Profitrate teilnehmen. Denn wenn sie den Mehrwert untereinander aufteilen, dann erhalten gewisse Unternehmen auch Wertüberschuß von Arbeitern, welche sie gar nicht beschäftigen. Und doch beuten sie diese Arbeiter aus. So kommt es, daß in der modernen kapitalistischen Gesellschaft nicht nur jeder Arbeiter und Angestellte einzeln *ausgebeutet* wird, sondern die ganze *Arbeiterklasse als Einheit.* Und nicht von je einem einzelnen Unternehmer oder Kapitalisten, sondern *von der Gesamtheit aller Fabrikanten und Kapitalanleger.* Denn innerhalb eines Marktes bilden diese Unternehmer mehr als nur eine Interessengemeinschaft. Sie bilden die nationale Bourgeoisie bzw. die herrschende Klasse. National übrigens, weil die ersten wirklich funktionierenden kapitalistischen Märkte diejenigen innerhalb der Grenzen von Nationalstaaten waren (z. B. England, Frankreich, Deutschland usw.).

Krisenkreislauf

Der Kampf um den Exportprofit führt dazu, daß jeder Unternehmer für sich allein in den Genuß des Wettbewerbsvorteils zu gelangen versucht: Solange sich für bestimmte Güter akzeptable Absatzmöglichkeiten bieten, wird jede Firma nämlich soviel wie möglich Kapital in die Produktion dieser Waren werfen. Jede allein wird versuchen, mit möglichst großem technischen Fortschritt den größtmöglichen Profit zu machen. Solange die vorhandenen Absatzmärkte seine Waren noch aufnehmen, steigert jeder Unternehmer Kapitaleinsatz und Produktion im eigenen Haus. Dabei verhindert der Einzelkampf der Unternehmen, daß sie die Produktionssteigerung und den Kapitaleinsatz miteinander absprechen. Schließlich geht es jedem Unternehmen um den ganz individuellen Produktionsvorsprung und um die ganz individuelle Gewinnerwartung. Jedes Unternehmen und jede Firma geht deshalb davon aus, daß sie allein auf dem Markt so viel produzieren kann, um den größtmöglichen Gewinn zu machen. Verluste macht bestenfalls die Konkurrenz. So führt die Konkurrenz zu einer völlig ungeplanten Kapitalanlage bzw. zu einer völlig ungeplanten Produktionssteigerung in den einzelnen Branchen. Und weil jedes Unternehmen so viel herstellte, wie es eben konnte, entsteht über kurz oder lang ein Überangebot an Waren. Bei zu vielen Waren aber stockt der Absatz. Verkaufsquoten und Marktanteile gehen zurück. Wer jetzt noch verkaufen will, muß seine Preise notgedrungen senken. Die Gewinnspanne wird dadurch kleiner und die Profite sinken schnell ab. Die großen und starken Kapitalkonzerne mit hohem Extraprofit können dabei leicht mit den Preisen runtergehen, denn sie haben noch ein großes Preispolster, ehe sie in die roten Zahlen kommen. Kleine, knapp kalkulierende Betriebe werden aber bald mit Verlusten arbeiten, denn die Preise auf dem übersättigten Markt decken nicht einmal mehr deren Kosten. Bei der Absatzlage werden sie wohl oder übel die Produktion einschränken oder ganz einstellen müssen. Arbeiter werden entlassen, Betriebe geschlossen und Produktionsgüter, Maschinen und Arbeitsplätze zu Schleuderpreisen (also unter Wert) verkauft.

Aber auch andere «Kapitalgüter» werden billiger: Die Arbeitslosigkeit führt zur Senkung des Wertes der Arbeitskraft. Denn die entlassenen Arbeiter und deren Familien werden ihren Konsum einschränken und auch für weniger Geld bereit sein, eine Arbeit anzunehmen, damit sie überhaupt einen Arbeitsplatz und damit Geld bekommen.

Nicht zuletzt wegen dieser Wirkung auf die Kapitalgüter und vor allem wegen der Bereinigung des Überangebots wirkt sich die Krise – denn darum handelt es sich bei diesem Vorgang – für die überlebenden Unternehmen nur belebend aus. Der Preisabfall hat die Gewinnspanne überall so sehr sinken lassen, daß man praktisch überall mit Erfolg investieren kann. Hier wie dort kann es nach der Talfahrt nur noch aufwärtsgehen. Außerdem hat die Krise ja sowohl Maschinen wie Arbeitslöhne verbilligt, was weitere

Gewinnsteigerungen erhoffen läßt. Wenn deshalb erneute Investitionsfreude um sich greift, dann oft mit größerer Gewinnerwartung als vor der Krise. Und vor allem auf einer viel höheren Stufe der Produktion und Technologie! Schließlich haben sich in der Krise nur die schon hochentwickelten Firmen mit großem Kapitalpolster durchgesetzt. Nun sind sie allein übriggeblieben und müssen die Konkurrenz unter sich austragen. Die Konkurrenz wird also schärfer. Die Unternehmen kämpfen noch erbitterter um den Extraprofit, steigern wieder ganz individuell ihre Produktion und Kapitalanlage usw. Über kurz oder lang muß das Ganze wieder zu Überangebot, Preissenkungen, Gewinnverlusten usw., also erneut in die Krise führen. Deren Folge ist die weitere Stärkung großer Firmen, Belebung der Konjunktur durch zeitweilige Entwertung von Maschinen und Löhnen, bis es wieder aufwärtsgeht und eine erneute Krise folgt. Die Krisen kehren also periodisch wieder und werden nicht zuletzt immer heftiger. Die bislang heftigste Krise erlebte die kapitalistische Welt 1929/30, als allein in den USA die Produktion um 44,8 Prozent zurückging und es über 20 Millionen Arbeitslose gab. Die letzte Krise in der BRD erlebten wir 1966/67, als beispielsweise in der Autoindustrie die Produktion allein um 21 Prozent zurückging und die Arbeitslosenquote auf mehr als 1 Million Arbeiter und Angestellte anstieg.

Kapitalkonzentration

Krisenkreislauf und Konkurrenzdruck verschärfen ständig die Wettbewerbsbedingungen und zwingen die Unternehmen in ihrem Kampf um Extraprofit zu immer größeren Investitionen. Kleine Kapitalmengen reichen bald nicht mehr dafür aus, man braucht das große Geld bzw. *das große Kapital.* Für manche Unternehmensprojekte reichen die vorhandenen Geldmittel der Unternehmer schon längst nicht mehr hin. Viele Unternehmen arbeiten daher mit Krediten. Aber auch die Finanzmittel der Banken sind beschränkt. Daher hat sich mit der Entwicklung zur großen kapitalistischen Industrie eine besondere Methode zur Zusammenfassung von anlagesuchendem Kapital bei bestimmten, erfolgversprechenden Unternehmen herausgebildet, welche den Anforderungen der Konkurrenz nach mehr Kapitalkonzentration immer mehr gerecht wurde: die Aktiengesellschaft. Jeder, der zum Beispiel in der BRD ein Stammkapital von 100 000 DM aufbringt, kann in Zusammenarbeit mit einer Bank Anteilscheine von diesem Stammkapital bzw. seiner zukünftigen Unternehmung verkaufen. Diese Anteilscheine oder Aktien haben einen Nennwert von hundert Mark, so daß derjenige mit 100 000 DM Stammkapital 1000 Aktien ausgeben und zum meistbietenden Angebot verkaufen könnte. Ist das geplante Unternehmen hinreichend bekannt und verspricht es eine hohe Gewinnspanne, dann wird es nicht lange dauern, bis Geldanleger sich für die Aktie interessieren werden. Ist die Gewinnerwartung besonders hoch, werden sogar mehr Interessenten zu erwarten sein, als Aktien da sind. Sogleich überbieten sich die Anwärter, und der Kurs steigt zwangsläufig in die Höhe. Und das ist das Ziel der Aktiengesellschafter, nämlich den Börsenkurs der Aktie zu steigern. Bei einem Kurswert von 300 Mark für einen Nennwert von 100 DM hätte sich das Kapital der Aktiengesellschaft tatsächlich schon vervierfacht (bei Kurswert 100 Verdoppelung des Kapitals usw.). Es ist also klar, daß Aktien eine Konzentration der anlagesuchenden Gelder beschleunigen, denn erstens ermöglichen sie, daß sich viele kleine Geldmengen auf eine Unternehmung konzentrieren und zweitens, daß sie sich auf erfolgversprechende Projekte häufen. Die wirtschaftliche Entwicklung solcher Unternehmen wird folglich enorm gesteigert und beschleunigt. Man kann sogar sagen, daß die Gründung von Aktiengesellschaften nicht nur zur Konzentration der Kapitalanlage führt, sondern auch zur zentralen Zusammenfassung von Unternehmen in wenigen Händen und so zu einer weiteren Beschleunigung der ökonomischen Entwicklung. Je nach den nationalen Gesetzen der einzelnen Länder braucht man nämlich nicht die Mehrheit der Aktien (51 %), um eine Firma zu kontrollieren und seinem Einfluß zu unterwerfen. In der BRD zum Beispiel genügen hier schon 21 Prozent der verkauften Aktien, um eine sogenannte Sperrminorität in einer Firma zu erhalten. Wer 21 Prozent der Aktien besitzt, der kann nicht überstimmt werden bzw. wenn er nein zu etwas sagt, dann kann er in dieser Aktiengesellschaft das verhindern, was er nicht gerne sieht. In Deutschland genügt also wenig mehr als ein Fünftel eines Aktienkapitals, um eine Firma unter Kontrolle zu bekommen. Man kann mit dem nötigen Kapital durch geschickte Streuung des Geldeinsatzes viele Unternehmen unter seinen Einfluß stellen und diese Firmen wirtschaftlich bestimmen, ohne je Mehrheitsaktionär zu sein. Ganz klar also, daß das Aktiensystem die Zusammenfassung der Wirtschaft in wenigen Großbetrieben und Unternehmensgruppen beschleunigt. Mehr noch. Das Aktienwesen kann dazu benutzt werden, der wachsenden Konkurrenz dadurch gerecht zu werden. Denn um bei wachsendem Wettbewerbsdruck noch Extramehrwert zu erlangen, bedarf es immer größerer Kapitalmengen und immer größerer Unternehmenseinheiten. Kein Wunder also, daß die Aktiengesellschaft *die* Unternehmensform des modernen Kapitalismus ist und den Privatunternehmer immer mehr verdrängt.

Finanzkapital und Konzerne

Industrie und Handel sind heute noch in großen Firmenzusammenschlüssen, in Konzernen und Finanzgruppen, möglich und denkbar. Dabei entstehen solche Konzerne in der Regel durch Zusammenlegen verschiedener Fabriken, Handelsgesellschaften, Banken, Versicherungsgesellschaften und vieler mehr. Konzerne besitzen nicht selten Fabriken, Firmen und Handelsgesellschaften in verschiedenen Verarbeitungsbranchen, im Handel, Hotelgewerbe usw., so daß man von Mischkonzernen spricht. Andere Konzerne umfassen wiederum Fabriken und Firmen, die die Herstellung ihrer Hauptprodukte vom Rohstoff bis zur Fertigware umfassen. Schließlich finden sich Konzerne, die verschiedene Unternehmen umfassen, welche mit verschiedenen Gütern dasselbe Bedürfnis befriedigen. So gibt es etwa Energiekonzerne, welche vom Öl über Kohle, der Elektrizität bis hin zum Atomkraftwerk alle Produktions- und Handelsgesellschaften in der Hand haben. Herz oder Kopf solcher Konzerngiganten sind die Stamm- oder Hauptfirmen, von denen die Zusammenfassung der kleineren Firmen ausging bzw. -geht. Eine andere Art der Zusammenfassung von Unternehmen entsteht durch Aktienbeteiligung bzw. Finanzkontrolle über einzelne Firmen zu sogenannten Finanzgruppen. In den USA haben zum Beispiel die vier größten Finanzgruppen, das Bankhaus Morgan & Co., die Firmen Rockefeller & Söhne, Du Pont de Nemours und Mellon zusammen 85 Industrieunternehmen, 24 Handelsgesellschaften und 41 weitere Bankhäuser unter Kontrolle. Die Banken spielen bei solchen Zusammenfassungen übrigens eine wichtige Rolle. Sie sind die großen Schaltstellen für die Konzerne und Finanzgruppen. Bei ihnen liegen die Aktienkapitale, sie führen den An- und Verkauf von Aktien durch und sie stellen zumeist die wichtigsten Aufsichtsräte der entscheidenden Aktiengesellschaften. Man kann sich leicht vorstellen, daß die Banken selbst mit den führenden Finanzgruppen verschmelzen und eine Art finanzpolitische Einheit aus industriellem, kommerziellem, Aktien- und Bankkapital darstellen. Die Finanzgruppen, ihre Konzerne und Banken stellen daher nur die konsequente Weiterentwicklung der Kapitalkonzentration und Zentralisierung der Unternehmen auf nationaler Ebene dar. Mit ihnen hat die Marktwirtschaft in den großen bürgerlichen Nationalstaaten des 19. und 20. Jahrhunderts in England, Frankreich, USA und Deutschland ihren ersten Höhepunkt erreicht. Die Konzerne, Finanzgruppen und Banken beherrschen mit ihrer Größe aber nicht nur die nationale Wirtschaft. Ihre wirtschaftliche Macht ist längst zur politischen geworden, in dem Maße nämlich, wie sich ihr Interesse auf Außenwirtschaft, Rohstoffquellen und ausländische Absatzmärkte richten mußte. Konsequenterweise verfolgten die Finanzgruppen ihre internationalen Ziele zur Erlangung von Rohstoffquellen, Einflußsphären und Absatzmärkten auch dadurch, daß sie auf die Regierungen ihres Landes Einfluß nahmen und sie zur Verteidigung der großen nationalen Wirtschaftsinteressen im Ausland anstellten. Im Innern hingegen nehmen sie soweit Einfluß auf Verwaltung und Innenpolitik, daß ihnen die jeweiligen wirtschaftlichen, finanzpolitischen und sozialpolitischen Mittel zur Verfügung stehen, welche zur Erlangung internationaler Ziele im Welthandel und zur Behauptung in der internationalen Konkurrenz benötigt werden.

Kapitalistischer Nationalstaat

In den ersten 200 Jahren seiner Geschichte hat sich der Kapitalismus zunächst in den Grenzen einzelner nationaler Staaten wie England, Frankreich, USA und Deutschland ausgebreitet und entwickelt. Dabei führte diese Entwicklung von kleinen städtischen Tauschmärkten zur Herstellung eines großen nationalen Marktes, der sich nicht nur auf ein paar Städte beschränkte, sondern das ganze Land umfaßte. So entstand zunächst ein einheitlicher Handelsraum, wo die gleichen Marktwerte gültig waren, sich ein einheitliches Währungssystem entwickelte und wo ein nationaler Arbeitsmarkt entstand. Schließlich führte die einheitliche Marktlage zur vollen Konkurrenz unter den Unternehmern, also zur Aufteilung und Umverteilung des Mehrwertes sowie zur Herausbildung des einheitlichen Systems der Unternehmerwirtschaft. Keine Frage, daß es zur Sicherstellung all dieser Dinge eine Einrichtung geben muß, die den Marktraum nach außen verteidigen kann und im Innern ein reibungsloses Ablaufen der Marktbeziehungen garantiert. Man kann also sagen, es bedarf einer Einrichtung, die erstens die technischen und zweitens die gesetzlichen Voraussetzungen für den regelmäßigen und rechtlich einwandfreien Tauschvorgang auf den Märkten sichert, also die Münzen, Straßen und Gesetze dafür schafft und auch Organe hat, welche dies tun bzw. die Einhaltung des Rechtes kontrollieren bzw. Rechtsverletzungen bestrafen. Zu den Rechtsordnungen gehört zunächst das ganze System des Vertragsrechts, des Besitzrechts, des Erbrechts und Familienrechts, und schließlich das Verfassungsrecht, welches zur Errichtung der besonderen Rechtanfertigungs- und -verfolgungsbehörde (Gesetzgebung und Rechtsprechung) führt. Natürlich gehören auch die Gesetze der Strafverfolgung und Prozeßordnung ebenso hierher wie die Gesetze, welche den Arbeitsmarkt regeln: Also die persönlichen Freiheitsrechte des einzelnen Arbeiters, sein Koalitionsrecht (das Recht, Gewerkschaften und Parteien zu bilden) und nicht zuletzt die Sozialgesetze zur Sicherung der Mindestexistenz des Arbeitsvermögens bei arbeitslosen, kranken und arbeitsunfähigen Arbeitern. Mit einem Wort: Der kapitalistische Staat ist nichts anderes als eine Reihe von Behörden, welche die Rechtsordnung der Marktwirtschaft eines Marktraumes verkörpern, sie anfertigen, durchführen sowie überwachen, die wirtschaftspolitischen Voraussetzungen für den Marktverkehr durch staatliches Münzwesen sowie durch Sicherung des inneren Verkehrs (etwa Bau von Straßen und Wasserwegen) garantieren und schließlich das Ganze nach außen gegen bewaffnete Gegner verteidigen. Wirtschaftlich gesehen ist der Staat ein großer Dienstleistungsbetrieb, der gegen die Steuerzahlung seiner Bürger gewisse obengenannte Dienste zu erbringen hat und dazu auch eine Reihe Dienstleistungspersonal anstellt: die Staatsdiener oder Beamten, welche tatsächlich nichts anderes sind als vom Staat angestellte Diener, die im ganzen gesehen von jedem einzelnen Bürger bezahlt werden. Denn die Steuer und der Staatshaushalt sind zu vergleichen mit einer großen Vereinskasse, in die man hineinzahlt, um dafür unentgeltlich in den Genuß verschiedener Leistungen des Vereins zu kommen.

Politisch gesehen ist dieser Staat erst nach langen Kämpfen in den modernen westlichen Ländern hervorgetreten. In England und Frankreich konnte er sich innerhalb schon bestehender Königreiche entwickeln und hatte nach einer Reihe politischer Veränderungen schon bald seine moderne Gestalt. Natürlich ging diese Umwandlung nicht immer friedlich vor sich. Vielmehr war sie Ergebnis blutiger Umwälzungen bzw. Revolutionen (1649 und 1688 in England und 1789 bis 1804 in Frankreich). In anderen Ländern war der einheitliche Markt im Prinzip schon gegeben, wurde aber von den Grenzen feudaler Kleinstaaten erheblich behindert. In solchen Ländern wie Italien und Deutschland mußte der Nationalstaat erst geschaffen werden, und zwar durch Revolutionen oder Eroberungskrieg. Wie dem auch immer war, entscheidend ist, daß überall Staaten entstanden, also Räume, in denen der moderne Kapitalismus sich ausbreiten konnte. Schließlich wurde und wird der Staat auch noch benötigt, wenn das Wirtschaftssystem der Marktwirtschaft schon über die Grenzen der Nationalstaaten hinausgewachsen war. Nun galt es, die rechtlichen und wirtschaftspolitischen Voraussetzungen für den internationalen Handel zu schaffen, und zwar durch moderne Wirtschaftsgesetze (etwa das Scheck- und Aktienrecht), wie auch durch wirtschaftliche Eingriffe des Staates in freie Marktbeziehungen.

Staatliche Wirtschaftseingriffe

Zu den wichtigsten Dienstleistungen des modernen Staates gehörten neben Rechtspflege, Verteidigung und Münzwesen die Errichtung eines öffentlichen Bildungswesens, öffentlicher Verkehrseinrichtungen wie Bahn und Post und die Vergabe von staatlicher Hilfe für bestimmte Wirtschaftsbereiche, teils in Form von staatlichen Krediten, teils in Form verlorener Zuschüsse, den sogenannten Subventionen. Warum tun unsere Staaten dies? Warum übernehmen die Behörden Bahn und Post? Warum übernehmen sie Kosten bei der Herstellung teurer Produkte, wo die Forschung und Entwicklung Unsummen kosten und das Probjekt für die Privatproduktion unrentabel machen würde? Schließlich könnten diese Dinge doch auch alle privatwirtschaftlich geregelt werden. Die Antwort darauf ist im Grunde sehr einfach und am Beispiel der staatlichen Eisenbahnen zu studieren: Zunächst einmal waren die Eisenbahnen private Unternehmen und sind es in einigen Ländern der westlichen Welt immer noch. Aber die Aufrechterhaltung des umfangreichen Bahndienstes und Bahnnetzes hat in der BRD zum Beispiel längst dazu geführt, daß die Bahn ohne Gewinne arbeitet – für die Privatwirtschaft vollkommen uninteressant. Die Bahn könnte nur zu einem rentablen und damit privatwirtschaftlich interessanten Unternehmen werden, wenn sie ihre Strecken radikal kürzen und sich nur noch auf die großen Güterlinien und TEE- bzw. Inter-City-Züge beschränken würde. Doch heute wie vor hundert Jahren hätte das verheerende Folgen. Wichtige Verkehrswege würden dann entweder ganz wegfallen oder aber so sehr die Transportkosten verteuern, daß bestimmte Bereiche des Landes sich wirtschaftlich nicht entwickeln würden oder zurückfielen. Auch würden sich Waren im Vergleich zum Ausland verteuern. Insgesamt würde sich die Wettbewerbslage der heimischen Wirtschaft verschlechtern und zu einer allgemeinen Strukturkrise weiter Bereiche der westdeutschen Kapitalwirtschaft führen. Mit einem Wort: Es gibt bestimmte gesellschaftliche Bereiche, wo die kapitalistische Produktion auf Grund der Kosten unrentabel wäre. Ohne Staatseingriffe würde das Kapital hier nicht investieren oder doch nur so, daß weite Bereiche dieser Branche verkümmerten. Wie im Verkehrsbereich deutlich wird, hätte dies aber schwere Folgen für die gesamte Wirtschaft. Weil nun das marktwirtschaftliche Wirtschaftssystem unfähig ist, hier noch wirtschaftliche Leistungen zu erbringen, muß der Staat mit den Steuergeldern seiner Bürger für die versagende Marktwirtschaft eintreten. In dem Moment also, wo Wirtschaftsbereiche unrentabel werden, muß der Staat einspringen und dort für weitere Produktion oder Dienstleistungen sorgen, wo diese selbst für die nationale Wirtschaft unverzichtbar sind. Das Prinzip der Wirtschaftseingriffe ist dabei nicht auf Dienstleistungen wie Bildungssystem, Straßenbau und Verkehrsdienst beschränkt. Es gilt heute schon für die Landwirtschaft, welche vom Staat für ihre ständigen Verluste Ausgleichszahlungen erhält, damit uns die Ernährungsgrundlage erhalten bleibt. Es gilt für den Kohlebergbau, für einige Bereiche der Stahlindustrie und das gilt vor allem für die modernen Forschungsprojekte der Großindustrie. Am letzten Beispiel sieht man übrigens, daß der Staat nicht nur dort Steuergelder für die marktwirtschaftliche Ordnung ausgeben muß, wo die kapitalistische Produktion durch ihre eigene Kostenentwicklung unrentabel geworden ist. Er muß auch dort eingreifen, wo die Entwicklung neuer Industrien durch hohe Entwicklungskosten und dadurch entstehende Gewinnrückgänge unterbleiben würde. Die moderne Flugtechnikindustrie ist so ein Beispiel, wo der Staat die Forschung vorfinanzieren muß, damit die einheimische Industrie mit der internationalen Konkurrenz überhaupt Schritt halten kann. In diesen Zusammenhang gehören auch solche Kosten, welche der Staat für ganz allgemeine Wissenschaftsförderung ausgibt, denn damit werden die Grundlagen für spätere Entwicklungen und Techniken gelegt. Die Kosten sind hier so hoch und die Forschungsergebnisse unmittelbar so wenig verwendbar, daß sie ein Privatunternehmen erst recht nicht aufbringen könnte, ohne empfindliche Verluste hinnehmen zu müssen. Bei den Wirtschaftsförderungsmaßnahmen ist das Ziel der staatlichen Eingriffe allerdings nicht dasselbe wie bei unrentabel gewordenen Wirtschaftsbereichen. Während nämlich diese Maßnahmen ganz in die Regie des Staates übergehen, ist bei den letzteren geplant, sie, sobald sie rentabel sind bzw. werden, in die privatwirtschaftliche Wirtschaft übergehen zu lassen.

Der kapitalistische Staat hat diese Aufgaben übrigens schon immer übernommen. Es ist dies also kein Zeichen für das Absterben des Kapitalismus. Nur haben sich die Staatseingriffe in letzter Zeit gehäuft. Der Grund dafür liegt in der Wirtschaftsentwicklung der letzten Jahre, vor allem in der wachsenden Bedeutung, welche dem technischen Fortschritt im internationalen Konkurrenzkampf zukommt. Besonders seit dem Zweiten Weltkrieg ist es mehr und mehr Aufgabe der nationalen Staaten geworden, alle Voraussetzungen dafür zu schaffen, daß die internationale Konkurrenzfähigkeit des nationalen Kapitals durch Bildungspolitik, Wissenschaftsförderung, Strukturpolitik und Verstaatlichung nicht mehr rentabler aber unverzichtbarer Wirtschaftszweige erhalten bleibt.

Internationaler Handel und Kolonien

Weltweite Handelsbeziehungen gibt es solange, wie es Warentausch gibt. Sie sind älter als der Kapitalismus. Sie waren früher nur eine gelegentliche Erscheinung, denn die Handelsländer lagen weit auseinander, und die Verkehrsverbindungen waren unzulänglich. Allerdings war der Fernhandel in der Neuzeit Geburtshelfer des kapitalistischen Wirtschaftssystems. Die riesigen Gewinne aus den ersten Kolonien der Europäer, die Ausraubung Südamerikas, Afrikas und Asiens lieferten erst das nötige Startkapital, um die kapitalistische Industrialisierung Westeuropas in Gang zu setzen. Der neue Kapitalismus dehnte sich nun zunächst in den Grenzen der europäischen Nationalstaaten aus, war aber von Anfang an auch auf internationalen Warenabsatz angewiesen. Die englische Baumwollindustrie ist hierfür das beste Beispiel. Indien wurde nicht zuletzt auch Kolonie der Engländer, weil es der beste Absatzmarkt für die englische Ware war, welche im Mutterland selbst kaum hätte in so großen Mengen abgesetzt werden können. Allmählich ergriff auch andere Industriezweige ein solcher Aufschwung, daß die heimischen Märkte für ihre Warenmengen zu klein wurden. Doch noch immer stand einem massenhaften internationalen Handel die mangelnde Erschließung der Verkehrswege entgegen. Ein internationales Verkehrssystem wurde zur zentralen Lebensfrage des Kapitalismus im vorigen Jahrhundert. Deshalb konzentrierten sich auch die wichtigsten Erfindungen auf diesen Bereich, und schließlich entwickelte sich im Transportwesen, im Eisenbahnbau, im Schiffbau, im Automobilbau und vor allem im Antriebsmotorbau die erste große, international operierende Industrie. Der weltweite Eisenbahn- und Schiffbauboom schuf ganz neue Industrien und kurbelte alte wie Bergbau und Eisenverhüttung in ungeahntem Maße an. Auch entstanden nun kapitalistische Großfabriken in anderen Ländern als nur in England. Schwerindustrie entstand in Deutschland und Frankreich, USA und Japan. Stahlproduzenten wurden zu ersten großen Industriemagnaten. Noch entscheidender aber wirkte sich das Aufkommen «neuer» Industrien aus. Sie entstanden in zwei Bereichen, in der Elektrobranche und im Bereich der chemischen und petrochemischen Produktion. In dem Maße nämlich, wie die neuen Verkehrsmittel, die Eisenbahn und das Motorschiff, sich auswirkten, verstärkte sich die internationale Nachfrage, vor allem nach Baumwollwaschmitteln und Textilfarben – nicht zuletzt auch deshalb, weil man seit Mitte des vorigen Jahrhunderts Baumwolle maschinell entkernen und so die Produktion von Rohbaumwolle erheblich steigern konnte. Natürliche Farben reichten nicht hin, und es entstand eine Industrie, die Kunstfarben und später sogar Kunststoffe herstellte – zunächst aus Kohlestoffen, später auf der Grundlage von Rohöl. In der Maschinenbauindustrie waren zwei Umwälzungen bahnbrechend: der Verbrennungs- und der Elektromotor. Durch die Chemieindustrie, den Diesel- und Otto-Motor wurde Rohöl zur wichtigsten Energiequelle und zu dem Rohstoff des Jahrhunderts. Durch die Elektroindustrie wuchs die Nachfrage nach neuen Metallen wie Zinn, Kupfer, Vanadium usw. So entstanden gegen Ende des letzten Jahrhunderts die großen Industriefirmen in den Bereichen der Schwerindustrie, bei den Rohstofflieferanten, bei der Chemie und im Maschinenbau. Sie alle lieferten schon prinzipiell für einen internationalen Handel und begegneten sich in internationaler Konkurrenz. Sie konkurrierten mit ihren Waren, bekämpften sich beim Erwerb von Handelskonzessionen in den einzelnen Ländern und kämpften vor allem um Absatzmärkte und Rohstoffquellen. Dieser Kampf beherrschte jahrzehntelang die internationale Politik. So begann um die Jahrhundertwende eine erneute Kolonialisierungsepoche, welche die des 16. Jahrhunderts weit in den Schatten stellte. Alle überseeischen Rohstoff- und Absatzgebiete wurden oft mit militärischer Gewalt von den Staaten führender Finanzgruppen und Konzerne erobert bzw. ihrem Wirtschaftsbereich eingeteilt. So entstand in dieser Zeit das Bild einer völlig kolonialisierten Erde, welche von den wenigen Mutterländern der kapitalistischen Entwicklung beherrscht, ausgebeutet und beraubt wurde und um deren Besitz kapitalistische Großmächte selbst Kriege untereinander führten (bis hin zum imperialistischen Weltkrieg 1914–1918).

Monopole

Seit mehr als hundert Jahren schon wächst der Kapitalismus zu einem System internationaler Wirtschafts- und Handelsbeziehungen heran. Doch nur die wenigsten Unternehmen waren damals in der Lage, auf einem denkbaren Weltmarkt zu konkurrieren. Zu unterschiedlich war die jeweilige Entwicklung der nationalen Produktivität der Arbeit und zu unterschiedlich die wirtschaftlich-technische Entwicklung der einzelnen Unternehmen. So unterschiedlich wie die Entwicklung war, hätte freier Handel auf der ganzen Welt in kürzester Zeit zu großen Pleiten auch von solchen Firmen geführt, die im Innern ihrer Märkte gutflorierende Unternehmen waren und nur wegen des geringen Entwicklungsstandes ihrer Länder hätten aufgeben müssen. Andererseits hätte freier Welthandel den Unternehmen entwickelter Länder große Wettbewerbsvorteile gebracht. Sie hätten wohl die absolute Vorherrschaft erlangt und die Welt ihrem Gewinninteresse unterworfen. Kein Wunder also, daß die nationalen Finanz- und Unternehmensgruppen gegen Ende des vorigen Jahrhunderts zu einer großen Zusammenfassung von Kapitalunternehmen und Produktionsanlagen schritten, um solchen Entwicklungen gerecht werden zu können. Dabei gab es allerdings zwei grundsätzlich verschiedene Reaktionen: Firmen, die von vornherein auf den Welthandel ausgerichtet waren und von ihm lebten, versuchten in ihren Ländern alle Geld- und Kapitalmittel zusammenzufassen, um die Gewinnmöglichkeiten des Welthandels nutzen zu können. Das verlangte oft große, ja größte Investitionen in modernster Technologie. Deshalb waren nur wenige Einzelunternehmen in den einzelnen Ländern dazu in der Lage, und selbst diese wenigen taten sich oft noch zusammen und bildeten durch Absprachen, Marktaufteilungen und gemeinsame Preispolitik praktisch ein einziges großes Unternehmen, also gleichsam ein Monopol (von griech. monos = eins). Andere Firmen, besonders in den Bereichen von Stahl- und Kohleproduktion, taten sich zusammen, um sich vor der ausländischen Konkurrenz zu schützen. So entstanden in Deutschland zum Beispiel die bekannten Syndikate (= gemeinsame Einkaufs- und Verkaufsorganisation verschiedener Firmen) der Kohle- und Stahlindustrie. Sie sollten die deutschen Firmen vor der wesentlich billligeren ausländischen Konkurrenz schützen, indem der Markt und seine Verteilerorganisationen fest zusammengefaßt und durch eine einheitliche Preisbildungspolitik, Auftragsvergabe und Rohstofflieferung zugunsten des Syndikats «geordnet» wurden. Preisabsprachen und Marktaufteilung verdrängten die normale Konkurrenz, und nicht selten führten sie zu einer besonderen Art von Preisdiktat. Auch versuchten die stärksten Firmen, auf diese Weise zu einer Vermehrung und Absicherung ihrer Extraprofite zu gelangen, indem sie den kleineren Syndikatsmitgliedern Preise und Marktanteile vorschreiben konnten.

Um solchen Entwicklungen entgegenzuwirken, wurden in vielen Ländern Kartellverbote erlassen. Doch diese sind nur bedingt wirksam geworden. Preis- und Marktabsprachen sind immer häufiger geworden und bestimmen in manchen Branchen das gesamte Wirtschaftsleben. Dabei spielt es eigentlich keine Rolle, ob solche Zusammenschlüsse von vielen verschiedenen Firmen gebildet werden oder ob sie schließlich zu einem großen Konzern führen. Entscheidend ist, daß Preisabsprachen und Marktaufteilung stattfinden. Bloße Preisabsprachen nennt man dabei Kartelle, gemeinsame

Verkaufs- und Einkaufsgesellschaften mit dieser Aufgabe Syndikate. Auch *internationale* Kartelle haben sich herausgebildet, etwa das Erdölkartell (1928) oder die Welthandelsabsprachen von AEG und General Electric. Doch alle diese Kartelle sind selten von großer Dauer. Sobald nämlich die abgesprochenen Märkte gesättigt sind, und sofern die einzelnen Unternehmen größere Marktanteile durch bessere Produktionstechnologie erwarten und schließlich im Gefolge der internationalen Vorherrschaft einzelner Finanzgruppen, welche in ihrem Herrschaftsbereich den Handel liberalisieren und durch die Devisenbeziehungen unterentwickelten Firmen internationale Wettbewerbsvorteile ermöglichen, immer dann verschieben sich die alten Gewichte, wird der Konkurrenzdruck größer und Kartelle wie Syndikate verschwinden. Entweder sie werden sich zu großen Firmen zusammenschließen oder aber einzeln zu größeren Unternehmen werden, die die neue Stufe der Konkurrenz auszutragen vermögen. Mit einem Wort: Monopole sind wohl am ehesten als Übergangserscheinungen von einer national organisierten zur internationalen Konkurrenz zu verstehen. Ihre Aufgabe bestand und besteht in der Zusammenfassung und Konzentration der vorhandenen Kapital- und Produktionskapazitäten eines nationalen Marktes oder der Absprache im nationalen wie internationalen Handel. Nationale Syndikate und Kartelle dürfen wohl am ehesten als Abwehr scharfer ausländischer Konkurrenz angesehen werden. Die Bildung großer Konzerne und internationaler Kartelle ist aber zugleich auch Konzentration der Kräfte für die internationale Konkurrenz. Daß beides möglich war bzw. ist, hängt nicht zuletzt mit *den besonderen Bedingungen internationaler Handelsbeziehungen und nationalstaatlich organisierter Märkte zusammen*, welche die Austragung echter internationaler Konkurrenz behindern und nationalen Monopolen und Kartellen Existenzmöglichkeiten einräumen, ohne sich der weltweiten Konkurrenz stellen zu müssen.

Imperialismus

Die Herausbildung des Welthandels und der internationalen Finanz- und Währungsbeziehungen ist voller Widersprüche und Konflikte – allein schon deshalb, weil die einzelnen Länder höchst unterschiedliche Entwicklungsstände haben und sich gegeneinander als unterschiedliche Währungs- und Marktgebiete abschließen. Erste Konflikte deuteten sich schon an, als die ersten großen nationalen Kapitalgruppen ihre Einflußsphäre planmäßig auszudehnen begannen. Die Gegensätze und Reibungen ergaben sich hier aus der Suche und Sicherung von Rohstoffen und Absatzmärkten in überseeischen Gebieten. Daraus resultierten zwangsläufig politische Konflikte, denn die alten kapitalistischen Mächte wie England, Spanien und Frankreich sicherten die Interessen ihrer nationalen Kapitale durch Kolonialbesitz. Kein Wunder also, daß neu aufstrebende Mächte wie die

USA, Japan und das Deutsche Reich nach einer Neuaufteilung der Einflußsphären trachteten. Dabei hatten es die USA noch am leichtesten. Ihr Interessengebiet war Südamerika. Der Konflikt mit Spanien, der sich daraus ergab, löste sich nämlich wie von selbst durch eine Reihe bürgerlicher Revolutionen, in denen die südamerikanischen Länder die spanische Herrschaft abschütteln konnten. Die USA unterstützten solche Revolutionen und verlangten dafür Einfluß für ihr Kapital. Und diesen Einfluß verteidigten sie nach außen wie nach innen, und immer auf altbewährte Weise: Unliebsame Einflüsse, Regierungen und Strömungen wurden entweder innenpolitisch durch Putsche und Revolten beseitigt oder durch die militärische Intervention der USA selbst. Anders die europäischen Mächte: Hier waren mehrere gleichwertige Kapitale und Staaten in Konflikt um die Aufteilung der Erde, die Verfügung über die wichtigsten Rohstoffe wie Öl, Gummi, Baumwolle usw. und den Einfluß auf wichtige Absatzmärkte. Nicht anders übrigens im Fernen Osten, wo sich Japan mit den Interessen der Großmächte konfrontiert sah. Diese Konflikte spitzten sich zwangsläufig zu und endeten in den tragischen Ereignissen des Ersten Weltkrieges. Doch brachte auch der Krieg keine endgültige Lösung. Zwar war die Militärmacht des deutschen Kaiserreichs und damit das Machtmittel der deutschen Finanzgruppen und Industriekapitale zerschlagen worden; zwar konnten sich England und Frankreich noch einmal größere Kolonien im Vorderen Orient schaffen und hier an das immer wichtiger werdende Öl gelangen; aber die grundlegenden Probleme international konkurrierender Unternehmen und die Konflikte aus den unterschiedlichen Interessen an Entwicklung und Unterentwicklung verschiedener Länder waren damit nicht behoben. Im Gegenteil: Sie verschärften sich noch. Nach dem Krieg drängte nämlich entwickeltes amerikanisches Kapital auf den europäischen, namentlich den deutschen Markt. Hier waren günstige Investitionsbedingungen zu erwarten, und die alten Devisen-, Zoll- und Einfuhrschranken waren durch die deutsche Niederlage aufgehoben. Der Konflikt mit dem deutschen Finanzkapital war damit programmiert. Zunächst war die Ausgangslage der deutschen Finanzgruppen denkbar schlecht. Die militärische Niederlage von 1918 und vor allem die Wiedergutmachungszahlungen waren so drückend, daß man in Deutschland die zeitweilige Finanzhoheit der Amerikaner hinnehmen mußte. Das änderte sich vollständig erst, als es den führenden deutschen Finanzgruppen um Krupp, Thyssen, Stinnes, die Deutsche Bank und die Dresdner Bank mit Hilfe der Massenbasis des Hitlerfaschismus gelang, sowohl innenpolitisch wie außenpolitisch ihre Interessen durchzusetzen. Verschärfte Kapitalkonzentration und Rüstung waren die wirtschaftspolitischen, Lohnkürzung, Zwangsarbeit und Terror gegen die Arbeiterbewegung die innenpolitischen, und aggressive Expansionspolitik waren die außenpolitischen Stützen des Wiederaufschwungs der deutschen Kapitalakkumulation. Der Aufschwung klappte so gut, daß es zum erneuten Kampf um Märkte, Rohstoffe und Einflußsphären führen mußte. Erst die völlige Niederlage der faschistischen Mächte im Zweiten Weltkrieg machte dem ständigen Kampf um die führende Position der nationalen Kapitale ein Ende. Die Epoche des Imperialismus, der Kampf nationaler Gesamtkapitale um die wirtschaftliche und finanzpolitische Führungsrolle auf dem Weltmarkt endete vorläufig mit der unbestrittenen Spitzenstellung der US-Kapitale, die nach dem Krieg Europa, Südamerika und Japan als Kapitalanlagesphären an sich rissen. Doch nicht vollends. Denn die fortbestehende Teilung des Welthandels in eine Reihe nationaler Märkte führte zu neuem Aufschwung in Europa und Japan. Aber auch zu neuen Konflikten und neuen Strukturkrisen.

Weltwährungskrisen

Die internationalen Konflikte im Kampf um Kapitalexport und Märkte endeten nach dem Zweiten Weltkrieg mit der absoluten Vorherrschaft der USA. Sie nutzten ihre Macht aus und begannen, ihrer Währung einmalige Vorteile zu verschaffen.

Dies fand seinen Niederschlag in der Gründung der Weltbank und dem internationalen Abschluß von Währungsverträgen. Kernstück dieser Abkommen war die Vereinbarung fester Wechselkurse für die einzelnen Währungen der Vertragsländer. Deren Regierungen oder Notenbanken legten fest, wie sich ihre Banknoten auf dem internationalen Devisenmarkt austauschen sollten. Der Dollar wiederum wurde als internationaler Währungsmaßstab und zum weltweit anerkannten Banknotenvertreter des Weltgeldes bzw. Goldes festgelegt. All dies war sowohl Ergebnis als auch Vorbedingung eines enorm anwachsenden internationalen Handels, für den Währungsvereinbarungen und damit Erleichterungen des Geld- und Warenverkehrs notwendig geworden waren.

Festgelegten Wechselkursen lag bzw. liegt die internationale Nachfrage nach den jeweiligen Devisen zugrunde. Da die Devisenkurse aber nur Ausdruck der jeweiligen wirtschaftlich-technischen Entwicklung sind, unterliegt den Währungskursen schließlich der jeweilige nationale Entwicklungsstand der wirtschaftlichen Produktivität. Ändert sich das internationale Entwicklungsgefüge, wächst insbesondere die durchschnittliche Produktivität innerhalb des Rahmens *eines einzelnen Landes* besonders schnell, dann müssen sich die Währungsparitäten (= das Kursverhältnis) dieser Entwicklung anpassen. Ihr Kurs müßte steigen. Die Notenbank der einzelnen Länder hätte daher die Aufgabe, einen neuen Wechselkurs festzulegen, um so der gestiegenen Nachfrage nachzukommen. Sie müßte es, aber oft genug unterbleibt es. Denn mit den alten Paritäten sind ja bestimmte Wettbewerbsvorteile und Gewinnerwartungen sowohl von Seiten export-orientierter Inlandsunternehmen als auch von kapitalexportierenden ausländischen Finanzgruppen verbunden. Den einen würden höhere Kurse die Waren verteuern, und die anderen verlören günstige Anlagemöglichkeiten für ihr Geld. Es sei denn, es gelingt beiden, auf die Wirtschaftspolitik soweit Einfluß zu nehmen, daß eine Aufwertung unterbleibt. In einem solchen Fall wären die Gewinninteressen gesichert. Doch ist das Ganze nicht ohne Schaden für die nationale Volkswirtschaft, wie man am Beispiel der Währungskrise der letzten Jahre sehen kann. Zwar hatten der Kapitalexport aus den USA, eigene Exportwirtschaft und ein ungeahnter Konzentrationsprozeß zum schnellen Wachstum der Produktivität in Europa und Japan geführt und den Vorsprung der USA eingeholt. Zwar hätten sich die Währungsbeziehungen dem anpassen müssen, aber eine Neuordnung des Währungssystems unterblieb, ebenso wie rechtzeitige Aufwertungen von Mark und Yen bzw. Abwertungen des Dollars ausblieben. Wegen der mit unechten Währungsparitäten verbundenen Gewinnchancen wären sie vielleicht überhaupt nicht vollzogen worden, wenn dadurch nicht gleichzeitig das internationale Währungssystem in eine schwere Krise gestürzt worden wäre. Je unreeller nämlich die Kurse sind, je mehr der Dollar zum Beispiel in bezug auf Mark und Yen überbewertet war und doch zu einem zu hohen Kurs gehandelt werden mußte, um so massenhafter strömte wertloses Geld in die Länder mit unterbewerteter Währung. Logischerweise, denn durch die unreellen Kurse erhielt man schließlich viel mehr «harte Währung» für den Dollar, als er selbst wert war, und in den entsprechenden Ländern stapelten sich eigentlich wertlose oder teilweise wertlose Gelder aus den USA.

Diese Tatsache hätte allein schon eine schwere Belastung des Weltwährungssystems bedeutet. Aber die Lage der internationalen Währungsbeziehungen wurde noch durch einen anderen Umstand belastet, nämlich die in den sechziger Jahren ständig gestiegene öffentliche Verschuldung der USA. Die Rolle einer militärischen Führungsmacht des Kapitalismus brachte eine ständige Ausweitung der Rüstungskosten mit sich, so daß schließlich der weitaus größte Teil der Staatsausgaben für Waffensysteme und andere Kriegsgüter ausgegeben wurde. Auch verschlangen die ständigen militärischen Interventionen bzw. die Stationierung amerikanischer Truppen in Europa, Asien und Afrika Unsummen. Weil außerdem jede Rüstungsproduktion in den USA einen gewissen Stabilisierungseffekt für das marktwirtschaftliche System hat (der Staat finanziert teure Entwicklungskosten der Industrie, er schafft langfristige Aufträge und sichert hohe Profite), wurden Rüstungskosten auch dann noch aufgebracht, als der Staatshaushalt erschöpft war. Der Staat verschuldete mehr und mehr. 1969 umfaßte die öffentliche Schuld in den USA 380 Milliarden Dollar bzw. 40,8 Prozent des gesamten Bruttosozialproduktes. Mit dem Schuldengeld wurde nun gearbeitet und konsumiert. Auf diese Weise kam die Staatsverschuldung einer tatsächlichen Vermehrung des Papiergeldes gleich. Nun hätte dies eigentlich zur ständigen Dollarabwertung führen müssen, denn im Vergleich zum Goldwert war die Dollarnote dadurch ja weniger geworden. Da sie aber zugleich internationale Reservewährung war, traten Komplikationen auf. Eine Abwertung hätte das ganze Währungsgefüge in Unordnung gebracht und vor allem Wettbewerbsvorteile für US-Finanzkapital und europäische bzw. japanische Warenexporteure zunichte gemacht. Die Abwertungen unterblieben daher vorerst. Ständig wachsende Mengen von wertlosen Dollars traten in die Zirkulation, und die verschiedenen Notenbanken der Welt mußten Dollars aufkaufen, um sie gleichsam aus dem Verkehr zu ziehen, damit der Dollarkurs nicht über Nacht zum Sturz kommen konnte. Schließlich befanden sich im Ausland mehr Dollarnoten als von der Regierung der USA verantwortet werden konnten, denn der Dollar mußte als Reservewährung jederzeit und direkt gegen Gold eingetauscht werden. Die Gefahr bestand, daß die ausländischen Dollardevisen – eingetauscht gegen Gold – fast den ganzen Goldreservefonds der USA aufgezehrt und so den Dollar ruiniert hätten.

Die Weltwährungskrise war perfekt. An den europäischen Devisenbörsen wurden zum Beispiel große Mengen Dollars nur zum Zwecke der Devisenspekulation gehandelt (sog. Eurodollars). In den Empfängerländern führte das wertlose Geld zu Inflationsbewegungen. So blieb die Aufwertung europäischer Währungen einzige Rettungsmöglichkeit für die bedrohten Länder. Doch zu erwartende Aufwertungen entfachten neue Krisen. Aufwertungsverdächtige Währungen wurden an der internationalen Devisenbörse zu Kaufschlagern, weil man mit der nötigen Menge dieser Währung allein durch die Aufwertung oft fünf- bis zehnprozentige Gewinne machen konnte. Durch nichts als durch bloße Devisenspekulation. Um das zu verhindern, versuchten die Regierungen, die Aufwertungen in Grenzen zu halten. Oft erhöhten sie den Kurs ihrer Währung nicht kräftig genug. Also entstand nach kurzer Zeit das gleiche Problem mit allen seinen Folgen, mit Inflation, Devisenspekulation und vielem mehr. So folgten und folgen neue Aufwertungen und Spekulationen. Und diese Vorgänge werden sich so lange wiederholen, bis ein einheitliches Weltsystem des Geldes gefunden wird.

Diese Währungskrise ist nämlich keine Wirtschaftskrise im engeren Sinne. Sie ist vielmehr eine Erscheinung, welche aus der Tatsache herrührt, daß der nationale Staat mit seiner nationalen Währung und seinem nationalen Markt längst schon zu klein geworden ist für den intensiven Welthandel. Doch solange und weil keine Neuordnung gefunden werden kann, wird es immer wieder Gewinnerwartungen und Absatzmöglichkeiten, Wettbewerbsvorteile und Investitionsanreize geben, welche zu wirtschafts- und finanzpolitischen Entscheidungen mit den beschriebenen Folgen führen. Übrigens auch oder gerade um den Preis inflationärer Entwicklung.

Inflation

Die Verschuldung der führenden kapitalistischen Länder bezieht sich nicht nur auf den Staatshaushalt einiger Nationen wie zum Beispiel den der USA. Mehr noch: Es gibt sogar Staaten wie die BRD, deren Haushalte sind gar nicht oder nur im geringen Maße verschuldet (in der BRD ist der Bund z.Z. zwar aus den roten Zahlen heraus; dafür türmen sich die Schulden bei den meisten der großen Städte). Viel auffälliger und wichtiger ist eine andere Form der Verschuldung: die der privaten Haushalte und Firmen. Es gehört heute zu den normalen Gepflogenheiten der überwiegenden Zahl aller Unternehmen, neue Vorhaben und Investitionen durch Kredite, Hypotheken und Leihgelder aller Art zu finanzieren. Wer heute eine kapitalistische Unternehmung starten will, hat in den seltensten Fällen das Startkapital durch Eigenfinanzierung aufgebracht. Vielmehr sind es die Banken, welche heute durch Vergabe von Krediten das Investitionsgeschäft ermöglichen – und natürlich auch daran verdienen. Nun war die Vergabe von Investitionskrediten schon immer üblich, wenn auch nicht in dem riesigen Umfang wie heute. Was allerdings vor mehr als 30 Jahren noch schier undenkbar gewesen wäre, ist das Ausmaß der Verschuldung privater Haushalte. Noch vor wenigen Jahren hätte allenfalls ein Arzt oder Rechtsanwalt, ein hoher Beamter oder ein reicher Unternehmer einen privaten Kredit erhalten. Arbeiter oder Angestellte hätten an so etwas weder denken noch je gelangen können. Schon allein deshalb nicht, weil sie keine Sicherheiten in Form von Grundstücken, Schmuckstücken usw. liefern konnten. Wer von ihnen Geld brauchte, dem blieb nur das Pfandhaus! Heute hingegen ist es für jedermann ein leichtes, an Kredit zu gelangen: Kontoüberziehen, Kleinkredite, Bausparverträge mit eingebauter Hypothek, Autoanschaffungskredite und anderes gehören heute zum Alltag eines jeden Arbeiters und Angestellten. Hinzu kommen Kredite in Form von Teilzahlungsgeschäften, welche schließlich nichts anderes als Warenkredite sind. Kein Wunder also, daß die meisten der kapitalistischen Volkswirtschaften heute einen immensen Schuldenberg aufweisen: Die USA als führendes kapitalistisches Land wiesen 1970 zum Beispiel bei einem Bruttosozialprodukt von 931 Milliarden Dollar eine Verschuldung der Firmen und Privathaushalte in Höhe von 1247 Milliarden Dollar auf.

Welche wirtschaftlichen Folgen hat dieser Kreditboom? Zunächst einmal die, daß sich die Kreditnehmer nun etwas kaufen können, was sie unter «normalen» Umständen nicht bezahlen könnten. Mit einem Wort: Die rasante Vermehrung der Kredite verschafft den Konsumenten von Verbrauchsgütern wie von Industriegütern mehr Kaufkraft als unter den normalen Bedingungen! Die zweite Folge ist, daß durch die breite Verschuldung das Gefüge von Kaufkraft und Warenangebot auseinandergerät. Zwar haben die Leute nun mehr Geld und können auch mehr kaufen, aber das Warenangebot ist dadurch nicht vermehrt worden. Die Unternehmen können nun in zwei verschiedenen Formen darauf reagieren. Entweder sie nehmen die gute Absatzlage zum Anlaß, mehr zu produzieren und ihre Fabriken zu vergrößern. Oder sie versuchen, die große Nachfrage einfach durch Preiserhöhungen aufzufangen.

Im ersten Fall ist eine ständige «Konjunkturüberhitzung» das Ergebnis – so jedenfalls drücken sich unsere Wirtschaftspolitiker aus. Die immer weiter wachsende Kaufkraftvermehrung der Konsumenten verführt die Unternehmen in diesem Fall dazu, ständig ihre Anlagen und Kapazitäten zu vergrößern und ihre Produktion auszuweiten. Sie heizen damit die Gefahr einer massenhaften Überproduktion ständig an. Die kleinste Veränderung der anfälligen Marktlage würde dann nämlich schlagartig eine Krise hervorrufen, wenn sich die Absatzbedingungen auch nur geringfügig verschieben. Im zweiten Fall, wo die Firmen auf die steigende Nachfrage mit Preiserhöhungen reagieren, führt das Ganze zur sogenannten hausgemachten Inflation. Die Preiserhöhungen machen die Waren im Geldausdruck nämlich teurer, als sie es tatsächlich sind. Das Gleichgewicht von Geldbzw. Währungswert und Wert der produzierten Güter kommt damit ins Wanken. Für dasselbe Geld bekommt man weniger Waren; oder anders: Das Geld verliert an Wert. Dies ist das Wesen der modernen Inflation.

Diese Entwicklung ist äußerst gefährlich. Sie hat nämlich ständig die Wirtschaftskrise oder die Währungskrise und damit die Verschlechterung der Außenhandelsbedingungen zur Folge: Deshalb versuchen Regierungen wie die sozialliberale Koalition in Bonn mit steuerpolitischen Maßnahmen und kreditpolitischen Eingriffen, die inländische Gesamtnachfrage zu dämpfen: Durch Steuererhöhungen und Konjunkturzuschläge versucht man, die Kaufkraft der Verbraucher zu verringern und die Investitionen der Unternehmen zu bremsen. Schließlich versucht man auch mit Devisenbeschränkungen den Strom inflationärer Gelder von außen einzudämmen. Allerdings mit mäßigem Erfolg. Die Maßnahmen gehen alle nicht an die Wurzeln der Inflation, sondern versuchen nur, ihre Auswirkungen zu dämpfen. Die Ursachen liegen tiefer, nämlich in den Gründen, welche zu dem Anwachsen der Verschuldung des Staates, der Firmen und der privaten Haushalte geführt haben. Man muß sich dieser Frage widmen, wenn man die Rolle der Inflation im Kapitalismus unserer Tage richtig beurteilen will. Auf jeden Fall liegen die Ursachen nicht – wie man oft hört – in den «ständigen Lohnforderungen der Arbeiter».

Wer so argumentiert, der betreibt ganz einfach Demagogie. Denn alle Tarifrunden der Vergangenheit zeigen deutlich, daß Lohnforderungen immer erst *nach* vorangegangenen Preissteigerungen gemacht worden sind. Daß ein solches Lügengespinst aber dennoch geglaubt wird, liegt daran, daß die Inflation tatsächlich vom wachsenden Kaufvermögen der Massen mit ausgelöst wird. Nur wird bei der üblichen Inflationstheorie Lohnforderung und Kaufanstieg in einen Topf geworfen: Ergebnis, die Arbeiter sind schuld an der Inflation.

Während in Wirklichkeit die Haushalte der Arbeiter und Angestellten ständig mehr verschulden (woran die Banken natürlich fleißig verdienen), wird der Eindruck erweckt, es seien nur die Löhne, welche den sogenannten Kostendruck erzeugten. Daß es die Verschuldung ist und die inflationstreibende Preispolitik der Unternehmen, welche in der BRD zum Beispiel in 20 Jahren zu einem Geldwertverlust von etwa 41 Prozent geführt haben, das wird nicht nur verschwiegen, sondern den Arbeitern und Angestellten noch in die Schuhe geschoben. Mit welchem Ziel? Mit einem ganz durchsichtigen: mit dem Ziel nämlich, Arbeiter und Angestellte möglichst von ihren Forderungen abzubringen, sie zumindest jedoch zu verunsichern!

Stagflation = Wirtschaftskrise und Inflation

Wie sind die Zeichen einer schleichenden Inflation zu werten?

Diese Frage beantwortet man am besten, indem man sich noch einmal die wesentlichen Merkmale bzw. den Sinn der kapitalistischen Krise vor Augen hält: Sie entsteht dadurch, daß die privatwirtschaftliche Akkumulation der Unternehmen sehr schnell zu einer Übersättigung der Märkte und damit zur Überakkumulation führt. Diese Überakkumulation wird beseitigt, indem das Kapital durch Preisstürze und Pleiten kleiner, ökonomisch schwacher Unternehmen entwertet wird. Die zeitweilige *Entwertung* von Kapital ist also der Sinn bzw. der Zweck einer jeden kapitalistischen Krise.

Man darf die Formen, mit denen das Kapital entwertet wird, nicht mit dem Sinn der Krise verwechseln. Dann kommt man nämlich zu einem falschen Krisenverständnis: Man hält dann nämlich nur die Rezession (also die Unterbrechung der Produktion, Kurzarbeit und Pleiten) für den Ausdruck der Krise. Man übersieht dabei, daß eine schleichende Inflation ja auch eine Kapitalentwertung zur Folge hat, denn was ist Kapital anderes als zu besonderen Zwecken verwendetes Geld. Wenn dem aber so ist, dann muß man den eigentlichen Ursprung der Inflation in einer permanenten und krisenhaften Überakkumulation suchen. Die eigentliche Ursache von Devisenspekulationen und Kreditausweitung aller Bereiche muß darin gesehen werden, daß infolge der Überakkumulation große Kapitalmengen vorhanden sind, welche im Bereich der Produktion von Waren bzw. im kommerziellen Gewerbe nicht gewinnbringend unterzubringen sind. Deshalb «schwirren» sie woanders herum. Vor allem offenbar *im Bankgewerbe und zwar als Leihkapital* und auf den internationalen Börsenmärkten. Der Grund dafür liegt auf der Hand: Nur als Leih- oder Spekulationskapital können sich heute große Kapitalmengen noch verwerten. Die Aufblähung des Kreditsektors und des Spekulationswesens sind also durchaus zeitgemäße Erscheinungen unserer Wirtschaftsordnung. Sie sind selbst ein zeitgemäßer Krisenmechanismus, denn obwohl sich die Leih- und Spekulationskapitale gewinnbringend verwerten, tragen sie mit der Inflation eine allgemeine Kapitalentwertung in die übrigen Wirtschaftsvorgänge hinein. Der Unterschied zwischen dieser Kapitalentwertung und der Rezession liegt letztlich nur in den gesamtwirtschaftlichen Folgen, die die beiden Austrageformen hervorrufen: Die Rezession führt eben zur zusammenbruchsartigen Erwerbslosigkeit der Arbeiter und zum Stillstand der Produktion – die Inflation hingegen entwertet das Kapital schleichend. Die Arbeitsplätze bleiben erhalten, und die Kredite sichern die weitere Aufrechterhaltung der Produktion. Deshalb versucht die Wirtschaftspolitik der meisten kapitalistischen Länder die Rezession auf jeden Fall zu vermeiden, weil man allgemein weiß, daß eine weltweite Massenarbeitslosigkeit in den kapitalistischen Ländern katastrophale Folgen hätte.

Das wichtigste Rettungsmittel vor dem Zusammenbruch ist die Kreditsteuerung, das Anschwellenlassen des Leihkapitals und der Spekulation. Mit einem Wort: die schleichende Inflation. Offenbar nehmen die Wirtschaftspolitiker der führenden kapitalistischen Nationalstaaten lieber eine allmähliche Zerrüttung der Finanzen als die Arbeitslosigkeit in Kauf. Getreu dem Spruch des ehemaligen Bundesfinanzministers Schmidt: ‹Lieber 6 Prozent Inflation als 6 Prozent Arbeitslose!›

Also: Wie man es auch dreht und wendet, Krise und Kapitalentwertung sind unvermeidlich. Nur die Folgeerscheinungen sind andere (Inflation oder Arbeitslose). Weil das so ist, haben manche Wissenschaftler den Ausdruck «Stagflation» für unsere schleichende Inflation geprägt: Er besagt, daß unsere Inflation Ausdruck der Überakkumulation (Stagnation) ist: Stagnation + Inflation = Stagflation!

Nun mag es so scheinen, als könnten sich die Wirtschaftspolitiker aussuchen, auf welche Weise die Krise ausgetragen werden soll. In gewisser Weise ist das auch so. Würde jede Vergabe von Leihkapital unterbunden, dann müßte tatsächlich eine scharfe Rezession eintreten. Mit der Kreditpolitik können Regierung und Banken Einfluß auf den Austragungsmodus der Krise nehmen. Ob aber die Maßnahmen wirklich greifen, das wiederum hängt von ganz anderen Dingen ab. Und zwar von der Konkurrenzfähigkeit der einzelnen Kapitale auf dem Weltmarkt, welche heute das wesentliche Moment der wirtschaftlichen Lage einflußreicher Unternehmen ausmacht. Preisgestaltung, Absatzmöglichkeiten und vieles mehr sind aber nicht nur von den wirtschaftlich-technischen Bedingungen der Firmen selbst abhängig, sondern auch von den Klassenkämpfen der Arbeiterklasse. Je mehr diese nämlich streikbereit ist – um so schlechter ist die Ertragslage der Firmen auf dem internationalen Markt. Inflationsentwicklung wiederum schafft andauernde Streikbewegungen in allen westlichen Industrieländern: Mit der Inflation ist eine ständige Entwertung der Löhne und Einkommen verbunden, welche nur durch ständige Lohnbewegungen aufgefangen werden können. Je militanter diese nun geführt werden, um so anfälliger ist die weltwirtschaftliche Lage der Kapitale.

Das bedeutet Absatzschwierigkeiten und unaufhaltsame Rezession! So daß schließlich von echter Wirtschaftssteuerung nicht die Rede sein kann. Die wirtschaftliche, technische und sozialpolitische Lage der Unternehmen und damit die klassischen Momente der Konkurrenz bestimmen also die Wirtschaftslage. Was die Wirtschaftspolitik wirklich vermag, das ist eine Art Auffangen der Krisenfolgen und -härten. In jedem Fall aber wirken die Gesetze des Marktes. Nur werden sie auch hier wieder durch die internationale Organisation des Weltmarktes verzerrt und behindert.

Welthandel und ungleiche Entwicklung

Welthandel und Weltmarkt werfen ein besonderes Problem auf: Bis in die Gegenwart hat sich der Kapitalismus innerhalb der Grenzen nationaler Volkswirtschaften entwickelt. Geschützt durch die wirtschaftlichen und politischen Schutzmaßnahmen der jeweiligen Staatsmacht entstanden im Nationalstaat einheitliche Märkte, einheitliche Währungssysteme und eine durchschnittliche Profitrate. Der Handel mit anderen Märkten war und ist Außenhandel, also Handel zwischen nationalen Volkswirtschaften und national organisierten Einzelkapitalen. Der Grund dafür liegt in der Tatsache, daß die verschiedenen Länder im Vergleich zueinander sehr unterschiedliche Entwicklungsstufen in der industriellen Produktion aufweisen. Die Folge: In entwickelten Ländern ist die jährliche Güterproduktion sehr hoch und die Warenwerte vergleichsweise niedrig. In unterentwickelten Ländern ist es umgekehrt – vor allem deshalb, weil Technik, Entwicklung, Ausbildung der Arbeitskräfte und das vorhandene Kapital noch sehr gering sind. Aber schon sehr früh, um die Mitte des 19. Jahrhunderts führte die Akkumulation des Kapitals in den entwickelten Ländern zu einem so großen Warenausstoß, daß die nationalen Märkte zu klein wurden. Länder wie England, Frankreich, Deutschland und die USA waren seit jeher darauf angewiesen, ihre Waren auch im Ausland abzusetzen. Nun sind kapitalistische Länder auch untereinander noch höchst unterschiedlich entwickelt. Deshalb bedeutete der Außenhandel für die Unternehmen führender Volkswirtschaften mehr als nur Warenabsatz von überschüssigen Produkten. Er erbrachte und erbringt einen besonderen Gewinn: den Außenhandels-Extraprofit, welcher daher rührt, daß entwickelte Unternehmen in anderen, weniger entwickelten Volkswirtschaften ihre billigen Waren zu den dort üblichen hohen Marktwerten anbieten können. Mehr noch: Sie können sogar immer ein wenig unter den Preisen einheimischer Unternehmen bleiben und werden so zu gefürchteten Konkurrenten. Kein Wunder also, daß solche Unternehmen große Befürworter des Freihandels sind (= Handel ohne Schutzzölle). Einheimischen Unternehmen aus weniger entwickelten Volkswirtschaften bleibt oft nichts anderes, als sich mit Einfuhrzöllen vor der ausländischen Konkurrenz zu schützen. Doch damit ist ihnen wenig geholfen. Auf Dauer müssen sie versuchen, den Standard der hochentwickelten Auslandskonkurrenz einzuholen, schon deshalb, weil zu vermuten ist, daß die entwickelten Unternehmen vermittels ihrer Regierungen alles daransetzen werden, die Schutzzollpolitik der weniger entwickelten Länder zu durchbrechen. Daher müssen die gefährdeten Unternehmen alle Kapitalreserven und Produktionskapazitäten zusammenfassen, um der Konkurrenz entgegentreten zu können. Die Monopole und Kapitalzusammenschlüsse der europäischen Volkswirtschaften sind mit Sicherheit ein solcher Versuch, der wachsenden internationalen Konkurrenz gerecht zu werden. Andererseits muß man die imperialistischen Konflikte als Versuche werten, von seiten der mächtigsten Staaten alle für ihre Unternehmen und Finanzgruppen ungünstigen wirtschaftspolitischen Hemmnisse zu beseitigen. Heute sehen wir, daß sich die größten kapitalistischen Nationalstaaten, USA, Japan, BRD, Frankreich, Italien und England in vielen Bereichen wirtschaftlich ungefähr angeglichen haben. Überall ist der Warenausstoß so groß, daß der Welthandel zum wichtigsten Wirtschaftsfaktor geworden ist. Deshalb verlangt die Logik der Marktwirtschaft so etwas wie die Herausbildung eines neuen, größeren Marktsystems. Der Warenaustausch, also der Markt der großen Unternehmen, ist längst über die Grenzen des Nationalstaates hinausgewachsen. Und doch hat sich ein weltweiter Markt, ein Weltmarkt, nicht herausbilden können. Offenbar stehen der Verwirklichung des im Grunde schon vorhandenen Weltmarktes wirksame Schranken entgegen, welche mit dem Fortbestehen von Nationalstaaten zu tun haben. Der Widerspruch, welcher auf diese Weise im internationalen Wirtschaftssystem besteht, kann offenbar noch nicht gelöst werden. Er macht sich infolgedessen in einer Reihe von Strukturkrisen bemerkbar. Die Krisen wiederum, ob es sich um gewaltsame Markteroberung (Imperialismus) oder um Währungskrisen handelt, sind Ausdruck eines besonderen Umstandes, der mit dem Hinauswachsen der Marktwirtschaft über den Nationalstaat direkt verbunden ist: Nämlich der besonderen Wirkungsweise des Wertgesetzes im internationalen Handel. Dabei besteht das «Geheimnis» der besonderen Wirkungsweise in nichts weiter als der Tatsache, daß sich die Zirkulation und die Marktbeziehungen in einer Weltwirtschaft aus national voneinander getrennten Märkten verdoppeln muß. Und zwar in die *innere Zirkulation des nationalen Marktes und die äußere zwischen den Märkten.* Diese wiederum ist nicht einfach bloß Waren- und Geldstrom zwischen verschiedenen Volkswirtschaften, sondern auch eine besondere Form von Geldverkehr: *die Devisenzirkulation,* weil man nämlich, um im Ausland kaufen zu können, seine eigene Währung in die des anderen Landes umtauschen muß. Dieser scheinbar belanglose Sachverhalt hat jedoch für die Entwicklung der Weltwirtschaft seine besondere Bedeutung. Er führt nämlich zu ganz eigentümlichen Wirkungen der Tauschgesetze: Eben weil sich die Zirkulation im Welthandel verdoppelt, wirken sich die Wertgesetze sozusagen zweimal aus und können sich auf diese Weise geradezu in ihr Gegenteil verkehren. Deshalb ist es von großer Wichtigkeit, diese besondere Zirkulation, die *Devisenzirkulation,* genauestens zu untersuchen.

Devisenzirkulation

Was den Welthandel bremst, ist nur eine besondere Auswirkung der Tauschgesetze. Seit und solange unterschiedlich entwickelte kapitalistische Nationalstaaten bestehen, wirken sich die unterschiedliche Produktivität der nationalen Wirtschaft und damit die unterschiedlichen Preise, welche die Waren in einer der verschiedenen Volkswirtschaften haben, folgendermaßen aus:

Nach Waren aus einem entwickelten Land entsteht im Welthandel eine starke Nachfrage – eben weil sie in großer Zahl produziert werden und also billig sind. Aber bevor man Waren aus dem entwickelten Land erwerben kann, braucht man dessen Währung bzw. ein ausländisches Zahlungsmittel, welches dort anerkannt wird, also Devisen. Nun passiert etwas Merkwürdiges: Die Nachfrage nach den billigen Gütern aus einem entwickelten Land wie den USA erzeugt eine Nachfrage nach deren Devisen, den Dollars. Doch die als Devisen gehandelten Dollars sind zahlenmäßig beschränkt. Also wird der Kurswert des Dollars an der Devisenbörse mit der Nachfrage in die Höhe getrieben: Der Wechselkurs des Dollars steigt! Und der steigende Wechselkurs macht die Waren wieder teurer und frißt so den Wettbewerbsvorteil teilweise wieder auf. Doch nicht genug damit. Der Devisenhandel wirkt sich auch in anderer Richtung aus. Je mehr die Währung eines entwickelten Landes steigt, um so billiger werden die Währungen weniger entwickelter Länder und verbilligen im internationalen Handel die Waren aus unterentwickelten Ländern. Im Inland bleiben diese Waren teuer wie eh und je, aber für Ausländer aus entwickelten Ländern werden die Dinge allein durch die Devisenbewegungen spottbillig. Das hat zwei Folgen:

1. Da der Wettbewerbsvorteil der entwickelten Industrie im Warenexport gebremst wird, verlegt sich diese auf ein anderes Geschäft, nämlich den *Kapitalexport*. Denn: Je mehr die Währung eines entwickelten Landes steigt, um so mehr verbilligen sich mit der Verbilligung der unterentwickelten Währung auch die Kapitalgüter im weniger entwickelten Land. Kapitalexport ist äußert lohnenswert. Maschinen, Boden, Arbeitskräfte, Rohstoffe usw. können im wenig entwickelten Land oft zu Spottpreisen und weit unter Wert angekauft werden.

2. Gibt es im weniger entwickelten Land eine eigene Industrie, welche exportieren kann, dann profitiert sie ebenfalls von diesem Vorgang. Eben weil die Waren aus weniger entwickelten Ländern im entwickelten Land billig sind, erhält die ansonsten gar nicht konkurrenzfähige Firma aus unter- oder weniger entwickelten Ländern einen «außerplanmäßigen» Wettbewerbsvorteil eigener Art. Der Markt des entwickelten Landes ist für ein solches Unternehmen der ideale Absatzmarkt seiner Waren. Die günstige Marktlage gibt dem wenig entwickelten Land sogar eine gewisse Chance, in einigen Industriebereichen durch die richtige Investitionspolitik

sich dem Weltmaßstab anzugleichen.

Dies muß man wissen, wenn man die heutige Weltwirtschaftslage begreifen will. Heute streben die Finanzgruppen der entwickelten Länder mit ihrem anlagesuchenden Kapital in die Kapitalmärkte weniger entwickelter Länder, um hier eigene Firmen zu gründen oder einheimische Unternehmen aufzukaufen. Sie haben sogar ein großes Interesse an der geringen Entwicklung dieser Länder, denn sie ist mit ein Grund für ihre riesigen Gewinne. Aber auch Industriegruppen weniger entwickelter Länder profitieren von der ungleichen Entwicklung bzw. von den Besonderheiten der Devisenzirkulation: Die Konkurrenzkraft der hochentwickelten Unternehmen wird ja durch die Währungsentwicklung entscheidend geschwächt und bildet somit keine unmittelbare Bedrohung mehr. So lange jedenfalls nicht, wie sich das nationale Kapital einigermaßen vor dem einströmenden Kapitalexport aus dem Ausland schützen kann. Also werden diese Industriekreise an einer weitgehenden Schutzpolitik gegenüber fremdem Kapital interessiert sein, welche die Gefahr von außen dämmen soll. Damit aber werden internationale Konflikte neuer Art hervorgebracht. Das Finanzkapital aus entwickelten Ländern wird den Behinderungen der eigenen gewinnbringenden Kapitalanlage nicht lange tatenlos zusehen. Schließlich entgehen ihm übergroße Gewinne. Es wird also versuchen, politischen Einfluß auf die Handelspolitik der weniger entwickelten Länder zu nehmen. Das einheimische Kapital wenig entwickelter Länder wird sich wehren, und es kommt zu Verwicklungen, welche zunächst nur als politische Konflikte erscheinen mögen. Die Gegensätze in den wirtschaftlichen Interessen zwischen einheimischem und ausländischem Kapital können jedoch auch zu militärischen Verwicklungen führen, um die Durchsetzung der Interessen der verschiedenen Kapitale zu erzwingen.

Kapitalexportierende Firmen können dabei leicht ihre Interessen durch Militärintervention sichern wollen, während das nationale Kapital sich gegen den Eingriff von außen schützen will.

Die letzten Kriege in Europa und im Pazifik, auch der Zweite Weltkrieg, hatten hierin sicher eines ihrer stärksten Motive. Es ist heute ziemlich sicher, daß es dabei auch oder sogar hauptsächlich um die Frage ging, welches Kapital in Europa und Ostasien die Vorherrschaft haben solle, die exportorientierten amerikanischen Finanzgruppen oder die deutschen und japanischen Großindustriellen. Aus gleichen Motiven erklären sich aber auch die zahllosen militärischen Interventionen der USA, Großbritanniens und Frankreichs in der Dritten Welt – auch wenn in letzter Zeit Interventionen gegen sozialistische Revolutionsregierungen oder Befreiungsbewegungen im Vordergrund standen (Vietnam, Kambodscha, Laos usw.).

Weltmarkt und Dritte Welt

Die kapitalistische Wirtschaft unserer Tage drängt mit aller Macht zum Weltmarkt. Im Bereich der entwickelten kapitalistischen Länder ist er weitgehend schon vorbereitet: Internationale Konzerne mit Tochtergesellschaften in fast allen wichtigen kapitalistischen Industrieländern gehören heute zum alltäglichen Bild. Kaum eine Branche von Bedeutung, in der es sie nicht gibt, die internationalen Automobilkonzerne wie GM (General Motors, USA), Ford (USA), Chrysler (USA), VW (BRD), Mercedes (BRD), Toyota (Japan), Honda (Japan), Fiat (Italien), Elektrokonzerne wie General Electric (USA), ITT (USA), AEG (BRD), Siemens (BRD), Westinghouse (GB), Erdölkonzerne wie Rockefeller (USA), Shell (Holland), BP (GB) usw. Diese Firmen kaufen, verkaufen und produzieren nicht nur auf einem internationalen Markt. Sie haben auch teilweise schon Schritte hin zu einem tatsächlich vereinheitlichten Weltmarkt gemacht. Etwa in Gestalt der europäischen Gemeinschaft (EG), der internationalen Handels- und Zollunion (GATT) oder der Entwicklungsplanungsorganisation (OECD). Doch der letzte Schritt, die Aufhebung der verschiedenen nationalen Währungen und damit der nationalstaatlichen Finanz- und Außenhandelspolitik ist bis heute unterblieben. Zweifelsohne wegen der mit den alten nationalstaatlichen Schranken verbundenen besonderen Wettbewerbsbedingungen schwächerer Kapitale bzw. wegen der Gewinnerwartungen kapitalexportierender Finanzgruppen. Doch so sehr sich dieser Umstand auch verzögernd auf die Weltmarktentwicklung in den Metropolen (= führende kapitalistische Länder der OECD) auswirken mag, das eigentliche Problem der Herausbildung des Weltmarkts heute ist die Dritte Welt, sind die unterentwickelten Länder, welche politisch meistens aus ehemaligen Kolonien der Westmächte hervorgegangen sind. Denn eine umfassende Entwicklung zum Weltmarkt schließt eine wenigstens vergleichbare Entwicklung dieser Länder mit ein. Das Problem ist nur, daß in der Dritten Welt wegen der besonderen Kolonialgeschichte (Zerschlagung, des heimischen Gewerbes, Rohstoff-«Farmen», Absatzgebiete für industrielle Fertigwaren) die landwirtschaftliche Produktion in der Regel noch immer 70 Prozent des Bruttosozialprodukts und mehr beträgt.

Die Entwicklungsstufe dieser Länder ist in jeder Hinsicht extrem niedrig, in bezug auf die allgemeine Produktionstechnologie, die Ausbildung der Arbeitskräfte, die Erschließung des Landes und vieles mehr. Die Löhne sind infolgedessen niedrig und die nationalen Währungen besonders niedrig notiert. Das alles macht diese Länder zu günstigen Investitionsgebieten für anlagesuchendes Kapital. Auch sind nicht immer Konflikte mit einheimischen Kapitalgruppen zu befürchten, denn die koloniale Vergangenheit diese Länder hat ein nationales Kapital häufig erst gar nicht entstehen lassen. Doch stehen den Investitionsinteressen zumeist zwei Dinge entgegen: die mangelnde Erschließung des Landes (es fehlen Straßen, Kommunikationssysteme, Schulen, Krankenhäuser und vieles mehr) sowie die geringe Vorbildung der Arbeitskräfte. Zwar bemühen sich die meisten kapitalistischen Länder, durch Kredite und Geschenke solchem Übel abzuhelfen, aber alte, feudale Machtstrukturen und traditionelle Lebensgewohnheiten, vor allem Korruption und Mißwirtschaft verderben oft jeden «Hilfe»-versuch. Eine eigenständige kapitalistische Entwicklung der Länder der Dritten Welt wird durch diese Umstände vielfach unmöglich. Gleichzeitig wächst die Bevölkerung rasch an. Hierdurch entstehen jene bedrückenden Verhältnisse in den Ländern der Dritten Welt, welche die Ursache antikolonialer und antiimperialistischer Revolutionen sind, die die Einflußmöglichkeiten der internationalen Finanzgruppen zurückzudrängen versuchen, um zu einer eigenständigen Entwicklung des Landes unter der Führung von Parteien und Organisationen der Arbeiter- bzw. der Bauernbewegung zu gelangen. Allerdings sind solche nationalen Revolutionen von politischen und militärischen Interventionen von seiten kapitalistischer Mächte (u. a. der USA) bedroht, welche gleichsam verlorene Gebiete in die Kontrolle der führenden Industrie- und Finanzgruppen zurückholen wollen und oft auch holen. Dabei ist keineswegs immer ausgeschlossen, daß die nationalrevolutionären Bewegungen lediglich zu einer eigenständigen Form von kapitalistischer (eben nationaler, gelenkter) Entwicklung in der Dritten Welt führen werden. Andererseits ist heute an Beispielen wie Brasilien zu sehen, daß es einen kapitalistischen Entwicklungsweg für die Dritte Welt auch unter der Vorherrschaft des internationalen Kapitals gibt. Allerdings um den Preis übelster Ausbeutung und Unterdrückung der Massen in der Form von Militärdiktaturen und faschistischen Regimes. Der Weg unter der Führung der Organisationen der Arbeiterbewegung hat immer hin den Vorteil, gleichheitlichere Verhältnisse und soziale Sicherheit mit seinem Entwicklungsweg zu verbinden.

Wie dem auch immer sei, es ist ziemlich sicher, daß am Ende tatsächlich eine allmähliche Angleichung der Weltregionen zu erwarten ist, welche die Bedingungen für die Herausbildung eines wirklichen Weltmarktes schafft. Dann allerdings lassen sich die inneren Widersprüche des Kapitalismus nicht mehr aufhalten, denn dann sind alle Möglichkeiten entschwunden, daß einzelne, nationale Gesamtkapitale durch besondere Umstände internationaler Handels- und Finanzbeziehungen auf gewisse Zeit unvergleichlich positive Entwicklungen durchmachen können. Dann spätestens wirken alle Gesetze der kapitalistischen Entwicklung ohne Einschränkung. Auch das des allmählichen Zusammenbruchs des kapitalistischen Systems.

Tendenzieller Fall der Profitrate und Zusammenbruchsgesetz

Die Theorie der Politischen Ökonomie geht bei der Erforschung der Gesetze des Kapitalismus im Grunde davon aus, daß sich die bürgerliche Produktionsweise schon als Weltmarktsordnung entwickelt hat. Die Beschreibung kapitalistischer Gesetzmäßigkeiten nimmt also das Bestehen des Weltmarktes schon vorweg. Dieser Markt muß tatsächlich entstanden sein, bevor die kapitalistische Ordnung voll entwickelt ist und ihre Gesetzmäßigkeiten auch tatsächlich alle und uneingeschränkt zur Wirkung kommen. Solange der Weltmarkt noch in den Kinderschuhen des internationalen Handels steckt, haben schließlich einzelne Unternehmen und ganze Volkswirtschaften noch viele Möglichkeiten, durch geschickte Außenhandels- und Wirtschaftspolitik der Wirkung mancher wirtschaftlicher Gesetzmäßigkeiten zu entgehen. Wenn es jedoch keine Ausweichmöglichkeiten mehr im Devisenkarussell des Welthandels gibt, kann man sich leicht vorstellen, wie die wirtschaftlichen Zwänge einer gnadenlosen Konkurrenz und auswegloser Wirtschaftskrisen für alle Unternehmen in gleicher Weise gelten werden. Beides wird von den Unternehmen große Anstrengungen und umfangreiche Kapitalinvestitionen in moderne und modernste Maschinensysteme und automatische Produktionsanlagen verlangen, wenn sie dem Konkurrenzdruck auch nur annähernd gerecht werden wollen.

Keine Frage, daß große Kapitalkonzentration und Zentralisation die Folge sein werden: Nur wenige große, internationale Unternehmen werden das Rennen überleben. Ebenso klar, daß hohe Investitionen in perfekte und immer perfektere Maschinen für alle Konkurrenten zur Regel werden: Der Kostendruck der Produktion wird schließlich im Verhältnis zu den Gewinnen immer größer, und die allgemeinen Gewinnerwartungen müssen geringer werden. Doch nicht genug damit. Die Konkurrenz geht weiter und verschärft die wirtschaftlichen Zwänge zu weiterer Investitions-Automation und Steigerung der konstanten Kostenanteile. Die Gewinnraten haben also die Tendenz, auf lange Sicht zu fallen, sozusagen von Krise zu Krise. Zwar könnten die Unternehmer dem durch Kostensenkung der Löhne entgehen, also durch verschärfte Ausbeutung und Reallohnsenkung. Doch auch dem ist eine Marktgrenze gesetzt. Denn der Kostenanteil für Löhne kann unter eine bestimmte, minimale Grenze nicht fallen, wenn die Arbeiter nicht einfach umkommen sollen, weil ihre Löhne nur noch zum Verhungern reichen. Zwar führt der Fortschritt der Produktion, welcher ja mit dem tendenziellen Fallen der Profitrate verbunden ist (der Warenausstoß pro Arbeitstag oder -stunde wird immer größer und damit die Produktionszeit und der Wert einzelner Waren immer geringer), zur Verbilligung des Lebensstandards und zur Vermehrung dessen, was man sich als Arbeiter leisten kann. Aber um so weniger wird die Masse der Arbeiter und Angestellten radikale Lohnkürzungen hinnehmen. Die kapitalistische Produktionsweise geht infolgedessen einer eigenartigen Geschichte entgegen: *Auf der einen Seite* führt sie zur vollständigen Anwendung von Wissenschaft und Technik in zunehmend automatisierter Produktion. Der Warenausstoß wird riesig, der Wert der Produkte wird immer geringer. Alle Waren werden somit wohlfeiler, und der Lebensstandard der Massen steigt. *Auf der anderen Seite* fällt dadurch zwangsläufig die allgemeine Profitrate. Der Anteil menschlicher Arbeitszeit am Produkt nimmt ständig ab. Der Wert der Waren wird so gering, daß sich ein Tausch praktisch kaum noch lohnt. Wenn nun die Dinge kaum noch Tauschwert haben, können sie auch nur noch Spurenelemente von Mehrwert enthalten. Mit dem Wert als Grundlage des Tauschens entfällt so allmählich die Gewinnerwartung als Triebkraft der Produktion. Gleichzeitig müßte die Zahl der industriellen Arbeiter abnehmen, ohne daß zwangsläufig die Zahl der kommerziellen Angestellten und der Beamten zunehmen muß. Massenhafte Arbeitslosigkeit wäre sicher die Folge.

Die Politische Ökonomie sieht in diesen Vorgängen sozusagen *das logische Ende der kapitalistischen Produktionsweise.* Es zeigt sich daran, daß das bürgerliche Wirtschaften, wenn man es konsequent zu Ende denkt, irgendwann zu Ende sein muß. *Es gibt keinen ewigen Kapitalismus.* Doch handelt es sich hier tatsächlich um ein logisches Ende. Denn es ist anzunehmen, daß die Zuspitzung der inneren Widersprüche eines *Weltkapitalismus* schon zu seinen Lebzeiten zur Verschärfung von *Klassenkämpfen* führen wird, in deren Verlauf von ganz anderer Seite, nämlich von seiten der *internationalen Arbeiterklasse* die Machtfrage gestellt werden wird, welche zum *politischen Umschlag des Kapitalismus in eine andere Gesellschaftsordnung* ohne gesellschaftlichen Tausch und private Gewinnwirtschaft führen wird.

Klassenkonflikte

Der Konkurrenzkampf der Kapitale wird so erbarmungslos geführt, daß jedes Unternehmen nicht nur daran denkt, wie es durch Kapitalakkumulation seinen Extraprofit vermehren kann, sondern auch, wie es die Kosten seiner Produktion möglichst gering hält und seinen Mehrwert vergrößern kann (Extramehrwert). Die Marktlage selbst, Warenabsatz und Kapitalfluß zwingen jedes Unternehmen zu sparen, wo zu sparen ist. Dazu gehört neben dem Ankauf von möglichst günstigen Rohstoffen und Maschinen, Halbfabrikaten und Werkzeug *das Einsparen von Lohnkosten.* Die Preise für die Produktionsmittel sind nicht leicht zu senken. Anders die Lohnkosten. Die Preise für Produktionsmittel müssen bezahlt werden, *auch in Krisenfällen.* Arbeiter aber kann man dann leicht entlassen. Die Preise für Maschinen stehen fest, man kann sie nicht ohne weiteres verändern. Arbeiter hingegen kann man an die Arbeit hetzen, man kann ihre Löhne senken und/oder Kurzarbeit machen lassen. In jedem Falle zwingt die Marktlage selbst den Unternehmer, Löhne und Lohnkosten zu senken, Kurzarbeit einzuführen und/oder Arbeiter zu entlassen. Mit anderen Worten: Nicht die Willkür der Unternehmer, sondern vielmehr die Krisenkreisläufe des marktwirtschaftlichen Systems bedrohen ständig die Einkommenslage der Arbeiter. Ihre einzige Chance ist der gemeinsame Kampf gegen die Interessen der Unternehmen und Konzerne. Der Konflikt ist geradezu programmiert, denn auf lange Sicht sind die Lebensinteressen der Arbeiter und Angestellten und die ökonomischen Ansprüche der Marktwirtschaft nicht miteinander vereinbar. Dieser Konflikt geht übrigens nicht nur um Lohnerhöhung und Sicherheit der Arbeitsplätze. Er ist, solange es Kapitalismus gibt, immer auch ein politischer Konflikt, der Gesellschaftsordnung und politisches System betrifft. In Staat, Verwaltung, Schulen, Universitäten, Fernsehanstalten und Filmateliers herrschen andere Interessen als diejenigen der Arbeiter bzw. der Arbeiterbewegung. Ob den einzelnen Akteuren bewußt oder nicht, ist das Grundprinzip des Kapitalismus, die scheinbare Sachgesetzlichkeit des Warentausches und der Gewinnwirtschaft, *längst zum allgemein akzeptierten Prinzip aller gesellschaftlichen Bereiche einer bürgerlichen Gesellschaft geworden.* Die Konkurrenz der Kapitale, also Aufteilung und Umverteilung des Mehrwertes, führt sogar dazu, daß nicht einmal ein einzelner Unternehmer die Arbeiter seines Betriebes ausbeutet, sondern die Klasse der Kapitalisten die gesamte Arbeiterklasse. Deshalb ist der Klassenkonflikt ein Kampf zwischen den Klassen von Lohnarbeit und Kapital als Gesamtheit, und nicht ein Konflikt zwischen einzelnen despotischen Unternehmern und aufmüpfigen Arbeitern oder Angestellten. Denn: *Was beide Klassen in unauflöslichen Konflikt geraten läßt, ist ihre jeweilige ökonomische Stellung im gesamten Vorgang kapitalistischer Produktion und Verteilung.* Die einzige Frage, die sich stellt, in welchem Maße beiden Gruppen diese Tatsache zum Bewußtsein kommt, bzw. wie bewußt sich Arbeiter und Angestellte der Tatsache ihrer Ausbeutung, Beherrschung und Klassenlage werden. Davon allein hängt schließlich ab, wie lange sich das Ausbeutungsverhältnis als gesellschaftliche und politische Wirklichkeit noch halten wird. Daß sich andererseits die herrschende Klasse ihrer Herrschaft bewußt ist, das liegt auf der Hand – denn dazu bedarf es keiner großen Theorie.

Die Geschichte der Klassenkämpfe zeigt, nebenbei gesagt, wie klar sich Krupp, Stinnes, Thyssen und Co. über ihre Lage waren und sind.

Lohnbewegung und Lohnkämpfe

Die Ausbeutung als solche zu erfahren, ist innerhalb des kapitalistischen Systems ganz abstrakt gesehen außerordentlich schwer. Gerade weil die Verhältnisse unpolitisch, unpersönlich und sachgesetzlich zu sein scheinen. In einer Tauschgesellschaft geht den Menschen die Kenntnis darüber verloren, daß sie es sind, welche sich mit dem Warentausch auf der Grundlage ihrer gegenseitigen Zeitausgabe für die Güterproduktion vergesellschaften. Der Wert der Waren, eigentlich nur die Chiffre (= das Geheimzeichen) für das gesellschaftliche Verhältnis der Menschen, erscheint ihnen als natürliche Eigenschaft der Waren bzw. als Eigenschaft einer Sache und nicht eines politischen Verhältnisses. Die vermeintliche Sachgesetzlichkeit läßt schließlich auch den Lohn als sachlich angemessene Bezahlung für erbrachte Leistung und nicht als bloße Lebenserhaltung für den Arbeiter und seine Familie erscheinen. Doch es gibt eine Erfahrungsebene von Ausbeutung, die jeder Arbeiter am eigenen Leibe erfahren kann. Dann nämlich, wenn die Preisentwicklung dem monatlichen Einkommen davonläuft und die mühsam erarbeiteten Löhne und Gehälter nicht einmal mehr reichen, um das Lebensminimum einer Familie zu sichern. Mit einem Schlag wird deutlich, daß die «normale» Entlohnung eigentlich nie mehr war, als das Geld, um die Lebenshaltungskosten zu decken. Die Arbeiter und Angestellten sehen sich mit einemmal der Tatsache gegenüber, daß sie ihre Lage nur dadurch verbessern können, daß sie *gegen* die Unternehmensinteressen des Kapitals ihre Lebensinteressen kämpferisch durchsetzen. Schließlich gibt es niemanden, der sich ihrer berechtigten Forderungen annehmen würde als sie selbst. Kommt es erst einmal zu solchen Kämpfen, dann zeigt sich für jeden Arbeiter und Angestellten auch, wieviel von allen Redensarten über den sozialen Charakter der Marktwirtschaft zu halten ist. Die Lohnkämpfe enthüllen schließlich für jedermann, daß es zur Lebensfrage der einzelnen Unternehmen gehört, die Lohnkosten und Lohnausgaben zu senken und so Mehrwert, Gewinn und Marktlage zu verbessern.

Dabei wäre es zweifellos die einfachste Methode, die Arbeiter einfach zwangsweise länger arbeiten zu lassen – ohne die Überstunden zu bezahlen, versteht sich. Doch diese geradezu erpresserische Ausbeutung konnte die Arbeiterbewegung schon im vorigen Jahrhundert bekämpfen. Sie setzte den sogenannten Normalarbeitstag von acht Stunden durch und verbaute den Unternehmen damit die bloße Verlängerung des Arbeitstages. Seitdem mußten die Unternehmen nach anderen Möglichkeiten suchen, um die Ausbeutung zu vergrößern bzw. den Mehrwert zu vermehren. Und davon gibt es im wesentlichen drei:

Arbeitshetze

Jeder Arbeiter macht im Laufe des Arbeitstages Pausen. Nicht nur Frühstückspausen, Mittagspausen usw. Auch wenn er arbeitet, muß er sich, schon um seine Gesundheit zu schützen, ausruhen, es mal langsamer gehen lassen oder einfach mal abschalten. Wenn man es genau nimmt, dann arbeitet er in der Zeit eigentlich nicht. Zieht man die Pausen vom Arbeitstag ab, dann arbeitet er bei acht Stunden tatsächlich vielleicht nur sechseinhalb. Gelingt es dem Unternehmer jedoch, solche «Luftlöcher» durch Pausenkürzung und Arbeitshetze zu schließen, dann hat er beim gleichen Achtstundentag die Arbeitszeit echt verlängert – für den gleichen Lohn, versteht sich.

Fließbandarbeit, Arbeitsplatzbewertung (= Festlegung der Höchstarbeitszeit) und Leistungslöhne wie Akkord- oder Stücklohn (= Festlegung der Tagesleistung – durch diese Stückleistung wird der Tageslohn geteilt; so errechnet man die vermeintliche Stückbezahlung bzw. den Akkord) sind dabei die bekanntesten Methoden der Arbeitshetze.

Reallohnsenkung

Dieser schleichenden Verlängerung des Arbeitstages sind ebenfalls Grenzen gesetzt. Mehr als hetzen kann man nicht, und mehr als im Akkord schafft niemand.

Also müssen die Lohnkosten sinken! Die einfachste Methode der Lohnsenkung ist die radikale Lohnkürzung. Doch solche Maßnahmen sind reichlich unpopulär. Deshalb findet man sie eigentlich nur noch in seltensten Fällen. Meistens aber dort, wo es genügend Arbeitslose gibt, welche gerne für einen geringeren Lohn arbeiten, um überhaupt arbeiten zu können. Eine indirekte Methode der Lohnsenkung ist die Preiserhöhung. Man nennt sie auch die Reallohnsenkung. Man meint damit, daß die Lebenshaltungskosten real steigen, der Lohn aber bleibt und man aber einfach weniger für sein Geld erhält. Folge: In der Kaufkraft sind die Löhne gesunken – eine Methode, welche besonders dann zu finden ist, wenn die Unternehmer weniger im Inland, also mehr im Ausland verkaufen und auf die Kaufkraft der einheimischen Arbeiter nicht so sehr angewiesen sind. Doch auch diese Methode hat ihre Grenzen. Solange es genügend Arbeitslose gibt, läßt sie sich sicher mit Erfolg praktizieren. In Zeiten der Vollbeschäftigung aber werden die Arbeiter nicht lange warten, bis sie Lohnforderungen anmelden und auch durchsetzen. Doch dann ist die Lohnsenkung aufgehoben. Neue Preissteigerungen müssen folgen. Denen antworten die Lohnforderungen: Das berühmte Lohn-Preis-Karussell kommt in Gang.

Entwertung der Arbeitskraft

Arbeitshetze und Reallohnkürzung sind auf Dauer wenig befriedigend, wenn es um die Senkung der Lohnkosten geht. Die wirklich wirkungsvolle Methode, Gewinn und Umsatz zu steigern, *ohne die Löhne mitwachsen zu lassen*, ist etwas ganz anderes. Etwas, das scheinbar gar nichts mit Lohn und Lohnbewegung zu tun hat: der technische Fortschritt. Mit ihm wächst die Fähigkeit, mehr Waren pro Tag und Stunde auszustoßen als früher. Damit sinken zwangsläufig die Herstellungszeiten der einzelnen Waren bzw. deren Wert. Billige Waren wiederum senken die Kosten für den einmal erreichten Lebensstandard. Man kann einfach mehr für sein Geld bekommen.

Die Folge: Da sich der WERT der Arbeitsvermögen nach den Lebenshaltungskosten für einen einmal erreichten Lebensstandard richtet, sinkt mit billigeren Lebensmitteln zwangsläufig auch der Wert der Arbeitskraft. Die Löhne können also weniger werden, ohne daß die Arbeiter und Angestellten auf etwas verzichten müßten. Ökonomisch gesprochen: *Die Nominallöhne können sinken bei gleichbleibenden Reallöhnen. Kurz: Gleicher Lebensstandard für weniger Geld.*

Das Sinken der Nominallöhne wird allerdings durch eine allgemeine Preiserhöhungswelle und die damit verbundene Geldentwertung überdeckt. Daher kommt es, daß *das Geld in den Lohntüten und auf den Gehaltskonten tatsächlich weniger wird, ohne daß die Geldsummen der Monatslöhne sichtbar abnehmen.* Das Prinzip ist einfach: Wenn die Verbilligung der Waren durch Preiserhöhungen aufgesogen wird (wenn also alle Waren, deren Wert von 100 Mark auf 90 gesunken ist, trotzdem weiter 100 Mark kosten), dann ist die alte Geldmenge (hier 100 Mark) tatsächlich nur noch Geldausdruck für einen geringeren Warenwert (hier von 90 Mark). Die *Preissteigerung entwertet das Geld, macht die Waren aber nicht teurer.* Tausend Mark Lohn werden auf diese Weise faktisch auf 900 Mark gekürzt – auf kaltem Wege sozusagen. Man bemerkt die kalte Lohnkürzung nur daran, daß die Unternehmer ihre Umsätze und Gewinn kräftig vermehren, während die Arbeiter und Angestellten ihren Lebensstandard gerade halten oder bestenfalls ein wenig verbessern können. Das Statistische Bundesamt hat die Folgen dieser Vorgänge errechnet: *Während der gesellschaftliche Reichtum zwischen 1950 und 1966 jährlich um 5–7 Prozent gestiegen ist, hat der Anteil des einzelnen Arbeiters und Angestellten daran in der gleichen Zeit um insgesamt 3 Prozent abgenommen! ! !* Abgenommen, obwohl es den meisten von ihnen selten solange so relativ gut gegangen ist. Der Grund: *Die Verbilligung vieler Güter, die lange Zeit als Luxusgüter galten* (Auto, Kühlschrank, Radio, Fernsehen usf.) *ist so rapide vorangegangen, daß selbst alle Formen von Lohnkürzungen nicht mitkamen.* Eine paradoxe Lage: Die Arbeiter und Angestellten haben weniger vom gesellschaftlichen Reichtum abbekommen, werden mehr ausgebeutet und können sich doch mehr leisten als je zuvor.

Doch selbst hier hält die verblüffende Wirkung der paradoxen Lage nicht lange an. Wenn sich die Gewinne der Unternehmer allzu stürmisch entwickeln, dann bleibt dies den Arbeitern und Angestellten schließlich nicht verborgen. Über kurz oder lang fordern sie ihren Anteil. Häufig auch mit Gewalt, mit Streiks und Protestmaßnahmen. 30 Prozent Gewinnzuwachs und nur 8,5 Prozent Lohnerhöhung bei 10 Prozent Preissteigerungen sind selbst für den friedlichsten Arbeiter oder Angestellten ein zu starker Tobak.

Arbeiterklasse, Klassenkämpfe und Proletariat

Die Erfahrung von Klassengegensätzen und Ausbeutung ist für die Arbeiterklasse auf Dauer unausweichlich. Der tägliche Kampf um Lohn und Arbeitsplatz zwingt sie sogar dazu, mehr als nur Erfahrungen darüber zu sammeln. Sollen nämlich die Kampfformen nicht nutzlos sein und die Strategien nicht ins Leere führen, dann müssen die Arbeiter und Angestellten in ihrem Kampf versuchen, Einblick in die inneren Mechanismen und in die Entwicklung der kapitalistischen Gesellschaft zu nehmen. Die soziale Lage der Arbeiter und Angestellten erfordert geradezu ein richtiges, angemessenes Bewußtsein von dieser Gesellschaft. Die Arbeiter und Angestellten sind daher die einzige Klasse im Kapitalismus, welche ein grundlegendes, von der Sache selbst diktiertes Interesse an der richtigen Auffassung von den gesellschaftlichen und politischen Verhältnissen haben. Mit einem Wort: Die Lohnkämpfe verlangen mehr und mehr ein richtiges Bewußtsein der Arbeiter und Angestellten. Und mit diesem Bewußtsein fangen sie an, sich als Klasse zu begreifen und als Klasse zu kämpfen. Logischerweise kann die Arbeiterklasse erst dann zu einem wirklichen politischen Faktor werden, wenn sie sich dieser Rolle als *Klasse bewußt*, also klassenbewußt wird.

Bleibt zu klären, was denn alles zur Arbeiterklasse zu zählen ist, denn der Name *Arbeiter-Klasse* kann verwirren. Viele verstehen unter Arbeiter nur diejenigen, welche ihren Lohn in Form von Stunden- oder Akkordlöhnen bekommen, mit den Händen arbeiten oder den bekannten «Blaumann» tragen. Doch das ist falsch. Exakt gesprochen zählt zur Arbeiterklasse oder besser zum Proletariat jeder, der gezwungen ist, seine Arbeitskraft als Ware gegen Unternehmerkapital zu verkaufen. Dabei spielt es zunächst keine Rolle, ob jemand als Industriearbeiter, kaufmännischer Angestellter, Transportarbeiter, Verkäufer oder Bankangestellter arbeitet. Doch muß man hier schon gewisse Unterschiede machen. *Industriearbeiter sind nicht nur die älteste Gruppe des Proletariats, sie sind auch sein unmittelbarer, harter Kern. Sie sind diejenigen, welche die Auswirkungen der Lohnbewegungen und Klassenkämpfe am ehesten und härtesten zu spüren bekommen und auch am militantesten darauf reagieren. Industriearbeiter sind ohne Frage die Vorhut und der fortschrittlichste Teil des Proletariats.*

Angestellte, besonders im Verkauf und im Büro, haben lange Zeit andere Erfahrungen gemacht. Noch vor hundert Jahren gab es so wenige Angestellte, daß jeder von ihnen darauf hoffen konnte, selber Kapitalist bzw. Unternehmer zu werden. Auch heute noch gibt es eine Reihe von Angestellten, sogenannte *leitende Angestellte, welche selber eher zur Klasse des Kapitals zu zählen sind als zur Arbeiterklasse. Denn die Lohnform ihrer Gehälter ist nur eine formale. In Wirklichkeit erhalten solche Leute in vielfältiger Form direkte und indirekte Beteiligungen am Unternehmerprofit, Prämien, Gewinnbeteiligungen, Tantiemen, Auszeichnungen, Abfindungen, Provisionen und andere Pauschalleistungen.* Zu leitenden Angestellten zählen wir übrigens nicht nur Aufsichtsratsmitglieder und Direktoren, sondern auch Prokuristen, Abteilungsleiter usw. Anders, ganz anders liegt der Fall beim normalen *Büropersonal und bei den durchschnittlichen Verkäufern in kommerziellen Betrieben. Hier handelt es sich tatsächlich um Lohnempfänger, die vom kommerziellen Unternehmen eingestellt werden, nicht damit sie Mehrwert schaffen, sondern damit sie dem Unternehmen helfen, einen möglichst großen Teil vom gesellschaftlichen Profit abzubekommen.* Sie schaffen zwar keinen Mehrwert, aber sie vermehren den Profit aller kommerziellen Unternehmen. Sie sind daher ohne Frage Proletarier. Das drückt sich übrigens auch in ihrer Arbeitssituation aus. *Mehr und mehr nämlich erleben sie mit der Rationalisierung der Büros die gleichen Arbeitsbedingungen wie Industriearbeiter, Arbeitshetze, fabrikartige Maschinensäle für Schreibmaschinen und Buchungsgeräte, Druck und Aufsicht von oben und vieles mehr.* Kein Wunder also, daß immer mehr Angestellte ihre Zugehörigkeit zum Proletariat erkennen und danach handeln. Kurz: Läßt man sich von den falschen Lohnarbeitern und heimlichen Profitempfängern nicht täuschen, dann muß man erkennen: *Proletariat* in unserem Sinne, *das sind alle Arbeiter und Angestellten, welche ihre Arbeit tatsächlich als Ware gegen Kapital von Unternehmern tauschen müssen und denen davon nichts bleibt als der bloße monatliche Lebensunterhalt.*

Ebenfalls zur proletarischen Arbeiterklasse gehören natürlich auch diejenigen Arbeiter und Angestellten, deren Betrieb im Besitz der sogenannten Öffentlichen Hand ist, also in Händen der Bundesregierung, der Länder oder der Gemeinden. Denn wer auch immer der Besitzer von Verkehrsbetrieben, E-Werken und anderen Firmen sein mag, der ökonomischen Form nach handelt es sich bei all diesen Unternehmen natürlich um kapitalistische Betriebe. Sie werden profitbringend unternommen und nach marktwirtschaftlichen Gesetzen kalkuliert (übrigens auch dann, wenn sie beständig in roten Zahlen stecken). Daß sie in Händen des Staates sind, ändert weder etwas an der Klassenlage der Arbeiter solcher Öffentlicher Dienste noch am kapitalistischen Charakter dieser Betriebe.

Nicht zur Arbeiterklasse zählen jene Lohnempfänger, die als Beamte im Staatsdienst stehen. Sie sind zwar keine verkappten Kapitalisten (wie die leitenden Angestellten). Aber dennoch sind sie auch keine Proletarier. Denn sie verkaufen zwar ihre Arbeitskraft, aber nicht an Kapitalunternehmen, sondern an den Staat – und dieser Unterschied ist entscheidend. Die Gelder des Staates sind, wie wir wissen, eigentlich nur zusammengefaßte Kaufkraft aller Klassen und Schichten. Dabei macht der Steueranteil aus dem Lohneinkommen der Arbeiter und Angestellten sicherlich den größten Teil aus. Gegen das Geld aller Staatsbürger, nicht gegen Kapital tauschen Beamte also ihre Arbeitskraft. Und das ist im Prinzip genauso, als würden sie sich von Privatleuten für private Dienstleistungen engagieren lassen. Deshalb sind auch nicht Kapitalisten ihre Dienstherrn, sondern wir alle. Und darum sind sie nicht Lohnarbeiter, sondern Diener, eben Staatsdiener. Polizisten, Lehrer, Staatsmänner, Richter und viele mehr sind also bezahlte Dienstmänner der Öffentlichkeit, sie haben in der Regel eine längere Ausbildungszeit und erhalten dafür eine Reihe von Privilegien: Pension, kostenlose Krankenbehandlung usw. *Aber sie erhalten doch Lohn!* Ihr Einkommen ist kein Kapitalgewinn und kein freies Honorar. Es unterliegt dem Lohngesetz. Deshalb kommen auch Beamte heute nicht mehr darum herum, diesen Aspekt ihrer Lage zu erkennen und die Zusammenarbeit mit den anderen Lohnarbeitern etwa in den Gewerkschaften zu suchen, besonders, weil auch sie um die Erhaltung ihres Lebensstandards Lohnkämpfe machen müssen. Da sie aber nicht gegen Kapital, sondern für das Geld anderer Leute arbeiten und vor allem, weil der Staat diese Gelder von allen einsammelt, egal was er ist, darum fehlt ihnen eine wichtige soziale Erfahrung, die alle anderen Lohnempfänger haben: die des Klassenkonflikts. Staatsdiener sind in dem Sinne sogar nicht einmal eine richtige Klasse. Einerseits sind sie Lohnempfänger, andererseits leben sie außerhalb von Klassenkonflikten, werden nicht ausgebeutet und bilden auch keine Klasseneinheit. Das drückt sich auch in ihrem politischen Bewußtsein aus: Staatsdiener neigen nämlich dazu, Konflikte und besonders Klassenkonflikte abzulehnen und solche Gruppen und Parteien zu wählen, die ihnen gesellschaftliche Harmonie und Frieden versprechen. Die Sache des Proletariats ist nicht die ihre. Aber sie kann zu der ihren werden. Einmal gibt es genügend Ansatzpunkte über die gemeinsamen Lohnkämpfe. Und andererseits umfaßt die Gruppe der Staatsdiener einen großen Teil der wissenschaftlichen Intelligenz, welche durch die Erforschung der Gesellschaft in zunehmendem Maße zu politischen Einsichten in den Klassencharakter der kapitalistischen Gesellschaft gelangt. Beides, so kann man mit Recht hoffen, wird und kann Grundlage für ein echtes Bündnis von Proletariat und staatlichen Lohnarbeitern sein.

Historische Rolle der Arbeiterbewegung

Die kapitalistische Gesellschaft bringt ihre inneren Widersprüche selbst hervor. Sie schafft nicht nur die Krisen, den allmählichen Zusammenbruch und die inneren Konflikte selbst, sondern auch eine neue, über sie hinausweisende gesellschaftliche Klasse: das Proletariat. Mehr noch: Ihr eigenes Anwachsen ist zugleich auch verbunden mit dem allmählichen Anwachsen des Proletariats, das schließlich die überwiegende Mehrheit der Menschen in einer Gesellschaft darstellt (in der BRD zum Beispiel machen die produzierenden und kommunalen Arbeiter und Angestellten 1972 etwa 74 Prozent aller Erwerbstätigen aus). Wie einst das Bürgertum im Schoße der Feudalgesellschaft, so entwickelt sich also das Proletariat innerhalb der kapitalistischen Besitz- und Wirtschaftsordnung. Das Bürgertum unterschied sich seinerzeit vom Feudalsystem dadurch, daß seine Gesellschaftsform durch den Warentausch und den Kapitalbesitz zustande kam. Es mußte die alte Ordnung abschütteln, weil diese nicht mehr zu den Anforderungen einer kapitalistischen Gesellschaft paßte. Das Proletariat ist in ähnlicher Lage. Es benötigt für seine Gesellschaft nicht mehr die Regeln des Kapitalismus und auch keinen Warentausch mehr, denn die Proletarierklasse besitzt keine Wirtschaftsgüter, mit denen sich ihre Mitglieder untereinander im Tausch vergesellschaften könnten. Lediglich der Verkauf der Ware Arbeitsvermögen zwingt sie, an der Tauschgesellschaft teilzunehmen, weil es im Kapitalismus für sie keine andere Existenzmöglichkeit gibt. Im Grunde ist die Tauschgesellschaft für die Arbeiter und Angestellten sinnlos.

Die Tauschgesellschaft unterwirft den Proletarier der Herrschaft des Kapitals, eine andere Funktion hat sie für Arbeiter und Angestellte nicht. Im Kampf gegen die marktwirtschaftliche Ausbeutung aber erfahren Arbeiter und Angestellte eine andere gesellschaftliche Realität. In jedem Streik nämlich organisieren sie eine neue, über diese Gesellschaft hinausweisende gesellschaftliche und wirtschaftliche Praxis: die *solidarische Kooperation* und das *gemeinsame, demokratische Handeln* aller. Streiken kann man nur, wenn alle zusammenhalten und dem Arbeitskampf zustimmen; streiken kann man nur, wenn die Vertreter der Streikenden das durchsetzen, was die Kollegen wirklich wollen, und wenn das, was gefordert wird, auch von allen unterstützt wird. Jede Streikgruppe schafft sich auf diese Weise eine funktionierende und politisch schlagkräftige Selbstorganisation, die im Grunde die vollständige Demokratie vorwegnimmt, in welcher die Massen ihre Interessen verwirklichen und die Vertreter der arbeitenden Menschen nichts anderes tun bzw. tun müssen, als die Interessenverwirklichung ihrer Wähler zu organisieren.

Streiken kann man schließlich nur, wenn alle bereit sind, ihre finanziellen und wirtschaftlichen Mittel gerecht und planmäßig zu verteilen. Manche Arbeitskämpfe spitzen sich sogar so sehr zu, daß die kämpfenden Arbeiter und Angestellten dazu übergehen müssen, ihre materielle Versorgung selbst zu organisieren und nach den Bedürfnissen der einzelnen Streikenden und deren Familien zu planen. Solidarität der Arbeiterklasse und ihrer Verbündeten stehen hier im Mittelpunkt aller Versorgungsmaßnahmen: *Jeder erhält von dem, was vorhanden ist, dasjenige, was er braucht – und zwar ohne jede Form von Tausch, Geld und Kapital ! !*

In solchen Momenten wird blitzartig klar, welche Möglichkeiten von Selbstbestimmung, gesellschaftlicher Planung der Produktion und Verteilung und welche Formen von sozialer Gerechtigkeit schon heute gegeben bzw. in der Existenz des Proletariats vorgezeichnet sind! Daran zeigt sich übrigens, daß es beim Kampf des Proletariats für seine Befreiung nicht so sehr oder ausschließlich darum geht, in wessen Besitz sich die wirtschaftlichen Mittel befinden, als vielmehr darum, ob das Wirtschaften unserer Gesellschaft den Tauschgesetzen gehorchen soll oder nicht! Daß eine Gesellschaft ohne Tausch sowohl möglich als auch für alle besser ist, das zeigt

Kulturgeschichte der Naturwissenschaften und der Technik

Bücher über die Geschichte der Technik sind meist Bücher über die Geschichte von Maschinen, Erfindungs-Geschichte. Nur selten erfährt man etwas darüber, wer diese Erfindungen benutzte, wer sie bediente und welche Folgen die Nutzung der Erfindungen auf sozialem und wirtschaftlichem Gebiet hatte. Man lernt etwas über das Funktionieren von Apparaten, aber wenig über die Konsequenzen dieses Funktionierens. Das berühmte Deutsche Museum in München war früher mit seiner grandiosen Galerie von Exempeln aus der ganzen Technikgeschichte das getreue Abbild dieser Denkweise. Gerade dort aber, im Deutschen Museum, hat man zwei großangelegte Projekte vewirklicht, die dem Publikum die übersehenen und übergangenen Zusammenhänge zwischen technischer Entwicklung und wirtschaftlichen, politischen und sozialen Veränderungen deutlich machen. Als Rowohlt-Taschenbücher werden die Ergebnisse dieser Projektarbeiten jetzt zugänglich, und die ersten sechs Bände dieser neuen Reihe zeigen, daß der Reihentitel «Kulturgeschichte der Naturwissenschaften und der Technik» eher untertrieben ist, denn was da entsteht, ist weit mehr als das, was man sich gewöhnlich unter einer «Kulturgeschichte» vorstellt . . .

«Aus Wissenschaft und Technik», WDR, 20. 02. 82

Joachim Varchmin/Joachim Radkau
Kraft, Energie und Arbeit
Energie und Gesellschaft
7701

Almut Bohnsack
Spinnen und Weben
Entwicklung von Technik und Arbeit im Textilgewerbe
7702

Heinz Haberkorn
Anfänge der Fotografie
Entstehungsbedingungen eines neuen Mediums
7703

Karl Heinz Mommertz
Bohren, Drehen und Fräsen
Geschichte der Werkzeugmaschinen
7704

Michael Heidelberger/Sigrun Thiessen
Natur und Erfahrung
Von der mittelalterlichen zur neuzeitlichen Naturwissenschaft
7705

Karl Otto Henseling
Bronze, Eisen, Stahl
Bedeutung der Metalle in der Geschichte
7706

Erik Eckermann
Vom Dampfwagen zum Auto
Motorisierung des Verkehrs
7707

● Rolf Oberliesen
Information, Daten und Signale
Geschichte technischer Informationsverarbeitung
7709

● Bert Heinrich
Brücken
Vom Balken zum Bogen
7711

● Gernot Krankenhagen/Horst Laube
Werkstoffprüfung
Von Explosionen, Brüchen und Prüfungen
7710

Franz Selmeier
Eisen, Kohle und Dampf
Die Schrittmacher der industriellen Revolution
7712

Lothar Suhling
Aufschließen, Gewinnen und Fördern
Geschichte des Bergbaus
7713

Friedrich Klemm
Geschichte der Technik
Der Mensch und seine Erfindungen
7714

sachbuch rororo

Deutsches Museum Kulturgeschichte der Naturwissenschaften und der Technik

2061/2